电脑应用即时查系列丛书

注册表修改设置速查1000

九州星火传媒　陈　伟　编著

U0963042

电子科技大学出版社

内容提要

本书是《电脑应用即时查》系列丛书之一，本书从实际操作出发，列出了注册表基础知识、编辑方法、管理和维护，以及使用注册表修改设置电脑硬件、各种软件、操作系统、Internet、局域网络、防治病毒方面等多达 1 000 个问题的答疑解惑。

本书可作为初、中级电脑用户的学习参考书，也是电脑爱好者的必备工具手册。

图书在版编目（C I P）数据

注册表修改设置速查 1000 / 陈伟编著.—成都：电子科技大学出版社，2007.4

ISBN 978-7-81114-432-1

I. 注… II.陈… III.窗口软件，Windows—注册表—基本知识 IV.TP316.7

中国版本图书馆 CIP 数据核字（2007）第 033273 号

注册表修改设置速查 1000

九州星火传媒 陈 伟 编 著

出　　版：电子科技大学出版社（成都市一环路东一段 159 号电子信息产业大厦 邮编：610051）
责任编辑：汤云辉
发　　行：新华书店经销
印　　刷：四川墨池印务有限公司
成品尺寸：144mm × 210mm　印张 13.5　字数 456 千字
版　　次：2007 年 4 月第一版
印　　次：2007 年 4 月第一次印刷
书　　号：ISBN 978-7-81114-432-1
定　　价：19.00 元

■ **版权所有 侵权必究** ■

◆ 邮购本书请与本社发行部联系。电话：（028）83202323，83256027
◆ 本书如有缺页、破损、装订错误，请寄回印刷厂调换。
◆ 课件下载在我社主页 www.uestcp.com.cn “下载专区”
电子邮箱：uestcp@uestcp.com.cn

前 言

你在学电脑吧？是不是觉得电脑很神秘，有点无从下手？家里买了电脑，因为经常出问题，但自己不知道该怎么修理，常常求助于朋友，以至于饭局总是少不了，搞得很头疼？看着别人在网上玩游戏玩得很痛快，自己不知道咋玩，但又碍于面子不好请教？

电脑硬件日新月异，软件版本不断推陈出新，上网冲浪越来越流行，不可不会，工作、学习之中电脑使用得越来越频繁，怎么办？

不要着急，我们特意为你推出了《电脑应用即时查》系列工具读物，让你轻轻松松学会各种电脑操作，笑对电脑各种疑难杂症。

□ 丛书简介

《电脑应用即时查》系列丛书是电子科技大学出版社精心打造的一套电脑工具读物，丛书包括《电脑维护、故障急救速查 1000》、《Windows XP 实用技巧速查 1000》、《精选实用网址速查 2000》、《注册表修改设置速查 1000》、《Office2003 高效办公速查 1000》、《电脑组装与 BIOS 设置速查 1000》、《五笔字型常用汉字速查 6000》、《新手学上网速查 1000》、《新手学电脑速查 1000》和《DOS 与 Windows 命令速查 1000》。相信读者根据自己的需求，一定能从这套丛书中选择到适合自己的图书。

□ 丛书特色

1. 内容丰富全面

本套丛书从作者多年钻研电脑的经验出发，精心挑选了电脑硬件、操作系统、应用软件、上网浏览与应用、局域网、电脑打字、网址速查等方方面面的操作与应用，内容十分全面，是广大电脑用户不可多得的电脑工具宝典。

2. 语言简洁精炼

本书在解析众多案例的时候，没有长篇大论，力求以最少的文字将问题描述清楚，以最省篇幅的形式将解决方案呈现给读者，便于读者阅读掌握。

3. 步骤详尽清晰

虽然篇幅有限，案例众多，但本书全部采用“一步一步”的写作形式，使得读者操作起来非常方便、条理清晰明了，宛如电脑专家言传身教，使读者迅速提高自身的电脑操作技能，获得大量实际经验、技能和技巧。

4. 专业的创作团队

本书由专业的、电脑应用经验丰富的团队所创作，在为你提供实用、丰富的书中内容的同时，还能保证随时解答你学习电脑的过程中遇到的各种疑难问题。

□ 使用说明

阅读本书之前，请将 Windows 窗口更改为“Windows 传统风格”，方法为：

（1）打开“我的电脑”窗口，然后单击菜单命令“工具”/“文件夹选项”。

（2）在打开的“文件夹选项”窗口中选择“使用 Windows 传统风格的文件夹”。

（3）单击“确定”按钮，就使窗口变回到了 Windows 传统风格界面。

□ 读者对象

（1）初、中级电脑用户不可多得的学习参考书。

（2）电脑爱好者和家庭电脑用户随用随查的必备宝典。

（3）电脑培训班、大专院校师生的教学辅导用书。

□ 完善的售后服务

本书为广大读者提供技术支持网站 www.21pcedu.com（21 世纪电脑教育网），免费为读者提供在线答疑、软件下载、学习论坛、免费电子图书下载等服务，相信能对读者自学电脑提供更多便利和帮助。你也可直接写邮件到 jzxh@vip.163.com 与我们联系，道出你的困惑，我们将非常热情、认真地为你服务。

□ 致　谢

本书由前程文化总策划，北京九州星火传媒编著。在此向所有参与本书编创工作的人员表示由衷的感谢，更要感谢购买本书的读者，你的支持是我们最大的动力，我们将不断努力，为你奉献更多、更优秀的电脑图书！

九州星火传媒　陈伟

目 录

第1章 注册表基础

第 2 章　注册表的管理与维护

第 3 章　设置任务栏、桌面与开始菜单

第 5 章　管理 Windows XP 的开关机、登录

第 6 章 全面提升 Windows XP 性能

第 7 章　调整电脑硬件

第 8 章 设置工具软件

第 9 章　调整 Internet 与 Outlook Express

第 10 章　通过注册表设置 Office 2003

第 11 章 调整网络

第 12 章　想方设法增强系统安全性能

第 13 章 解决电脑故障

第 1 章

注册表基础

1-1 认识注册表

在讲述具体的内容之前，先简单地认识一下什么是注册表、注册表的数据文件及其特点。

1. 什么是 Windows XP 注册表

Windows XP 的注册表是存储计算机配置信息的数据容器。注册表包含操作过程中 Windows 持续引用的信息，例如：每个用户的配置文件；计算机上安装的程序和每个程序可以创建的文档类型；文件夹和程序图标的属性设置；系统中现有的硬件；正在使用的端口。

Windows 将其配置信息存储在一个称为注册表的数据库中。随 Windows 一起提供的注册表编辑器是 regedit.exe。

如果系统损坏，可以修复注册表或将其恢复到上次成功启动计算机时使用的同一版本，否则，必须重新安装 Windows。重新安装系统时，可能会丢失已做的更改，如 Service Pack 升级，该升级必须单独重新安装。

2. Windows XP 注册表存储着哪些内容

Windows XP 的注册表存储着如下信息内容：

（1）软件和硬件的有关配置和状态信息；应用程序和资源管理器外壳的初始条件、首选项和卸载数据。

（2）计算机整个系统的设置和各种许可；文件扩展名与应用程序的关联；硬件的描述、状态和属性。

（3）计算机性能记录和底层的系统状态信息，以及各类其他数据。

3. Windows XP 注册表的数据文件存放在哪里

Windows XP 注册表的数据文件存放在\WINDOWS\system32\config 下，它们分别为 DEFAULT、SAM、SECURITY、SOFTWARE、USERDIFF 和 SYSTEM，如图 1-1 所示。

每个用户的配置信息存放在系统所在磁盘的\Documents and Setting\文件夹中。

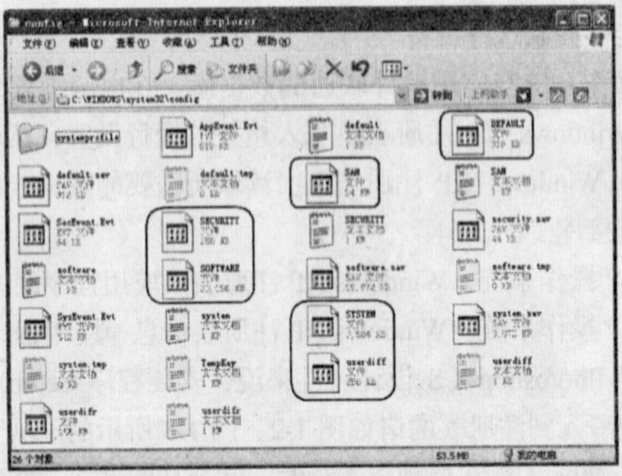

图 1-1

4. Windows XP 注册表有着什么样的功能

Windows XP 注册表是针对所有 32 位硬件、驱动程序以及 32 位应用程序设计的数据库。由于 16 位驱动程序不能在 Windows XP 下正常运行，所以，所有设备都需要由 Windows XP 注册表来控制，甚至那些原本由 BIOS 控制的设置也要由 Windows XP 注册表来控制。由于 16 位应用程序仍然需要调用 Win.ini 和 System.ini 这两个文件，因此，在 Windows XP 中保留了这两个文件，以便 Windows XP 提供对 16 位应用程序的支持。

下面介绍 Windows XP 注册表在系统、硬件、驱动程序以及软件之间所扮演的角色关系。

（1）作为操作系统与硬件及其驱动程序联通的数据库。Windows XP 注册表是一个保存驱动程序的所有设置及存放位置的数据库，它与 Windows XP 操作系统、硬件及驱动的关系如下：

Windows XP 操作系统→Windows XP 注册表信息→硬件及其他驱动程序

当 Windows XP 操作系统访问硬件设备时，针对 BIOS 的设置程序会报告给 Windows XP 中的设备，Windows XP 会将适当的程序装载到系统中，此后，系统将一直使用那些已经装载的设备驱动程序，直到再次重新启动 Windows XP 操作系统。

已经安装的每个设备都必须有相应的驱动程序，而且这些驱动程序必须是“For Windows XP”的。这些驱动程序独立于操作系统，操作系统只需要它们的位置、文件名及版本号等，就足够了。如果在注册表里面没有这些信息，Windows XP 就无法使用这些相应的设备。因此，在注册表里面的 HKEY_LOCAL_MACHINE\HARDWARE 子项分支下面保存了许多设备驱动程序的信息，以便系统能够控制这些设备。

（2）作为操作系统与应用软件联通的数据库。在电脑上安装应用程序时，安装程序将向 Windows XP 注册表里写入相关的运行设置，然后，应用程序在运行时，就会从 Windows XP 注册表里面读取所需要的数据，以便找到所需要的程序或动态链接库（DLL）。

Windows XP 操作系统、Windows XP 注册表及应用程序的关系为：

Windows XP 操作系统→Windows XP 注册表信息→应用程序

例如，对于 Photoshop CS 设计软件来说，安装程序 Setup.exe 在安装时会将相关运行设置写入到注册表的诸如图 1-2、图 1-3 所示的子项下面。

这样，Photoshop CS 在启动或运行时，就会从图 1-2、图 1-3 所示的位置读取相关数据，并且在在线升级时能自动读取有关记录。

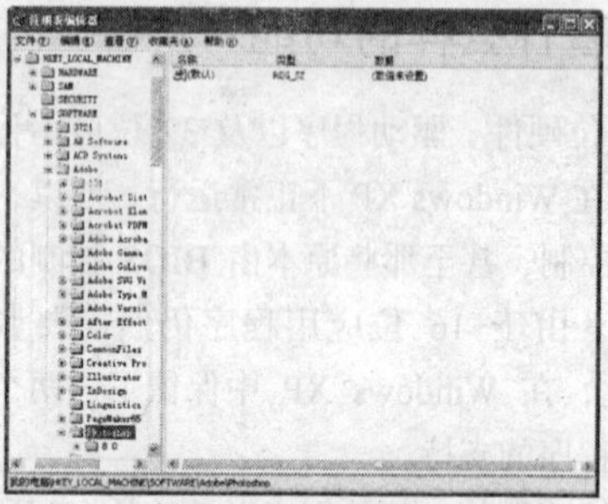

图 1-2

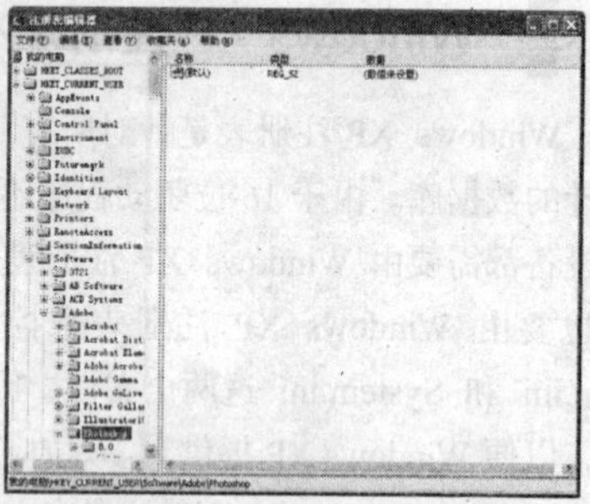

图 1-3

Windows XP 注册表按层次结构组织，由项、子项、配置单元和值项组成。

5. Windows XP 注册表有什么样的特点

Windows XP 注册表具有如下特点：

（1）Windows XP 注册表允许对硬件、系统参数、应用程序和设备驱动程序进行跟踪配置，这使得修改某些设置后不用重新启动成为可能。

（2）Windows XP 注册表中登录的硬件部分数据可以支持高版本 Windows 的即插即用特性。当 Windows 检测到机器上的新设备时，就把有关数据保存到注册表中。另外，还可以避免新设备与原有设备之间的资源冲突。

（3）管理人员和用户通过 Windows XP 注册表可以在网络上检查系统的配置和设置，使得远程管理得以实现。

与 INI 文件不同的是：

（1）Windows XP 注册表采用了二进制形式登录数据。

（2）Windows XP 注册表支持子项，各级子项关键字都有自己的“键值”。

（3）Windows XP 注册表中的键值项可以包含可执行代码，而不是简单的字串。

（4）在同一台计算机上，Windows XP 注册表可以存储多个用户的特性。

6. 什么是注册表的“项”

项是在注册表编辑器窗口中，出现窗口左侧的定位区域中的文件夹。项可以包含子项和值项。如图 1-4 所示，SOFTWARE 是 HKEY_LOCAL_MACHINE 的一个项，Product 是它的一个值项。

> **提示!!** 在 Windows XP 以前版本中，注册表中所称的“键”，在 Windows XP 中已经改称“项”了，如图 1-5 所示。

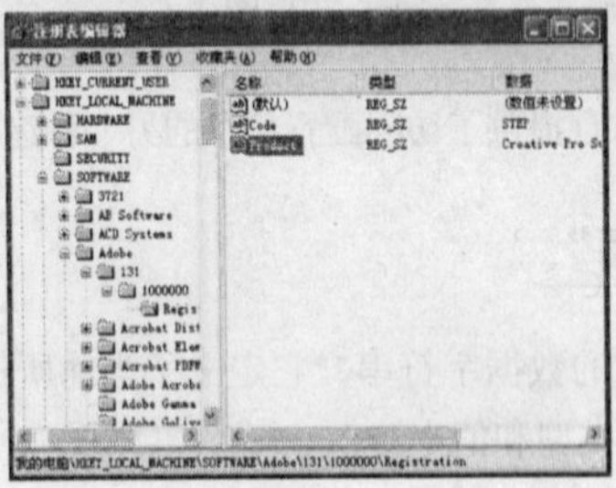

图 1-4

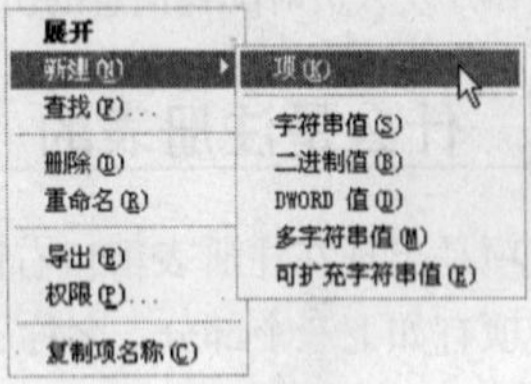

图 1-5

7. 什么是注册表的“子项”

子项是项中的项。在 Windows XP 注册表结构中，子项附属于子树和项。项和子项类似于.ini 文件中的开头部分。

8. 什么是注册表的“配置单元”

配置单元是作为文件出现在硬盘中的注册表的一部分，注册表子树被划分成配置单元（因其类似于蜂窝的单元结构而得名）。配置单元是项、子项和值的离散体，它位于注册表的顶部。配置单元受 systemroot\System32\Config 或 systemroot\Profiles\username 文件夹中的单个文件和.log 文件支持。

在默认情况下，大多数配置单元文件（Default、SAM、Security 和 System）存储在 systemroot 文件夹。systemroot\Profiles 文件夹包含计算机上每个用户的用户配置文件。因为配置单元是一个文件，所以它可以从一个系统移动到另一个系统，但是必须使用“注册表编辑器”编辑该文件。

Windows XP 注册表的数据结构主要由以下 5 个部分即 5 个配置单元组成，并且每个配置单元都含有若干分级子项，如图 1-6 所示：

- HKEY_CLASSES_ROOT
- HKEY_CURRENT_USER
- HKEY_LOCAL_MACHINE
- HKEY_USERS
- HKEY_CURRENT_CONFIG

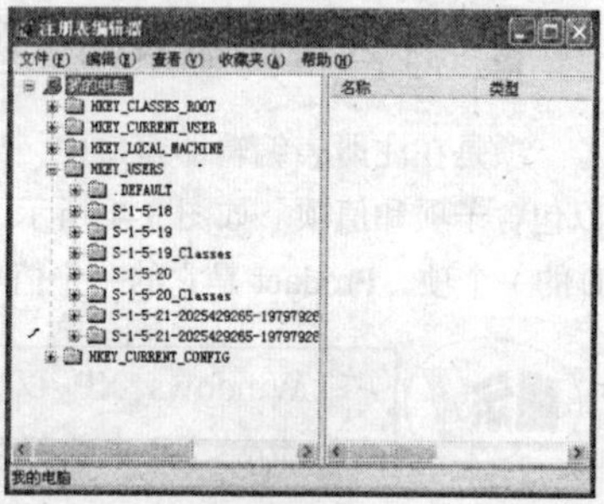

图 1-6

在注册表的配置文件单元中，只有 HKEY_LOCAL_ MACHINE 和 HKEY_ MACHINE 具体的配置单元，其他 3 个配置单元都是指向具体配置单元中配置信息的指针。使用配置单元的指针可以加快应用程序和开发人员对配置信息的访问，并且提供了访问配置信息的另一种途径。

9. 什么是注册表的“值项”

值项是出现在注册表窗口右窗口中的数据字符串，它定义了当前所选项的值。值项有如下三个部分：名称、数据类型和值本身。

10. 注册表的 HKEY_CLASSES_ROOT 项有什么作用

HKEY_CLASSES_ROOT 是 HKEY_LOCAL_MACHINE\Software 的子项。此处存储的信息可以确保使用 Windows 资源管理器打开文件时，将打开正确的程序。因为 HKEY_ CLASSES_ROOT 配置单元都是指向具体配置单元中配置信息的指针，所以 HKEY_CLASSES_ROOT 指向的就是 HKEY_LOCAL_MACHINE\Software\ Classes 的内容。因此，只要改动二者中的任何一部分，注册表也会出现相应的改变。如图 1-7 所示为打开 HKEY_CLASSES_ROOT 文件夹项在注册表编辑器中的显示状态。

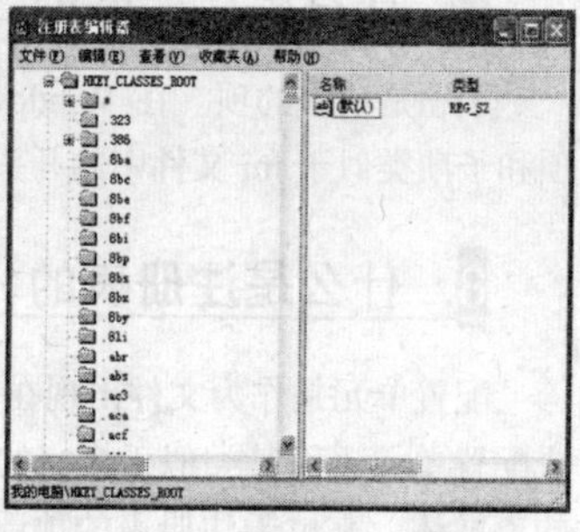

图 1-7

HKEY_CLASSES_ROOT 配置单元保存了 Windows XP 系统当前已在计算

机上注册的所有 COM 服务器和与应用程序相关联的所有文件的扩展名。

如欲了解 HKEY_CLASSES_ROOT 中所包含的文件扩展名的详细信息，请参见本书后面的附录 1。

11. 注册表的 HKEY_CURRENT_USER 项有什么作用

HKEY_CURRENT_USER 包含当前登录用户配置信息的根目录。用户文件夹、屏幕颜色和“控制面板”设置存储在此处。该信息被称为用户配置文件。HKEY_CURRENT_USER 配置单元是指向 SID 子项分支的指针，其结构与 HKEY_USERS 配置单元 SID 子项分支是相同的，并且对二者中任何一项进行修改，则另一项也会自动修改。在后面的 HKEY_USERS 里，将进行详细的解说，这里就不一一尽述。如图 1-8 所示为注册表编辑器中的 HKEY_CURRENT_ USER 文件夹项。

图 1-8

该项包含本地计算机中存放的当前登录的用户信息，包括登录用户名和暂存的密码（此密码在输入时是隐藏的）。用户登录 Windows 时，其信息从 HKEY_USERS 中相应的项拷贝到 HKEY_CURRENT_USER 中。HKEY_CURRENT_USER 下面有 7 个子关键字。其中除 RemoteAccess 外，其余 6 个都为系统预定义，它们是：

（1）AppEvents：这个子项里存储着已注册的各种应用信息。

（2）ControlPanel：这里涉及到与“控制面板”设置有关的内容。

（3）InstallLocationsMRU：Windows 安装路径的有关信息。

（4）Keyboard layout：关于键盘设置的信息。

（5）Network：有关网络设置的信息。

（6）RemoteAccess：安装 IE 时建立的子关键字，包含该应用程序的有关信息。

（7）Software：安装软件的相关信息。

12. 注册表的 HKEY_LOCAL_MACHINE 项有什么作用

HKEY_LOCAL_MACHINE 包含 Windows XP 系统针对该计算机（对于任何用户）的配置信息。HKEY_LOCAL_MACHINE 保存着注册的大部分信息，其他四个配置单元都是其子项的别名。如图 1-9 所示为 HKEY_LOCAL_

MACHINE 控制的三个子项。

下面来对这三个子项进行阐述。

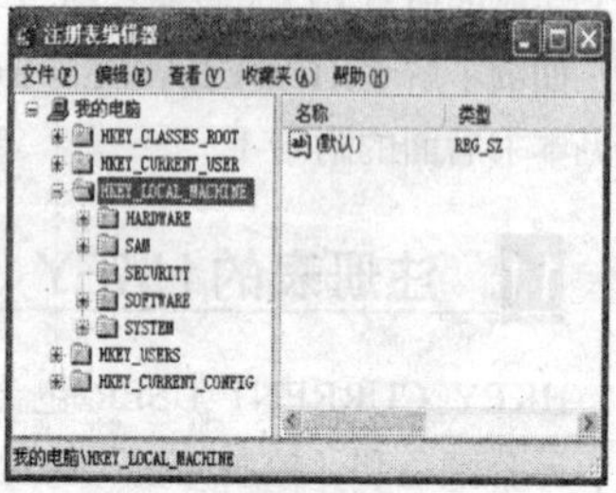

图 1-9

（1）HARDWARE 子项。HKEY_LOCAL_MACHINE\HARDWARE 子项分支包括 Windows XP 对所有硬件设备进行控制的设备信息。用户不能直接对这里的硬件信息进行控制。如图 1-10 所示为 HARDWARE 的子项设置。

（2）SOFTWARE 子项。如图 1-11 所示，HKEY_LOCAL_MACHINE\ SOFTWARE 子项分支列出了 Windows XP 系统所有的安装 32 位软件及应用程序的设置。对于不同的计算机、不同的操作环境，这些设置会有一些不同，但是大多数子项分支都是相似的。

图 1-10

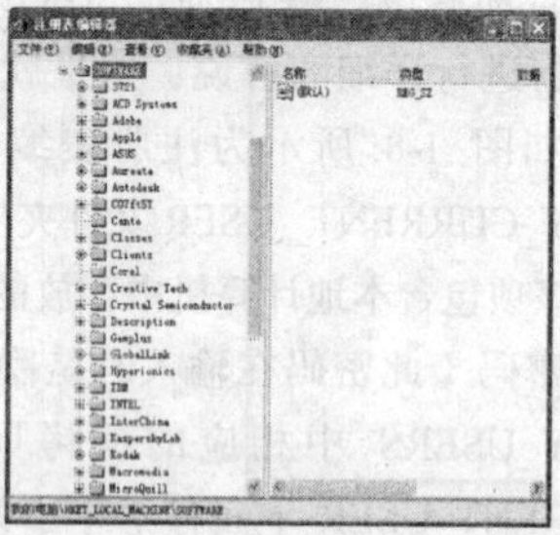

图 1-11

（3）SYSTEM 子项。HKEY_LOCAL_MACHINE\SYSTEM 子项分支保存了系统启动时所需的所有信息，当然也包括出现系统故障时恢复系统所需要的信息。这些信息主要使用控制集（ControlSet）的方法进行收集与存储。

13. 注册表的 HKEY_USERS 项有什么作用

在 Windows XP 操作系统中，HKEY_USERS 和 HKEY_CURRENT_USER 这两个项关系密切。其中 HKEY_USERS 项保存的是系统默认用户的设置，而 HKEY_CURRENT_USER 项保存的是当前用户的设置，它继承了 HKEY_USERS 项下的所有内容，且有所扩充，这主要与安装在 Windows XP 系统中的软、硬件有关。下面就来介绍 HKEY_USERS 项。

HKEY_USERS 能够将用户信息保存到 Windows XP 注册表中，以便默认用户和当前登录系统的用户使用这些用户信息数据。这些用户信息就保存在 %Windir%\Profiles\Default User\NTUSER.DAT 文件以及该用户的专用配置文件中。例如，当前登录用户为 huangzhong，则他的专用配置文件应该是%Windir%\Profiles\huangzhong\NTUSER.DAT。

在 Windows XP 中，登录用户是按照其 SID（安全标识）列出的，而不是按照登录用户名列出的，在任何 SID 中所做的修改，都会影响到相应的 NTUSER.DAT 文件。

下面详细介绍 HKEY_USERS 项的设置。

（1）DEFAULT 子项分支。如图 1-12 所示，HKEY_USERS\.DEFAULT 子项分支保存着默认用户的设置，包括所有环境、屏幕、声音以及其他用户相关的设置信息。当创建新用户时，系统会首先从此处拷贝全部设置，然后形成 SID 子项分支，以便保存 SID 用户的专用设置。

（2）SID 子项分支。SID 子项分支保存的是当前可使用的 SID（包括已登录的 SID）。网络内的每位用户都会由域名用户管理器分配一个 SID，并且每个 SID 都是唯一的。因此，对于不同的用户，该 SID 值是不同的。在图 1-13 中，子项“S-1-5-18”、“S-1-5-19”、“S-1-5-20”和“S-1-5-21-2025429265-1979792683-839522115-1003”就属于 SID 子项分支。

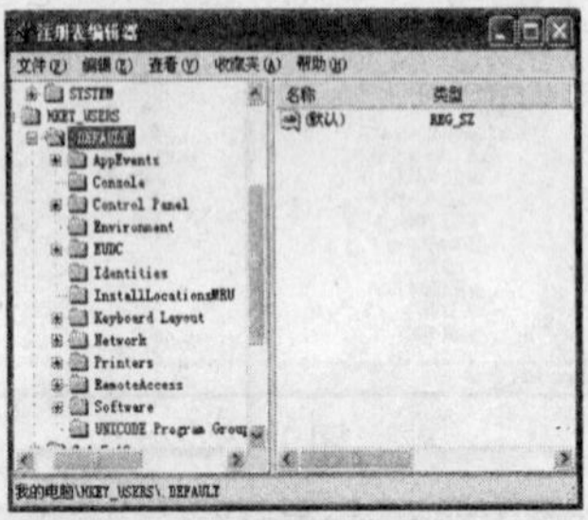

图 1-12

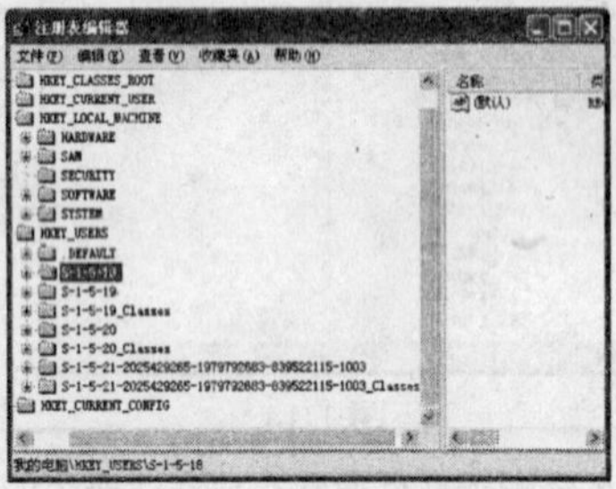

图 1-13

（3）SID_CLASSES 子项分支。对于每一个 SID，在 Windows XP 注册表中都会产生一个相应的 SID_CLASSES 子项分支，这种分支保存着 SID 所涉及的系统类标识（CLSID）。在图 1-36 中，SID 子项分支“S-1-5-19”的 SID_CLASSES 子项分支就是“S-1-5-19_Classes”，“S-1-5-20”的 SID_CLASSES 子项分支就是“S-1-5-20_Classes”，“S-1-5-21-2025429265-1979792683-839522115-1003”的 SID_CLASSES 子项分支就是“S-1-5-21-2025429265-1979792683-839522115-1003_ CLASSES”。

14. 注册表的 HKEY_CURRENT_CONFIG 项有什么作用

如果在 Windows XP 中设置了两套或者两套以上的硬件配置文件

(Hardware Configuration File)，则在系统启动时将会让用户选择使用哪套配置文件。而 HKEY_CURRENT_CONFIG 根键中存放的正是当前配置文件的所有信息，如图 1-14 所示。

配置单元包含本地计算机在系统启动时所用的硬件配置文件信息。配置文件允许用户选择在计算机某个指定的会话中支持哪个设备驱动程序。

HKEY_CURRENT_CONFIG 配置单元是如下子项分支的指针：

HKEY_LOCAL_MACHINE\SYSTEM\CurrentControlSet

下面来分析此子项的结构。

（1）HKEY_CURRENT_CONFIG 项与系统配置文件之间的关系。在 Windows XP 操作系统启动时，如果事先设置了多个配置文件（ Configuaration Files），那么，“上一次的正确系统配置”菜单就会被激活，在此系统配置菜单下，可以选择使用系统配置文件。HKEY_CURRENT_CONFIG 项就是启动时所使用的当前硬件配置文件。如图 1-15 所示。

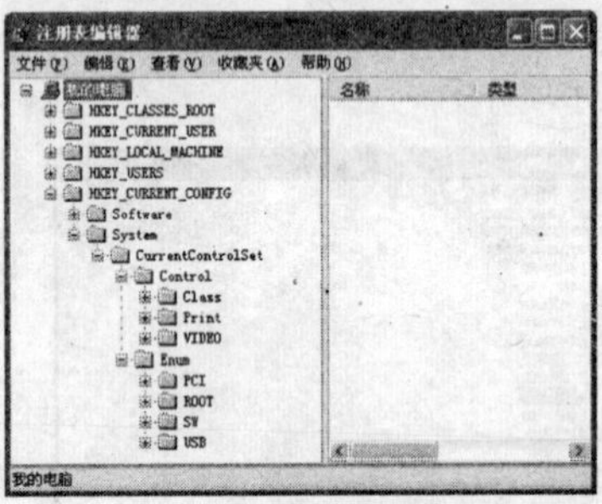

图 1-14

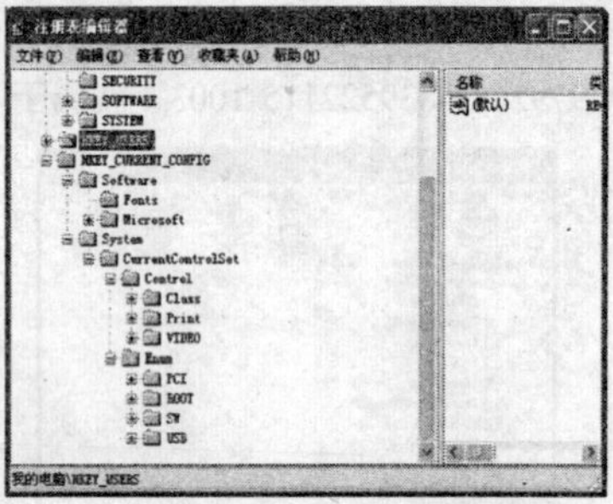

图 1-15

系统配置文件通常存放在注册表的 HKEY_LOCAL_MACHINE\Control Set001 、 HKEY_LOCAL_MACHINE\ ControlSet002 等子项分支下面，这就得取决于设置的配置文件的个数，如图1-16所示。

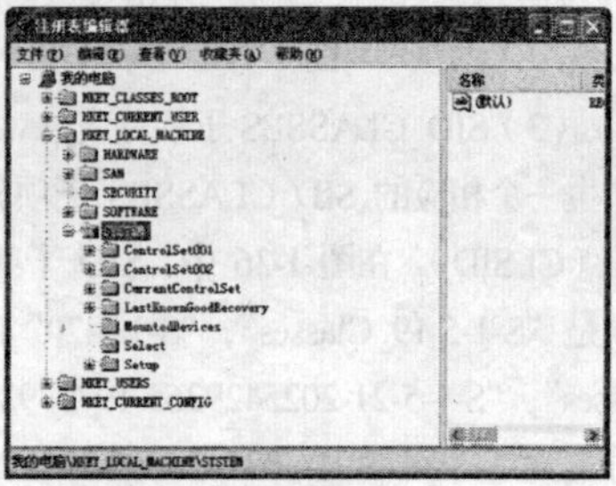

图 1-16

（2）HKEY_CURRENT_CONFIG 项的内部结构。

Software 子项。HKEY_CURRENT_CONFIG\ Software 子项分支包括了当前配置文件之外的应用软件信息，除了一些特殊软件及显示字体外，这里几乎不会列出任何东西，如图 1-17 所示。

如果所选用的配置文件包含了由特定硬件专用的软件，而且只有在这个配置文件里才会存在，就会在这里列出相应的软件，在 Windows XP 操作系统中安装了应用软件后，其设置或运行数据，大多放在 Software 子项中。所以，该注册表项是动态变化的。

System 子项。HKEY_CURRENT_CONFIG\System 子项分支包括当前配置文件的一些专用设置，如图 1-18 所示。

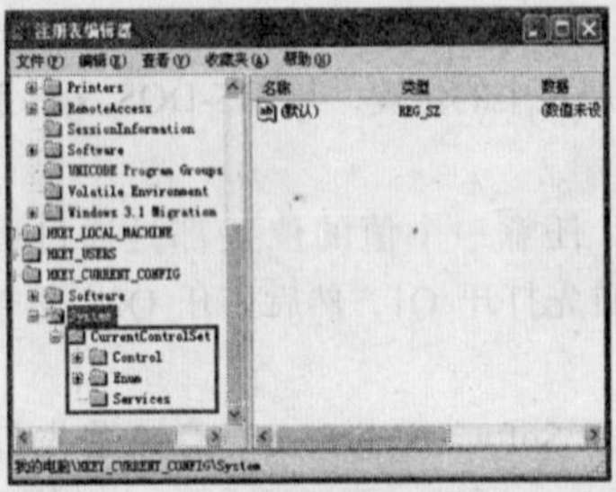

图 1-17

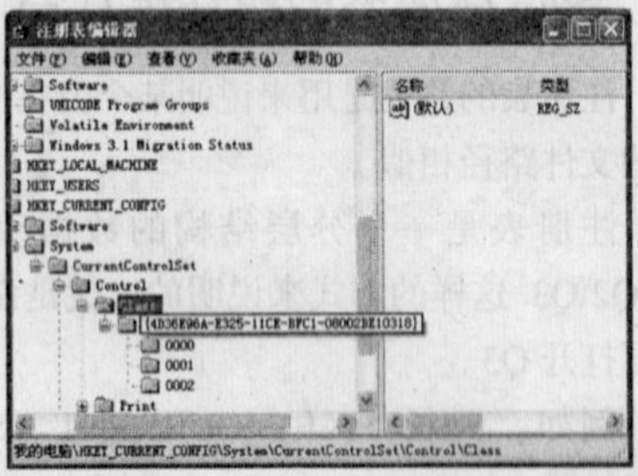

图 1-18

15. 什么是缺省值

在注册表编辑器中，每一个键中的缺省值被称为 Default。每一个键至少都有一个包含或不包含数据的值项，称为该键的缺省值。缺省值总是一个字符串值，用来和 Windows 应用程序兼容。如果某程序只需在注册表中保存一个值，那么缺省值是唯一保存在该键中的数据。

16. 字符串是什么

在注册表中，字符串类型的值一般用来表示文件描述、硬件标识或应用程序所需要的字符串类型的变量描述等。它通常由字母和数字组成，是可变长的字符集，可为一个单词、一句话或一条路径等，最大长度不超过 255 个字符。

17. 二进制数据是什么

在注册表中，二进制数据的长度是没有限制的，可以是任意字节长，二进制值是以十六进制的方式显示的。

18. DWORD 值是什么

DWORD 值是一个 32 位长度的数值，与二进制值一样，其显示方式也是以十六进制方式显示的，只是它是由双字、两个八位组成的。

19. 分支是什么

分支是指注册表中某个特定的子项及其所有内容，分支可以从注册表的顶端开始。

20. 注册表的路径是什么

注册表的路径是用来说明某个值在注册表中的位置，与 MS-DOS 文件系统中的文件路径相似。

注册表是一个分层结构的数据库，任意一个值的位置都是通过诸如 Q1\Q2\Q3 这样的方式来说明的，就是说首先打开 Q1，然后打开 Q2，接着我们再打开 Q3。

例如，路径 HKEY_CURRENT_USER\Software\Microsoft 意味着先打开 HKEY_CURRENT_USER，然后打开 Software 子键，再打开 Software 的子键 Microsoft。

一个完整的路径总是从根键开始的，以便用户找到与注册表的顶端相关联的值。注册表中值的名称不作为路径的一部分来描述，是和路径分开来命名的。

1-2 编辑注册表

1. 什么是注册表编辑器

注册表编辑器是用来查看和更改系统注册表设置的高级工具，注册表中包含了有关计算机如何运行的信息。Windows 将它的配置信息存储在以树状格式组织的数据库（注册表）中。尽管可以用注册表编辑器查看和修改注册表，但是通常不必这样做，因为更改不正确可能会损坏系统。能够编辑和还原注册表的高级用户可以安全地使用注册表编辑器执行以下任务：清除重复项或删除已被卸载或删除的程序的项。

文件夹表示注册表中的项，并显示在注册表编辑器窗口左侧的定位区域中。在右侧的主题区域中，则显示项中的值项。双击值项时，将打开编辑对话框。

2. 如何进入注册表编辑器

进入注册表的方法如下：

（1）单击“开始”按钮。

（2）单击“运行”命令，在随之出现的如图 1-19 所示的“运行”对话框中输入“regedit”命令行。

（3）单击“确定”按钮，即可进入注册表编辑器。

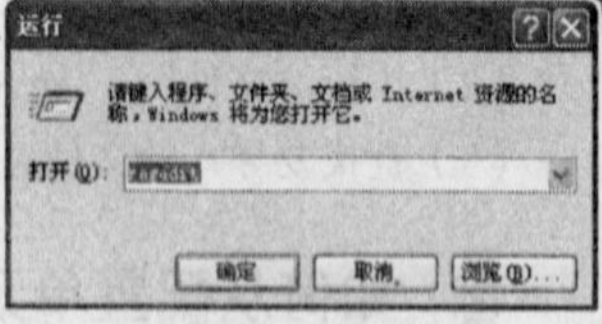

图 1-19

3. 如何退出注册表编辑器

用户对注册表数据库进行的修改，将及时地反映在数据库内容中，因此，在退出注册表编辑器后，这些修改将在下次启动 Windows XP 时发生作用。

退出“注册表编辑器”的方法有如下 3 种：

方法 1：执行“文件”/“退出”命令，即可退出注册表编辑器。

方法 2：单击注册表编辑器窗口右上角的关闭按钮，也可退出注册表编辑器。

方法 3：使用快捷键“Alt+F4”，也可退出注册表编辑器。

4. 如何导出注册表

注册表编辑器也提供了导出注册表文件的工具。

我们可以利用它把 Windows XP 注册表的全部或一部分导出。导出的文件可以用来保存当前注册表的信息，以备日后恢复注册表用。也可以用文本编辑器打开它，以便仔细研究注册表数据库的结构。

图 1-20

导出注册表的方法为：

（1）在注册表编辑器的“文件”菜单中选择“导出”，将出现如图 1-20 所示的“导出注册表文件”对话框。

（2）在“导出范围”选项组中可以选择导出全部注册表，或选定一个分支。

（3）输入文件名，单击“保存”按钮或回车键，即可完成导出注册表文件的操作。导出的文件内容完全按照注册表的层次结构组成。

5. 如何导入部分或全部注册表

方法为：

（1）打开注册表编辑器。

（2）执行“文件”/“导入”命令。

（3）查找要导入的文件，选中该文件，然后单击“打开”。

6. 如何从配置单元文件导入注册表项

方法为：

（1）打开注册表编辑器，选择要在其中还原配置单元的项。

（2）执行“文件”/“导入”命令，在“查找范围”中，选择配置单元所在的驱动器、文件夹或网络计算机和文件夹。

（3）在“文件类型”中，选择“注册表配置单元文件”。

（4）选择配置单元的正确文件名，单击“打开”。

7. 如何删除注册表的项或项值

使用“编辑”菜单中的“删除”菜单项可以删除项或项值。当你想删除一个项或项值时，将出现一个如图 1-21 所示的确认项删除的对话框。用户单击“是”按钮，就可以删除该项或项值。

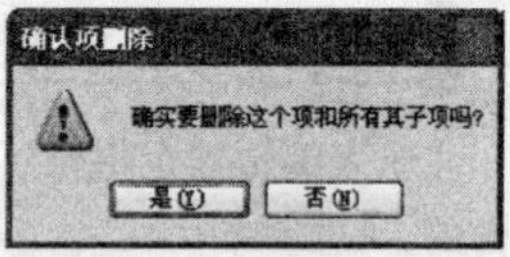

图 1-21

提示!! 该命令项无法删除 Windows XP 已定义的项（比如 HKEY_CLASSES_ROOT 或 HKEY_CURRENT_USER）。

8. 如何打印注册表的内容

在 Windows XP 中，我们可以通过“注册表”菜单中的“打印”菜单项将系统注册表的数据库或某一个分支打印出来，其方法为：

（1）在“注册表”菜单上选择“打印”命令，弹出“打印”对话框，如图 1-22 所示。

（2）在“打印范围”选项组中选择“全部”或“选定的分支”选项，在“选定的分支”框内输入要打印的分支。

（3）选中“打印到文件”复选框，可将注册表的打印结果输出到一个文件中，此功能类似于“注册表”菜单中的“导出注册表文件”菜单项的功能。

（4）用户也可以单击“首选项”按钮，这时会弹出如图 1-23 所示的“打印首选项”对话框，用户可以在对话框中配置打印纸张、打印精度等打印属性。

图 1-22

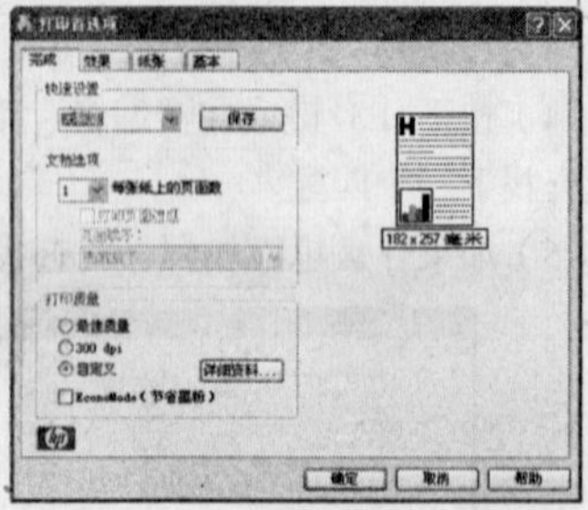

图 1-23

9. 如何重命名注册表的项或项值

“编辑”菜单中的“重命名”菜单项时可以重新命名所选择的项或者项值。

方法为：

（1）首先选择要重命名的项或者项值。

（2）执行“编辑”/“重命名”命令或按“F2”键，此时将在所选择的项或者项值周围出现一个编辑框，如图 1-24 所示，用户就可以修改它们的名称了。

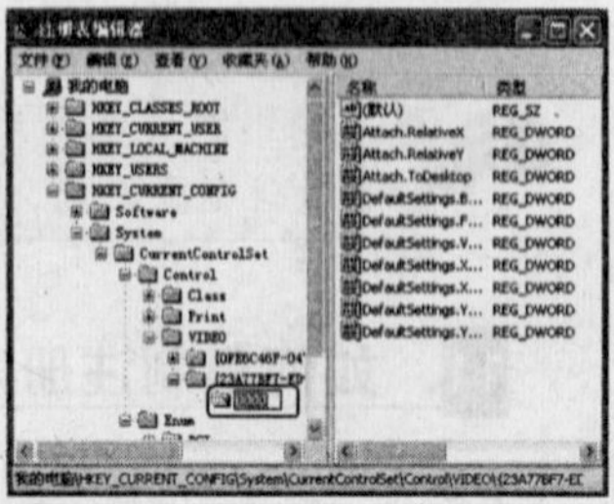

图 1-24

10. 如何查找注册表的项或项值

“编辑”菜单中的“查找”菜单项可以在注册表数据库中查找用户所需要查看的项或者项值等。

具体步骤如下：

（1）在“编辑”菜单中单击“查找”菜单项，则会出现如图 1-25 所示的“查找”对话框，用户在“查找目标”框中输入所要查找的内容，比如“图片”，在“查看”框中选择“项”、“值”和“数据”。不选“只匹配整个字符串”复选框。

（2）单击“查找下一个”按钮，则出现如图 1-26 所示的提示信息。

图 1-25

图 1-26

（3）在找到一个匹配字符串后，就将光标停在该匹配上，如图 1-27 所示。

（4）按下 F3 键或在“编辑”菜单中单击“查找下一个”菜单项，则可以继续查找下一个匹配。

（5）如果什么也没找到，或查找完毕，则会出现如图 1-28 所示的提示。

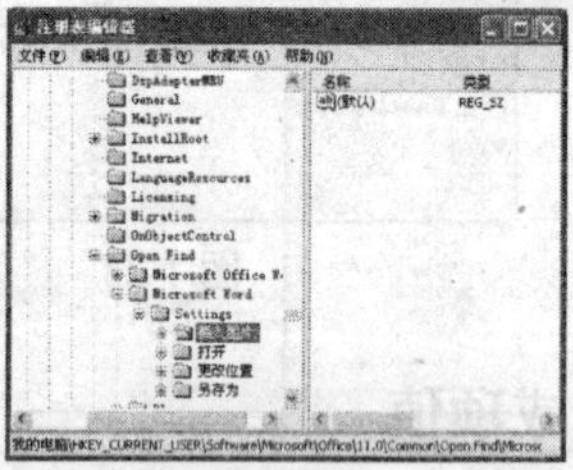

图 1-27

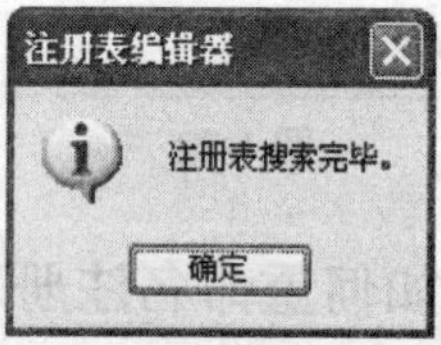

图 1-28

提示!! 编辑注册表不当可能会严重损坏当前计算机的系统。在更改注册表之前，应备份计算机上任何有价值的数据。

11. 如何复制注册表的项名

方法为：

（1）打开注册表编辑器，如图 1-29 所示，在注册表树（左侧编辑窗）中选择某注册表项。

（2）如图 1-30 所示，执行“编辑”/“复制项名称”命令。

图 1-29

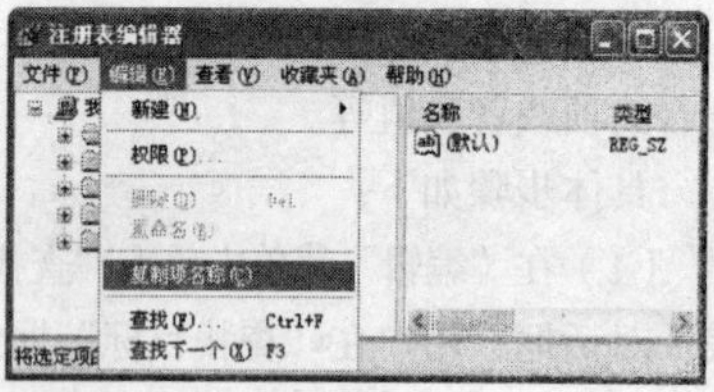

图 1-30

（3）将注册表项名粘贴到另一个程序或文档中。

12. 如何将注册表的项添加到收藏夹

方法为：

（1）如图 1-31 所示，打开注册表编辑器，选择要添加到“收藏夹”中的注册表项。

（2）执行“收藏夹”/“添加到收藏夹”命令。

（3）如图 1-32 所示，在添加到收藏夹对话框中，接受默认的注册表项名或键入新名称。

就这样，该注册表项被添加到“收藏”列表中了。以后，只需从“收藏”菜单中选择该列表，就可以返回该注册表项。

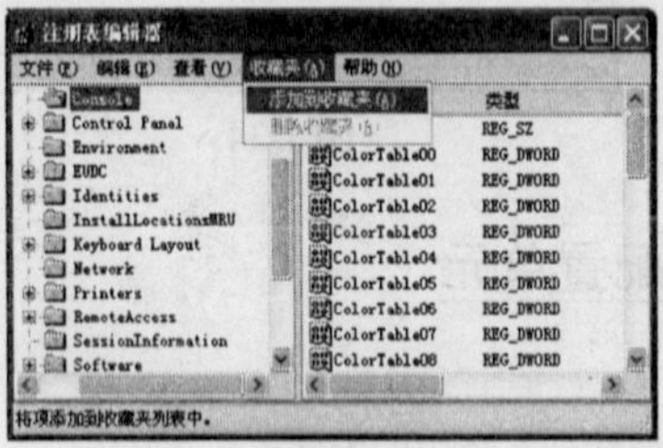

图 1-31

图 1-32

13. 如何添加注册表的项

方法为：

（1）打开注册表编辑器，在注册表树中，选择要在其下面添加新项的注册表项。

（2）执行“编辑”/“新建”/“项”命令。

（3）键入新主项的名称，然后按 “Enter”键。

> 提示!! 编辑注册表不当可能会严重损坏当前计算机的系统。在更改注册表之前，应备份计算机上任何有价值的数据。

14. 如何添加注册表的项值

方法为：

（1）打开注册表编辑器，选择想要添加的新值或项值。

（2）如图 1-33 所示，执行“编辑”/“新建”命令，然后在下级菜单选择要添加的项值的类型：字符串值、二进制值、DWORD 值、多字符串值或者可扩展字符串值。

（3）如图 1-34 所示，输入新值的名称，然后按“Enter”键。在添加项值时，值名和数据类型将用默认值保存。

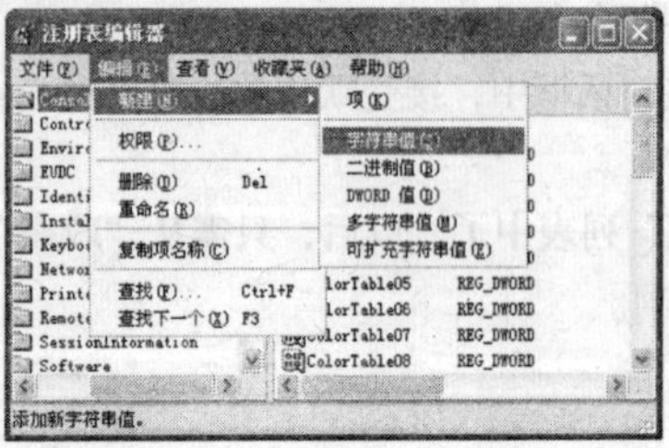

图 1-33

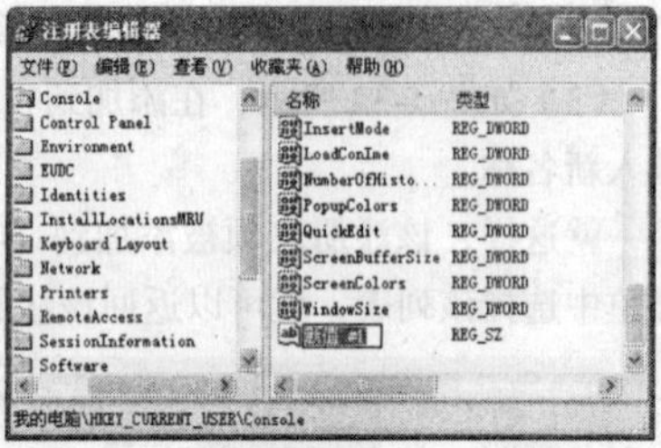

图 1-34

15. 如何从注册表中卸载配置单元

方法为：

（1）打开注册表编辑器，选择先前加载到系统中的配置单元。

（2）执行“文件”/“卸载配置单元”命令。

16. 如何查看注册表

“查看”菜单主要用来对注册表数据库的显示进行配置，它包括如下 3 个子菜单项：状态栏、拆分和刷新。

下面就具体地介绍这 3 个子菜单项。

（1）状态栏：该菜单项为一个选择开关（缺省时为打开状态）。当在该菜单项前面打上钩时，则将在“注册表编辑器”的下面显示选择的状态或位置。

（2）拆分：该菜单项可以放大或缩小显示“注册表编辑器”的左右窗口。例如，当中间线向左移动时，则将缩小显示左窗口，而放大时显示右窗口，如图 1-35 所示。

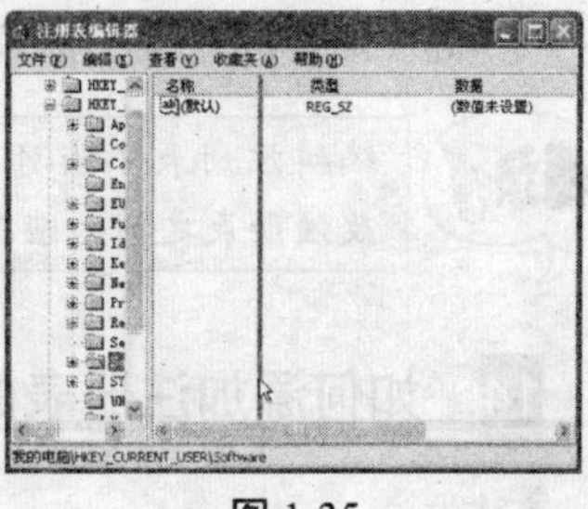

图 1-35

（3）刷新：当用户的注册表数据库发生变化时，为了显示发生变化后子项之间的关系，可选择“刷新”菜单项。另外，用户也可按 F5 键更新子项结构。

17. 如何让注册表修改快速生效

当我们修改了 Windows XP 注册表后，往往需要重新启动计算机才能够使修改生效。然而事实上我们不必每次都重启机器，Windows XP 自带的一个外壳程序可以帮助你使注册表修改迅速生效。

方法为：

（1）在 Windows XP 中按下“Ctrl+Alt+Delete”组合键，打开如图 1-36 所示的“Windows 任务管理器”。

（2）在“进程”标签选项卡下找到其中的“Explorer.exe”，然后单击右下方的“结束进程”按钮，在打开的如图 1-37 所示警告对话框中单击“是”按钮。

图 1-36

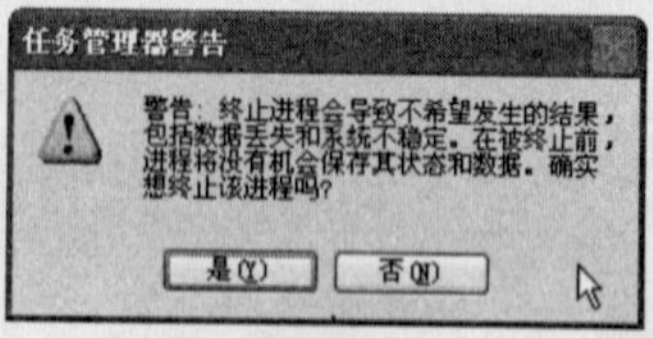

图 1-37

（3）在“应用程序”标签选项卡下单击右下方的“新任务”按钮，如图 1-38 所示。

（4）在打开的如图 1-39 所示的“创建新任务”对话框中输入“Explorer.exe”，然后单击“确定”按钮即可。

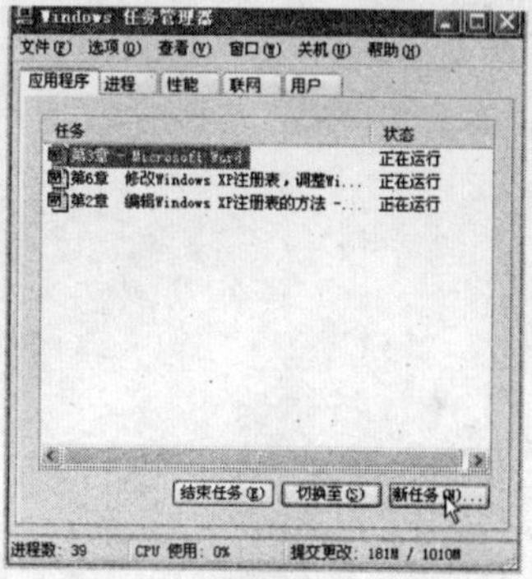

图 1-38

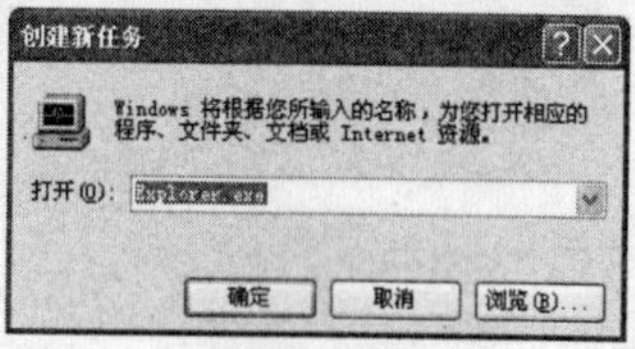

图 1-39

提示!!

经过上述操作后，我们就不用每一次都重新启动计算机，就可直接使注册表修改操作生效了。

第 2 章

注册表的管理与维护

——本章内容

1. 注册表损坏后可能出现哪些症状
2. 如何修改组成员的权限设置，加强注册表的安全
3. 如何审核注册表的使用
4. 如何查看用户或组的审核结果
5. 如何打印用户或组的审核结果
6. 如何修改注册表的所有者权利

……

1. 注册表损坏后可能出现哪些症状

注册表损坏一般会有什么样的表现呢？有如下表现：

（1）当使用过去正常工作的程序时，得到诸如“找不到 *.dll 的信息，或其他表明程序部分丢失和不能定位”之类的信息。

（2）应用程序出现“找不到服务器上的嵌入对象”或“找不到 OLE 控件”这样的错误提示。

（3）当单击某个文档时，Windows 给出“找不到应用程序打开这种类型的文档”信息，即使安装了正确的应用程序且文档的扩展名（或文件类型）正确仍然如此。

（4）“资源管理器”页面包含没有图标的文件夹、文件或者意料之外的奇怪图标。

（5）“开始”菜单或“控制面板”项目丢失或变灰而处于不可激活状态。

（6）网络连接不能建立或不再出现在“拨号网络”中或“控制面板”的“网络”中。

（7）不久前工作正常的硬件设备不再起作用或不再出现在“设备管理器”的列表中。

（8）Windows 系统根本不能启动，或仅能以安全模式或 MS-DOS 模式启动。

（9）Windows 系统显示“注册表损坏”这样的信息。

（10）启动时，系统调用注册表扫描工具对注册表文件进行检查，然后提示当前注册表已损坏，将用注册表的备份文件进行修复，并要求重新启动系统。而上述过程往往要重复数次才能进入系统。其实此乃系统的误报，此时的注册表并没有损坏，倒是内存条或硬盘值得好好检查一下，这是硬件故障造成的假象。

以上罗列了注册表损坏的十种症状，除第 10 项外，前 9 项都是可以简单修复的，前提是有注册表文件备份。

2. 如何修改组成员的权限设置，加强注册表的安全

在默认情况下，注册表只能由 Administrator 或者 Power Users 组的成员进行编辑，同时，这些组的所有成员都有相同的访问权。

为了让其他的组和用户具有安全设置的修改能力，我们可以通过修改注册表编辑器的相关选项进行操作，方法为：

（1）启动注册表编辑器，选定特定的项或子项分支，如 HKEY_LOCAL_MACHINE\ SYSTEM。

（2）从编辑菜单中选择“权限”命令，弹出如图 2-1 所示对话框，此对话框列出了当前的权限设置情况。

从图 2-1 中可以看出，我们可以使用的权限包括如下三种：

①“完全控制”：允许读取和修改注册表中的任何项目，包括编辑、添加和删除等操作。此权限也包括其他用户编辑注册表的权限，以及它对项或子项分支的“所有权”。

②“读取”：允许用户查看注册表的内容，但不能对其进行修改，这是 Everyone 组的权限设置。

③“特别的权限”：该权限是随“完全控制”一起提供的，使用该权限，获取了一个子项分支的所有权后，就可以决定谁能访问注册表以及访问注册表的方式。

（3）如果要更改组或单个用户的当前权限，即设置“特别的权限”，则在如图 2-1 中单击“高级”按钮，在弹出的“SYSTEM 的高级安全设置”中选择“有效权限”选项卡，如图 2-2 所示。

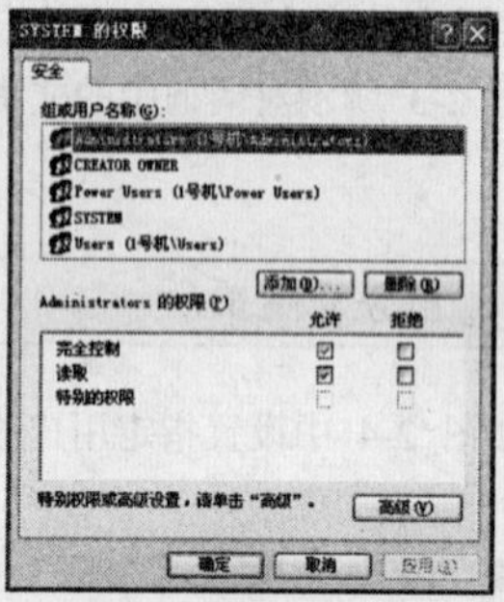

图 2-1

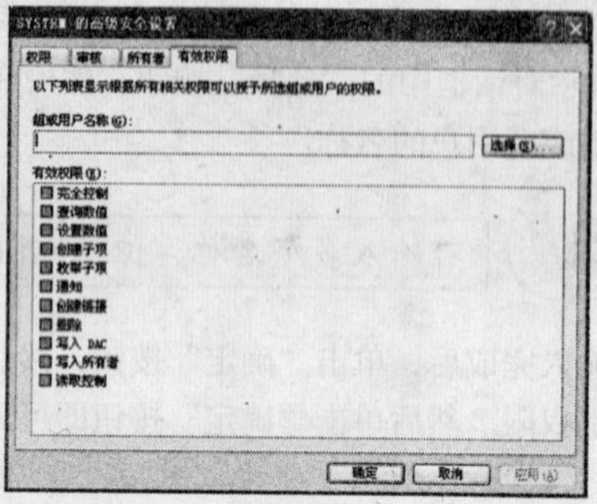

图 2-2

表 2-1 列出了“特别的权限”及其功能解释。

表 2-1 特别的访问权限

特别的访问权限	功 能
查询数值	从注册表子项分支中读取项值
设置数值	在注册表中设置项值
创建子项	在选定的注册表子项下面创建子项分支
枚举子项	标识注册表中的子项
通知	来自注册表项的通知事件

续 表

特别的访问权限	功 能
创建链接	在特定子项中创建符号链接
删除	删除注册表对象
写入 DAC	更改子项的安全权限
写入所有者	获取一个子项的所有权
读取控制	读取子项的安全权限

提示!! 以 Administrator 身份直接登录到自己系统的用户（本地登录，非域成员）可对自己的本地注册表进行任意的修改，这将造成严重的安全和管理问题。为防止用户作为管理员以本地方式登录，请更改每台计算机上的 Administrator 账号密码。

（4）为了能添加其他用户，使其能参与注册表的安全设置，请单击如图 2-2 所示对话框中的“选择”按钮，然后在如图 2-3 所示对话框中的文本框中输入组或者用户的名称。

提示!! 可输入多个名称，但在他们之间需用分号隔开。

输入完成后，单击“确定”按钮，然后在如图 2-4 中设置指定用户或者组的特别权限。然后单击“确定”按钮即可。

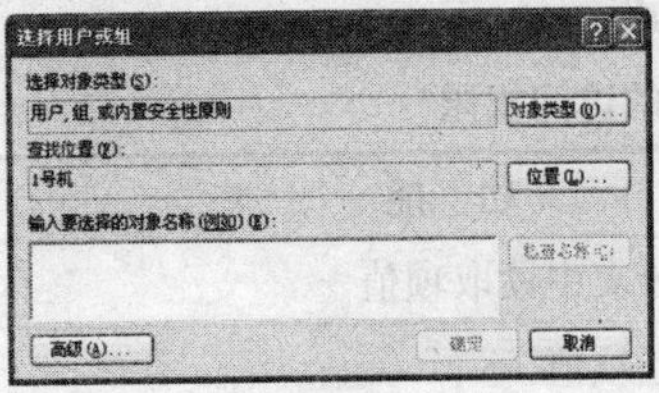

图 2-3

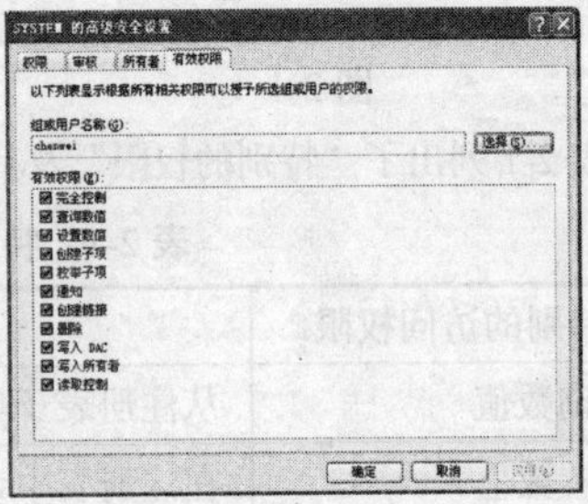

图 2-4

此时，不用重新启动计算机，改动就会自动生效。

3. 如何审核注册表的使用

通过 Windows XP 系统的审核机制，可以调查出谁对注册表进行过编辑，以及是在本地编辑的、还是从一个远程位置上进行编辑的。当某个用户在访问一个注册表的时候，如果正受到审核，则他本人并不会知道这个情况，因为 Windows XP 系统并不会给出明显的警告信息。尽管你可能决定对 Everyone 组进行审核，但审核报告是以单个用户为基础生成的，因此，所有的审核结果都会粘贴到事件查看器的“安全日志”里头。

要使用审核机制，必须先激活它。激活审核机制的方法为：

（1）启动注册表编辑器，选定特定的项或子项分支，如 HKEY_CURRENT_CONFIG\SOFTWARE，然后单击鼠标右键，从弹出的菜单中选择“权限”命令。

（2）从编辑菜单中选择“权限”命令，在弹出的“Software 的权限”对话框中单击“高级”按钮，出现如图 2-5 所示对话框。

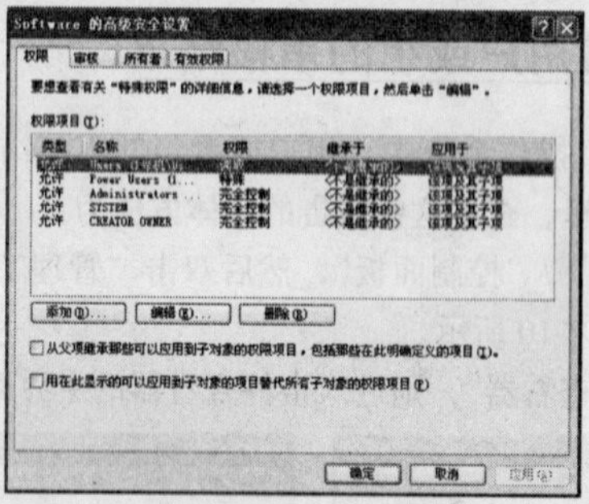

图 2-5

（3）单击图 2-5 中的“审核”选项卡，如图 2-6 所示。然后单击“添加”按钮，加入准备审核的用户组或单个的用户，如图 2-7 所示。

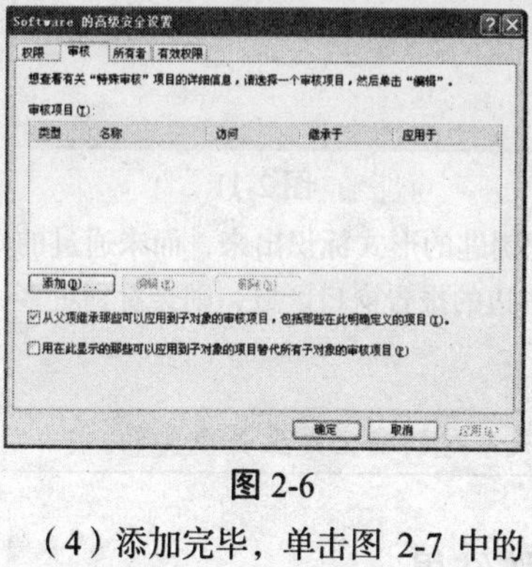

图 2-6

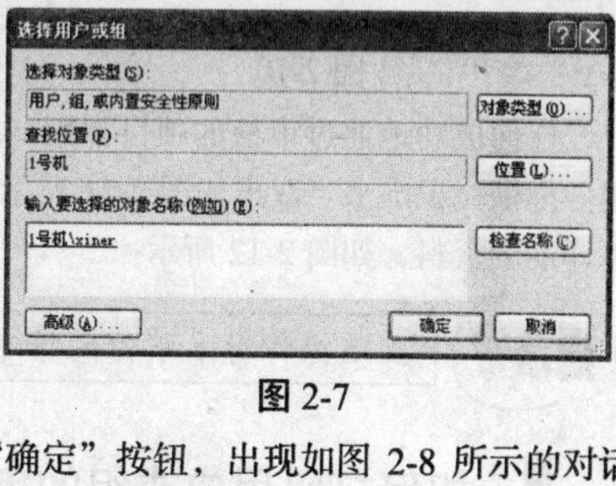

图 2-7

（4）添加完毕，单击图 2-7 中的“确定”按钮，出现如图 2-8 所示的对话框。最后单击“确定”按钮，则在注册表编辑器中激活了用户 xiner 的审核事件，结果如图 2-9 所示。

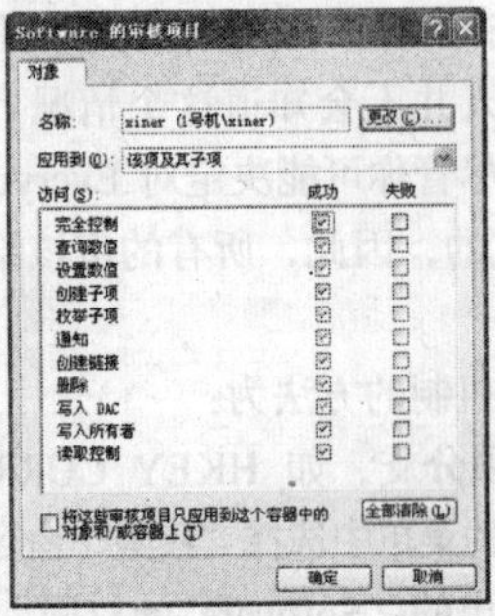

图 2-8

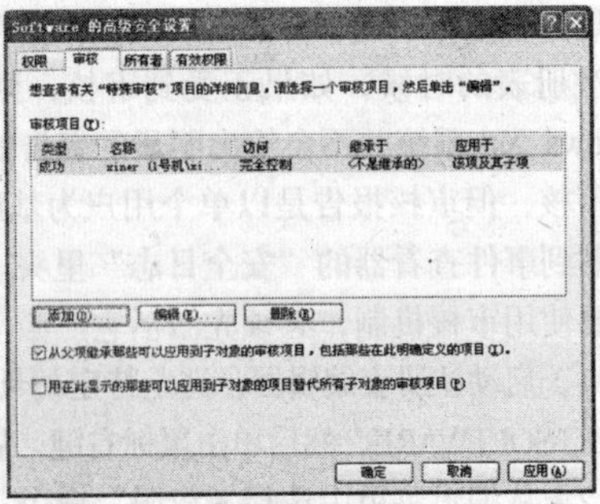

图 2-9

4. 如何查看用户或组的审核结果

在 Windows XP 操作系统中，用户或者组的审核结果存储在“事件查看器”的安全日志报告里，查看这些报告的具体方法为：

（1）单击“开始”/“控制面板”，然后双击“管理工具”图标，打开“管理工具”窗口，如图 2-10 所示。

（2）双击“事件查看器”，则进入事件查看器的主界面，如图 2-11 所示。

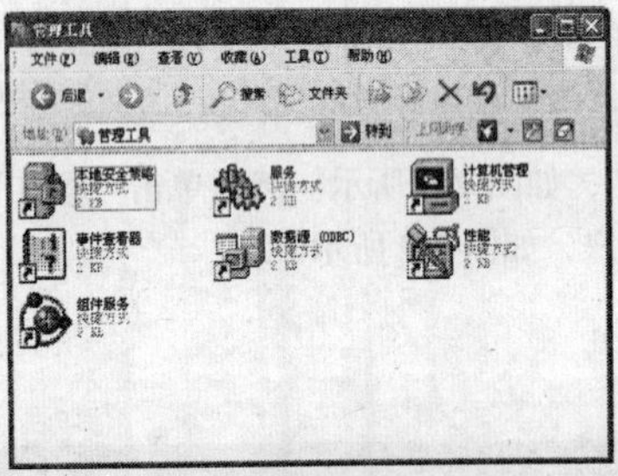

图 2-10

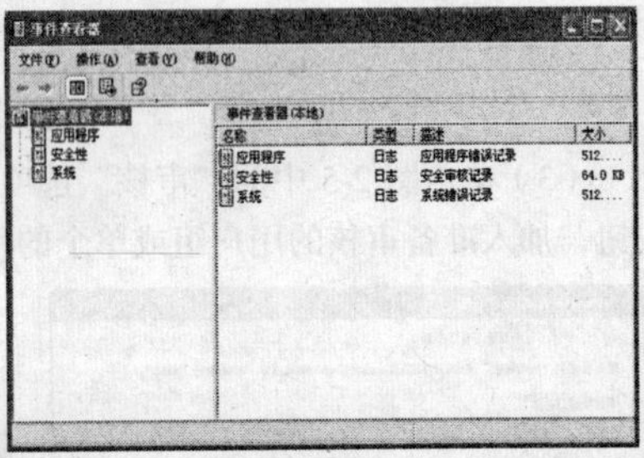

图 2-11

任何成功地通过审核的项目都用一把钥匙的形式标识出来，而未通过的则用一把锁标识出来。双击如图 2-11 所示右边的报告窗口区域，则会看到更多、更详细的资料，如图 2-12 所示。

提示!! 上述操作对本单位的信息及系统的安全是至关重要的。

5. 如何打印用户或组的审核结果

根据审核所得到的信息可以打印出来，方法为：

（1）在如图2-12所示的窗口中执行“操作”/“另存日志文件”命令。

（2）在弹出的如图 2-13 所示的对话框中的“保存类型”下拉列表中选择“文本”文件，在“保存在”下拉框中选择好保存路径，并为其命名，这里命名为rizi1，然后单击“保存”按钮。

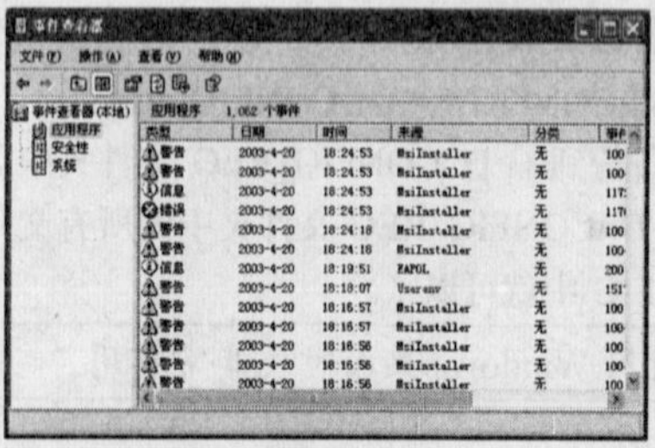

图 2-12

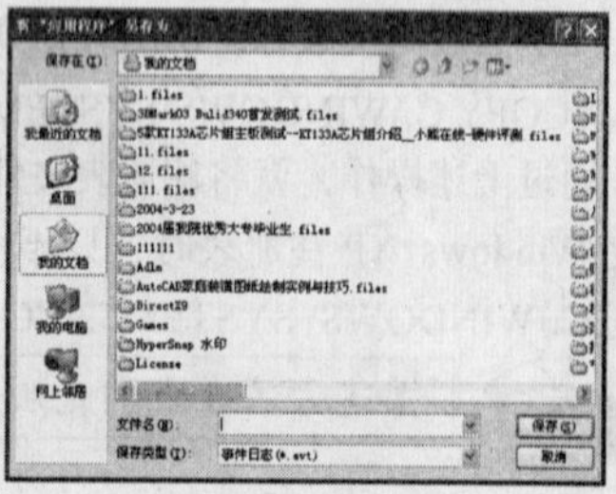

图 2-13

（3）打开刚才所保存的日志文件，然后执行“文件”/“打印”命令，即可将刚才所保存的日志进行打印。

6. 如何修改注册表的所有者权利

在 Windows XP 中，注册表的所有项目都是由 Administrators 组所有。对注册表的所有权进行转移，就可以限制访问注册表中某些子项的用户或者用户组。

如果要获取某个子项的所有权，则在如图 2-9 中单击“所有者”选项卡，出现如图 2-14 所示对话框。

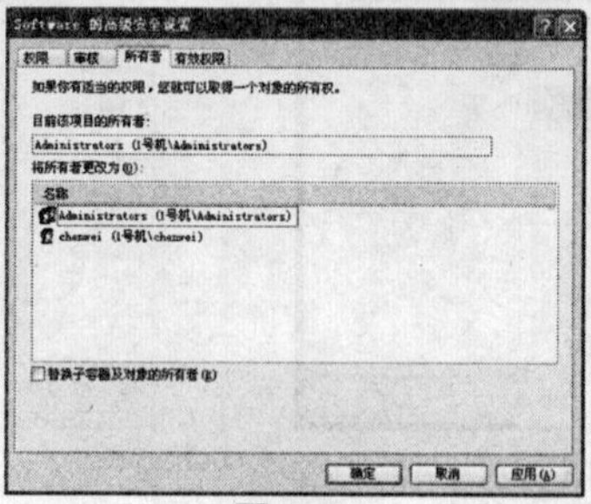

图 2-14

选中“替换子容器及对象的所有者”复选框，然后在“将所有者更改为:”框中选择要更改的所有者，再单击“应用”按钮即可。

7. 如何直接备份与恢复注册表

我们可以对 Windows XP 注册表直接进行备份存储，当注册表出现问题时，再把它拷贝回原来的地方即可。

操作方法如下（首先假设 Windows XP 操作系统安装在 C 盘上）：

（1）首先创建存放备份数据的目录：

MD D:\CONFIG_REG

（2）然后拷贝准备备份的数据到备份目录下：

XCOPY C:\WINDOWS\SYSTEM32\CONFIG*.* D:\ CONFIG_REG

通过上述操作，就将注册表文件备份到了 D:\CONFIG_REG 文件夹中。在恢复 Windows XP 注册表时，只要将 D:\CONFIG_REG 文件夹中的所有文件拷贝到 C:\WINDOWS\ SYSTEM32\CONFIG\中就可以了。

提示!! 上述方法在我们无法进入 Windows 桌面时就非常有用。

8. 如何使用注册表编辑备份注册表

可以使用注册表编辑器将注册表导出，以便能够对注册表中的子项或项值数据进行分析，或预备作为恢复注册表之时使用。

方法为：

（1）如图 2-15 所示，打开注册表编辑器，选择“文件”/“导出”。

（2）如图 2-16 所示，在“文件名”中，输入注册表文件的名称。然后在“导出范围”下，执行下一步操作。

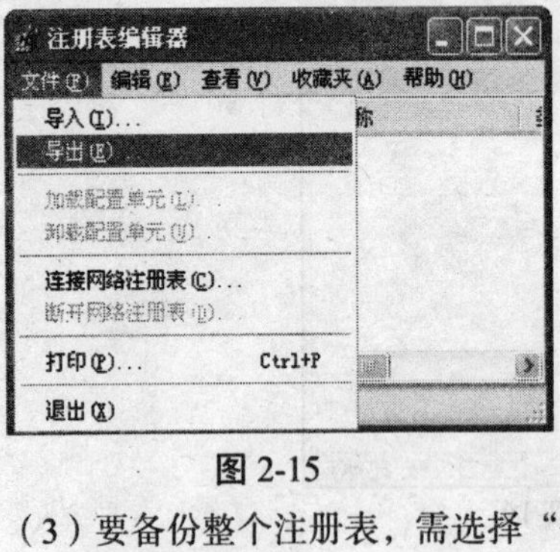

图 2-15

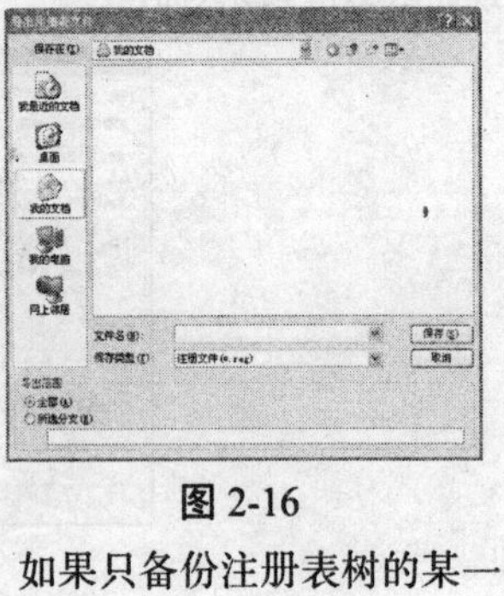

图 2-16

（3）要备份整个注册表，需选择“全部”。如果只备份注册表树的某一分支，则选择“所选分支”，然后输入要导出的分支名称，单击“保存”。

9. 如何使用注册表编辑器恢复注册表

当需要恢复注册表时，我们只要把已备份好的注册表文件导入注册表即可。

方法为：

（1）打开注册表编辑器，选择“文件”/“导入”命令，则弹出如图 2-17 所示对话框。

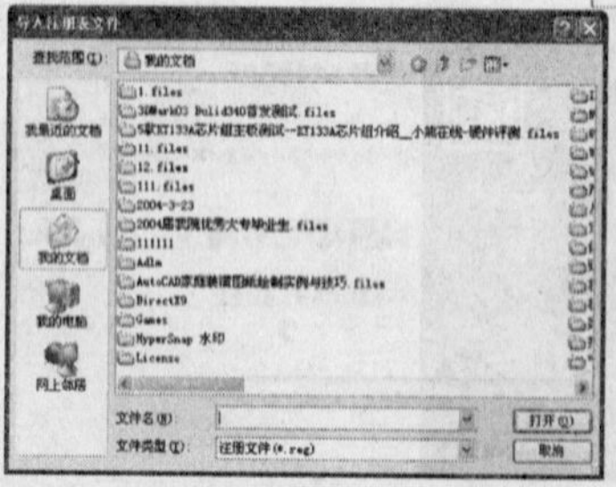

图 2-17

（2）在“查找范围”文本下拉框中找到欲导入的注册表文件所在的路径，在“文件名”文本下拉框中输入注册表文件名，直接按回车键“Enter”或单击“打开”按钮，则出现如图 2-18 所示的“导入注册表文件”进程窗口，该窗口显示的是注册表文件转换为系统注册表数据库的过程。

图 2-18

如果在导入的过程中出现错误，比如正在对注册表进行操作等，则会弹出如图 2-19 所示的提示信息。

图 2-19

10. 如何使用 Windows XP 系统自带的“备份”工具备份注册表

目前有不少软件具有备份与还原注册表的功能，而最为方便的就是使用 Windows XP 系统自带的“备份”工具进行操作。

方法如下：

（1）执行“开始”/“所有程序”/“附件”/“系统工具”/“备份”命令，打开备份或还原向导，如图 2-20 所示。

（2）单击图中的“高级模式”链接，打开如图 2-21 所示对话框。

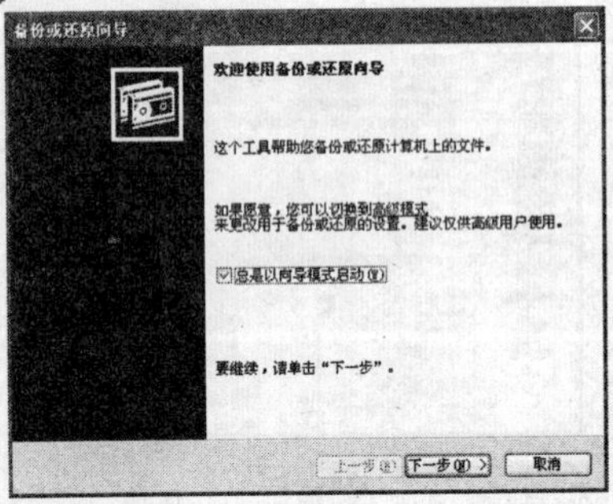

图 2-20

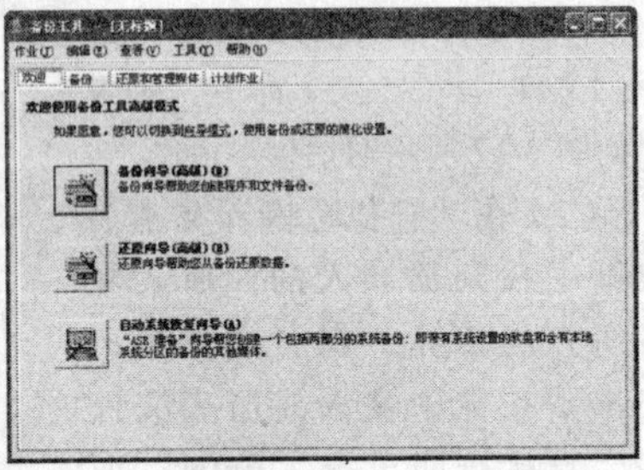

图 2-21

（3）执行“备份”项目，打开如图 2-22 所示对话框。

（4）为了备份注册表，选中图中的“System State”，然后单击“开始”备份按钮，出现如图 2-23 所示对话框。

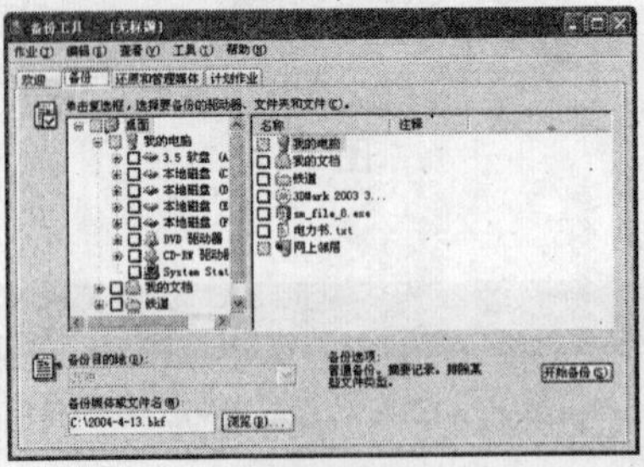

图 2-22

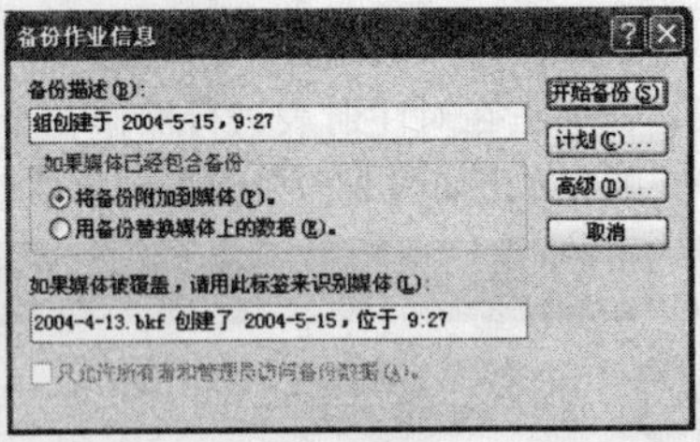

图 2-23

提示!!

如果是第一次使用“备份”工具进行备份操作，则在如图 2-22 所示的“备份媒体或文件名”框内的内容应该是“A:\Backup.bkf”，如果备份的内容所占空间超过了一张软盘的容量，则应将备份路径更改到其他存储器，或 C 盘，或 D 盘，或其他可移动存储介质；如果是备份整个分区，则应首先查看一下分区大小，然后选择相应的路径进行备份，要不然，辛辛苦苦等待了大半天（如果所选择备份的数据很多，则备份所需时间也会相应增加），最后系统却会告诉你备份无法进行操作，空间不够，那时候再喊冤就来不及了。

（5）如果想对此备份工作进行一些设置，则单击“高级”按钮，打开如图 2-24 所示对话框。

（6）在完成设置后，单击“确定”按钮，回到如图 2-23 所示对话框中，然后单击“开始备份”按钮进行备份。图 2-25 中显示的是备份进度。

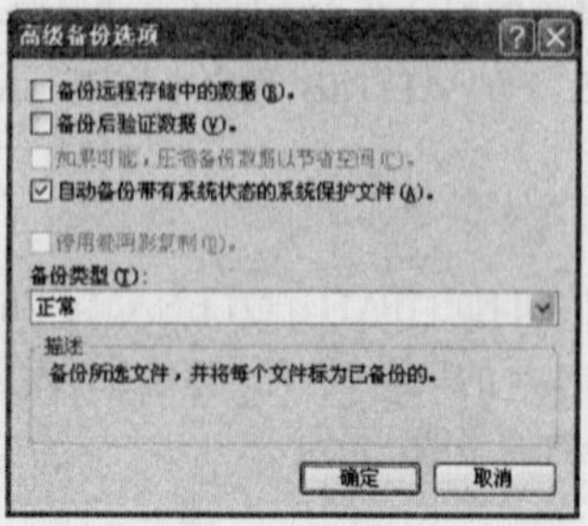

图 2-24

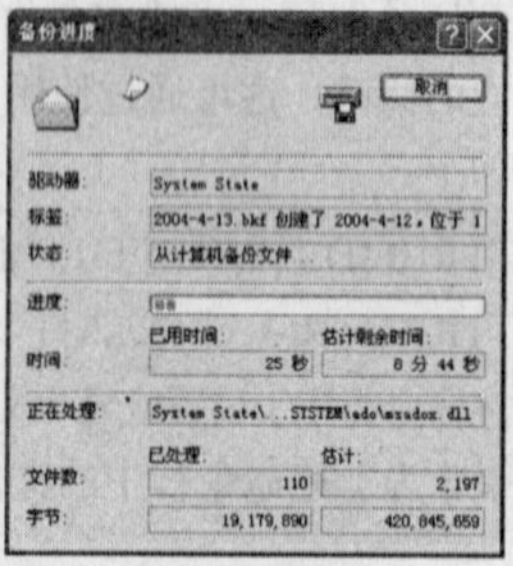

图 2-25

（7）备份结束后，会给出一份备份报告，如图 2-26 所示。

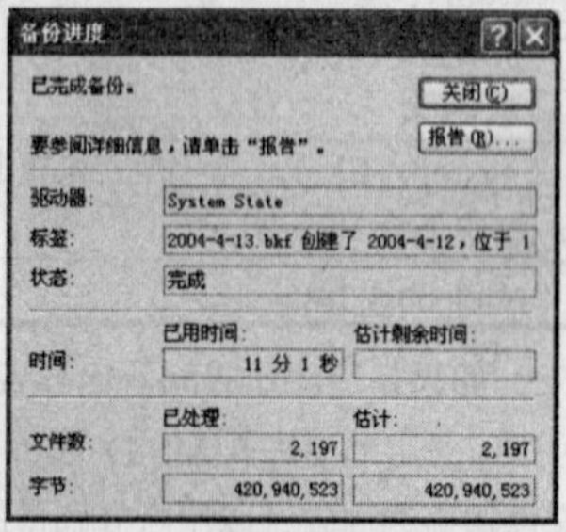

图 2-26

11. 如何使用 Windows XP 系统自带的“备份”工具还原注册表

方法为：

（1）如果要恢复所备份的系统状态（含注册表），则在如图 2-22 所示的“还原和管理媒体”选项卡，然后在备份文件中选择要还原的文件（此处选择的是系统状态），如图 2-27 所示。

（2）选定好还原的文件后，单击“开始还原”按钮即可。

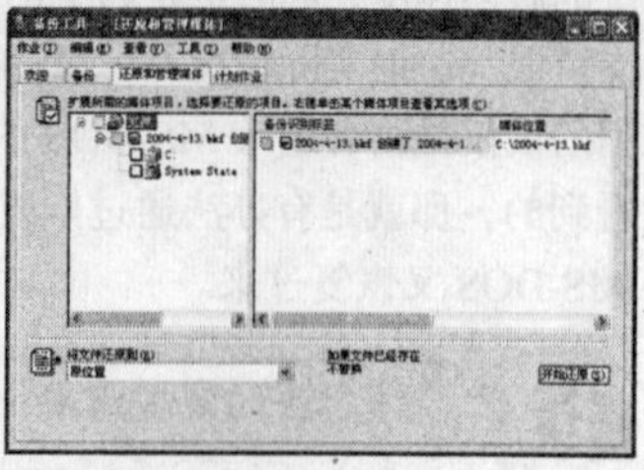

图 2-27

12. 如何通过复制注册表解决注册表故障

这是一种很原始的方法，即直接将所需之 System.dat 及 User.dat 两个文件拷贝存放在硬盘某个指定目录下或直接拷到软盘上作为备份，恢复时再将该备份拷贝到原处即可，当然在备份及恢复时都需对这两个文件的只读及隐藏属性进行相应的修改，这可通过使用 MS-DOS 下的 ATTRIB 程序来实现。ATTRIB 的语法如下：

```
ATTRIB [D:] [PATH] FILENAME [\S]
ATTRIB [+R/-R] [+A/-A] [+S/-S] [+H/-H] [D:] [PATH] FILENAME [\S]
```

上述命令行用于设置或显示文件（文件夹）的只读、存档、系统、隐藏属性。

表 2-2 为上述命令行中的文件属性参数的说明。

表 2-2

属 性	意 义
A	存档文件（archive file），即是一般的文件
H	隐藏文件（hidden file），即在文件夹中不显示的文件，用 dir 命令不会显示出来
S	系统文件（system file），操作系统或其他程序自己使用的文件，用 dir 命令不会显示出来
R	只读文件（read-only file）

用这种方法的好处在于，如果是因注册表问题而导致系统瘫痪，开机后无法进入 Windows XP 系统时，可用应急启动盘进入 MS-DOS 界面后，用常规的 DOS 操作将存在硬盘的注册表备份文件覆盖回原处，以便恢复到备份时的注册表数据。

13. 如何让 Windows XP 继续支持 Scanreg、Regedit 的 DOS 版本

Microsoft 在 Windows XP 中取消了启动 MS-DOS 的能力是为了提高新操作系统的启动速度，同时也是为了消除在 Windows 之前加载的实模式设备驱动器的支持混乱。但实际情况是，MS-DOS 仍保留在 Windows XP 之下，Microsoft 取消的仅仅是读者进入 MS-DOS 的能力，代码并未取消。这一事实是我们都愿意看到的，那就是有办法通过修改系统的一些秘密地方，然后就能神乎其神地将 MS-DOS 又恢复过来。

提示!! 该想法的实现需要一个工具——Real DOS-Mode（DOS 实模式），它可以到 http:\\www.manifest -destiny.net\网站去下载。

方法如下：

（1）创建一个临时目录（比如 C:\Temp），将 C:\Windows 下的 Command.com、C:\Windows\Command\Ebd 下的 Io.sys 和 C:\Windows\System 下的 Regenv

32.Exe 拷贝到此临时目录里。

（2）进入此临时目录，选中所有文件，并查看属性，确认所有的文件都没有“系统”、“只读”、“隐藏”属性。

（3）正确下载 Real DOS-Mode 程序，然后将其解压缩到刚创建的临时目录里。

（4）解压缩后，运行其中的 WINMEDOS.COM 程序，按程序的提示一步步进行操作（就是不停按任意键）。

（5）再将临时目录下的 Io.sys 拷贝到 C:\Windows\Command\Ebd\I 下，将 Command.Com 拷贝到 C:\Windows\下，将 Regenv32.exe 拷贝到 C:\Windows\System 下。

（6）编辑 C:\Config.sys（是的，现在能编辑了），在其中增加一行：

DEVICE=C:\WINDOWS\IFSHLP.SYS。

完成以上操作后，重新启动计算机，Windows XP 直接进入到 MS-DOS 方式。但有点美中不足的是，现在无法自动启动到 Windows XP 视窗界面，只有手工输入 Win 命令（仿佛又回到了 Windows 3-x 时代）来启动 Windows XP。

当然，如果还是想自动运行，也可以再编辑 AUTOEXEC.BAT，在其中增加一行：C:\WINDOWS\WIN.COM 就可以了。

通过以上操作，可以让 Windows XP 像 Windows 98 一样可以继续使用 MS-DOS 方式，而更重要的是，我们可以继续使用 Scanreg、Regedit 来进行我们已经习惯且经典的对注册表的操作了。

14. 如何使用紧急修复软盘备份与恢复 Windows XP 注册表

Windows XP 注册表太大，一张软盘装不下。因此，创建一张 Windows XP 紧急启动软盘（ERD，即 Emergency Repair Diskette）并使用它为注册表备份的方法会更符合实际情况。

做好 ERD 后，便可以将注册表文件的备份副本存放到硬盘的一个特殊文件夹上，即 C:\Winnt\Repaipr\Regback。在某些情况下，Windows XP 就可以用该备份副本修复注册表。

首先执行“开始”/“程序”/“附件”/“系统工具”菜单中的“备份”程序，此时会出现备份程序窗口，单击“创建一张紧急修复软盘”按钮，并在弹出的对话框中选择“也备份注册表到修复目录”，以便将当前注册表文件保存到 C:\Winnt\Repair\Regback 文件夹中。

操作结束后，再单击“确定”关闭对话框。现在可以看看 C:\Winnt\Repair\Regback 中文件上的日戳是不是刚才的时间？到此，至少具备了一定的措施，使注册表免遭重大损坏。

修复 Windows XP 系统时，使用 Windows XP“启动”菜单中的“修复控制台”功能就可以恢复制作 ERD 时创建的注册表。如果采用“紧急修复”功能，Windows XP 会忽略备份，而采用安装 Windows XP 时创建的注册表初始版本。因为使用“紧急修复”功能恢复系统时，它只查看 C:\Winnt\ Repair 文件夹里的文件，忽视 C:\Winnt\Repair\Regback 文件夹中的文件。

提示!! 这不是完美的注册表备份解决方案，因为如果 Windows XP 无法访问硬盘，或者硬盘出故障，便束手无策了。尽管如此，ERD 方法很容易，比什么都没有绝对强多了。

15. 利用“3721 网络实名”恢复被禁用的注册表

如果你在修改注册表时一不小心将注册表禁用了，或中了病毒，有可能在想使用注册表编辑器时，出现“注册表已被管理员禁用”的提示，这时候该如何是好呢?

别急，办法总是会有的，很简单：利用“3721 网络实名”的“修复浏览器”功能即可恢复被禁用的注册表。具体操作方法如下：

（1）首先确认你的浏览是否已经加载了 3721 搜索引擎；如果没有，则在 IE 浏览器的地址栏输入“www.3721.com”，然后在出现的如图 2-28 所示中单击“开启实名”按钮即可。

（2）开通“网络实名功能”以后，选择 IE 浏览器的“工具”/“修复浏览器”命令，在弹出的如图 2-29 所示的页面中单击该页面右上部位的“立即修复”按钮，即可将被禁用的注册表还原为可编辑状态。

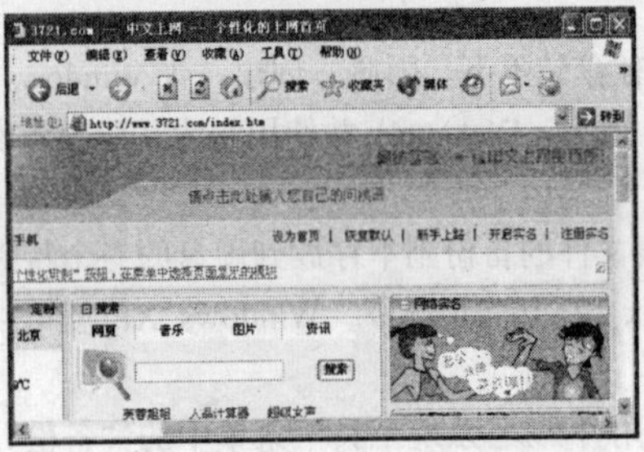

图 2-28

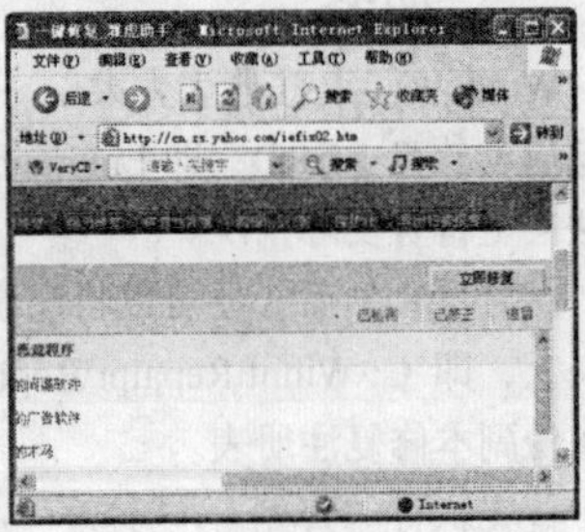

图 2-29

第 3 章

设置任务栏、桌面与开始菜单

注册表修改设置速查 1000——本章内容

3-1 任务栏

1. 如何禁止改变任务栏位置

在通常情况下，任务栏的位置是可以随便放在屏幕的任一边。但通过此设置可以禁止用户对任务栏位置的改变。

（1）找到如下子项分支（如果不存在，则新建），并根据下表编辑其相应项值（如果不存在，则新建）：

HKEY_LOCAL_MACHINE\Software\Microsoft\Windows\CurrentVersion\Policies\Explorer

项值（数据类型）	项值数据
LockTaskbar（DWORD 值）	0（不锁定任务栏的位置） 1（锁定任务栏的位置）

（2）重新启动计算机或注销当前用户，再次进入 Windows XP，以使修改生效。

2. 如何屏蔽或打开“分组相似任务栏按钮”功能

作为 Windows XP 个性化功能之一的“分组相似任务栏按钮”功能，可以把那些相同程序的窗口分成一组，这样可以大量减少任务栏里的窗口数。通过注册表，可以设置此功能是否有效。

（1）找到如下子项分支（如果不存在，则新建），并根据下表编辑其相应项值（如果不存在，则新建）：

HKEY_CURRENT_USER\Software\Microsoft\Windows\CurrentVersion\Explorer\Advanced

项值（数据类型）	项值数据
TaskbarGlomming（DWORD 值）	0（屏蔽此功能） 1（激活此功能）

（2）重新启动计算机或注销当前用户，再次进入 Windows XP，以使修改生效。

3. 如何自定义激活“分组相似任务栏按钮”的窗口数量

上面我们讲述了“分组相似任务栏按钮”功能，并说明了屏蔽／激活它的方法，其实，在注册表里，还可以设置当某个窗口达到一定数量后，才激活“分组相似任务栏按钮”的功能，使“分组相似任务栏按钮”功能更能符合我们的要求。

（1）找到如下子项分支（如果不存在，则新建），并根据下表编辑其相应项值（如果不存在，则新建）：

HKEY_CURRENT_USER\Software\Microsoft\Windows\CurrentVersion\Explorer\Advanced

项值（数据类型）	项值数据
TaskbarGroupSize（DWORD 值）	3（设置具体的欲设的窗口数量）

（2）重新启动计算机或注销当前用户，再次进入 Windows XP，以使修改生效。

> 提示!!
> TaskbarGroupSize 一般可为 2~10 左右，另外应该注意，此窗口最小有意义的值为 2，因为小于此值，也不会激活“分组相似任务栏按钮”的功能。

4. 如何隐藏工具栏

用户是否遇到这样的情况：工具栏消失了或当光标移近的时候隐藏了。这是因为注册表中的主项值被破坏了。我们可以自己修改注册表来修复它。

（1）找到如下子项分支（如果不存在，则新建）：

HKEY_CURRENT_USER\Software\Microsoft\Windows\CurrentVersion\Explorer\StuckRects2

（2）将“StuckRects”子项删除。

（3）重新启动计算机或注销当前用户，再次进入 Windows XP，以使修改生效。

3-2 桌　面

1. 如何改变“我的电脑”与“我的文档”在桌面上的排序位置

在 Windows XP 中，我们可以利用修改注册表来把“我的电脑”图标放在“我的文档”上。

（1）运行注册表编辑器，打开已有的或新建如下子项分支，并根据下表编辑其相应项值（如果不存在，则新建）：

HKEY_CLASSES_ROOT\CLSID\{450D8FBA-AD25-11D0-98A8-0800361B1103}

项 值（数据类型）	项值数据
SortOrderIndex（DWORD 值）	54（设置“我的电脑”图标放在“我的文档”上，十六进制值） 48（“我的文档”放在首位，十六进制值）

（2）修改完成后，不用重新启动计算机，直接刷新桌面即可看到修改效果。

2. 如何更改“桌面”的目录

在 Windows 操作系统中，我们可以通过修改注册表的方法来更改“桌面”的目录，具体的操作方法如下所示。

（1）运行注册表编辑器，打开已有的或新键如下操作子项分支，并根据下表编辑其相应项值（如果不存在，则新建）：

HKEY_USERS\.DEFAULT\Software\Microsoft\Windows\CurrentVersion\Explorer\User Shell Foloders

项值（数据类型）	项值数据
Desktop（可扩充字符串值）	F:\Desktop（在此输入你指定的桌面位置）

（2）重新启动计算机或注销当前用户，再次进入 Windows XP，以使修改生效。

3. 如何快速清空回收站

当我们的机器由于硬盘空间已满而必须清空回收站时，我们可以将“清空回收站”加入到文件的右键菜单中以方便操作。

（1）找到如下子项分支（如果不存在，则新建）：

HKEY_CLASSES_ROOT*\shellex\ContextMenuHandlers

（2）在该子项下的左边窗口中右击 ContextMenuHandlers 文件夹图标，然后选择“新建”/“项”，并命名为：{645FF040- 5081-101B-9 F08-00AA002F954E}。

（3）重新启动计算机或注销当前用户，再次进入 Windows XP 后，当你在任何地方右击选择某个文件时，菜单中就会出现“清空回收站”的选项。

4. 如何扩充“回收站”的鼠标右键功能

回收站是 Windows XP 中的一个系统级桌面图标，由于其鼠标右键菜单功能不够强大，如回收站鼠标右键菜单中没有“删除”和“改名”功能，给实际应用带来一定不便，为此我们可以通过修改注册表来为其扩充菜单功能。

（1）找到如下子项分支（如果不存在，则新建），并根据下表编辑其相应

项值（如果不存在，则新建）：

HKEY_CLASSES_ROOT\CLSID\{645FF040-5081-101B-9F08-00AA002F954E}\ShellFolder

项值（数据类型）	项值数据
Attributes（二进制值）	40010020（系统默认值）
	01000000（在右键菜单中添加复制项）
	02000000（在右键菜单中添加剪切项）
	03000000（在右键菜单中添加复制和剪切项）
	10000000（在右键菜单中添加重命名项）
	20000000（在右键菜单中添加删除项）
	30000000（在右键菜单中添加重命名和删除项）
	40000000（在右键菜单中添加属性项）
	50000000（在右键菜单中添加重命名和属性项）
	53000000（在右键菜单中添加复制、剪切、重命名、属性项）
	60000000（在右键菜单中添加删除和属性项）
	63000000 （在右键菜单中添加删除、属性、复制、剪切项）
	70000000（在右键菜单中添加重命名、删除和属性项）
	73000000（在右键菜单中添加重命名、删除、属性、复制、剪切项）

（2）重新启动计算机或注销当前用户，再次进入 Windows XP，以使修改生效。

提示!!

本例就以“回收站”作为对象，说明了如何修改 Windows 系统级项目的扩展熟悉修改方法，如果想修改其他系统级项目，请将上面“操作子项”换成相应项目的 CLSID 并做具体设置。

5. 如何删除主题选项

在 Windows XP 中，桌面的属性栏中加入了“主题”选项卡，我们可以将其删除。

（1）找到如下子项分支（如果不存在，则新建），并根据下表编辑其相应项值（如果不存在，则新建）：

HKEY_CURRENT_USER\Software\Microsoft\Windows\CurrentVersion\Policies\Explorer

项值（数据类型）	项值数据
NoThemesTab （DWORD 值）	1（启用此设置） 0（禁止此设置）

（2）注销系统，便可使上述设置生效。

6. 如何删除桌面上多余的图标

除了我们安装程序、自己创建的桌面图标外，桌面上还有其他的图标，比如“我的电脑”、“IE”和“我的文档”等，当你用右键点击它们时，就会发现它们不能被删除。如果我们并不是真的需要它，那么可以通过如下设置来删除它们。

（1）找到如下子项分支（如果不存在，则新建）：

HKEY_LOCAL_MACHINE\SOFTWARE\Microsoft\Windows\CurrentVersion\Explorer\Desktop\NameSpace

（2）删除不需要的分支，然后关闭注册表编辑器。

（3）重新启动计算机或注销当前用户，再次进入 Windows XP，以使修改生效。然后就会观察到桌面上不需要的图标已经消失了。

7. 为“回收站”添加“删除”和“重命名”命令

在“回收站”的快捷菜单中是没有“删除”和“重命名”两个命令的，所以不能在桌面上对“回收站”进行删除和重命名操作。

如果你想为“回收站”的快捷菜单添加上“删除”和“重命名”命令，则可在注册表中进行如下操作：

（1）找到如下子项分支（如果不存在，则新建）：

HKEY_CLASSES_ROOT\CLSID\{645FF040-5081-101B-9F08-00AA002F954E}\ShellFolder

（2）双击窗口右边的 Attributes 项值项，在打开的“编辑二进制数值”对话框中的“数值数据”文本框中对当前的数值进行修改。

如果用户将 Attributes 的值修改为 60010020，则在“回收站”快捷菜单中将添加上“重命名”命令。

如果需要同时具有“重命名”和“删除”命令，可将 Attributes 的值修改为 70010020。修改完成后，单击“确定”按钮保存设置。

（3）注销当前用户并重新登录后设置生效，即快捷菜单中将添加上需要的命令。

8. 如何隐藏/显示桌面图标

新的 Windows XP 外观更加个性化，桌面似乎也变得更加简洁，刚刚安装的系统桌面上，仅仅只有一个“回收站”图标，多少有点不方便，其实默认情况下其他常用的图标（如我的电脑、网上邻居等）都被设置为隐藏，我们可以通过注册表设置他们是否隐藏/显示。

找到如下子项分支（如果不存在，则新建），并根据下表编辑其相应项值（如果不存在，则新建）：

HKEY_CURRENT_USER\Software\Microsoft\Windows\CurrentVersion\Explorer\HideDesktopIcons\NewStartPanel

项值（数据类型）	项值数据
{20D04FE0-3AEA-1069-A2D8-08002B30309D}（DWORD 值）	0（显示 IE 图标） 1（隐藏 IE 图标）
{871C5380-42A0-1069-A2EA-08002B30309D}（字符串值）	0（显示回收站图标） 1（隐藏回收站图标）
{208D2C60-3AEA-1069-A2D7-08002B30309D}（字符串值）	0（显示网上邻居图标） 1（隐藏网上邻居图标）
{450D8FBA-AD25-11D0-98A8-0800361B1103}（字符串值）	0（显示我的文档图标） 1（隐藏我的文档图标）
{645FF040-50。81-101B-9F08-00AA002F954E}（字符串值）	0（显示我的电脑图标） 1（隐藏我的电脑图标）

提示!! 如果没有这些项值项，或者没有设置其值，那么系统将认为默认情况为隐藏这些图标。

9. 删除回收站后进行创建

在默认情况下，用户是无法将桌面上的“回收站”图标删除的，除非用户通过注册表为“回收站”的快捷菜单添加了“删除”命令才可以。

但是一旦用户将该图标删除，就会因为缺少了“回收站”图标而感到操作的不便。不过不用担心，即使用户删除了“回收站”图标，通过注册表的修改仍可以为桌面重新建立“回收站”功能。

（1）找到如下子项分支（如果不存在，则新建）：

HKEY_LOCAL_MACHINE\SOFTWARE\Microsoft\Windows\CurrentVersion\Explorer\Desktop \NameSpace

（2）单击“编辑”/“新建”/“项”，系统将在 NameSpace 子项下创建一个新的子项，在名称输入框中输入{645FF040-5081-101B-9F08-00AA002F954E}。

（3）双击该子项中的“默认”项值项，打开“编辑字符串”对话框。

（4）在“编辑字符串”对话框的“数值数据”文本框中输入“回收站”3个字。

（5）单击“确定”按钮返回到注册表编辑器主窗口，按 F5 键刷新注册表，然后在桌面上再次按 F5 键刷新，随后即可看到“回收站”图标又返回到了桌面上。

10. 更换 IE 浏览器图标

如果你想将桌面上的 IE 浏览器图标也更换掉，那么就打开注册表编辑器自己动手吧。

（1）找到如下子项分支（如果不存在，则新建）：

HKEY_CLASSES_ROOT\CLSID\{871C5380-42A0-1069-A2EA-08002B30309D}\DefaultIcon

（2）双击 DefaultIcon 子项右窗格中的“默认”项值项，打开“编辑字符串”对话框。

（3）在该对话框的“数值数据”文本框中，输入所选图标的磁盘路径和文件名，如%System Root%\System32\shell.dll,-34。

（4）关闭注册表编辑器返回到桌面上，按 F5 键刷新，IE 图标已经更换为指定的样式。

11. 更换“我的公文包”图标

也许你经常需要将一些文件从台式计算机中转移到笔记本电脑中，为了让两台电脑中的文件都保存最新，这时你可以使用 Windows 系统提供的“我的公文包”功能（不同的 Windows 版本，其中显示的名称也会不同，如显示的名称为“公文包”）。

如果你想将该图标换一个新面孔，也可能通过修改注册表来更换。

（1）找到如下子项分支（如果不存在，则新建）：

HKEY_CLASSES_ROOT\CLSID\{85BBD920-42A0-1069-A2E4-08002B30309D}\DefaultIcon

（2）双击 DefaultIcon 子项右窗格中的“默认”项值项，打开“编辑字符串”对话框。

（3）在该对话框的“数值数据”文本框中，输入所选图标的磁盘路径和文件名，如%System Root%\System32\shell.dll,-55。

（4）设置完毕，关闭注册表，注销当前用户重新登录计算机后会发现“公文包”图标已经更换为指定的样式了。

12. 任意控制桌面图标大小

众所周知，通过“显示属性”中的“外观”选项卡，用户可以很方便地调整整个桌面、窗口或其他项目的字体和图标大小。但这种设置方式有一定的局限性，例如，用户只能选择系统提供的桌面图标大小方案应用的窗口，不能自己设定桌面图标的具体大小，但通过修改注册表就可以达到此目的。

（1）找到如下子项分支（如果不存在，则新建）：

HKEY_CURRENT_USER\Control Panel\Desktop\WindowMetrics

（2）双击 Shell Icon Size 项值名称，打开“编辑字符串”对话框。

（3）在该对话框的“数值数据”文本框中，系统默认的图标大小参数为29，用户可以根据自己的需要来设置桌面图标大小的参数，比如56。

（4）单击“确定”按钮关闭“编辑字符串”对话框。

（5）注销当前用户并重新登录计算机系统后设置生效。

13. 调整桌面图标颜色质量

用户不但可以通过“显示属性”对话框的“设置”选项卡调整计算机的颜色质量，而且还可以通过注册表来调整图标的颜色质量。

（1）找到如下子项分支（如果不存在，则新建）：

HKEY_CURRENT_USER\Control Panel\Desktop\WindowMetrics

（2）双击 Shell Icon BPP 项值打开“编辑字符串”对话框。

（3）在该对话框的“数值数据”文本框中，系统默认的图标颜色参数为16，其中可供用户使用的颜色参数包括：4 表示 16 种颜色，8 表示 256 种颜色，16 表示 65536 种颜色，24 表示 1600 万种颜色，32 表示 True Color（真彩色）。这里可以根据自己的需要来设置桌面图标颜色的参数，比如32。

（4）单击“确定”按钮关闭“编辑字符串”对话框。

（5）关闭注册表编辑器并注销当前用户，重新登录系统即可使设置生效。

提示!! 在修改前一定要仔细阅读显示卡的说明书，看能否支持真彩色。

14. 隐藏桌面上所有图标

如果你想自己桌面上的图标全部隐藏起来，不让别人看见，这时你可以通过修改注册表来实现。

（1）找到如下子项分支（如果不存在，则新建）：

HKEY_CURRENT_USER\Software\Microsoft\Windows\CurrentVersion\Policies\Explore

（2）用鼠标右键单击右窗格中空白区域，在出现的菜单中选择“新建”/“DWORD 值”，创建一个名称为 NoDesktop 的项值。

（3）双击该项值名称，在打开的对话框中的“数值数据”文本框中输入 1。

（4）关闭注册表编辑器，并重新启动电脑后，即可隐藏桌面上所有图标。

15. 取消快捷方式上的箭头

在 Windows 系统的桌面上，除了系统图标外，用户安装程序时添加的应用程序图标，或自己添加的图标上都会有一个黑色小箭头，非常影响桌面的美观。如果不喜欢，就可以通过修改注册表将它从图标上去掉。

（1）找到如下子项分支（如果不存在，则新建）：

HKEY_CLASSES_ROOT\Lnkfil

（2）在右窗格中，用鼠标右键单击 IsShortcut 项值名称，从弹出的快捷菜单中选择“删除”命令。

（3）关闭注册表编辑器，注销当前用户并重新登录系统，这时桌面上快捷图标上的黑色箭头就消失了。

16. 指定桌面墙纸

对于 Windows 的桌面来说，用户可以通过为其设置墙纸的方式来设计个性化的桌面，普通用户的设置方式是通过“显示属性”对话框的“桌面”选项卡来完成。其中，用户主要设置的选项包括两部分，即选定墙纸文件和设定墙纸的位置。另外，通过修改注册表，用户也可以为当前计算机用户指定墙纸并设定墙纸位置。

（1）找到如下子项分支（如果不存在，则新建）：

HKEY_CURRENT_USER\Control Panel\Desktop

（2）在 Desktop 子项下，双击右窗格中的 Wallpaper 项值，打开“编辑字符串”对话框，然后在该对话框的“数值数据”文本框中输入用户应用的墙纸文件的路径和文件名，如 F：\Windows\Prairie Wind.bmp。最后单击“确定”按钮关闭“编辑字符串”对话框。

（3）双击右窗格中的 WallpaperStyle 项值项，在打开的对话框中的“数值数据”文本框中输入墙纸在桌面上位置的参数，其中值为 0 表示墙纸显示在桌面的正中央，值为 1 表示墙纸按平铺方式在桌面上显示，值为 2 表示墙纸按拉伸方式在桌面上显示。这里我们将其值设置为 0。单击“确定”按钮关闭“编辑字符串”对话框。

（4）关闭注册表编辑器，注销当前用户并重新登录系统，新的墙纸图案将显示在桌面上。

17. 个性化设置“打印机”名称

追求个性化的用户可以通过注册表来任意修改打印机名称和提示信息，用户可以修改“打印机”的名称为“PDF 印刷厂”，提示信息为“我的个人 PDF 印刷厂”。

（1）找到如下子项分支（如果不存在，则新建）：

HKEY_CLASSES_ROOT\CLSID\{2227A280-3AEA-1069-A2DE-08002B30309D}

（2）双击右侧窗口中的“默认”，将数值更改为“九州天地印刷厂”。

（3）双击右侧窗口中的“Infotip”，将数值设为“九州天地印刷厂”。

（4）打开“我的电脑”，“打印机”已经找不到了，取而代之的就是“九州天地印刷厂”了。

18. 精确定位墙纸

如果在桌面上使用大幅墙纸，那么通常都会覆盖（至少一部分）桌面图标，此时，我们不用让墙纸居中或平铺显示，而是使用下面的操作技巧就可以达到对墙纸精确定位的目的。

（1）找到如下子项分支（如果不存在，则新建）：

HKEY_CURRENT_USER\Control Panel\Desktop

（2）在此子项分支中查找或创建项值名为 WallpaperOriginX（设置图形左侧的水平位置）、Wallpaper OriginY（设置图形上方的垂直位置），其类型为 REG_SZ；

（3）这些项值是以像素为单位，如将 WallpaperOriginX 的值设为 100，就表示图片左侧距屏幕左边界有 100 个像素的距离。如将 WallpaperOriginY 的值设为 200，就表示图片上方距屏幕上边界有 200 个像素的距离。当然，不同的分辨率会影响图像的实际位置。例如，在 640×480 分辨率的屏幕上，一个像素比 1024×768 的像素颗粒大得多；

（4）重新注销当前用户重新登录系统，设置即可生效。

19. 给桌面项目改名

在 Windows XP 中，“我的电脑”、“我的文档”等系统图标的名称，既可以使用修改注册表改名，也可以在屏幕上用鼠标双击图标重新命名。在 Windows

XP 中，有些图标（例如回收站）只有用注册表来修改回收站的名字。

（1）找到如下子项分支（如果不存在，则新建）：

HKEY_CURRENT_USER\Software\Microsoft\Windows\ShellNoRoam\MUICache

（2）这时可以看到右边窗格中有多个项值，找到名称为@F：\WINDOWS\system32\ SHELL32.dll,-8964 的项值项，用鼠标左键双击它，在弹出的“编辑字符串”对话框的“数值数据”文本框中将“回收站”改为用户喜欢的名字，如“垃圾桶”；

（3）注销当前用户重新登录计算机后，设置立即生效。

20. 每次启动时在桌面上保持相同的设置

在 Windows XP 中，用户无法直接通过鼠标操作使桌面每次启动都保持相同的设置，但可以通过修改注册表来达到这个目的。在执行了下面的操作后，在会话期间无论是否进行了修改，图标位置总是相同的。

（1）找到如下子项分支（如果不存在，则新建）：

HKEY_CURRENT_USER\Software\Microsoft\Windows\CurrentVersion\Policies\Explorer

（2）在此子项分支中查找或创建一个项值名 NoSaveSettings，其类型为 REG_SZ。

（3）此项值名的项值可以设置为 1（打开此选项）或 0（关闭此选项）。如果需要在每次注销登录时保存桌面设置，可以删除这个项值名称或将其设置为 0。

21. 在桌面上显示 Windows 版本号

对于使用过测试版 Windows 的用户，可能都会有这样的体验，即在桌面右下角系统会显示出当前用户使用的 Windows 的版本，而在正式版 Windows 发行后，通常该标识便不再显示。如果用户希望仍将该版本号显示出来，可通过修改注册表的方法来完成。

（1）找到如下子项分支（如果不存在，则新建）：

HKEY_CURRENT_USER\Control Panel\Desktop

（2）在 Desktop 子项的右窗格中双击 PaintDesktopVersion 项值名称，打开“编辑字符串”对话框，将该对话框的“数值数据”文本框中的数据更改为 1，然后单击“确定”按钮关闭对话框。

（3）注销当前用户并重新登录以使设置生效，这时桌面的右下角就会显示出版本号。

22. 为“新建”菜单减肥

在鼠标右键的快捷菜单中，“新建”菜单的子菜单会随着用户安装应用程序的增加而增加，经过一段时间的使用就会变得越来越长。

而有一些是用户不常用到的命令，但每次打开它们也都会显示出来，既影响了菜单的打开速度，也不利于操作。通过注册表修改的方式，用户可以为“新建”菜单减肥，以符合自己的要求。

（1）启动注册表编辑器，然后单击“编辑”/“查找”命令，在打开的“查找”对话框的“查找目标”文本框中输入“Shellnew”，选取“全字匹配”复选框。

（2）单击“查找下一个”按钮，找到第一个对应程序项后将下面的Shellnew子项删除掉即可。

（3）按F3键查找下一个目标，判断是否保留，如果不常用便可以直接删除；

（4）当删除了所有不需要的菜单命令后，按F5键刷新注册表，关闭注册表编辑器窗口，返回到桌面上后使用刷新命令，这时用户再查看“新建”菜单就发现简单、精练了许多。

23. 加快菜单的显示速度

当用户将鼠标指针指向某一菜单时，系统会弹出这个菜单。有时用户可能希望加快菜单的弹出速度，使系统反应更灵活。通过修改注册表可以任意调整菜单弹出的速度。

（1）找到如下子项分支（如果不存在，则新建）：

HKEY_CURRENT_USER\Control Panel\Desktop

（2）在注册表编辑器的右窗格中选定一个名称为 MenuShowDelay 的字符串项值，这个值的范围从1~10000，单位是ms。数值越大。延迟时间越长。系统的默认值是400。要加快菜单的显示速度，只需把这个值变小即可，在这里将该数值修改为200。

（3）注销当前用户并重新登录系统，菜单弹出的速度就会发生改变。

24. 修改系统的注册信息

在安装 Windows 时，安装向导要求用户输入个人和组织信息以作为注册信息保存。在“我的电脑”上单击鼠标右键，在快捷菜单中选择“属性”命令后将打开“系统属性”对话框中的“常规”选项卡，其中就显示了这些注册信息。按照常规方式，这些信息是无法修改的，但是通过修改注册表数据的方式却可以。

（1）找到如下子项分支（如果不存在，则新建）：

HKEY_LOCAL_MACHINE\SOFTWARE\Microsoft\Windows NT\CurrentVersion

（2）在右窗格中分别修改项值项为 RegisteredOwner 和 RegisteredOrganization 的字符串项值；其中 RegisteredOwner 项值项中存储的是个人信息，而 RegisteredOrganization 项值项中存储的是组织信息。

（3）根据自己的需要修改了注册信息后，再次打开“常规”选项卡会浏览到已修改的注册信息。

25. 任意定制窗口颜色

尽管 Windows 系统中已经预定义了多种窗口显示方案，用户要定义某一个部分的颜色，如想将黑色的按钮字体定义成红色，这时就无能为力了，但是通过修改注册表可以很容易的实现。下面我们以窗口的按钮字体颜色和菜单字体颜色为例，将它们由黑色修改为红色。

（1）找到如下子项分支（如果不存在，则新建）：

HKEY_CURRENT_USER\Control Panel\Colors

（2）双击右窗格中的 ButtonText 项值名称，在打开的对话框中将其值由“0 0 0（黑色）”改为“255 0 0 红色）”。

（3）再双击右窗格中的 MenuText 项值名称，在打开的对话框中将其值由“0 0 0（黑色）”改为“255 0 0（红色）”。

（4）关闭注册表编辑器并重新启动计算机后，红色的按钮字体和菜单字体将显示在窗口中。

在 HKEY_CURRENT_USER\Control Panel\Colors 子项下，有许多与按钮显示相关的参数，包括颜色、宽度、高度、背景等。

如果按照上面说的方法修改，窗口中所有与按钮有关的文字都会变成红色，连滚动条上的三角形符号都是红色的。如果用户喜欢别的颜色，可以改成别的数值，例如 0 0 255 显示蓝色的字体。

26. 定制进入 Windows 前的欢迎信息

在使用 Windows 系统时我们都知道，在 Windows 系统初次安装后都会弹出一个欢迎提示的窗口，对 Windows 系统做一些必要的演示与介绍。

那么，我们如何设置 Windows 系统让它在以后每次加入实现或隐藏欢迎提示呢?

（1）找到如下子项分支（如果不存在，则新建）：

HKEY_LOCAL_MACHINE\Software\Microsoft\Windows\CurrentVersion\Run

（2）在右边的窗口中新建一个字符串值：“Welcome”，将其设置为“Welcome.exe /R”即可。

27. 加快窗口的显示速度

为了提升计算机系统的性能，管理员可以采取多种方式，其中提升 Windows XP 系统性能的一个途径就是改变窗口从任务栏中弹出，以及最小化回归任务栏的动作。

（1）找到如下子项分支（如果不存在，则新建）：

HKEY_CURRENT_USER\Control Panel\Desktop\WindowMetrics

（2）双击右窗格中的 MinAnimate 项值项，打开“编辑字符串”对话框。

（3）在该对话框的“数值数据”文本框中，系统默认的值为 1，表示打开窗口显示的动画；这里用户可以设置为 0，表示禁止此动画的显示。

（4）关闭注册表编辑器。注销当前用户并重新登录后设置生效。

28. 如何在桌面上显示 Windows 版本标志

（1）找到如下子项分支（如果不存在，则新建）：

HKEY_USERS\.DEFAULT\Control Panel\desktop

（2）在右边的窗口中新建一个字符串值 PaintDesktopVersion，并将其值由原来的“0”改为“1”就可以了。

29. 禁止显示提示信息

将鼠标移动到桌面的快捷方式上，或者系统图标（如“我的电脑”）上时，会出现一个提示信息。通过注册表的修改可以将该提示信息屏蔽掉，而不让它出现。

（1）找到如下子项分支（如果不存在，则新建）：

HKEY_CURRENT_USER\Software\Microsoft\Windows\CurrentVersion\Explorer\Advanced

（2）在其右窗格中，双击项值名称为 ShowInfoTip 值项，然后将其数据值设置为 0，表示禁止显示提示信息。如果设置为 1，则表示允许显示提示信息。

（3）按 F5 键刷新注册表，新的设置即可生效。

30. 显示桌面部分图标

在 Windows 系统中，桌面上的系统图标也是可以通过设置注册表来让它们显示或隐藏的。这样你就可以将那些自己不常用的图标隐藏起来，从而使桌面显得更加简洁。

（1）找到如下子项分支（如果不存在，则新建）：

HKEY_CURRENT_USER\Software\Microsoft\Windows\CurrentVersion\Explorer\HideDeskto p Icons\NewStartPanel

（2）单击“编辑”/“新建”/“DWORD 值”命令，创建下面所列对应的任何一个项值项：

IE 图标：{20D04FE0-3AEA-1069-A2D8-08002B30309D}

回收站图标：{871C5380-42A0-1069-A2EA-08002B30309D}

网上邻居图标：{208D2C60-3AEA-1069-A2D7-08002B30309D}

我的文档图标：{450D8FBA-AD25-11D0-98A8-0800361B1103}

我的电脑图标：{645FF040-5081-101B-9F08-00AA002F954E}

并将其值设置为 0。其中值为 1 表示隐藏相应的图标；值为 0 表示显示相应的图标。

（3）设置完毕后，按 F5 键刷新注册表，然后在桌面上也按 F5 键进行刷新，这时即可看到桌面上图标显示的效果。

31. 停用活动桌面

所谓活动桌面就是在桌面上可以放置 Web 页面、站点或其他内容的可以不断更新的内容。在桌面上右击鼠标，从弹出的快捷菜单中，可以执行“活动桌面”子菜单中的相关命令（如“显示 Web 内容”）来启用或停用 Web 页面的内容。

也可以通过修改注册表来强制禁止使用活动桌面，即使桌面快捷菜单中的“活动桌面”菜单完全消失。

（1）找到如下子项分支（如果不存在，则新建）：

HKEY_CURRENT_USER\Software\Microsoft\Windows\CurrentVersion\Policies\Explorer

（2）在右窗口中，新建名称为“ForceActiveDesktopOn”，数据类型为 DWORD 值的值项，将其设置为 1，表示不允许用户启用或禁用活动桌面；值为 0 或者该值不存在，表示允许用户启用或禁用活动桌面。

（3）新建或者修改该值项后，注销当前用户，在桌面上右击鼠标，可看到快捷菜单中的“显示 Web 内容”菜单变为不可用。

32. 强制禁止使用活动桌面

（1）找到如下子项分支（如果不存在，则新建）：

HKEY_CURRENT_USER\Software\Microsoft\Windows\CurrentVersion\Policies\Explorer

（2）在右窗口中，新建名称为“NoActiveDesktop”，数据类型为 DWORD

值的值项，将其设置为 1，表示禁用活动桌面；值为 0 或者该值项不存在，表示允许用户使用活动桌面。

（3）新建或者修改该值项后，注销当前用户，在桌面上右击鼠标，可看到快捷菜单中的“活动桌面”菜单消失了。

33. 禁止更改活动桌面设置

在默认情况下，用户可以在启用活动桌面后对桌面进行设置。如果要禁止对活动桌面进行设置，则可以修改注册表中的相应控制项。

（1）找到如下子项分支（如果不存在，则新建）：

HKEY_CURRENT_USER\Software\Microsoft\Windows\CurrentVersion\Policies\Explorer

（2）在右窗口中，新建立一个名称为 NoActiveDesktopChanges、数据类型为 DWORD 值的值项，然后将其数值设置为 1，表示禁止更改活动桌面的设置；值为 0 或者该值不存在，表示允许用户更改活动桌面的设置。

（3）新建或者修改该值项后，注销当前用户，在桌面上右击鼠标，可看到快捷菜单中的“活动桌面”菜单项消失，用户就不能更改活动桌面的设置了。

34. 禁止删除活动桌面项目

用户可以新建活动桌面项目，也可以删除活动桌面项目。通过修改注册表，可以禁止用户删除活动桌面项目。

（1）找到如下子项分支（如果不存在，则新建）：

HKEY_CURRENT_USER\Software\Microsoft\Windows\CurrentVersion\Policies\ActiveDesk top

（2）在右窗口中新建一个名称为“NoDeletingComponents”，数据类型为 DWORD 值的值项，将其值设置为 1，表示禁止用户删除活动桌面项目；值为 0 或者该值不存在，表示允许用户删除活动桌面项目。

（3）注销当前用户后，在“显示属性”对话框的“Web”选项卡中，“删除”按钮变为灰色不可用状态。

35. 禁止编辑活动桌面项目

在新建活动桌面项目后，用户可以打开“显示属性”对话框的“Web”选项卡，单击“属性”按钮，然后对活动桌面项目进行设置。如果要禁止用户修改活动桌面项目的设置，可以修改注册表。

（1）找到如下子项分支（如果不存在，则新建）：

HKEY_CURRENT_USER\Software\Microsoft\Windows\CurrentVersion\Policies\ActiveDesk top

在右窗口中，新建一个名称为 NoEditingComponent 数据类型为 DWORD 值的值项，将其值设置为 1，表示禁止用户编辑活动桌面项目；值为 0 或者该值不存在，表示允许用户编辑活动桌面项目。

（2）注销当前用户，重新登录后，在“显示属性”对话框的“Web”选项卡中，“属性”按钮变为灰色不可用状态。

3-3 开始菜单

1. 如何禁用不可用的 Windows Installer 程序的快捷方式

快捷方式在磁盘上找不到所对应的应用程序时，我们知道这时快捷方式所指向的应用程序位置错误了，可以通过对注册表进行设置，将不可用的快捷方式以灰色文字显示出来。

（1）找到如下子项分支（如果不存在，则新建），并根据下表编辑其相应项值（如果不存在，则新建）：

HKEY_CURRENT_USER\Software\Microsoft\Windows\CurrentVersion\Policies\Explorer

项值（数据类型）	项值数据
GreyMSIAds（DWORD 值）	1（用灰色文字显示安装不完全的程序的开始菜单快捷方式）

（2）重新启动计算机或注销当前用户，再次进入 Windows XP，以使修改生效。

2. 如何防止菜单随鼠标移动

在实际操作中，当把鼠标指向下拉级联菜单的标题稍作停留，其下一级子菜单会自动弹出，我们知道可以通过修改注册表使其弹出的速度更快，但有时候这个性能也会有“副作用”：在动过程中，稍不留意，按一下左键，就可能启动一个并不需要的窗口。对注册表稍做修改，就可关闭该项功能。

（1）找到如下子项分支（如果不存在，则新建），并根据下表编辑其相应项值（如果不存在，则新建）：

HKEY_CURRENT_USER\Control Panel\Desktop

项值（数据类型）	项值数据
MenuShowDelay（字符串值）	ffff（这里是鼠标停留的时间（毫秒））

（2）重新启动计算机或注销当前用户，再次进入 Windows XP，以使修改生效。

3. 如何改变“开始菜单”的目录

在默认情况下，Windows 系统的开始菜单是存放在默认路径下的。为了减小系统盘数据的继续增加，我们可以把“开始菜单”移到其他磁盘中去。

（1）找到如下子项分支（如果不存在，则新建），并根据下表编辑其相应项值（如果不存在，则新建）：

HKEY_USERS\.DEFAULT\Software\Microsoft\Windows\CurrentVersion\Explorer\User Shell Folders

项值（数据类型）	项值数据
Start Menu（可扩充字符串值）	%USERPROFILE%\“开始”菜单（缺省值）

（2）将原目录中的全部数据复制到新的路径下。比如“D：\Program”。

（3）重新启动计算机或注销当前用户，再次进入 Windows XP，以使修改生效。

4. 如何改变子菜单显示时间

当你用鼠标指向某一有下级菜单的菜单项时，隔了一小段时间后会弹出该菜单项的下级菜单，但有时下级菜单的弹出速度非常慢，其实我们可以用修改注册表的方法加快下级菜单的弹出速度。

（1）找到如下子项分支（如果不存在，则新建），并根据下表编辑其相应项值（如果不存在，则新建）：

HKEY_USER\USER\Control Panel\Desktop

项值（数据类型）	项值数据
MenuShowDelay（字符串值）	c8（设置子菜单弹出速度为 200 毫秒）

（2）重新启动计算机或注销当前用户，再次进入 Windows XP，以使修改生效。

提示!!

（1）项值 MenuShowDelay 越大子菜单弹出速度越慢，反之则越快。

（2）其中的 USERNAME 为用户的用户名。如果设置为 65535，表示要按鼠标左键才能显示下级菜单。

第 4 章

修改设置 Windows 资源管理器

——本章内容

1. 如何从 Windows 资源管理器中删除“文件”菜单
2. 如何从“工具”菜单中删除“文件夹选项”菜单
3. 如何防止用户使用“我的电脑”访问所选驱动器的内容
4. 将“拨号网络”添加到“我的电脑”中

……

1. 如何从 Windows 资源管理器中删除“文件”菜单

此设置是用来从 Windows 资源管理器中删除“文件”菜单。

（1）运行注册表编辑器，打开如下注册表子项分支（如果不存在，则新建），并根据下表编辑其相应项值（如果不存在，则新建）：

HKEY_CURRENT_USER\Software\Microsoft\Windows\CurrentVersion\Policies\Explorer

项值（数据类型）	项值数据
NoFileMenu （DWORD 值）	1（删除“文件”菜单） 0（禁止此功能）

（2）重新启动计算机或注销当前用户，再次进入 Windows XP，以使修改生效。

提示!! 这个设置无法防止用户用其他方法来执行“文件”菜单上的任务。

2. 如何从“工具”菜单中删除“文件夹选项”菜单

从 Windows 资源管理器菜单上删除文件选项项目并且从控制面板上删除文件夹选项项目。这样做用户就不能使用文件夹选项对话框。文件夹选项项目对话框让用户设置许多 Windows 资源管理器的属性，如活动桌面、Web view、Offline Files、隐藏系统文件和文件类别。进行这一操作的具体步骤如下：

（1）运行注册表编辑器，打开如下注册表子项分支（如果不存在，则新建），并根据下表编辑其相应项值（如果不存在，则新建）：

HKEY_CURRENT_USER\Software\Microsoft\Windows\CurrentVersion\Policies\Explorer

项值（数据类型）	项值数据
NoFolderOptions （DWORD 值）	1（删除“文件夹选项”菜单） 0（禁止此功能）

（2）重新启动计算机或注销当前用户，再次进入 Windows XP，以使修改生效。

3. 如何防止用户使用“我的电脑”访问所选驱动器的内容

如果使用该操作，用户就无法查看在“我的电脑”或“Windows 资源管理器”中所选驱动器的内容，同时也无法使用运行对话框、镜像网络驱动器对话框、或 Dir 命令查看在这些驱动器上的目录。

（1）运行注册表编辑器，打开如下注册表子项分支（如果不存在，则新建），并根据下表编辑其相应项值（如果不存在，则新建）：

HKEY_CURRENT_USER\Software\Microsoft\Windows\CurrentVersion\Policies\Explorer

项值（数据类型）	项值数据
NoViewOnDrive （DWORD 值）	3（仅限制驱动器 A 和 B） 4（仅限制驱动器 C） 8（只限制 D 驱动器） 7（仅限制驱动器 A、B 和 C） 15（仅限制驱动器 A、B、C 和 D） 67108863（限制所有驱动器） 0（不限制驱动器）

（2）重新启动计算机或注销当前用户，再次进入 Windows XP，以使修改生效。

4. 如何将“拨号网络”添加到“我的电脑”中

常规情况下“我的电脑”中是没有拨号网络的，不过可以通过修改注册表将它添加进去。

（1）运行注册表编辑器，打开如下注册表子项分支（如果不存在，则新建）：

HKEY_LOCAL_MACHINE\Software\Microsoft\Windows\CurrentVersion\explorer\MyComputer\NameSpace

（2）在此分支下新建一个项{992CFFA0-F557-101A- 88EC-00DD010CCC48}，然后单击此项，在右边的窗口中创建一个字符串值“默认”，并设其值为“网络连接”。

（3）重新启动计算机或注销当前用户，再次进入 Windows XP，以使修改生效。

5. 如何禁止程序管理器的文件类型自动检测功能

如果通过运行 Windows 2000 的网络来使用程序管理器，那么可能会注意到大量网络流量是由程序管理器本身生成的。这种现象由一种名为文件类型自动检测（file type autochecking）的特性产生的。文件类型自动检测特性从“运行（Run）”，“新项目（New Item）”、“编辑项目（Edit Item）”对话框中获取文件名，并通过网络调用确定文件是不是可执行文件。如果是，则显示“Run In

Separate Memory Space”复选框；否则，不显示。我们可以按照如下步骤编辑注册表，禁止该功能。

（1）运行注册表编辑器，打开如下子项分支：

HKEY_CURRENT_USER\Software\Microsoft\WindowsNT\CurrentVersion\Program Manager\Settings

（2）在该子项下可以设置类型为 REG_DWORD 的 CheckBinaryTimeout 为一个更大的值（缺省值是 500、一个更大的值会减少进行远程检测的次数，因为它基于用户的输入速度），或者设置类型为 REG_DWORD 的 CheckBinary Timeout 的值为 0，以关闭检测功能。

（3）重新启动计算机或注销当前用户，再次进入 Windows XP，以使修改生效。

6. 如何禁止资源管理器对被移到加密文件夹中的文件进行自动加密

在默认情况下，Windows 资源管理器会自动对被移到加密文件夹的文件进行加密。此设置可以禁止该功能。

（1）运行注册表编辑器，打开如下注册表子项分支（如果不存在，则新建），并根据下表编辑其相应项值（如果不存在，则新建）：

HKEY_LOCAL_MACHINE\Software\Microsoft\Windows\CurrentVersion\Policies\Explorer

项值（数据类型）	项值数据
NoEncryptOnMove （DWORD 值）	0（允许自动加密被移的文件） 1（禁止自动加密被移的文件）

（2）重新启动计算机或注销当前用户，再次进入 Windows XP，以使修改生效。

7. 如何屏蔽/打开菜单阴影效果

Windows XP 阴影菜单流动效果确实更加个性化、绚丽，但对于系统性能较低的机器，此功能将消耗系统资源，通过注册表可以屏蔽/打开此功能。

（1）找到如下子项分支（如果不存在，则新建），并根据下表编辑其相应项值（如果不存在，则新建）：

HKEY_CURRENT_USER\Control Panel\Desktop

（2）重新启动计算机或注销当前用户，再次进入 Windows XP，以使修改生效。

项值（数据类型）	项值数据
UserPreferencesMask （二进制值）	b0320080（使用阴影效果） b0120080（屏蔽阴影效果）

提示!!

这里只需要修改 UserPreferencesMask 的第二个二位数字，其他的请不要更改（其他的控制着别的效果，比如 X-Mouse 功能）。

8. 如何设置屏幕保护程序超时

此设置用于指定启动屏幕保护程序之前必须消逝的用户空闲时间。配置时，此空闲时间可设置为最少 1 秒，最多 86 400 秒（或 24 小时）。如果设置为 0，则不启动屏幕保护程序。此设置在下列任何情况下无效：

① 禁用或未配置设置。

② 等待时间设置为 0。

③ 启用“无屏幕保护程序”设置。

不配置时，无论使用通过“显示属性”对话框的“屏幕保护程序”选项卡在客户端上设置什么样的等待时间，默认值都是 15 分钟。

（1）找到如下子项分支（如果不存在，则新建），并根据下表编辑其相应项值（如果不存在，则新建）：

HKEY_CURRENT_USER\Software\Policies\Microsoft\Windows\ControlPanel\Desktop

项值（数据类型）	项值数据
ScreenSaveTimeOut （DWORD 值）	384（超时值（秒））

（2）重新启动计算机或注销当前用户，再次进入 Windows XP，以使修改生效。

提示!!

① 900 为默认秒数；599940（这里十六进制，即十进制 86400）超时最大秒数；0 为最小值，即禁止屏幕保护功能。

② 此设置至少要求 MicrosoftWindows2000 Service Pack1 以上的版本。此设置在系统注销后生效。

9. 如何启用“自动完成”功能

“自动完成”是 Internet Explorer 的一个体贴功能。此功能的妙处在于，当你输入以前曾经输入过的地址时，它会自动完成输入，省去了反复输入的麻烦，而特别是在地址很长的时候，更能体现它的体贴入微。

Windows Explorer 的一些命令输入窗口提供了类似的提示功能，就是在你输入以前曾经输入的内容时，它将其列出以备你选择使用，但并不能自动填充完成输入。很明显，这一功能比“自动完成”还差那么一点人性化的体贴。

（1）找到如下子项分支（如果不存在，则新建），并根据下表编辑其相应项值（如果不存在，则新建）：

HKEY_CURRENT_USER\Software\Microsoft\Windows\CurrentVersion\Explorer\Auto Complete

项值（数据类型）	项值数据
Append Completion （字符串值）	YES（启用自动完成功能） NO（取消自动完成功能）

（2）重新启动计算机或注销当前用户，再次进入 Windows XP，以使修改生效。

10. 如何清除 Windows XP 共享文件夹

Windows XP 操作系统一个比较不友好的用户界面是在“我的电脑”窗口上半部分显示所有共享的文件夹，如果用户设置的共享文件夹较多，每当打开“我的电脑”窗口时，就会列有很多共享文件夹信息。如何删除这些信息显示呢？通过下面的操作就可解决该问题。

找到如下子项分支（如果不存在，则新建）：

HKEY_LOCAL_MACHINE\SOFTWARE\Microsoft\Windows\CurrentVersion\Explorer\My Computer\NameSpace\DelegateFolders

删除该子项下的如下项值即可：

{59031a47-3f72-44a7-89c5-5595 fe6b30ee}

提示!! 上述修改无需重新启动便可生效。

11. 如何修改驱动器弹出菜单

对于驱动器我们可以修改它的弹出菜单，其方法和上面所介绍的文件右键弹出菜单的修改一样。

找到如下子项分支（如果不存在，则新建）：

HKEY_CLASSES_ROOT\DRIVE

其下有三个子项：DefaultIcon、shell 和 shellex。

展开 shell，可以看见 find 和 ACDBrowse （如果用户计算机装有 ACDSee 的话）。

这也是显示在弹出菜单上的文字，如将 ACDBrowse 改为别的名字，如“用 ACDSee 浏览”时，则英文变成汉语“用 ACDSee 浏览”。

12. 如何取消“磁盘空间不够”的警告提示

Windows 会自动监控磁盘空间剩余量，一旦磁盘空间不足的话（低于磁盘总空间 1%时），会提示你并挂起系统还原功能。如果要取消的话，可以通过本例中的方法进行操作。

（1）找到如下子项分支（如果不存在，则新建），并根据下表编辑其相应项值（如果不存在，则新建）：

HKEY_CURRENT_USER\Software\Microsoft\Windows\CurrentVersion\Policies\Explorer

项值（数据类型）	项值数据（说明）
NoLowDiskSpaceChecks（DWORD 值）	0（磁盘空间不够时警告提示） 1（取消磁盘空间不够警告提示）

（2）重新启动计算机或注销当前用户，再次进入 Windows XP，以使修改生效。

13. 如何去除右键菜单中的“发送到”选项

我们知道，当用鼠标在文件夹或者文件上右击时，在显示出的右键菜单中有“发送到”这一按钮选项。

如果选中此按钮选项的话，就会出现一个相应的关联菜单。在这一关联菜单中，选中其中的某一项，就可以将该文件夹或文件作为一个参数传送到与此选项相关的程序中。我们可以通过修改注册表的方法，将这一按钮选项去除。

（1）找到如下子项分支（如果不存在，则新建）：

HKEY_CLASSES_ROOT\AllFilesystemObjects\shellex\ContextMenuHandlers\SendTo

SendTo 项的默认值为{7BA4C740-9E81-11CF-99D3- 00AA004AE837}，这是一个类标识符 CLSID，该 CLSID 对应于动态链接库 C:\Windows\System\ Shdocvw.dll 文件。正是这个文件提供了“发送到”的服务。这里我们删除 SendTo 子项。

（2）刷新桌面，所做的修改就会立即生效。然后可以看到，在文件夹或文件的右键快捷菜单中就没有了“发送到”这一按钮选项。

14. 如何让 Windows XP 使用传统搜索界面

在 Windows XP 系统的搜索功能中，采用了最新的向导式界面，虽然界面美观，但有时候其向导式的操作反而有些累赘，而通过注册表可以让 Windows XP 的搜索界面返回到 Windows 98 时代的传统界面，让你可以直截了当地操作。

（1）找到如下子项分支（如果不存在，则新建），并根据下表编辑其相应项值（如果不存在，则新建）：

HKEY_CURRENT_USER\Software\Microsoft\Windows\CurrentVersion\Explorer\CabinetState

项值（数据类型）	项值数据
Use Search Asst（字符串值）	YES（使用 XP 新的向导界面） NO（使用传统搜索界面）

（2）重新启动计算机或注销当前用户，再次进入 Windows XP，以使修改生效。

15. 如何让资源管理器成为双击文件夹时的缺省操作

有些情况下，借助 Windows 资源管理器来浏览文件夹要比直接打开每个文件夹并查看其中内容更加直观方便。一般我们可以在文件夹上单击鼠标右键并从中选择资源管理器，然而如果你有双击鼠标的操作习惯，那么还能够以更加快捷的方式打开文件夹。

（1）找到如下子项分支（如果不存在，则新建），并根据下表编辑其相应项值（如果不存在，则新建）：

HKEY_CLASSES_ROOT\Folder\shell

项值（数据类型）	项值数据
默认键值项 （字符串值）	explore（定义“文件夹”对象由“资源管理器”执行） open（定义“文件夹”对象由“打开”执行）

（2）重新启动计算机或注销当前用户，再次进入 Windows XP，以使修改生效。

16. 如何设置是否开启 Windows 的窗口最大、最小化动画功能

Windows 一向以其友好、活泼的界面而著称。但从另一个角度来说，你要

想充分感受这项功能，必须有高性能的硬件支持。如果你的硬件性能不太好，你可将这 Windows 的动画功能关闭。虽然这会在界面的视觉效果上有所损失，但对于提高系统的其他性能是有帮助的。

（1）找到如下子项分支（如果不存在，则新建），并根据下表编辑其相应项值（如果不存在，则新建）：

HKEY_CURRENT_USER\Control Panel\Desktop\ WindowMetrics

项值（数据类型）	项值数据
MinAnimate （字符串值）	0（关闭最小化动画功能） 1（开启最小化动画功能）
Maxanimat （字符串值）	0（关闭最大化动画功能） 1（开启最大化动画功能）

（2）重新启动计算机或注销当前用户，再次进入 Windows XP，以使修改生效。

提示!!　如果你所使用计算机的硬件性能较好的话，就不必关闭此功能。

17. 如何设置使用指定的程序播放插入的 CD

当你在光驱内插入 CD 时，系统会询问你用什么样的程序来插入或是用已指定的程序来播放 CD。但你可以直接指定一个程序来播放 CD。

（1）找到如下子项分支（如果不存在，则新建），并根据下表编辑其相应项值（如果不存在，则新建）：

HKEY_CLASSES_ROOT\AudioCD\Shell\Play\Command

项值（数据类型）	项值数据
默认（字符串值）	C:\Program files\Windows Media player\wplayer.exe（指定播放程序的完整路径）

（2）重新启动计算机或注销当前用户，再次进入 Windows XP，以使修改生效。

18. 如何使资源管理器可以打开 CAB 文件

CAB 文件大家应该不会陌生，过去安装 Windows 9X 时，在安装文件夹里可以看到很多.CAB 文件。.CAB 文件其实是 Microsoft 开发的一套压缩系统，具有极高的压缩率，很多场合都用到它，我们在日常操作中，也需要经常查看/

操作.CAB 文件，除了安装第三方软件外（如 Winzip），还有没有其他办法呢？

其实我们可以想象，Windows 就是从这些.CAB 文件释放出来的，其自身肯定支持.CAB 的，实际情况就是这样，只不过 Windows 没有进行进一步设置，所以普通用户还一直“蒙在鼓里”，通过下面的注册表操作，就可以使资源管理器查看/操作.CAB 文件啦。

（1）在文本编辑器中输入下面信息：

```
REGEDIT4
[HKEY_CLASSES_ROOT\.cab]
@="CLSID\\{0CD7A5C0-9F37-11CE-AE65-08002B2E1262}"
[HKEY_CLASSES_ROOT\CLSID\{0CD7A5C0-9F37-11CE-AE65-08002B2E1262}]
@="Cabinet"
[HKEY_CLASSES_ROOT\CLSID\{0CD7A5C0-9F37-11CE-AE65-08002B2E1262}\InProcServer32]
@="C:\\WINDOWS\\SYSTEM\\ShellExt\\cabview.dll"
"ThreadingModel"="Apartment"
[HKEY_CLASSES_ROOT\CLSID\{0CD7A5C0-9F37-11CE-AE65-08002B2E1262}\DefaultIcon]
@="C:\\WINDOWS\\SYSTEM\\ShellExt\\cabview.dll"
[HKEY_CLASSES_ROOT\CLSID\{0CD7A5C0-9F37-11CE-AE65-08002B2E1262}\shell]
[HKEY_CLASSES_ROOT\CLSID\{0CD7A5C0-9F37-11CE-AE65-08002B2E1262}\shell\open]
@="查看"
[HKEY_CLASSES_ROOT\CLSID\{0CD7A5C0-9F37-11CE-AE65-08002B2E1262}\shell\open\command]
@="explorer\root,{0CD7A5C0-9F37-11CE-AE65-08002B2E1262},%1"
```

以上涉及文件路径的设置，请根据系统实际情况做相应修改。

（2）输入完成后保存为.reg 文件，使用注册表编辑器导入此文件。

提示!!

如果系统已经安装了可以打开.cab 文件程序，在使用此例方法前，最好能备份注册表，以便在操作后能恢复。

19. 如何显示/隐藏公共对话框中的“查找范围快速定位区”

可以通过注册表编辑器，对 Windows XP 公共对话框中的“查找范围快速定位区”进行隐藏/显示。

（1）找到如下子项分支（如果不存在，则新建），并根据下表编辑其相应项值（如果不存在，则新建）：

HKEY_CURRENT_USER\Software\Microsoft\Windows\CurrentVersion\Policies\comdlg32

项值（数据类型）	项值数据
NoPlacesBar（DWORD 值）	0（显示查找范围快速定位区） 1（隐藏查找范围快速定位区）

（2）重新启动计算机或注销当前用户，再次进入 Windows XP，以使修改生效。

20. 如何显示/隐藏公共对话框中的“后退”按钮

Windows XP 中可以调用功能更加强大、界面更加友好的新的公共对话框函数（comdlg32.dll），新的对话框中包含了“后退”这一方便的功能按钮，但如果想隐藏它，也可以通过注册表来设置。

（1）找到如下子项分支（如果不存在，则新建），并根据下表编辑其相应项值（如果不存在，则新建）：

HKEY_CURRENT_USER\Software\Microsoft\Windows\CurrentVersion\Policies\comdlg32

项值（数据类型）	项值数据
NoBackButton（DWORD 值）	0（显示后退按钮） 1（隐藏后退按钮）

（2）重新启动计算机或注销当前用户，再次进入 Windows XP，以使修改生效。

21. 如何显示/隐藏公共对话框中的“文件历史列表”

如上面说到的功能一样，我们还可以通过注册表，对 Windows XP 公共对话框中的“文件历史列表”进行隐藏/显示。

（1）找到如下子项分支（如果不存在，则新建），并根据下表编辑其相应

项值（如果不存在，则新建）:

HKEY_CURRENT_USER\Software\Microsoft\Windows\CurrentVersion\Policies\comdlg32

项值（数据类型）	项值数据
NoFileMru（DWORD 值）	0（显示文件历史列表） 1（隐藏文件历史列表）

（2）重新启动计算机或注销当前用户，再次进入 Windows XP，以使修改生效。

22. 如何隐藏 Windows 资源管理器上下文菜单上的“管理”项目

从 Windows 资源管理器上下文菜单删除“管理”项目。这个上下文菜单在右键单击 Windows 资源管理器或“我的电脑”时出现。

“管理”项目打开“计算机管理”（Compmgmt.msc）；“计算机管理”是包括很多主要的 Windows2000 管理工具的控制台工具，如事件查看器、设备管理器和磁盘管理。要使用这些工具的很多性能，你必须是管理员。

这个设置不从“开始”菜单删除“计算机管理”项目（“开始”/“程序”/“管理工具”/“计算机管理”），也不防止用户用其他方法启动“计算机管理”。

（1）找到如下子项分支（如果不存在，则新建），并根据下表编辑其相应项值（如果不存在，则新建）:

HKEY_CURRENT_USER\Software\Microsoft\Windows\CurrentVersion\Policies\Explorer

项值（数据类型）	项值数据
NoManageMyComputerVerb（DWORD 值）	1（启用此功能） 0（禁止此功能）

（2）重新启动计算机或注销当前用户，再次进入 Windows XP，以使修改生效。

23. 如何在“我的电脑”中建立系统程序的快捷方式

在 Windows 98 中，我的电脑窗口中除了有磁盘驱动器外，还有控制面板、打印机等其他图标，但是在 Windows 2000/XP 中这些图标都不见了，其实我们可以通过修改注册表将其找回来。

（1）找到如下子项分支（如果不存在，则新建）:

HKEY_CURRENT_USER\Software\Microsoft\Windows\CurrentVersion\Explorer\MyComputer\NameSpace

（2）在 NameSpace 上按鼠标右键，选择“新建”/“项”，输入下面的识别码名“{2227A280-3AEA-1069-A2DE-08002 B30309D}”，在右侧的“名称”项中选“默认”，单击鼠标右键，选“修改”，在“编辑字符串”对话框中输入数值数据：打印机，然后按“确定”按钮，类型自动变为 REG_SZ。

同样，可建立下面的项：

{D6277990-4C6A-11CF-8D87-00AA0060F5BF}=任务计划

{7007ACC7-3202-11D1-AAD2-00805FC1270E}=网络与连接

{21EC2020-3AEA-1069-A2DD-08002B30309D}=控制面板

（3）重新启动计算机或注销当前用户，再次进入 Windows XP，以使修改生效。

24. 如何在“我的电脑”中显示“任务计划”

和“拨号网络”一样，通常在我的电脑中是不显示出来的，但我们可以通过对注册表的修改使它在“我的电脑”中显示出来。

（1）找到如下子项分支（如果不存在，则新建），并根据下表编辑其相应项值（如果不存在，则新建）：

HKEY_LOCAL_MACHINE\Software\Microsoft\Windows\CurrentVersion\explorer\MyComputer\NameSpace\{D6277990-4C6A-11CF-8D87-00AA0060F5BF}

项值（数据类型）	项值数据
默认键值项（字符串值）	Scheduled Tasks（在“我的电脑”中显示“任务计划”）

（2）不用重启计算机或注销当前用户，直接刷新注册表，即可使修改生效。

25. 如何在驱动器的右键菜单中添加“磁盘碎片整理”选项

磁盘使用过一段时间后，由于经常复制、删除文件会产生大量磁盘碎片。所谓磁盘碎片就是文件在磁盘上存放的位置不是连在一起的，而是断断续续的。在这种情况下，系统要访问一个文件时在磁盘上的多处寻找该文件，因此就使访问时间延长，在用户看来是电脑的速度越来越慢了。因此就要经常进行磁盘碎片整理，把一个文件放在一个地方（磁盘碎片程序可以完成该功能），这样系统访问它的速度就快多了，用户使用起来也会觉得电脑的速度快了些。通过下面的方法可以在驱动器的右键菜单中添加“整理磁盘碎片”选项，以方便用户使用该程序。

（1）找到如下子项分支（如果不存在，则新建）：

HKEY_LOCAL_MACHINE\Software\CLASSES\Drive\shell

（2）在该子项下创建一个新项“Defrag”，在右边窗口中把“默认”的值改为“磁盘碎片整理”（也可以是其他你希望显示的文字），接着在此项下创建一个新项“command”。然后单击“command”，在右边窗口中把“默认”的值改为“C:\WINDOWS\system32\defrag.exe 1%”。

（3）关闭注册表编辑器，无需重新启动，在驱动器图标上单击鼠标右键，即可看到快捷菜单中多了一项“磁盘碎片整理”，单击此项就可以运行该程序。

提示!!

虽然该程序有很大的好处，但太频繁的运行该程序会对硬盘有很大的伤害。一般情况下每隔半个月到一个月之间运行一次就可以了。

26. 如何在文件夹的右键菜单中增加“依此文件夹作为根目录浏览”

在 Windows 的资源管理器中，所有文件都是以树型结构排列的，而最上层的则为“桌面”。但我们可以通过修改注册表的方法，使某一个文件夹作为根目录来显示这个文件夹下的所有内容。

（1）找到如下子项分支（如果不存在，则新建）：

HKEY_CLASSES_ROOT\Folder\shell

（2）在该项下新建子项 rootexplore，并将右侧窗口的“默认”键值项的值修改为“依此文件夹作为根目录浏览”（或其他你希望显示的文字）。

（3）在子项“rootexplore”下，新建子项“command”，修改它的“默认”键值项的值为“Explorer.exe\e,\root,%1”。其中 Explorer.exe 的\e 参数含义是：表示启动资源管理器查看，\root 表示当前文件夹为根来显示。

（4）刷新桌面后，改动即可生效。

27. 如何在右键菜加“用记事本打开”选项

虽然现在的文字处理软件功能已经非常强大（如：WPS、WORD），但我们还是离不开小巧玲珑的“记事本”。因为如果只要打开一些文本文件用那些功能强大的文字处理软件，实在有点“杀鸡用牛刀”的感觉，而且它们还占用了很多的系统资源，这时小巧的“记事本”就发挥了它的优势。但有的文本文件

（如：.BAT、.SYS 等）不能直接用记事本打开，其实我们可以在右键菜单中添加“用记事本打开”项，这样只要在这些文件中单击右键，选择该项就能直接打开。

（1）找到如下子项分支（如果不存在，则新建）：

HKEY_LOCAL_MACHINE\SOFTWARE\Classes* \shell

（2）右击“shell”，新建一个名为 notepad 的项，并将右边窗口中的默认项的值改为“用记事本打开”（此项只是显示在右键菜单中，你也可以输入其他一些你希望显示的文字）。再在 notepad 下新建 command 项，修改右边窗口中的默认项的值为“notepad.exe %1”。

（3）关闭注册表编辑器，无需重新启动，在任意的文本文件上单击鼠标右键，你就会发现多了一个“用记事本打开”选项。

28. 如何自动刷新窗口内容

通常情况下，用资源管理器查看内容时，我们必须进行手动刷新。

但通过此项设置，我们可让资源管理器进行自动刷新。

（1）找到如下子项分支（如果不存在，则新建），并根据下表编辑其相应项值（如果不存在，则新建）：

HKEY_LOCAL_MACHINE\System\Currentcontrolset\Control\Update

项值（数据类型）	项值数据
UpdateMode（DWORD 值）	0（自动刷新） 1（手工刷新）

（2）重新启动计算机或注销当前用户，再次进入 Windows XP，以使修改生效。

29. 如何从 Windows 资源管理器删除安全选项卡

如果启用此设置，则用户在打开文件系统对象（包括文件夹、文件、快捷方式和驱动器）的“属性”对话框时，将无法访问“安全”选项卡，那么用户将不能改变安全设置，也不能查看所有能访问上述资源的用户列表；如果禁用或不配置此设置，用户将能访问此安全选项卡。

简单地说，用户要能访问此安全选项卡，将其从 Windows 资源管理器中删除即可。操作步骤如下：

（1）运行注册表编辑器，打开已有的或新建如下操作子项（项）：

HKEY_CURRENT_USER\Software\Microsoft\Windows\CurrentVersion\Policies\Explorer

（2）将该子项下的 NoSecurityTab 的 DWORD 值设置为 0 即可（如果不存

在此项值和项值数据，则新建）。

（3）重新启动计算机或注销当前用户，再次进入 Windows XP，以使修改生效。

30. 如何从 Windows 资源管理器中删除 DFS 选项卡

从 Windows 资源管理器中删除 DFS 选项卡。该设置从 Windows 资源管理器和其他使用 Windows 资源管理器浏览器的程序，如“我的电脑”，删除 DFS 选项卡。结果是，用户无法用这个选项卡查看或更改计算机可用分布式文件系统（DFS）共享的属性。

该设置不防止用户用其他方法配置 DFS。

（1）运行注册表编辑器，打开如下注册表子项分支（如果不存在，则新建），并根据下表编辑其相应项值（如果不存在，则新建）：

HKEY_CURRENT_USER\Software\Microsoft\Windows\CurrentVersion\Policies\Explorer

项值（数据类型）	项值数据
NoDFSTab（DWORD 值）	1（启用此设置） 0（禁用此设置）

（2）重新启动计算机或注销当前用户，再次进入 Windows XP，以使修改生效。

31. 如何从 Windows 资源管理器中删除“映射网络驱动器”和“断开网络驱动器”

此设置用来防止用户用 Windows 资源管理器或“网上邻居”来映射或者断开网络驱动器。如果你启用这个设置，系统会从工具栏、Windows 资源管理器和“网上邻居”的“工具”菜单及其上下文菜单中删除“映射网络驱动器”和“断开网络驱动器”命令。它也会从“网上邻居”删除“添加网上邻居”选项。这个设置无法防止用户在“运行”对话框中输入共享文件夹名来连接到其他计算机。

（1）运行注册表编辑器，打开如下注册表子项分支（如果不存在，则新建），并根据下表编辑其相应项值（如果不存在，则新建）：

HKEY_CURRENT_USER\Software\Microsoft\Windows\CurrentVersion\Policies\Explorer

项值（数据类型）	项值数据
NoNetConnectDisconnect（DWORD 值）	1（启用此功能） 0（禁止此功能）

（2）重新启动计算机或注销当前用户，再次进入 Windows XP，以使修改生效。

提示!! 这个设置无法防止用户用其他方法来执行“文件”菜单上的任务。

32. 如何使资源管理器崩溃时强迫计算机重新启动

如果操作系统发生故障，Windows XP 就会自动重新启动。但是如果资源管理器崩溃（桌面无法显示图标或任务栏），那么你就必须使用键盘快捷键来注销，并重新启动资源管理器。要避免出现这种情况，可以使用本例中的方法设置注册表。

（1）运行注册表编辑器，打开如下注册表子项分支（如果不存在，则新建），并根据下表编辑其相应项值（如果不存在，则新建）：

HKEY_LOCAL_MACHINE\Software\Microsoft\Windows NT\CurrentVersion\Winlogon

项值（数据类型）	项值数据
AutoRestartShell（DWORD 值）	0（允许在资源管理器崩溃时自动重启） 1（强迫手工注销并重启）

提示!! 设置完成后重新启动计算机。下次资源管理器崩溃时，计算机就会自动重启动，而不必先注销再登录了。

（2）重新启动计算机或注销当前用户，再次进入 Windows XP，以使修改生效。

33. 如何禁用漫游缓存

Windows 通常会为漫游留出一定的缓存，这或多或少影响到了系统整体的性能。我们可以通过修改注册表来将此功能禁止。

（1）运行注册表编辑器，打开如下注册表子项分支（如果不存在，则新建），并根据下表编辑其相应项值（如果不存在，则新建）：

HKEY_LOCAL_MACHINE\Software\Microsoft\Windows\CurrentVersion\Internet Settings\Cache

项值（数据类型）	项值数据
UserProfiles （DWORD 值）	0（允许漫游缓存） 1（禁止漫游缓存）

（2）重新启动计算机或注销当前用户，再次进入 Windows XP，以使修改生效。

第 5 章

管理 Windows XP 的开关机、登录

本章内容

1. 打开无须登录系统功能
2. 定制进入 Windows 前的欢迎信息
3. 改变登录窗口的标题栏信息
4. 关闭 Windows 时删除页面文件
5. 禁止启动时执行计划任务

……

1. 打开无须登录系统功能

此功能用于控制对于便携电脑的用户即便在没有登录时，也可使用桌面电脑。

（1）找到如下子项分支（如果不存在，则新建），并根据下表编辑其相应项值（如果不存在，则新建）：

HKEY_LOCAL_MACHINE\SOFTWARE\Microsoft\Windows\CurrentVersion\Policies\System

项值（数据类型）	项值数据
UndockWithoutLogon（DWORD 值）	1（充许此功能） 0（不充许有此功能）

（2）重新启动计算机或注销当前用户，再次进入 Windows XP，以使修改生效。

2. 定制进入 Windows 前的欢迎信息

进入登录 Windows 后，可以让系统弹出一个欢迎信息框，用以提示登录用户一些有用的信息，比如可以显示欢迎词，或者显示一些注意、警告事项。而通过修改注册表中的设置项目便可以达到此目的。

（1）找到如下子项分支（如果不存在，则新建），并根据下表编辑其相应项值（如果不存在，则新建）：

HKEY_LOCAL_MACHINE_SOFTWARE\Microsoft\Windows NT\CurrentVersion\Winlogon

项值（数据类型）	项值数据
LegalNoticeCaption（字符串值）	欢迎使用 Windows（定义欢迎窗口的标题显示信息）
LegalNoticeText（字符串值）	进入系统后，不要随便删除文件（定义欢迎窗口中的文字信息）

（2）重新启动计算机或注销当前用户，再次进入 Windows XP，以使修改生效。

3. 改变登录窗口的标题栏信息

此设置用于改变登录窗口的标题栏信息。

（1）找到如下子项分支（如果不存在，则新建），并根据下表编辑其相应项值（如果不存在，则新建）：

HKEY_LOCAL_MACHINE\SOFTWARE\Microsoft\Windows NT\CurrentVersion\Winlogon

项值（数据类型）	项值数据
LogonPromt（字符串值）	欢迎使用 Windows（登录窗口的标题栏信息）

（2）重新启动计算机或注销当前用户，再次进入 Windows XP，以使修改生效。

4. 关闭 Windows 时删除页面文件

为了避免其他人看到你的个人数据，你可设置在关闭系统时自动将保存这些信息的页面文件从系统中删除，这样就万无一失。

（1）找到如下子项分支（如果不存在，则新建），并根据下表编辑其相应项值（如果不存在，则新建）：

HKEY_LOCAL_MACHINE\SYSTEM\CurrentControlSet\Control\Session Manager\Memory Management

项值（数据类型）	项值数据
ClearPageFileAtShutdown（DWORD 值）	1（关闭时自动删除这些页面文件） 0（关闭时不自动删除这些页面文件）

（2）重新启动计算机或注销当前用户，再次进入 Windows XP，以使修改生效。

提示：当设置了此功能后，Windows 系统关闭的时间将有所延长。

5. 禁止启动时执行计划任务

当 Windows 启动后，计划任务会自动地被执行。通常情况下我们并不需要此功能，你可将此自动执行功能关闭。

（1）找到如下子项分支（如果不存在，则新建），并根据下表编辑其相应项值（如果不存在，则新建）：

HKEY_LOCAL_MACHINE\Software\Microsoft\Windows\CurrentVersion\RunServices

项值（数据类型）	项值数据
SchedulingAgent（字符串值）	mstask.exe（执行计划任务）

（2）重新启动计算机或注销当前用户，再次进入 Windows XP，以使修改生效。

提示：删除"SchedulingAgent"项值，即可关闭自动执行计划任务功能。

6. 关闭计算机时自动结束任务

有时候，我们会发现在关机的时候，会弹出讨厌的对话框，提醒某个程序仍在运行，是否结束任务。其实完全可以通过一点点的修改让 Windows 自动结束这些仍在运行的程序。

（1）找到如下子项分支（如果不存在，则新建），并根据下表编辑其相应项值（如果不存在，则新建）：

HKEY_CURRENT_USER\Control Panel\Desktop

项值（数据类型）	项值数据
AutoEndTasks（字符串值）	1（关闭计算机时自动结束仍在运行的程序） 0（关闭计算机时不自动结束仍在运行的程序）
WaitToKillAppTimeout（字符串值）	4e20（自动关闭的时间设置）

（2）重新启动计算机或注销当前用户，再次进入 Windows XP，以使修改生效。

提示!!

在自动关闭功能设置的情况下，你还可对 WaitToKillApp Timeout 设置一个值，该值表示在多长时间之后，系统关闭任务。默认情况下为 20000，单位为毫秒。

7. 强制系统进行自动登录

在默认情况下，当 Windows 被设置为自动登录时用户可以不输入任何的信息即可进入 Windows。当你设置后，在任何情况下都可自动登录。

（1）找到如下子项分支（如果不存在，则新建），并根据下表编辑其相应项值（如果不存在，则新建）：

HKEY_LOCAL_MACHINE\SOFTWARE\Microsoft\Windows NT\CurrentVersion\Winlogon

项值（数据类型）	项值数据
ForceAutoLogon（字符串值）	0（不强制自动登录） 1（强制自动登录）

（2）重新启动计算机或注销当前用户，再次进入 Windows XP，以使修改生效。

8. 确定刷新成功的域控制器缓存项的时间

此设置用于确定刷新成功的域控制器缓存项的时间。此设置亦应用于定期尝试查找 DC 的调用程序，并在将 DC 信息返回到调用程序之前得以应用。

（1）找到如下子项分支（如果不存在，则新建），并根据下表编辑其相应项值（如果不存在，则新建）：

HKEY_LOCAL_MACHINE\Software\Policies\Microsoft\Netlogon\Parameters

项值（数据类型）	项值数据
BackgroundSuccessfulRefreshPeriod（DWORD 值）	ffffffa0（刷新成功的域控制器缓存项的时间（默认设置 4294967200 秒））

提示!! BackgroundSuccessfulRefreshPeriod 的设置可为 0~4294967200 秒（49 天），且相邻两个值的间隔为 1000。当设置为 0 时，表示总是在刷新。

（2）重新启动计算机或注销当前用户，再次进入 Windows XP，以使修改生效。

9. 设置 Windows 登录口令过期警告

当用户登录且用户的口令已过期时，可以显示警告对话框，可以使用本例的注册表设置方法来定制此对话框的文本内容。

（1）找到如下子项分支（如果不存在，则新建），并根据下表编辑其相应项值（如果不存在，则新建）：

HKEY_LOCAL_MACHINE\Software\Microsoft\Windows NT\CurrentVersion\Winlogon

项值（数据类型）	项值数据
PasswordExpiryWarning（DWORD 值）	你的密码已经过期（设置其值为警告对话框所显示的内容）

（2）重新启动计算机或注销当前用户，再次进入 Windows XP，以使修改生效。

10. 让 Windows 启动时自动执行某一应用程序

对于经常使用某一种应用程序的用户来说，将该应用程序设置成在 Windows 启动时自动加载执行是更容易让用户接受的。此问题比较普通的解决方法就是在

[开始\程序\启动]文件夹中放置程序的快捷方式，若用此方法，则使用者仍然可以在开机时按住 Shift，让 Windows 忽略[启动]文件夹中的程序。

（1）找到如下子项分支（如果不存在，则新建）：

HKEY_LOCAL_MACHINE\Software\Microsoft\Windows\CurrentVersion\Run

（2）在该子项分支下新建一个字符串值，名称可以任意定制。并将该值项指定为所要执行的应用程序的路径。举例说，如果填写的值项为“Notepad”，则 Notepad 程序在 Windows XP 启动时被加载执行。

（3）重新启动 Windows XP，就会看到你所指定的应用程序在 Windows XP 启动后自动运行了。

提示

填写时，“键值”的部分可以是完整程序名，但如果添入程序名未含完整路径，则执行程序必须位于 Windows 的目录里或 Windows 的 System 目录下、当前工作目录或 PATH 环境变量所定义的目录下，Windows 才能加载执行，以 Notepad.exe 程序为例，由于是位于 Windows 的目录下，所以只要程序名即可。至于“项值”的部分则没什么限制，只要不与其他项值的名称相冲突即可，用户可以随意填写。

11. 设置计算机启动和登录时总是等待网络

此项用于设置计算机启动和用户登录期间是否 Windows XP 等待网络。默认情况下，Windows XP 在启动和登录不等待网络的完全初始化。已有的用户使用缓存凭据登录。一旦网络可用，组策略在后台应用，提示：因为这是后台刷新，类似软件安装和文件夹重定向的扩展需要两次登录以应用更改。要安全启用这个操作，这些扩展要求没有用户登录。因而必须用户使用计算机之前在前台处理。此外，类似添加漫游配置文件路径、主目录或用户对象登录脚本的对用户对象的更改可能要两次登录以检测。

如果有漫游配置文件、主目录或用户对象登录脚本的用户登录到计算机，Windows XP 总是在登录用户之前登录网络被初始化。

（1）找到如下子项分支（如果不存在，则新建），并根据下表编辑其相应项值（如果不存在，则新建）：

HKEY_LOCAL_MACHINE\Software\Policies\Microsoft\WindowsNT\CurrentVersion\Winlogon

项值（数据类型）	项值数据
SyncForegroundPolicy（DWORD 值）	0（不等待网络） 1（总是等待网络）

（2）重新启动计算机或注销当前用户，再次进入 Windows XP，以使修改生效。

> 提示!!
>
> ① 如果从未在这台计算机上登录，Windows XP 总是等待网络被初始化。
>
> ② 如果启用这个设置，登录方式与 Windows 2000 客户端相同，Windows XP 在用户登录之前等待网络被完全初始化。组策略在后台同步应用；如果禁用或不配置这个设置，Windows 不等待网络被完全初始化，且用户使用缓存凭据登录。组策略在后台同步应用。
>
> ③ 如果要保证文件夹重定向的应用程序，软件安装，或一次登录中的漫游用户的配置文件设置，启用这个设置以确保 Windows 应用策略之前等待网络可用；此外，对于服务器来说，启动和登录过程总是与启用这个策略设置相同。

12. 设置同步运行登录脚本

系统在开始 Windows 资源管理器界面程序和创建桌面之前等待标识脚本完成运行。如果你启用了这项设置，Windows 资源管理器在标识脚本完成运行之前不会开始。这个设置保证在用户开始工作之前完成标识脚本处理，但是它会延缓桌面的出现。如果你禁用此项设置，标识脚本和 Windows 资源管理器不同步并可以同时运行。

（1）找到如下子项分支（如果不存在，则新建），并根据下表编辑其相应项值（如果不存在，则新建）：

HKEY_LOCAL_MACHINE\Software\Microsoft\Windows\CurrentVersion\Policies\System

项值（数据类型）	项值数据
RunLogonScriptSync（DWORD 值）	0（不同步运行登录脚本）

（2）重新启动计算机或注销当前用户，再次进入 Windows XP，以使修改生效。

13. 设置总是使用传统登录方式登录

此设置用户总是使用“典型”登录屏幕方式登录到计算机。

（1）找到如下子项分支（如果不存在，则新建），并根据下表编辑其相应

项值（如果不存在，则新建）:

HKEY_LOCAL_MACHINE\Software\Microsoft\Windows\CurrentVersion\Policies\System

项值（数据类型）	项值数据
LogonType（DWORD 值）	0（使用默认登录方式） 1（总是使用传统登录方式登录）

（2）重新启动计算机或注销当前用户，再次进入 Windows XP，以使修改生效。

提示!!

默认情况下工作组设置为使用"简单"登录屏。只有计算机不在某个域上时，才运行此设置。

14. 为用户设置登录屏幕保护程序超时

如果当用户开始登录但还没有真正登录时，正好从远程工作站发来了请求，那么就会出现细小、但是具有潜在危险性的安全漏洞。你可以通过注册表为屏幕保护程序的启动设置延迟时间，如果这样配置，那么进入计算机就需要口令，于是安全漏洞就被修补了。

（1）找到如下子项分支（如果不存在，则新建），并根据下表编辑其相应项值（如果不存在，则新建）:

HKEY_CURRENT_USER\Control Panel\Desktop

项值（数据类型）	项值数据
ScreenSaveTimeOut（字符串值）	2000（以毫秒计）

（2）重新启动计算机或注销当前用户，再次进入 Windows XP，以使修改生效。

提示!!

设置 ScreenSaveTimeOut 的值为一个很低的值，可以弥补这个安全漏洞（但是不能低到用户无法登录）。

15. 显示关机脚本的运行状态

关机脚本是用户中心启动系统或关闭系统时运行的批处理文件。在默认情况下，系统不显示关机脚本中的指令。如果启用这个设置，系统会在关机脚本运行时显示每个指令。指令出现在命令窗口。这个设置是为高级用户设计的。

（1）找到如下子项分支（如果不存在，则新建），并根据下表编辑其相应项值（如果不存在，则新建）：

HKEY_LOCAL_MACHINE\Software\Microsoft\Windows\CurrentVersion\Policies\System

项值（数据类型）	项值数据
HideShutdown Scripts（DWORD 值）	0（显示关机脚本中的指令） 1（不显示关机脚本中的指令）

（2）重新启动计算机或注销当前用户，再次进入 Windows XP，以使修改生效。

16. 修改 Windows 登录时的背景色

修改登录时的背景颜色，可以按以下步骤操作。打开注册表编辑器，找到 HKEY_USERS\. DEFAULT\Control Panel\Colors 子键分支，双击子键分支下的 Background 键值名，出现“编辑字符串”对话框，在“数值数据”文本框中输入代表颜色的键值（比如黑色的 RGB 值为 000，白色的 RGB 值为 255 255 255，系统默认值是 58 110 165），单击“确定”按钮，重新启动系统即可。

（1）找到如下子项分支（如果不存在，则新建），根据下表编辑相应项值（如果不存在，则新建）。

HKEY_USERS\.DEFAULT\Control Panel\Colors

项值（数据类型）	项值数据
Background（字符串值）	58 110 165（代表颜色的键值）

（2）重新启动计算机或注销当前用户，再次进入 Windows XP，以使修改生效。

提示!!

在 Background“数值数据”文本框中输入代表颜色的键值（比如黑色的 RGB 值为 000，白色的 RGB 值为 255 255 255，系统默认值是 58 110 165），单击“确定”按钮，重新启动系统即可。

17. 在系统登录前按下 Ctrl+Alt+Delete 键

此设置可要求用户在登录 Windows 前按下 Ctrl + Alt + Delete。

（1）找到如下子项分支（如果不存在，则新建），并根据下表编辑其相应项值（如果不存在，则新建）：

HKEY_LOCAL_MACHINE\SOFTWARE\Microsoft\Windows NT\CurrentVersion\Winlogon

项值（数据类型）	项值数据
DisableCAD（DWORD 值）	0（要求按下 Ctrl + Alt + Delete 键） 1（不需按下 Ctrl + Alt + Delete 键）

（2）重新启动计算机或注销当前用户，再次进入 Windows XP，以使修改生效。

提示!! 对于 Windows XP 系统，必需将其配制为标准登录方法才可使该设置正常工作。

18. 在 Windows 中启用自动登录

Windows 将密码和其他相关信息存储在注册表数据库中，从而使计算机自动完成登录过程，省去输入密码的繁琐过程。

（1）找到如下子项分支（如果不存在，则新建），并根据下表编辑其相应项值（如果不存在，则新建）：

HKEY_LOCAL_MACHINE\Software\Microsoft\Windows NT\CurrentVersion\Winlogon

项值（数据类型）	项值数据
AutoAdminLogon（DWORD 值）	0（设置不开启“自动登录”功能） 1（设置开启“自动登录”功能）
DefaultUserName（字符串值）	Xiner（自动登录用户名，根据具体情况设置）
DefaultPassword（字符串值）	xxxxx（自动登录密码）
DefaultDomainName（字符串值）	Videasoft.com（自动登录域）

（2）重新启动计算机或注销当前用户，再次进入 Windows XP，以使修改生效。

提示!! 如果 DON'T DISPLAY LAST USERNAME（即不显示最后登录用户）值设置为 1，则 AutoAdminLogon 不起作用。

19. 注销时同步所有脱机文件

此设置确定脱机文件在用户注销时是否完全同步，且还删除了脱机文件选项卡上的“在注销前同步所有脱机文件”选项。这会防止用户在设置控制选项时尝试更改选项。

如果用户启用这项设置，脱机文件就会完全同步。完全同步可保证脱机文件是完整的和最新的。

如果用户禁用这项设置，系统只执行一个快速同步。快速同步可保证文件的完整性，但不保证这些文件是最新的。

如果用户不配置这项设置，在默认情况下系统进行快速同步，但是用户可以更改这项选项。这项设置出现在“计算机配置”和“用户配置”文件夹中。

如果两项设置都配置，在“计算机配置”中的设置比“用户配置”中的设置优先。

（1）找到如下子项分支（如果不存在，则新建），并根据下表编辑其相应项值（如果不存在，则新建）：

HKEY_CURRENT_USER\Software\Policies\Microsoft\Windows\NetCache

项值（数据类型）	项值数据
SyncAtLogon（DWORD 值）	1（决定当用户登录时脱机文件同步） 0（取消此设置）

（2）重新启动计算机或注销当前用户，再次进入 Windows XP，以使修改生效。

提示!!

要在不配置设置的情况下改变同步的方法，在 Windows Explorer 里的“工具”菜单上，单击“文件夹选项”，单击“脱机文件”选项卡，然后单击“登录前使所有文件同步”选项。

20. 设置登录失败时联系 PDC

此设置用于确定如果域控制器（DC）未能确认客户端提供的密码，DC 是否应该尝试通过 PDC 验证此密码。如果客户端的密码最近已被更改，并且尚未传播到 DC，联系 PDC 就非常有用。如果 PDC 位于慢速 WAN 连接上，用户可能需要禁用此功能。

（1）找到如下子项分支（如果不存在，则新建），并根据下表编辑其相应项值（如果不存在，则新建）：

HKEY_LOCAL_MACHINE\Software\Policies\Microsoft\Netlogon\Parameters

项值（数据类型）	项值数据
AvoidPdcOnWan（DWORD 值）	0（失败时联系 PDC） 1（失败时不联系 PDC）

（2）重新启动计算机或注销当前用户，再次进入 Windows XP，以使修改生效。

21. 在“关闭计算机”对话框中启用“关机/关电源”选项

有时候当用户执行了关闭计算机后，计算机并没有完全关闭，而是停留在“您现在可以安全的关闭计算机了”的关机画面上，通过对注册表的修改再配合 ATX 电源，就可以实现自动关机了。

（1）找到如下子项分支（如果不存在，则新建），并根据下表编辑其相应项值（如果不存在，则新建）:

HKEY_LOCAL_MACHINE\Software\Microsoft\Windows NT\CurrentVersion\Winlogon

项值（数据类型）	项值数据
PowerdownAfterShutdown（DWORD 值）	1（允许选择关闭电源） 0（禁止选择关闭电源）

（2）重新启动计算机或注销当前用户，再次进入 Windows XP，以使修改生效。

提示!!

①只进行上述的注册表修改是不够的，你还得把 WINNT\SYSTEM32\目录下的 HAL.DLL 改名为 HAL.DLL.OLD。并且把 HAL.DLL.SOFTEX 拷贝到该目录下，并改名为 HAL.DLL。

②如果修改 HAL.DLL 后，再安装 Service Pack 则会报错:电源管理程序与之不兼容。解决方法是:把 HAL.DLL 改名为 HAL.DLL.NEW，把 HAL.DLL.OLD 改名为 HAL.DLL，再进行安装。安装完后，将其改回。

22. 让 Windows 启动时不处理 Autoexec.bat

Autoexec.bat 是 DOS / Windows 98 下很常用的一个文件，使用它可以在系统启动的时候一次性的调用多个程序或在屏幕上显示说明信息，但是随着 DOS 的退位，Windows 98 使用的人数越来越少，这个文件很少用。

但是 Windows XP 在默认状态下仍然会在启动时处理这个文件里面的内容，这就给一些恶意程序造成了可乘之机，比如：Autoexec.bat 里面有一段话“format d: / q”，这个后果是很严重的。

但是，Windows XP 也给我们一种方法来屏蔽在启动的时候处理 Autoexec.bat，只要在注册表相应的地方修改一下就可以了。

（1）找到如下子项分支（如果不存在，则新建），并根据下表编辑其相应项值（如果不存在，则新建）:

HKEY_CURRENT_USER\Software\Microsoft\Windows NT\CurrentVersion\

Winlogon

项值（数据类型）	项值数据
ParseAutoexec（字符串值）	0（屏蔽在启动时处理 Autoexec.bat） 1（启动时处理 Autoexec.bat）

（2）重新启动计算机或注销当前用户，再次进入 Windows XP，以使修改生效。

23. 设置登录时不显示欢迎屏幕

要在登录时不显示欢迎屏幕，可按照如下办法进行设置。

找到如下子项分支（如果不存在，则新建），并根据下表编辑其相应项值（如果不存在，则新建）：

HKEY_CURRENT_USER\Software\Microsoft\Windows\CurrentVersion\Policies\Explorer

项值（数据类型）	项值数据
NC_NoWelcomeScreen（DWORD 值）	1（禁止欢迎屏幕） 0（启用）

24. 修改登录时的缓存容量

当域控制器不可用时，可更改登录时的缓冲大小以解决问题。

（1）找到如下子项分支（如果不存在，则新建），并根据下表编辑其相应项值（如果不存在，则新建）：

HKEY_LOCAL_MACHINE\SOFTWARE\Microsoft\Windows NT\CurrentVersion\Winlogon

项值（数据类型）	项值数据
CachedLogonsCount（字符串值）	a（缓冲大小）

（2）重新启动计算机或注销当前用户，再次进入 Windows XP，以使修改生效。

提示!!

> 对于“CachedLogonsCount”的取值范围为 0 到 50K，默认情况下为 10K。需要注意的是，当缓冲达到规定的最大或缓冲不可用时将会出现此信息：
> The system cannot log you on now because the domain is not available.

25. 一次点击即可关机

关闭机器是每天都要进行的操作，一般我们都是通过单击“开始”|“关闭系统”，然后在弹出菜单的对话框中选择关闭计算机，然后单击确定以关机。其实我们可以通过修改注册表实现一次性关闭计算机。

（1）找到如下子项分支（如果不存在，则新建）：

HKEY_CLASSES_ROOT\Directory\shell

（2）新建名为“Close”的子项分支，双击“Close”窗口右面的“默认”，在“键值”栏内输入“关闭计算机”（用来显示在鼠标右击“开始”菜单中）。

（3）在“Close”下建立子项“Command”，双击该子键窗口右面的“默认”，在“键值”栏内输入“RUNDLL38-EXE USER.EXE，EXITWINDOWS”。右击“开始”菜单，单击“关闭计算机”就可关机。

（4）重新启动计算机或注销当前用户，再次进入 Windows XP，以使修改生效。

第 6 章

全面提升 Windows XP 性能

本章内容

1. 如何更改页面式内存池的大小
2. 如何禁止用户对虚拟内存进行访问
3. 如何让欢迎窗口更清晰
4. 如何删除无用的 DLL 文件

……

1. 如何更改页面式内存池的大小

使用该操作的原因：一种可对 Windows 2000 性能产生重大影响的因素是页面式（paged）和非页面式内存池（nonpaged meomory pool）的大小。读者可以直接在注册表中将页面式内存池的大小设置为推荐的值（操作系统将用它来确定内存实际是怎样管理的）。

（1）找到如下子项分支（如果不存在，则新建）：

HKEY_LOCAL_MACHINE\SYSTEM\CurrentControlSet\Control\Session Manager\Memory Management

（2）在该子项中双击项值 PagedPollSize，在 DWord 编辑器中打开它，将它设置为一个根据经验得出的值，以便更有效地满足系统的需求。

（3）重新启动计算机或注销当前用户，再次进入 Windows XP，以使修改生效。

2. 如何禁止用户对虚拟内存进行访问

有时 Windows 会将其系统内核暂时不用的部分置换到硬盘上，而硬盘上的虚拟内存是和应用程序共用的。这将会暴露一个弱点，高级用户可能通过这个漏洞获得系统管理员密码。为了以防万一，读者可通过注册表增强对系统这方面的保护。

（1）找到如下子项分支（如果不存在，则新建），并根据下表编辑其相应项值（如果不存在，则新建）：

HKEY_LOCAL_MACHINE\SYSTEM\CurrentControlSet\Control\SessionManager

项值（数据类型）	项值数据
ProtectionMode（DWORD 值）	0（不增强保护） 1（增强保护）

（2）重新启动计算机或注销当前用户，再次进入 Windows XP，以使修改生效。

3. 如何让欢迎窗口更清晰

Windows XP 系统的显示效果得到了较大提高，这主要是基于它使用了名为 ClearType 的清晰化技术，该技术特别让使用笔记本电脑及液晶显示器的用户在运行 Windows XP 操作系统时感受到与以往系统不同的效果。但由于该清晰效果只有当 Windows 启动完毕后才能调用，因此在系统启动过程中的欢迎窗口仍然无法实现这一效果。

为了使欢迎窗口更加清晰，用户可以使用注册表编辑器进行修改。

（1）找到如下子项分支（如果不存在，则新建），并根据下表编辑其相应项值（如果不存在，则新建）：

HKEY_USERS\.DEFAULT\Control Panel\Desktop

项值（数据类型）	项值数据
FontSmoothing（字符串值）	2（实现清晰显示效果）
FontSmoothingType（字符串值）	2（实现清晰显示效果）

（2）重新启动计算机或注销当前用户，再次进入 Windows XP，以使修改生效。

4. 如何删除无用的 DLL 文件

在 Windows 的 System、System32 以及其他应用程序的目录下存有大量的 DLL 和其他公用文件，这些文件可能被系统或应用程序共享。但是由于经常安装和卸载软件，就会在这些目录下留下大量垃圾共享文件。它们不但占用了硬盘空间，而且系统还会继续共享他们，导致消耗系统内存和降低系统的运行速度。对于这些文件，我们首先在硬盘中将其删除掉，然后用下面的方法在注册表中彻底清除。例如我们可以将共享的 C:\WINXP\system32\ mp3play.dll 文件删除并在注册表中删除其注册信息。

（1）找到如下子项分支（如果不存在，则新建），并根据下表编辑其相应项值（如果不存在，则新建）。

HKEY_LOCAL_MACHINE\Software\Microsoft\Windows\CurrentVersion\SharedDLLs

项值（数据类型）	项值数据
C:\WINXP\system32\mp3play.dll（DWORD 值）	1（被共享的数量）

（2）重新启动计算机或注销当前用户，再次进入 Windows XP，以使修改生效。

提示!!

> ①这里的 SharedDLLs 子键记录的就是有关程序共享的 DLL 信息，每个 DLL 文件的项值数据说明它已被几个应用程序共享。如果是二进制项值数据为“00 00 00 00”，则表明不被任何程序共享。
>
> ②0x00000001（1）是十六进制表示法。

5. 如何修改应用程序出错时试图等待响应的时间

此技巧可以修改一个应用程序出错时试图等待响应的时间，值为毫秒，缺省值为 5000 毫秒（即 5 秒），可以减少为 3000 毫秒，以加快系统的响应能力。

找到如下子项分支（如果不存在，则新建），并根据下表编辑其相应项值（如果不存在，则新建）：

HKEY_CURRENT_USER\ControlPanel\Desktop

项值（数据类型）	项值数据
HungAppTimeout（字符串值）	bb8（定制响应的时间（毫秒））

6. 如何关闭系统还原功能

此设置确定是否打开或关闭“系统还原”。当操作系统出现严重问题时，系统还原使用户能够在不丢失个人数据文件的情况下，将其计算机还原到以前的状态。默认情况下，系统还原处于打开状态。

如果启用此设置，则关闭系统还原，并且不能访问“系统还原向导”和“配置界面”。

如果禁用此设置，则系统还原启用并有效。用户无法在配置界面中关闭系统还原，但可根据“关闭配置”设置，仍然可以被配置。在重新启动系统之前，此功能不起作用。要关闭配置界面，请参阅“关闭配置”设置。如果尚未配置此设置，系统回复到默认本地设置。

（1）找到如下子项分支（如果不存在，则新建），并根据下表编辑其相应项值（如果不存在，则新建）：

HKEY_LOCAL_MACHINE\Software\Policies\Microsoft\Windows NT\SystemRestore

项值（数据类型）	项值数据
DisableSR（DWORD 值）	1（启用此项，即关闭系统还原） 0（禁用此项）

（2）重新启动计算机或注销当前用户，再次进入 Windows XP，以使修改生效。

提示!!

此设置仅在 Windows XP Home Edition 和 Professional Edition 版本中可用。

7. 如何加快共享查看速度

（1）找到如下子项分支（如果不存在，则新建）：

HKEY_LOCAL_MACHINE\Software\Microsoft\Windows\CurrentVersion\

Explorer\ RemoteComputer\NameSpace

（2）在该项中找到并删除如下子项：

{D6277990-4C6A-11CF- 8D87-00AA0060F5BF}

（3）重新启动计算机或注销当前用户，再次进入 Windows XP，以使修改生效。

8. 如何禁用 Windows 的文件高速缓存

Workstation 服务是用来把客户连接到 Windows 2000 服务器的基本系统，一个与 Workstation 服务相关的注册表操作是增加信箱的可用缓存以防止丢失信件，这样做可能会对性能造成影响。所以，只有当一个很明显的涉及信件丢失的问题无法用其他方法解决时才能这样做，这就是我们介绍本例中的方法的缘故。

找到如下子项分支（如果不存在，则新建），并根据下表编辑其相应项值（如果不存在，则新建）：

HKEY_LOCAL_MACHINE\System\CurrentControlSet\Services\Lanman Workstation\Parameters

项值（数据类型）	项值数据
UtilizeNtCaching（DWORD 值）	0（禁止缓存） 1（启用缓存）

9. 如何优化软盘驱动器的性能

找到如下子项分支（如果不存在，则新建），并根据下表编辑其相应项值（如果不存在，则新建）：

HKEY_LOCAL_MACHINE\System\CurrentControlSet\Services\Class\fdc\0000

项值（数据类型）	项值数据
ForceFIFO（DWORD 值）	0（启用软盘驱动器性能优化）

10. 如何删除多余的虚拟光驱图标

当我们在系统中安装了虚拟光驱后，“我的电脑”中就会多出一个光盘图标，即便以后不再使用虚拟光驱，虚拟光驱图标还会继续保留。可通过修改注册表来将其删除这个多余的虚拟光驱图标。

操作步骤：

（1）找到如下子项分支（如果不存在，则新建）：

HKEY_LOCAL_MACHINE\HARDWARE\DEVICEMAP\SCSI

（2）在 SCSI 子项下通常有两个子项，如图 6-1 所示，它们分别对应着虚拟光驱和物理光驱，这里应将 SCSI 下的子键全部删除。

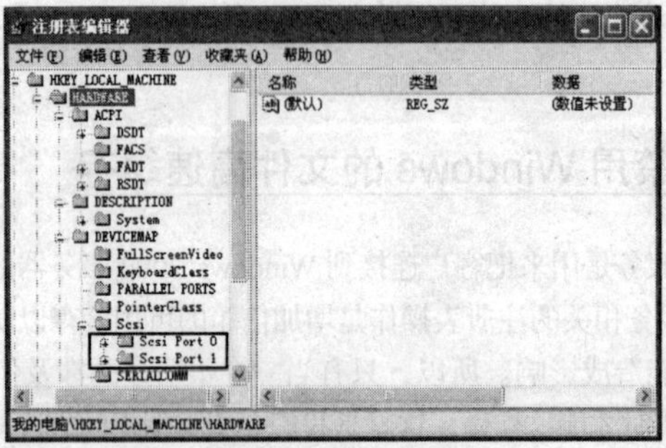

图 6-1

（3）重新启动计算机或注销当前用户，再次进入 Windows XP，虚拟光驱图标就会被删除了。

11. 如何删除多余的系统级图标

系统级图标是指在安装 Windows 时由系统自动创建的图标，如回收站、收件箱、网上邻居等，其中有些图标对用户来说并无用处，但这些图标无法直接删除。可通过修改注册表来将其删除。

（1）找到如下子项分支（如果不存在，则新建）

HKEY_LOCAL_MACHINE\Software\Microsoft\Windows\CurrentVersion\explorer\Desktop\NameSpace

（2）删除 NameSpace 项下不需要的子项。

（3）重新启动计算机或注销当前用户，再次进入 Windows XP，发现桌面上不需要的系统级图标已经消失了。

12. 如何删除多余的键盘布局

（1）找到如下子项分支（如果不存在，则新建）：

HKEY_LOCAL_MACHINE\System\CurrentControlSet\Control\Keyboard Layouts

（2）我们可以看到该分支下保存了 00000402，00000404，00000405，00000406，00000407，00000408，00000409 等子项，通过查看每个子项右边所对应的项值 Layout Text 的数值得知，它们分别对应的是保加利亚语、中文（繁体）-美式键盘，捷克语，丹麦语，德语，希腊语，美国英语等多种键盘布局。如果你用不到这些语言的键盘布局，完全可以直接删除这些子键。

（3）重新启动计算机或注销当前用户，再次进入 Windows XP，以使修改生效。

13. 如何删除多余的区域设置

与上述键盘布局相类似的还有 Windows 的区域设置，也可以通过注册表来进行删除。

（1）找到如下子项分支（如果不存在，则新建）：

HKEY_LOCAL_MACHINE\System\CurrentControlSet\Control\Nls\Locale

（2）简体中文使用者完全可以只保留"00000804"项值数据，其他可全部删除。

（3）重新启动计算机或注销当前用户，再次进入 Windows XP，以使修改生效。

14. 如何改变最大图标缓冲值

通过本技巧可以修改图标缓冲的最大值。

（1）找到如下子项分支（如果不存在，则新建），并根据下表编辑其相应项值（如果不存在，则新建）：

HKEY_LOCAL_MACHINE\Software\Microsoft\Windows\CurrentVersion\Explorer

项值（数据类型）	项值数据
Max Cached Icons（DWORD 值）	7500（这是一个十进制值）

（2）重新启动计算机或注销当前用户，再次进入 Windows XP，以使修改生效。

15. 如何允许公布打印机

此操作可决定是否可以在 Active Directory 中公布计算机的共享打印机。

（1）找到如下子项分支（如果不存在，则新建），并根据下表编辑其相应项值（如果不存在，则新建）：

HKEY_LOCAL_MACHINE\Software\Policies\Microsoft\Windows NT\Printers

项值（数据类型）	项值数据
PublishPrinters（DWORD 值）	1（不允许公布打印机） 0（允许公布打印机）

（2）重新启动计算机或注销当前用户，再次进入 Windows XP，以使修改生效。

16. 如何允许删除已公布的打印机

此设置用于决定域控制器是否可以从 Active Directory 删除这台计算机公布的打印机。

在默认情况下，如果公布打印机的计算机不响应联系请求，域控制器上的删除服务则从 Active Directory 删除打印机对象。公布打印机的计算机重新启动时，它会重新公布已被删除的打印机对象。

如果启用或尚未配置这个设置，计算机不响应时，域控制器会删除这台计算机的打印机；如果停用这个设置，域控制器则不删除这台计算机的打印机。这个设置的目的是，在计算机跟网络的连接被临时中断时防止删除打印机。

（1）找到如下子项分支（如果不存在，则新建），并根据下表编辑其相应项值（如果不存在，则新建）：

HKEY_LOCAL_MACHINE\Software\Policies\Microsoft\Windows NT\Printers

项值（数据类型）	项值数据
Immortal（DWORD 值）	0（允许删除已公布的打印机） 1（不允许删除已公布的打印机）

（2）重新启动计算机或注销当前用户，再次进入 Windows XP，以使修改生效。

17. 如何在打印机文件夹中添加一个自定义的网页链接

在默认的情况下，打印机文件夹包含连接到 Microsoft 支持部门称作“获得打印帮助”的网页链接。该夹中还包括由当前选择的打印机的零售商提供的网页链接。读者可以使用这个设置将这些“获得打印帮助”的默认链接替换成你的企业的自定义的网页链接。

如果读者禁用这个设置或尚未配置这个设置，或者你尚未键入一个其他的 Internet 地址，那么默认的链接就会出现在打印机文件夹中。

（1）找到如下子项分支（如果不存在，则新建），并根据下表编辑其相应项值（如果不存在，则新建）：

HKEY_LOCAL_MACHINE\Software\Policies\Microsoft\Windows NT\Printers

项值（数据类型）	项值数据
SupportLink（DWORD 值）	http://www.microsoft.com/support（网页链接地址）

（2）重新启动计算机或注销当前用户，再次进入 Windows XP，以使修改生效。

提示!!

只有当启用 Web 查看时，网页链接才会出现在打印机文件夹中。如果禁用了 Web 查看，该设置就不会生效。

18. 如何指定计算机在使用中用户策略的后台更新频率

除了后台更新之外，在系统启动时也会进行计算机组策略更新。在默认情况下，计算机组策略会每隔 90 分钟更新一次，并将时间作 0~30 分钟的随机调整。你可以指定 0~64 800 分钟的时间间隔。如果你选择 0 分钟，计算机会试图每隔 7 秒进行组策略更新。但是更新操作会影响用户工作，而且会增加网络流量，请尽量不要设置太短的更新间隔。如果你禁用这个策略，组策略会每隔 90 分钟更新一次（默认值）。如果你不想在计算机使用时进行策略更新，请选择“禁用组策略的后台刷新”策略。

这个策略也可以让你指定实际的更新速度变化。为了阻止数个用户端同时发出更新请求，系统会使用随机数值来调整更新时间。你在随机时间框中所键入的数值将会成为随机调整的时间上限。例如你键入 30 分钟，系统会选择 0~30 分钟的随机时间。键入较大的数值会放宽时间上限，而且会减少用户端更新要求重叠的机会，但是会导致明显的更新延迟。

这个策略建立计算机组策略的更新频率，如果你要设置用户组策略的更新频率，请使用“计算机配置”|“管理模板”|“系统”|“组策略”|“计算机组更新间隔”策略。

（1）找到如下子项分支（如果不存在，则新建），并根据下表编辑其相应项值（如果不存在，则新建）：

HKEY_CURRENT_USER\Software\Policies\Microsoft\Windows\System

项值（数据类型）	项值数据（说明）
GroupPolicyRefreshTime（DWORD 值）	90（范围 0~64 800）

（2）重新启动计算机或注销当前用户，再次进入 Windows XP，以使修改生效。

19. 如何在大内存情况下，增强 Windows 核心程序的性能

在 Windows 下运行多个程序时，它会把内存中暂时用不到的内容置换到硬盘

上，这样置换的目的是为了能在相对较小的内存中同时执行多个程序。但反复在内存及硬盘之间来回的置换，将会影响程序执行的速度。对于 Windows 系统本身的核心程序也会遇到这样的置换操作，因为当运行某个程序而内存不足，这时 Windows 系统会自动把暂时用不到的部分核心程序置换到硬盘上，虽然这样可以获得程序正常的运行，但这时候需要用到系统的某个核心部分的程序，又要将刚刚保存在硬盘上的核心程序调入内存，如此，将影响系统运行效率。

如果读者所用的电脑内存足够大，则可以强制 Windows 内核程序不进行页面调度，使其始终常驻于内存。

找到如下子项分支（如果不存在，则新建），并根据下表编辑其相应项值（如果不存在，则新建）：

HKEY_LOCAL_MACHINE\SYSTEM\CurrentControlSet\Control\Session Manager\Memory Management

项值（数据类型）	项值数据
DisablePagingExecutive（DWORD 值）	0（默认设置，允许进行页面置换）

提示!!

如果读者要进行此项设置，首先必须保证读者所用的内存必须足够大，否则会适得其反。因为当读者启动了禁止核心程序进行页面置换功能，那么读者的内存将有一固定部分不能用来进行其他程序的运行。如果内存较小的话，这会大大影响系统的性能。

20. 如何不允许 LPT 端口重新定向

此项设置用于在终端服务会话期间，禁止将数据重新定向到客户端 LPT 端口。默认情况下，终端服务允许用户映射本地 LPT 端口并把数据从服务器重新定向到本地 LPT 端口外设。若启用此设置，终端服务用户就无法把服务器数据重新定向到本地 LPT 端口。

（1）找到如下子项分支（如果不存在，则新建），并根据下表编辑其相应项值（如果不存在，则新建）：

HKEY_LOCAL_MACHINE\SOFTWARE\Policies\Microsoft\Windows NT\Terminal Services

项值（数据类型）	项值数据
fDisableLPT（字符串值）	0（允许 LPT 端口重新定向） 1（不允许 LPT 端口重新定向）

（2）重新启动计算机或注销当前用户，再次进入 Windows XP，以使修改生效。

21. 如何设置后台智能传送服务（BITS）不活动任务超时保持的天数

此项用于设置挂起的 BITS 任务在被请求程序视为放弃前可以保持为不活动的天数。一旦任务被确定为放弃，它将被系统删除，任何属于此任务的下载文件都将从磁盘上删除。任何此任务的属性更改或任何成功的下载操作都将重设此计时器。如果此计算机长时间保持离线，不会记录此任务的活动。

如果此计算机会长时间保持离线并且仍然有挂起的任务，读者可能会想要增大这个值。如果读者考虑到孤立的任务会占据磁盘空间，可以减小这个值。如果读者启用此设置，读者可以指定不活动的任务超时的天数。

（1）找到如下子项分支（如果不存在，则新建），并根据下表编辑其相应项值（如果不存在，则新建）：

HKEY_LOCAL_MACHINE\Software\Policies\Microsoft\Windows\BITS

项值（数据类型）	项值数据
JobInactivityTimeout（DWORD 值）	90（不活动的任务超时为 90 天（默认设置））

（2）重新启动计算机或注销当前用户，再次进入 Windows XP，以使修改生效。

提示!! JobInactivityTimeout 的值可从 1~999 天，相邻两个值相差为 1。

22. 如何记录目录删除重试日志

此设置用于指定当域控制器上的删除服务在修剪计算机的打印机之前尝试与其联系时是否记录事件。删除服务定期跟具有公布的打印机的计算机联系以验证打印机仍然可用。如果计算机没有响应联系尝试，尝试按指定间隔、指定次数重试。“目录删除重试”设置决定重试次数；默认两次重试。“目录删除间隔”设置决定重试之间的时间间隔；默认是每八小时。如果计算机在最后一次联系尝试时没有响应，其打印机从目录中删除。如果启用“记录目录删除重试事件”设置，联系事件将在事件日志中记录。如果没有配置或禁用这个设置，联系事件不会在事件日志中记录。

（1）找到如下子项分支（如果不存在，则新建），并根据下表编辑其相应项值（如果不存在，则新建）：

HKEY_LOCAL_MACHINE\Software\Policies\Microsoft\Windows NT\Printers

项值（数据类型）	项值数据
PruningRetryLog（DWORD 值）	0（不记录目录删除重试日志） 1（记录目录删除重试日志）

（2）重新启动计算机或注销当前用户，再次进入 Windows XP，以使修改生效。

> 提示!! 此设置不影响删除事件的日志；实际的打印机删除总是被记录。此外，该设置只用于域控制器。

23. 如何禁用程序启动时的软件更新外壳通知

指定使用 Microsoft 软件分发频道的程序在它们安装新组件时不向用户发出通知。软件分发频道是一种使用开放式软件分发（.osd）技术动态地更新用户计算机上的软件的方式。

如果启用该策略，则在使用软件分发频道更新程序时，用户将不会收到通知。

如果禁用该策略或不对其进行配置，则在更新程序之前用户将收到通知。

该策略适用于那些要使用软件分发频道更新其用户程序（无需用户参与）的管理员。

（1）找到如下子项分支（如果不存在，则新建），并根据下表编辑其相应项值（如果不存在，则新建）：

HKEY_LOCAL_MACHINE\Software\Microsoft\Windows\CurrentVersion\Policies\Explorer

项值（数据类型）	项值数据
NoMSAppLogo5ChannelNotify（字符串值）	0（启用） 1（禁用）

（2）重新启动计算机或注销当前用户，再次进入 Windows XP，以使修改生效。

24. 如何启用 Windows NTP 客户端

此设置用于指定是否启用 Windows NTP 客户端。启用 Windows NTP 客户端允许用户的计算机与其他 NTP 服务器同步计算机时钟。如果用户要使用第三方的时间提供程序，用户可能希望禁用该服务。

（1）找到如下子项分支（如果不存在，则新建），并根据下表编辑其相应项值（如果不存在，则新建）：

HKEY_LOCAL_MACHINE\Software\Policies\Microsoft\W32time\TimeProviders\NtpClient

项值（数据类型）	项值数据
Enabled（DWORD 值）	1（启用 Windows NTP 客户端 ） 0（禁用 Windows NTP 客户端 ）

（2）重新启动计算机或注销当前用户，再次进入 Windows XP，以使修改生效。

25. 如何设置对 Active Directory 事件记录的详细程度

对于 Windows2000 来说，其 Active Directory 架构是非常复杂的。一旦 Active Directory 出了问题，你很难快速有效地将问题解决。然而通过下面的设置可以帮助你很快地找到问题所在，并迅速解决它。

（1）找到如下子项分支（如果不存在，则新建），并根据下表编辑其相应项值（如果不存在，则新建）：

HKEY LOCAL MACHINE\System\Current Control Set\Services\NTDS

项值（数据类型）	项值数据
Diagnostics（DWORD 值）	0（对于 AD 事件不作任何记录） 1（对于 AD 事件作最为简单的记录） 3（对于 AD 事件作较为详细的记录） 5（对于 AD 事件作最为详细的记录）

（2）重新启动计算机或注销当前用户，再次进入 Windows XP，以使修改生效。

提示!!

> 如果你的 Active Directory 出现了问题，那么设置详细记录对于解决问题会大有帮助。需要注意的是，当问题解决后你可将记录详细程度设置为较低以节约资源。

26. 如何启用磁盘配额

此设置可使计算机上的所有 NTFS 卷上启用和禁用磁盘限额管理，并防止用户更改设置。

启用这个设置，就启用了磁盘限额管理，并且用户不能禁用它；禁用这个设置，你就禁用了磁盘限额管理并且用户不能启用它。如果这项设置没有配置，磁盘限额管理就会以默认方式禁用，但是管理员可以启用它。

找到如下子项分支（如果不存在，则新建），并根据下表编辑其相应项值

（如果不存在，则新建）：

HKEY_LOCAL_MACHINE\Software\Policies\Microsoft\Windows NT\DiskQuota

项值（数据类型）	项值数据
Enable（DWORD 值）	0（不启用磁盘配额） 1（启用磁盘配额）

提示!!

①为了在设置生效时防止用户更改设置，系统在 NTFS 卷的“限额”选项卡上禁用“启用限额管理”选项。

②要指定一个磁盘限额限量，请使用“默认限额限量和警告等级”设置。否则，系统会将卷上的物理空间当作配额限量来使用。

③要在不指定设置的情况下启用或禁用磁盘限额限量，请在“我的电脑”上右键单击一个 NTFS 卷的名称，然后单击“启用配额管理”选项。

27. 如何设置禁止自动允许重定向文件夹脱机可用

所有重定向 shell 文件夹，如我的文档、桌面、开始菜单和应用程序数据，默认地脱机可用。这个设置允许你更改此行为，以使重定向 shell 文件夹不会自动对脱机使用可用。但是，用户仍然可以选择使文件和文件夹脱机可用。如果启用这个设置，用户必须手动选择希望脱机时可用的文件。如果禁用这个设置或不配置，重定向 shell 文件自动地脱机可用。重定向文件内的所有子文件夹也脱机可用。

（1）找到如下子项分支（如果不存在，则新建），并根据下表编辑其相应项值（如果不存在，则新建）：

HKEY_LOCAL_MACHINE\Software\Policies\Microsoft\Windows\NetCache\NoMakeAvailableOfflineList

项值（数据类型）	项值数据
DisableFRAdminPin（DWORD 值）	1（启用此设置） 0（禁用此设置）

（2）重新启动计算机或注销当前用户，再次进入 Windows XP，以使修改生效。

提示!!

这个设置不阻止文件自动缓存，如果网络共享配置成“自动缓存”，也不影响用户界面中的“使脱机可用”菜单选项的可用性。一般不要启用这个设置，除非你保证网络或服务器保留的文件重定向文件不可用时，用户不需要访问所有的重定向文件。

28. 如何设置目录修剪间隔

此项设置用于指定域控制器上的修剪服务为验证打印机是否可以使用而跟计算机联系的频率。

修剪服务定期跟具有公布的打印机的计算机联系。如果计算机不响应（重复联系后），修剪服务则开始修剪（从 Active Directory 删除）计算机公布的打印机对象。

在默认情况下，修剪服务每隔八小时跟计算机联系一次，试两次后才从 Active Directory 删除打印机。如果你启用这个设置，你可以改变重试间隔。如果你没有配置或禁用\n\这个设置，将使用默认值。

（1）找到如下子项分支（如果不存在，则新建），并根据下表编辑其相应项值（如果不存在，则新建）：

HKEY_LOCAL_MACHINE\Software\Policies\Microsoft\Windows NT\Printers

项值（数据类型）	项值数据
PruningInterval（DWORD 值）	480（删除操作器在两次检测废弃打印机之间的休眠时间为 480 分钟）

（2）重新启动计算机或注销当前用户，再次进入 Windows XP，以使修改生效。

> 提示!!
> ①当“PruningInterval”（单位为分钟）设置为 0 时表示两次检测废弃打印机之间是连续的，并没有间隔。间隔时间可为：10，30,60，240，480，720，1440，2880，4320，5760，7200，8640，10080，10080，20160，30240，40320，50400，60480，70560；当值设置为 4294967295 表示无限。
> ②该设置只在域控制器上使用。

29. 如何禁用 8.3 格式文件识别

此设置用于控制是否允许在 NTFS 分区上使用 DOS 的 8.3 式的文件，禁止这项功能，将使 NTFS 分区的性能更高。

（1）找到如下子项分支（如果不存在，则新建），并根据下表编辑其相应项值（如果不存在，则新建）：

HKEY_LOCAL_MACHINE\SYSTEM\CurrentControlSet\Control\FileSystem

项值（数据类型）	项值数据
NtfsDisable8dot3NameCreation（DWORD 值）	1（表示不允许） 0（表示允许）

（2）重新启动计算机或注销当前用户，再次进入 Windows XP，以使修改生效。

30. 如何为主文件表 MFT 保留适当的空间

MFT 在 NTFS 卷中扮演着重要的角色，对系统性能的影响很大，系统在读写磁盘时会频繁地访问 MFT，因此 MFT 对 NTFS 系统的性能有着至关重要的影响。NTFS 文件系统在默认情况下已经在 MFT 的附近预留着一个特定的区域，用来减少 MFT 中的碎片，默认状态下，这一区域占整个卷大小的 12.5%，尽管这个区域能使 MFT 中的碎片最少，但它并不是在任何情况下都是合适的，要对 MFT 的空间进行管理，可以通过本例的注册表修改来达到目的。

找到如下子项分支（如果不存在，则新建），并根据下表编辑其相应项值（如果不存在，则新建）：

HKEY_LOCAL_MACHINE\System\CurrentControlSet\Control

项值（数据类型）	项值数据
NtfsMftZone-Reservation（DWORD 值）	1.设置最小保留空间，MFT 占整个卷的 12.5%（默认） 2.设置中等保留空间，MFT 占整个卷的 25% 3.设置较大的保留空间，MFT 占整个卷的 37.5% 4.设置最大的保留空间，MFT 占整个卷的 50%

提示!!

①对于保留的空间的大小设置，我们只可能选择一个保留范围，而并不能设置具体的空间大小。具体的大小由操作系统来实现。

②必须在创建 NTFS 卷之前修改注册表，也就是说对注册表的修改只影响此后建立的 NTFS 卷，对目前已经存在的卷没有影响，这些卷还会保留着原来的 MFT 的设置。对于 MFT 空间的设置，默认的 12.5%对大多数用户而言已经足够了，没有必要进行修改。

31. 如何禁止保存文件上次更新时间

对于系统来说，一般它会自动保存文件上次更新时间。这会对系统速度有影响，为此我们可利用注册表禁止此功能。

（1）找到如下子项分支（如果不存在，则新建），并根据下表编辑其相应项值（如果不存在，则新建）：

HKEY_LOCAL_MACHINE\SYSTEM\CurrentControlSet\Control\FileSystem

项值（数据类型）	项值数据
NtfsDisableLast-AccessUpdate（DWORD 值）	1（不保存上次更新的时间） 0（保存上次更新的时间）

（2）重新启动计算机或注销当前用户，再次进入 Windows XP，以使修改生效。

第 7 章

调整电脑硬件

本章内容

7-1 调整存储器

1. 如何激活磁盘 DMA66 模式

激活磁盘系统 DMA 功能可以节省更多的 CPU 资源对磁盘进行操作。通过注册表可以控制系统是否打开此功能。

（1）找到如下子项分支（如果不存在，则新建），并根据下表编辑其相应项值（如果不存在，则新建）：

HKEY_LOCAL_MACHINE\System\CurrentControlSet\Control\Class\{4D36E96A-E325-11CE-BFC1-08002BE10318}\0000

项值（数据类型）	项值数据
EnableUDMA66（DWORD 值）	0（禁用 UDMA66 模式） 1（启用 UDMA66 模式）

（2）重新启动计算机或注销当前用户，再次进入 Windows XP，以使修改生效。

提示!! 必须是当系统主板和磁盘系统支持 DMA66 时才会起作用。

2. 如何解决安装虚拟光驱后原光盘游戏无法运行的问题

安装了虚拟光驱后，物理光驱的盘符会向后移，导致原先已经安装的光盘游戏无法运行，我们可以通过修改注册表来解决这一问题。

（1）找到如下子项分支（如果不存在，则新建）：

HKEY_LOCAL_MACHINE\Software

（2）在该主键下找到此游戏的子项，逐层展开后，一般可以找到安装光驱盘符的项值，将其数值数据改为现在的物理光驱盘符即可。

（3）重新启动计算机或注销当前用户，再次进入 Windows XP，以使修改生效。

3. 如何禁用 CD-ROM 的自动播放功能

当在光驱内放入光盘时，Windows 系统总会自动执行光盘中的内容，这个恼人的问题如何才能杜绝其发生呢？别急，我们可以通过修改注册表来将此功能屏蔽。

（1）找到如下子项分支（如果不存在，则新建），并根据下表编辑其相应项值（如果不存在，则新建）：

HKEY_LOCAL_MACHINE\SYSTEM\CurrentControlSet\Services\Cdrom

项值（数据类型）	项值数据
AUTORUN（DWORD 值）	0（禁用自动播放功能）

（2）重新启动计算机或注销当前用户，再次进入 Windows XP，以使修改生效。

4. 如何设置用户对软驱及 CD-ROM 驱动器的访问权限

通过注册表，我们为 CD-ROM 和磁盘驱动器及其可移动介质建立高级安全机制，使得它们可只被当前登录的用户访问。

（1）找到如下子项分支（如果不存在，则新建），并根据下表编辑其相应项值（如果不存在，则新建）：

HKEY_LOCAL_MACHINE\Software\Microsoft\Windows NT\CurrentVersion\Winlogon

项值（数据类型）	项值数据
AllocateCDRoms（字符串值）	1（仅仅本地登录用户可以使用 CD－ROM 驱动器） 0（只可以被域中的管理员使用）
AllocateFloppies（字符串值）	1（仅仅本地登录用户可以使用软盘驱动器） 0（只可以被域中的管理员使用）

（2）重新启动计算机或注销当前用户，再次进入 Windows XP，以使修改生效。

5. 如何优化软盘驱动器的读写性能

软驱的读写速度特慢，是大家有目共睹的，有时复制一个一兆左右的文件要等好长时间才能完成，而且还占用了非常多的系统资源，使得在复制文件时基本上不能再做其他事情。通过修改注册表的相关设置，可以避免出现这种烦人的事情发生。

（1）启动注册表编辑器，进入如下子项分支（如果不存在此子项，则新建），并根据下表编辑其相应项值（如果不存在，则新建）：

HKEY_LOCAL_MACHINE\System\CurrentControlSet\Services\Class\fdc\0000

（2）重新启动计算机或注销当前用户，再次进入 Windows XP，以使修改生效。

项值（数据类型）	项值数据
ForeFifo （DWORD 值）	1（提高软驱读写缓冲性能） 0（取消此功能）

6. 如何消除程序出错时强烈的读盘现象

当管理员在操作某软件出错时，系统会弹出一个“程序错误”的对话框，并伴随着强烈的读盘，这实际上是 Dr. Watson 在工作。对于普通用户，Dr. Watson 的作用并不大，相反因为它占用大量的磁盘空间反而会成为我们的累赘，因此管理员完全有必要通过修改注册表来关闭它。

（1）启动注册表编辑器，进入如下子项分支：

HKEY_LOCAL-MACHINE\SOFTWARE\Microsoft\Windows NT\Current Version\AeDebug

（2）双击右窗格中的 Auto 键值名称，将其键值更改为 0。

（3）重新启动计算机或注销当前用户，再次进入 Windows XP，以使修改生效。

7. 如何禁用 Windows XP 内嵌的 CD 侦测功能

Windows XP 具有内嵌的 CD 侦测功能。当读者将 CD 放入光驱时，系统就会出现一个对话框。如果读者讨厌此功能的话，可通过注册表禁止此功能。

（1）找到如下子项分支（如果不存在，则新建），并根据下表编辑其相应项值（如果不存在，则新建）。

HKEY_CURRENT_USER\Software\Microsoft\Windows\CurrentVersion\Policies\Explorer

项值（数据类型）	项值数据
NoCDBurning（DWORD 值）	0（允许侦测功能） 1（禁止侦测功能）

（2）重新启动计算机或注销当前用户，再次进入 Windows XP，以使修改生效。

8. 如何取消硬盘剩余空间警告

当一个硬盘驱动器的总计剩余空间少于 10%时，Windows 将会发送管理警告。可以通过以下设置来修改这个百分比。

（1）打开注册表编辑器，找到如下注册表子项分支。

HKEY_LOCAL_MACHINE\System\CurrentControlSet\Services\LanmanServer\Parameters

（2）新建一个名为“DiskSpaceThreshold”的 DWORD 值，当剩余磁盘空间等于该百分比时将发送警报。

（3）重新启动 Windows 以使改动生效。

9. 如何控制 NTFS 的主文件表储量空间

NTFS 文件系统包含名为主文件表（MFT）的核心文件，每个 NTFS 卷上的文件在 MFT 上都至少有一个条目。通过设置为 MFT 保留的空间数量可以避免影响系统性能。

（1）找到如下注册表子项：

HKEY_LOCAL_MACHINE\System\CurrentControlSet\Control\FileSystem

（2）新建一个名称为“NtfsMftZoneReservation”的 DWORD 值，并按照如下所示赋为其中的一个值。

- 1——小区域保留（默认）
- 2——中区域保留
- 3——大区域保留
- 4——最大区域保留

（3）重新启动 Windows 以使改动生效。

10. 如何取消 CD 刻录功能

取消 Windows XP 内置的 CD 刻录功能。

（1）找到如下注册表子项：

HKEY_CURRENT_USER\Software\Microsoft\Windows\CurrentVersion\Policies\Explorer

（2）新建一个名称为“NoCDBurning”DWORD 值，并将其值设置为 1（禁止 CD－R 刻录）。

（3）退出注册表编辑器，重新启动或者注销 Windows 以使修改生效。

11. 如何修改驱动器名称和图标

修改资源管理器中某一驱动器字母的名称和图标。

（1）找到如下注册表子项（如果不存在，则新建一个）：

HKEY_LOCAL_MACHINE\SOFTWARE\Microsoft\Windows\CurrentVersion\Explorer\DriveIcons

（2）在该项下新建一个子项，用单个字母（如 D）来描述要修改的驱动器盘符。

（3）在这个盘符的子项下，新建一个名称为“DefaultIcon”的字符串值子项，并且设置“（默认）”值为图标文件的有效完整名称。如果这个文件包含多个图标，后面应该跟一个“,”和以 0 为基数的索引值（例如“K:\icons\myicons.dll,4”）。

（4）在这个盘符的子项下，新建一个名称为“DefaultLabel”的子项，设置它的“（默认）”值为该驱动器的卷标（例如“我的 MP3”）。

（5）重新启动 Windows 以使修改生效，或者按 F5 键刷新计算机。

12. 如何指定播放插入音频光盘的程序

用于指定当启用自动播放功能时使用何种程序来播放插入的音频 CD。

（1）找到如下注册表子项：

HKEY_CLASSES_ROOT\AudioCD\Shell\Play\Command

（2）将右侧窗口中的“默认”项值的数据修改为“wmplayer.exe /prefetch:3 /device:AudioCD "%L"”。

（3）退出注册表编辑器，重新启动或者注销 Windows 以使修改生效。

7-2 调整 CPU 与主板

1. 如何管理本地处理器性能

Windows 包含了内建于处理器的性能控制，可以管理微处理器以使其更有效率的工作。本设置可以修改这个特性。

（1）找到如下注册表子项：

HKEY_LOCAL_MACHINE\SYSTEM\CurrentControlSet\Services\P3\Parameters

（2）在右侧窗口中新建或者修改已有的一个名称为“HackFlags”的 DWORD 值，并按照如下所示设置其数据：

- 0 = 禁止本地 XP 支持
- 1 = 使用在 XP 升级时从 Intel 软件继承的设置
- 5 = 当使用电池时系统支持所有的模式

（3）重新启动 Windows 以使改动生效。

提示!! 这个设置只能应用于使用 Intel SpeedStep 或者 AMD PowerNow!性能控制技术的处理器。

2. 如何从注册表中获取主板的 BIOS 信息

我们可通过在 Windows XP 注册表中获取主板的 BIOS 信息，而免去重新启动等麻烦。比如，在注册表里可以查看到主板的 ID 号，这对一些经常升级主板 BIOS 的朋友来说是个福音，因为在不知道主板具体型号的情况下，通过主板 ID 号可以清楚地看出主板的型号。

（1）找到如下子项分支（如果不存在，则新建），根据下表编辑其相应项值（如果不存在，则新建）：

HKEY_LOCAL_MACHINE\Hardware\Description\System

项值（数据类型）	项值数据
Systembiosdate（字符串值）	03/17/03（BIOS 的更新日期，此例为 2003 年 3 月 17 日最新更新版）
Systembiosversion（字符串值）	BIOS Date: 03/17/03 19:20:24 Ver: 08.00.07（主板 BIOS 更新的具体时间和 BIOS 版本号）

（2）重新启动计算机或注销当前用户，再次进入 Windows XP，以使修改生效。

提示!!

只有当你在最后一次运行 Windows NT/2000/XP 安装程序后没有更新或更改 BIOS 时，这一信息才是准确的，也就是说，这一信息只有当执行 Windows 安装程序时才更新注册表中的 BIOS 信息，而平时并非实时更新此信息。

3. 如何直接查看 CPU 的相关信息

（1）运行注册表编辑器，打开已有的或新建如下操作子项分支（如果不存在，则新建），根据下表编辑其相应项值（如果不存在，则新建）：

HKEY_LOCAL_MACHINE\HARDWARE\DESCRIPTION\System\CentralProcessor\0

项值（数据类型）	项值数据
~MHz（DWORD 值）	28A（CPU 的频率）
Identifier（字符串值）	X86 Family 6 Model 8 Stepping 1（CPU 的标识信息）
VendorIdentifier（字符串值）	GenuineIntel（CPU 的生产商）

上表中的三个项值标识了 CPU 最基本的信息，它们分别标记了 CPU 的频率、标识信息及其生产商。

（2）重新启动计算机或注销当前用户，再次进入 Windows XP，以使修改生效。

4. 如何打开 Intel 芯片组的 UDMA66 模式

如果你的计算机采用的是支持 UDMA66 的 Intel 芯片组，在默认情况下 UDMA66 模式是关闭的。使用本设置，可以启用或者禁用该模式。

（1）找到如下注册表子项：

HKEY_LOCAL_MACHINE\System\CurrentControlSet\Control\Class\{4D36E96A-E325-11CE-BFC1-08002BE10318}\0000

（2）新建一个名称为“EnableUDMA66”的 DWORD 值，其值等于“1”时启用 UDMA66，等于“0”时禁止。

（3）重新启动 Windows 以使改动生效。

提示!! 在激活 UDMA66 模式之前，必须确认该设备支持 UDMA66 模式并且使用一条 80-pin 的 IDE 数据线连接。

5. 如何修改分页和未分页内存大小

Windows 通常在物理内存大小基础上使用复杂的算法来计算分页和未分页内存大小。应用本设置可以不考虑这些因素而手工指定大小。

（1）找到如下注册表子项：

HKEY_LOCAL_MACHINE\SYSTEM\CurrentControlSet\Control\Session Manager\Memory Management

（2）新建或者修改已有的一个名称“NonPagedPoolSize”和“PagedPoolSize”的 DWORD 值。

（3）退出注册表编辑器，重新启动或者注销 Windows 以使改动生效。

提示!! 设置无效的或者偏小的值将会造成 Windows 显示“没有足够的内存来运行程序”的错误消息。

6. 如何提高核心系统性能

在装有大容量内存的系统中，可以强制 Windows 内核系统保存在内存中而不是在硬盘上交换。

（1）找到如下注册表子项：

HKEY_LOCAL_MACHINE\SYSTEM\CurrentControlSet\Control\Session Manager\Memory Management

（2）新建或者修改已有的一个名为“DisablePagingExecutive”的 DWORD 值，其值为“1”表示启用该设置，禁止核心进程使用分页交换，默认值为“0”。

（3）重新启动计算机以使改动生效。

7. 如何利用 CPU 的 L2 Cache 提高系统性能

通过调整注册表中的 CPU L2 Cache 大小可提高系统性能。

（1）找到如下注册表子项：

HKEY_LOCAL_MACHINE\SYSTEM\CurrentControlSet\Control\Session Manager\Memory Management

（2）新建或者修改已有的一个名为“SecondLevelDataCache”的 DWORD 值，修改其值为与 CPU L2 Cache 相同的十进制数值。例如：P4 1.6G 的 L2 Cache 为 512Kb，将其值更改为十进制数值 512。

（3）重新启动计算机以使改动生效。

7-3 调整打印设备

1. 如何不将默认客户端打印机设置为会话中的默认打印机

此设置用于指导终端服务不把默认客户端打印机指定为终端服务会话中的默认打印机。在默认情况下终端服务自动将默认客户端打印机指定为终端服务会话中的默认打印机。使用此设置替代该默认行为。

如果启用此设置，终端服务器不会把默认客户端打印机设置为会话中的默认打印机。相反，默认打印机是在服务器上指定的打印机；如果禁用此设置，则默认打印机总是默认客户端打印机。

（1）找到如下子项分支（如果不存在，则新建），根据下表编辑相应项值（如果不存在，则新建）：

HKEY_LOCAL_MACHINE\SOFTWARE\Policies\Microsoft\WindowsNT\Terminal Server

项值（数据类型）	项值数据
fForceClientLptDef（DWORD 值）	0（不将默认客户端打印机设置为会话中的默认打印机） 1（默认打印机是在服务器上指定的打印机）

（2）重新启动计算机或注销当前用户，再次进入 Windows XP，以使修改生效。

2. 如何降低快速打印的数据吞吐率

快速打印是 Windows XP 的一种特性，它允许在打印作业正在被应用程序创建时就送打印机。在某些情况下，这样做会导致有过多的数据送往打印机（例如当一个网络加载时）。要通过设置一个值来降低数据的吞吐率，可按照如下步骤修改注册表。

（1）找到如下子项分支（如果不存在，则新建），根据下表编辑相应项值（如果不存在，则新建）：

HKEY_LOCAL_MACHINE\System\CurrentControlSet\Control\Print

项 值（数据类型）	项值数据
FastPrintSlowDownThreshold（DWORD 值）	200（改为一个较小的设置，单位是毫秒）

（2）重新启动计算机或注销当前用户，再次进入 Windows XP，以使修改生效。

3. 如何禁止在添加打印任务时向日志文件中加入记录信息

在默认情况下，Windows XP 服务器对于每添加的一个打印任务，它都会自动向日志文件中记录下这些信息。这样时间一长，日志文件很快就会因这些无关紧要的信息而变得庞大。你可通过注册表禁止此记录功能。

（1）找到如下子项分支（如果不存在，则新建），根据下表编辑相应项值（如果不存在，则新建）：

HKEY_LOCAL_MACHINE\SYSTEM\CurrentControlSet\Control\Control\Print\Providers

项值（数据类型）	数值数据
EventLog（DWORD 值）	0（禁止添加记录信息） 1（允许添加记录信息）

（2）重新启动计算机或注销当前用户，再次进入 Windows XP，以使修改生效。

4. 如何控制打印机出现错误是否在远程机器上弹出对话框

你可以控制打印机错误是否显示在远程机器的弹出对话框中。要做到这一点，可以按照如下步骤修改注册表中的某个打印供应商。

（1）找到如下子项分支（如果不存在，则新建），其中的[Print Service Name]代表远程打印机的名字，根据下表编辑相应项值（如果不存在，则新建）：

HKEY_LOCAL_MACHINE\System\CurrentControlSet\Control\Print\Provider\[Print Service Name]

项值（数据类型）	键值数据（说明）
NetPopup（DWORD 值）	1（启用远程错误弹出对话框），0（禁止弹出）

（2）重新启动计算机或注销当前用户，再次进入 Windows XP，以使修改生效。

5. 如何控制打印机端口线程的优先级

每一个打印机端口都有一个或多个线程负责向物理打印机发送数据。读者可以通过修改注册表来控制这些线程的优先级。

（1）找到如下子项分支（如果不存在，则新建），根据下表编辑相应项值（如果不存在，则新建）：

HKEY_LOCAL_MACHINE\System\CurrentControlSet\Control\Print

项值（数据类型）	项值数据
PortThreadPriority（DWORD 值）	0（正常线程优先级） 1（高于正常线程优先级） ffffffff（低于正常线程优先级）

（2）重新启动计算机或注销当前用户，再次进入 Windows XP，以使修改生效。

6. 如何启用打印机警报声

当远程打印作业返回一个打印服务器出错的消息时，Windows XP 允许在作业每次重试时（每 10 秒一次）启用蜂鸣声警告用户，使用本操作即可启用蜂鸣事件。

（1）找到如下子项分支（如果不存在，则新建），根据下表编辑相应项值（如果不存在，则新建）：

HKEY_LOCAL_MACHINE\System\CurrentControlSet\Control\Print

项值（数据类型）	项值数据
BeepEnabled（DWORD 值）	1（启用蜂鸣声） 0（禁止蜂鸣声）

（2）重新启动计算机或注销当前用户，再次进入 Windows XP，以使修改生效。

7. 如何确定是否允许安装使用内核模式驱动程序的打印机

“内核模式”驱动程序会访问系统范围的内存，因此不严谨的“内核模式”驱动程序可能会造成 STOP 错误。如果禁用或不配置此设置，使用“内核模式”驱动程序的打印机可以安装在本地计算机上；如果启用此设置，就不允许安装使用“内核模式”驱动程序的打印机。我们可以通过修改注册表的设置来实现。

（1）找到如下子项分支（如果不存在，则新建），根据下表编辑相应项值（如果不存在，则新建）：

HKEY_LOCAL_MACHINE\Software\Policies\Microsoft\Windows NT\Printers

项值（数据类型）	项值数据
KMPrintersAreBlocked（DWORD 值）	1（不允许安装使用内核模式驱动程序的打印机） 0（允许安装使用内核模式驱动程序的打印机）

（2）重新启动计算机或注销当前用户，再次进入 Windows XP，以使修改生效。

8. 如何设置打印机的优先级别

在可能作为 Windows XP 基于服务器的网络一部分的老式 NT 系统中，打印机优先级别可以通过修改注册表由应用程序和系统管理员来设置。

（1）找到如下子项分支（如果不存在，则新建），根据下表编辑相应项值（如果不存在，则新建）：

HKEY_LOCAL_MACHINE\System\CurrentControlSet\Control\Print

项值（数据类型）	项值数据
PriorityClass（DWORD 值）	0（正常优先级类） 1（高优先级类） ffffffff（空闲优先级类）

（2）重新启动计算机或注销当前用户，再次进入 Windows XP，以使修改生效。

9. 如何设置打印机配置 DLL 的路径

打印机并不真是由 Windows 进行配置的，而由打印机生产厂商提供的动态链接库（DLL）配置的，它负责提供对话框和内部挂钩来完成工作。如果某台打印机无法定位它的配置 DLL，那么当用户试图配置打印机时就会出错。要更改这个错误，可修改注册表。

（1）找到如下子项分支（如果不存在，则新建）：

HKEY_LOCAL_MACHINE\System\CurrentControlSet\Control\Print\

Environments\[NT Environment]\Print Processors

（2）在该子项分支下新建项值 ConfigurationFile。使用字符串编辑器将 ConfigurationFile 的值修改为指定打印机配置 DLL 的正确路径（可通过文档或者使用文件搜索来获取）。

（3）重新启动计算机或注销当前用户，再次进入 Windows XP，以使修改生效。

提示!! [NT Environment]是一个描述处理器的项。

10. 如何允许通过 Web 方式使用打印机

Internet 打印允许你在网页上显示打印机，这样，可以在 Internet 或 intranet 上查看、管理并使用打印机。在 Windows 上 Internet 打印是受支持的。如果启用这个设置或者不配置它，Internet 打印依旧受支持。如果停用这个设置，Internet 打印则不受支持。

（1）找到如下子项分支（如果不存在，则新建），根据下表编辑相应项值（如果不存在，则新建）:

HKEY_LOCAL_MACHINE\Software\Policies\Microsoft\Windows NT

项值（数据类型）	项值数据
DisableWebPrinting（DWORD 值）	0（表示允许用户使用 Web 打印机） 1（表示不允许使用 Web 打印机）

（2）重新启动计算机或注销当前用户，再次进入 Windows XP，以使修改生效。

提示!! 这个设置只影响服务器方面的 Internet 打印。该设置不防止计算机上的打印客户端在 Internet 上打印。此设置在系统注销后生效。

11. 如何设置打印机位置跟踪

此设置用于启用 Windows XP 打印机的物理位置跟踪支持功能。位置跟踪允许企业设计位置方案并将计算机和打印机指派到方案中的位置。位置跟踪替代定位和关联用户和打印机的标准方法，这个标准方法用计算机的 IP 地址和子网掩码来估计计算机的物理位置和邻近的其他计算机。

如果启用位置跟踪，“浏览”按钮会出现在“查找打印机”对话框中“位置”字段旁边。（要转到“浏览”按钮，单击“开始”，单击“搜索”，在单击“打印机”。）“浏览”按钮还出现在打印机的“属性”对话框中的“常规”选项卡上。这允许用户在不知道确切位置（或位置命名方案）的情况下，根据位置浏览打印机。同时，如果启用“计算机的位置”设置，你输入的默认位置会出现在“位置”字段中。

如果停用或不配置这个设置，位置跟踪则被停用。这时，打印机邻近关系是根据 IP 地址和子网掩码计算的。

（1）找到如下子项分支（如果不存在，则新建），根据下表编辑相应项值（如果不存在，则新建）：

HKEY_LOCAL_MACHINE\Software\Policies\Microsoft\Windows NT\Printers

项值（数据类型）	项值数据
PhysicalLocationSupport（DWORD 值）	0（不预设打印机搜索位置文本） 1（预设打印机搜索位置文本）

（2）重新启动计算机或注销当前用户，再次进入 Windows XP，以使修改生效。

12. 如何检查局域网中每台打印机的设置

在 Windows XP 的注册表中包含了局域网中每台打印机的大量信息。如果打印机出了故障，就需要查看打印机的详细设置情况，这时候，注册表就派上用场了。

这里以 hp LaserJet 1000 为例进行讲解

（1）找到如下子项分支（如果不存在，则新建）：

HKEY_LOCAL_MACHINE\SYSTEM\CurrentControlSet\Control\Print\Printer\hpLaserJet 1000

（2）对着该子项的详细设置信息，检查是否与你试图解决的问题相符合。

提示!!

hpLaserJet 1000 子项对于不同的打印机来说，它的名称就不一样了。

13. 如何禁用“事件查看器”中的打印任务通知

默认情况下，Windows 会将打印队列中的每个打印作业记录到事件日志中，这样过多的信息就会很快填满事件日志。

（1）找到如下注册表子项：

HKEY_LOCAL_MACHINE\SYSTEM\CurrentControlSet\Control\Print\Providers

（2）修改右侧窗口中的项值 EventLog 的数据为 0 即可。

14. 如何禁用打印服务器浏览线程

当启用该选项时，打印队列处理程序不再发送共享打印机信息给其他的打印机服务器。

（1）找到如下注册表子项：

HKEY_LOCAL_MACHINE\System\CurrentControlSet\Control\Print

（2）新建或者修改已有的一个名称为“DisableServerThread”的 DWORD 值，其数据为 0 时表示启用服务器线程，为 1 时表示禁用服务器线程。

（3）退出注册表编辑器，重新启动或者注销 Windows 以使改动生效。

15. 如何禁止打印机出错时发声

如果启用该功能，当打印机服务器发生远程作业错误时，计算机会每隔数秒发出声音。

（1）找到如下注册表子项：

HKEY_LOCAL_MACHINE\SYSTEM\CurrentControlSet\Control\Print

（2）新建或者修改已有的一个名称为“BeepEnabled”的 DWORD 值，其数据为 0 时表示禁止打印机出错时发声，为 1 时表示允许打印机出错时发声。

（3）退出注册表编辑器，重新启动或者注销 Windows 以使改动生效。

16. 如何更改默认的后台打印机文件夹

Windows 先把发往打印机的信存储在硬盘上。如果系统是作为打印机服务器，那么默认的位置可能会造成磁盘空间不足。

具体方法如下：

（1）新建一个文件夹作为后台打印机文件夹。

（2）找到如下注册表子项：

HKEY_LOCAL_MACHINE\SYSTEM\CurrentControlSet\Control\Print\Printers

（3）修改“DefaultSpoolDirectory”的值为新建文件夹的完整路径，例如“D:\SPOOLER”，其默认文件夹是“%SystemRoot%\system32\spool\ PRINTERS”。

（4）重新启动 Windows 或者“Print Spooler”服务。

（5）要只修改特定打印机的后台文件夹，找到该项下所要求打印机的相应子项，修改“SpoolDirectory”值为你想使用的文件夹。

提示!! 文件夹必须手工创建，否则 Windows 会使用默认值。

17. 怎样禁止打印机的通知信息

在默认状态下，当一项打印工作完成以后，NT 会使用弹出信息通知用户。其实我们可以通过注册表来禁止该窗口的弹出。

（1）找到如下注册表子项

HKEY_LOCAL_MACHINE\System\CurrentControlSet\Control\Print\Providers

在右侧窗口中新建一个 DWORD 值 NetPopup，设置其值为 0 时可以禁止打印完成的通知信息，设置为 1 时表示可以使用通知信息。

（2）重新启动计算机，更改便可生效。

18. 如何指定打印机通知的显示位置

指定打印作业通知发往本地计算机还是用户第一次登录的计算机。

（1）找到如下注册表子项：

HKEY_LOCAL_MACHINE\SYSTEM\CurrentControlSet\Control\Print\Providers

（2）新建或者修改已有的一个名称为“NetPopupToComputer”的 DWORD 值，设置其数据为 0 时表示打印作业通知是发往本地计算机，为 1 时表示打印作业通知是发往用户第一次登录的计算机。

（3）退出注册表编辑器，重新启动或者注销 Windows 以使改动生效。

19. 如何指定打印机浏览超时时间

用于指定从浏览列表中删除网络打印机前应该保持的时间。

（1）找到如下注册表子项：

HKEY_LOCAL_MACHINE\SYSTEM\CurrentControlSet\Control\Print

（2）修改名称为 NetPrinterDecayPeriod 的 DWORD 值数据即可，其范围为 0~4 294 967 295 毫秒，默认值为 3 600 000。

（3）退出注册表编辑器，重新启动或者注销 Windows 以使改动生效。

20. 如何指定打印服务器广播超时时间

用于指定广播一台打印机服务器资源的超时时间。

具体操作方法如下：

（1）找到如下注册表子项：

HKEY_LOCAL_MACHINE\SYSTEM\CurrentControlSet\Control\Print

（2）新建或者修改已有的一个名称为 ServerThreadTimeout 的 DWORD 值，并赋值为用毫秒表示的广播时间，默认值为 600 000（10 分钟）。

（3）退出注册表编辑器，重新启动 Windows 以使改动生效。

21. 如何改变用户的默认打印机

可以通过修改注册表来改变一个用户的默认打印机。

（1）找到如下注册表子项：

HKEY_CURRENT_USER\Software\Microsoft\Windows NT\CurrentVersion\Windows

（2）新建或者修改已有的一个名称为"Device"字符串值，赋值为当前用户的默认打印机，比如"HP Laserjet,winspool,LPT1:"。

（3）退出注册表编辑器，重新启动或者注销 Windows 以使改动生效。

22. 怎样禁止添加打印机

为了不让别人在自己电脑上添加打印机，我们可以禁止添加打印机的功能。

（1）找到如下注册表子项：

HKEY_CURRENT_USER\Software\Microsoft\Windows\CurrentVersion\Policies\Explore

（2）在右侧窗口中新建一个 DWORD 值："NoAddPrinter"，并设其值为"1"即可禁止添加打印机了。

23. 怎样禁止删除打印机

在注册表中，我们可以禁止删除打印机。

（1）找到如下注册表子项：

HKEY_CURRENT_USER\Software\Microsoft\Windows\CurrentVersion\Policies\Explorer

（2）在右侧窗口中新建一个 DWORD 值："NoDeletePrinter"，并设其值为"1"即可禁止删除打印机了。

7-4　调整显卡

1. 如何从注册表中获取显卡的 BIOS 信息

我们可以通过 Windows 注册表来获取显卡的 BIOS 信息。这对一些经常升级显卡 BIOS 的朋友来说也是个福音，因为在注册表中就可以了解到显卡的一些信息而避免重新启动等麻烦。

（1）找到如下子项分支（如果不存在，则新建），根据下表编辑相应项值（如果不存在，则新建）：

HKEY_LOCAL_MACHINE\Hardware\Description\System

项值（数据类型）	项值数据
VideoBiosDate（字符串值）	10/08/02（显卡 BIOS 的更新日期）
VideoBiosVersion（多字符串值）	Version 8-18.20.07.00（显卡 BIOS 版本号）

（2）重新启动计算机或注销当前用户，再次进入 Windows XP，以使修改生效。

2. 如何解决 AMD 760MP 与 NVIDIA 雷管驱动程序冲突的问题

许多使用 AMD 760MP 系统的用户在使用雷管 23.11 驱动的时候会出现许多问题，而这问题已经困扰了许多使用这些系统的用户。NVIDIA 在推出 GeForce4 显卡以后，终于推出了解决关于两者互不兼容的方法。首先要说明的是目前在雷管 23.10 驱动之后，甚至 27.xx 的驱动都会对 AMD 760MP 系统不兼容。

（1）找到如下子项分支（如果不存在，则新建）：

HKEY_LOCAL_MACHINE\system\CurrentControlSet\Control\video\{random sequence of hex digits}（在这里是随机出现的）\0000（类似的亦可）

（2）将右边窗口的项值 PushBufferMemorySpace（如果不存在，则新建一个二进制项值）的项值数据设置为 0x00000001 即可。

（3）重新启动计算机或注销当前用户，再次进入 Windows XP，以使修改生效。

提示!! 以上方法适用于雷管 23.10 驱动或以后版本。

3. 如何解决丽台 TV2000⁺电视卡与 TNT2 系列显卡的兼容问题

对于丽台 TV2000⁺电视卡，其质量是不容置疑的。但它却与 TNT2 系列显卡存在兼容性问题。这就出现了让读者两难的选择：如果读者想看电视，那么就别想用 TNT2 玩游戏；如果想用 TNT2 玩游戏，那么就别看电视。通过注册表对相应的键进行修改即可解决该难题。

对于同时装有 TNT2 系列显示与 TV2000⁺电视卡的兼容性问题主要表现在用丽台电视卡播放节目时，刚进入时一切正常，但当选台时则会出现画面停止，对电视卡不能进行任何的操作。

为解决这问题，读者可对 TV2000⁺驱动程序及显示驱动程序进行升级，升级后的 TV2000⁺就能正常接收节目。

（1）找到如下子项分支（如果不存在，则新建）：

HKEY_LOCAL_MACHINE\System\CurrentControlSet\Services\Class\Display\0001\Nvidia\Direct Draw

（2）将该子项下的 OverlayColorControlEnable 及 OverlayMode 的项值数据设置为“2”或“4”。

（3）重新启动计算机或注销当前用户，再次进入 Windows XP，以使修改生效。

4. 如何激活 nViDIA 显卡超频优化选项

超频优化 nVidia 显卡可以通过第三方软件实现，但这些第三方软件要在 Detonator 5.xx 驱动中才能使用，怎么办？别急，其实通过注册表可修改在雷管驱动里的超频选项。

（1）找到如下子项分支（如果不存在，则新建），根据下表编辑相应项值（如果不存在，则新建）：

HKEY_LOCAL_MACHINE\Software\NVIDIA Corporation\Global\NVTweak

项值（数据类型）	项值数据
QuickTweak（DWORD 值）	10020（激活超频选项）
CoolBits（字符串值）	3（激活超频选项）

（2）重新启动计算机或注销当前用户，再次进入 Windows XP，以使修改生效。

5. 如何修改 nVIDIA 显卡的 Direct3D 刷新率

nVIDIA 显卡在 Windows XP 中，无论是基于 Direct3D 还是 OpenGL 的游戏，都只能使用默认的最低刷新率 60Hz。当然，我们可通过 Windows XP Refresh Rate Fix 或 PowerStrip 这样的第三方工具来进行修改，但不幸的是这种状况同样出现在最新发布的 Windows XP 之中，而且 PowerStrip 并不适用于 Windows XP（新版本应该解决这些问题）。不过我们可以在 Windows XP 中修改 nVIDIA 显卡的刷新频率。经过测试，该办法几乎适用于所有的 nVIDIA 芯片显卡。

（1）找到如下子项分支（如果不存在，则新建），根据下表编辑相应项值

（如果不存在，则新建）：

HKEY_LOCAL_MACHINE\SOFTWARE\Microsoft\DirectDraw

项值（数据类型）	项值数据
ForceRefreshRate（DWORD 值）	55（欲修改的刷新率）

（2）重新启动计算机或注销当前用户，再次进入 Windows XP，以使修改生效。

提示!!

切不可将刷新率改得太高，否则有烧毁显示器的危险，所以所输入的频率值必须被读者的显示器或显卡所支持，否则将出现不良后果。

6. 如何修改 nVIDIA 显卡的 OpenGL 刷新率

（1）找到如下子项分支（如果不存在，则新建）：

HKEY_LOCAL_MACHINE\SYSTEM\CurrentControlSet\Services\nv\Device0

（2）在屏幕右侧可观察到许多项值，首先选择所使用的显卡，以下是相应项值对应的 nVIDIA 显卡：

NV0A_Modes = TNT2 Aladdin
NV10_Modes = GeForce SDR
NV10DDR_Modes = GeForce DDR
NV10GL_Modes = Quadro GeForce
NV11_Modes = GeForce2 MX SDR
NV11DDR_Modes = GeForce2 MX DDR
NV11GL_Modes = Quadro2 MXR
NV11M_Modes = GeForce2 Go
NV15_Modes = GeForce 2 SDR
NV15BR_Modes = GeForce 2 Ultra
NV15DDR_Modes = GeForce 2 DDR
NV15GL_Modes = Quadro 2 Pro
NV20_Modes = GeForce 3
NV4_Modes = TNT
NV5_Modes = TNT2 Vanta/Pro
NV5M64_Modes = TNT2 M64
NV5ULTRA_Modes = TNT2 Ultra

（3）接着打开相应显卡的子项（例如 GeForce3 则为 NV20_Modes），之后会出现一个包括显卡所支持的分辨率、色深及刷新率的窗口：其中第一行第一个数值是色深，第二、三个数值是分辨率，其后所有的值都是刷新率。

（4）删除不需要的刷新率，比如说读者需要 85Hz 的刷新率，就把 85 以下的数值删除就可以了，这样一来 85Hz 就会变成默认的最低刷新率，当然之前读者要先确定显示器能够支持的刷新率，不过一定记住不要把最后的“0”删除了。

（5）重新启动计算机或注销当前用户，再次进入 Windows XP，以使修改生效。

7. 如何显示高彩色图标

如果需要更清楚地显示图标颜色和细节，必须启用高彩模式，Windows 图标显示为高分辨率。

具体操作方法如下：

（1）打开注册表编辑器，找到如下所示的项：

HKEY_CURRENT_USER\Control Panel\Desktop\WindowMetrics

（2）新建一个名称为“Shell Icon BPP”的字符串值，设置其值为你的显卡所能支持的色深（例如，16 表示使用 16 位的图像卡，24 表示使用 24 位的图像卡）。

（3）关闭注册表编辑器，重新启动 Windows 使改动生效。

提示!! 你需要一块能显示 256 色以上的图形卡才能使之生效。

7-5 调整输入设备

1. 如何调整 Windows 滚轮鼠标的设置

利用注册表，读者可对 Windows 滚轮鼠标的滚轮进行设置。读者可指定每当滚动轮子时，屏幕是滚动还是不动；每滚动一次，屏幕内容滚动几行等。

（1）找到如下子项分支（如果不存在，则新建），根据下表编辑相应项值（如果不存在，则新建）：

HKEY_CURRENT_USER\Control Panel\Desktop

项值（数据类型）	项值数据
WheelScrollLines（字符串值）	0（禁止滚轮功能） 1（打开滚轮功能）

（2）重新启动计算机或注销当前用户，再次进入 Windows XP，以使修改生效。

2. 如何调整鼠标双击时的敏感区域大小

当在桌面或资源管理器中双击图标以打开某个文件时，我们必须将鼠标移到该图标上双击才可。如果通过对鼠标双击的敏感区域大小设置后，则只需将指针移到图标的边上双击即可。

（1）找到如下子项分支（如果不存在，则新建），根据下表编辑相应项值（如果不存在，则新建）：

HKEY_CURRENT_USER\Control Panel\Mouse

项值（数据类型）	数值数据
DoubleClickHeight（DWORD 值）	1e（水平方向上的有效区为 30 像素）
DoubleClickWidth（DWORD 值）	1e（垂直方向上的有效区为 30 像素）

（2）重新启动计算机或注销当前用户，再次进入 Windows XP，以使修改生效。

3. 如何禁止使用键盘上的“Win”键

进入 Windows 后，只要按下在 Ctrl 和 Alt 之间的“Win”键，开始菜单就会弹出。为了避免该现象，可在注册表中进行相应的设置，使“Win”键不可用。

（1）找到如下子项分支（如果不存在，则新建），根据下表编辑相应项值（如果不存在，则新建）：

HKEY_LOCAL_MACHINE\SYSTEM\CurrentControlSet\Control\Keyboard Layout

项值（数据类型）	项值数据
Scancode Map（DWORD 值）	00 00 00 00 00 00 00 00 03 00 00 00 00 00 5B E0 00 00 5C E0 00 00 00 00（禁止使用“Win”键）

（2）重新启动计算机或注销当前用户，再次进入 Windows XP，以使修改生效。

4. 如何设置登录后 NUMLOCK 键的状态

NUMLOCK 键通常在用户已登录计算机前总是开启。而对于手提式电脑用户来说，在键入密码之前不会检测 NUMLOCK 键的状态，这是一件很麻烦的事。通过注册表，我们可以更改这一默认状态设置。

（1）运行注册表编辑器，找到如下子项分支（如果不存在，则新建），根据下表编辑相应项值（如果不存在，则新建）：

HKEY_USERS\.DEFAULT\Control Panel\Keyboard

项值（数据类型）	项值数据
InitialKeyboard Indicators （字符串值）	0（在登录后关闭 NUMLOCK 键） 2（在登录后开启 NUMLOCK 键）

（2）重新启动计算机或注销当前用户，再次进入 Windows XP，以使修改生效。

5. 如何修改鼠标缓冲大小

有时你可能会遇到 Windows 报告鼠标缓冲溢出错误信息。这时你就需要对缓冲大小重新设定，以避免出现同样的问题。

（1）找到如下子项分支（如果不存在，则新建）：

HKEY_LOCAL_MACHINE\SYSTEM\CurrentControlSet\Services\Mouclass\Parameters

（2）在右边窗口中找到 DWORD 值 MouseDataQueueSize，然后双击，在打开的如图 7-1 所示对话框中将其数值数据更改为自己想要的值即可。

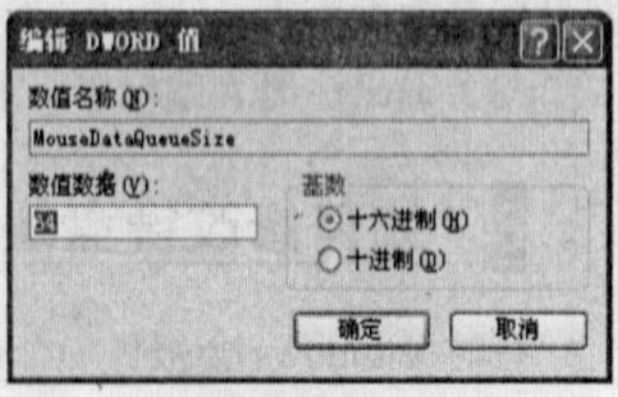

图 7-1

（3）重新启动计算机或注销当前用户，再次进入 Windows XP，以使修改生效。

> 提示!!
> 对于“MouseDataQueueSize”的值即为鼠标的缓冲大小，其单位为字节（Byte）。

6. 如何修正鼠标的加速功能

在 Windows XP 中玩某些游戏时，会出现因鼠标的加速而使鼠标不能很好的定位。这就需要通过注册表对鼠标进行设置，以使其正常工作。

（1）找到如下子项分支（如果不存在，则新建）：

HKEY_CURRENT_USER\Control Panel\Mouse

在该键下有两个名称分别为 SmoothMouseXCurve 及 SmoothMouseYCurve 的项值。

（2）将 SmoothMouseXCurve 及 SmoothMouseYCurve 的值分别设置为如下两个值即可解决问题：

00,00,00,00,00,00,00,00,00,a0,00,00,00,00,00,00,00,40,01,00,00,00,00,00,00,80,02,00,00,00,00,00,00,00,05,00,00,00,00,00

00,00,00,00,00,00,00,00,66,a6,02,00,00,00,00,00,cd,4c,05,00,00,00,00,00,a0,99,0a,00,00,00,00,00,38,33,15,00,00,00,00,00

（3）重新启动计算机或注销当前用户，再次进入 Windows XP，以使修改生效。

7. 如何检测意外的双击事件

本设置用于控制 Windows 是否应该自动检测意外的鼠标双击事件。

（1）找到如下注册表子项：

HKEY_CURRENT_USER\Software\Microsoft\Windows\CurrentVersion\Explorer\Advanced

（2）新建或者修改已有的一个名称为 UseDoubleClickTimer 的字符串值，并设置其数据为 1。

（3）退出注册表编辑器，重新启动或者注销 Windows 以使改动生效。

8. 如何修改键盘缓冲区大小

有时 Windows 会报告一个键盘缓冲区溢出错误，可以通过增加缓冲区大小来避免这个问题的出现。

（1）找到如下注册表子项：

HKEY_LOCAL_MACHINE\SYSTEM\CurrentControlSet\Services\Kbdclass\Parameters

（2）修改右侧窗口中的项值 KeyboardDataQueueSize 的数据为所用的缓冲队列的长度。

（3）退出注册表编辑器，重新启动 Windows 使改动生效。

9. 如何用鼠标光标跟踪活动窗口

可以用鼠标光标控制窗口焦点，即仅将鼠标光标移动到窗口上即可激活该应用程序。

（1）找到如下注册表子项：

HKEY_CURRENT_USER\Control Panel\Mouse

（2）新建或者修改已有的一个名称为“ActiveWindowTracking”的 DWORD 值，其数据为 1 表示启用，为 0 时表示禁用。

（3）重新启动 Windows 以使改动生效。

10. 如何显示鼠标指针轨迹

主要用于控制显示鼠标指针的移动踪迹以增加可见度。

（1）找到如下注册表子项：

HKEY_CURRENT_USER\Control Panel\Mouse

（2）新建或者修改一个名称为“MouseTrails”的字符串值，其数据为 1 时表示显示鼠标指针的移动踪迹，为 0 时表示不显示鼠标指针的移动踪迹。

（3）退出注册表编辑器，重新启动或者注销 Windows 以使改动生效。

11. 如何调整智能鼠标滚动功能

用于设置每次旋转微软智能鼠标滚轮时的滚动行数。

（1）找到如下注册表子项：

HKEY_CURRENT_USER\Control Panel\Desktop

（2）修改右侧窗口中的字符串值 WheelScrollLines 的数据为 0 时，则旋转鼠标滚轮时屏幕不会滚动；如果值大于窗口的可视行数，屏幕将会滚动到上页或下页；如果要 Windows 直接执行上页或下页命令，设置值项的值为“0xffffffff”。

12. 怎样交换鼠标左右键

对于左撇子来说，好像没法使用平常的鼠标，而需要右键为主键的鼠标，而左键为副键。我们其实可以在注册表中进行修改。

（1）找到如下注册表子项

HKEY_CURRENT_USER\Control Panel\desktop

（2）双击右侧窗口中的字符串值 SwapmouseButtons（如果没有，则新建一个），将其数据设置为 1。

（3）重新启动后，鼠标就适合左撇子使用了。

13. 如何自动移动鼠标到默认按钮

当我们打开一个对话框时，鼠标并不一定指向这个对话框中。为了让我们的鼠标听话些，让对话框在哪儿鼠标就在哪儿，我们可以在注册表中完成这个工作。

（1）找到如下注册表子项：

HKEY_CURRENT_USER\Control Panel \desktop

（2）双击右侧窗口 SnapToDefaultButton，将其数据设置为 1 即可。

14. 怎样禁止鼠标闪烁的光标

光标的闪烁通过控制面板的设置并不能完全禁止住，最有效的办法是可以通过修改注册表实现永远禁止其闪烁的目的。

（1）找到如下注册表子项：

HKEY_CURRENT_USER\Control Panel \desktop

（2）看看右侧有没有“CursorBlink Rate”，如果没有，则在右侧空白处单击鼠标右键，从弹出的菜单中选择“新建”/“字符串”，输入名称为“CursorBlink Rate”，再双击它，修改其数据为-1 即可。

15. 怎样设置键盘延迟时间

键盘的延迟时间就是当我们一直按着键盘上的某一个按键时该字符在屏幕上重复的时间，我们可以通过注册表来调整这个延迟时间。

（1）找到如下注册表子项：

HKEY_CURRENT_USER\Control Panel\Keyboard

（2）双击右侧窗口中的 KeyboardDelay，将其数据设置为想要设置的值即可，可选的数据有 0，1，2 和 3。

16. 怎样设置键盘的重复率

与键盘延迟时间一样，当我们一直按住键盘上的某一个按键时，该字符在屏幕上重复的速度就是键盘的重复率。这个重复率也可以通过注册表进行调整。

（1）找到如下注册表子项：

HKEY_CURRENT_USER\Control Panel \Keyboard

（2）双击右侧窗口中的 KeyboardSpeed，将数值设为想要设置的值，该值可选数值为 0~31。

17. 怎样删除多余的键盘布局

系统中有许多的键盘布局，不过我们只需要使用一种，那些多余的我们就可以在注册表中删除了。

（1）找到如下注册表子项：

HKEY_LOCAL_MACHINE\System\CurrentControlSet\control\Keyboard Layouts

（2）右侧窗口中的列出的项值就是“控制面板”中的“键盘布局”，相信大家对其中的大多数布局不感兴趣，直接删掉它们就可以了。

第 8 章

设置工具软件

注册表修改设置速查 1000——→本章内容

- 8-1　通过注册表设置记事本
- 8-2　通过注册表设置 Windows Media Player
- 8-3　通过注册表设置 Realplay/Realone
- 8-4　通过注册表设置 NetMeeting
- 8-5　通过注册表设置 MSN
- 8-6　通过注册表设置 ACDSee
- ……

8-1 通过注册表设置记事本

1. 如何设置记事本中的字体显示

通过下面的设置，读者可直接设置记事本的字体、字号大小以及是以斜体、粗体还是粗斜体显示。

找到如下注册表子项（如果不存在，则新建），根据下表编辑相应项值（如果不存在，则新建）：

HKEY_CURRENT_USER\Software\Microsoft\notepad

项值（数据类型）	项值数据
LfFaceName（字符串值）	新宋体（指定字体为“新宋体”）
LfItalic（DWORD 值）	0（正常显示）；1（以斜体显示）
LfWeight（DWORD 值）	2bc（以粗体显示）

提示!! 如果要以粗斜体来显示字体，则“lfItalic”应设置为“1”，“lfWeight”应设置为“2bc”。

2. 如何设置是否显示记事本的状态栏

当打开 Windows 系统自带的文本编辑程序时，发现其状态栏不见了。而此时“查看”菜单下的“状态栏”也标为不可用状态。为了使记事本能正常显示状态栏，读者可通过修改注册表的相关项值来实现。

（1）找到如下注册表子项（如果不存在，则新建）：

HKEY_CURRENT_USER\Software\Microsoft\Notepad

（2）根据下表编辑相应项值（如果不存在，则新建）。

项　值（数据类型）	项值数据
StatusBar（DWORD 值）	0（不显示状态栏） 1（显示状态栏）

提示!! 在一般情况下，记事本的“状态栏”都是不可用的，所以要改变状态栏是否显示必需通过修改“StatusBar”的值来改变。

3. 如何指定记事本打开窗口的位置

记事本可以记忆上次关闭时窗口的位置，并且在下次再打开窗口时还在该位置出现。通过修改注册表可限制窗口在每次打开时都在同一个位置中出现。

（1）找到如下注册表子项（如果不存在，则新建）：

HKEY_CURRENT_USER\Software\Microsoft\Notepad

（2）根据下表编辑相应项值（如果不存在，则新建）。

项　值（数据类型）	项值数据
iWindowPosX（DWORD 值）	0（窗口的横坐标为 0）
iWindowPosY（DWORD 值）	0（窗口的纵坐标为 0）

提示!!

对于窗口坐标的位置是这样规定的：坐标以像素为单位，坐标的原点是屏幕左上角的顶点。对于窗口的坐标是以窗口左上角顶点位置来计算的。如上面的设置值表示窗口左上角将与屏幕左上角相重。

4. 如何设置在记事本中显示下划线及中划线

在记事本中，通过“字体”选项设置是不可能让文字显示下划线及中划线的。但通过对注册表中相应项值数据的修改，读者可让记事本中的文字显示下划线或中划线。

（1）找到如下注册表子项（如果不存在，则新建）：

HKEY_CURRENT_USER\Software\Microsoft\notepad

（2）根据下表编辑相应项值（如果不存在，则新建）。

项　值（数据类型）	项值数据
lfUnderline（DWORD 值）	0（不以下划线显示文字） 1（以下划线显示文字）
lfStrikeOut（DWORD 值）	0（不以中划线显示文字） 1（以中划线显示文字）

8-2　通过注册表设置 Windows Media Player

进行如下操作时，请将 Windows Media Player 升级至 90 或 90 以上版本。

1. 如何禁止出现升级信息

当 Media Player 有新的版本发行时，在连上 Internet 的时候，Media Player 就会出现升级询问信息。读者可通过下面设置禁止这个信息的出现。

（1）找到如下注册表子项（如果不存在，则新建），根据下表编辑相应项

值（如果不存在，则新建）：

HKEY_CURRENT_USER\Software\Microsoft\MediaPlayer\PlayerUpgrade

项　值（数据类型）	项值数据
AskMeAgain（字符串值）	yes（出现升级信息） no（不出现升级信息）

（2）重新启动计算机或注销，再次进入 Windows XP，以使修改生效。

2. 如何防止创建“快速启动”快捷方式

此设置可防止将播放器快捷方式添加到“快速启动”栏。如果未配制或禁用了此设置，用户可以选择是否将播放器快捷方式添加到“快速启动”栏。

找到如下注册表子项（如果不存在，则新建），并根据下表编辑其相应项值（如果不存在，则新建）。

HKEY_CURRENT_USER\Software\Policies\Microsoft\MediaPlayer

项值（数据类型）	项值数据
QuickLaunchShortcut（字符串值）	NO（防止创建“快速启动”工具栏快捷方式） YES（允许防止创建“快速启动”工具栏快捷方式

3. 如何取消自动更新功能

Windows Media Player 是系统播放器，通过它我们可以观看和收听许多美妙的影片和音乐。同时，它还是在线更新的，当其检测到有新的更新，它会“自主”的下载这些更新并安装，此项键值就是设置是否让其“自主”下载更新。

（1）找到如下注册表子项（如果不存在，则新建），并根据下表编辑其相应的项值（如果不存在，则新建）。

HKEY_LOCAL_MACHINE\SOFTWARE\Microsoft\Windows Media

项值（数据类型）	项值数据
DisableAutoUpdateDword（DWORD 值）	1（禁止自动更新）

（2）重新启动媒体播放器后即可生效。

4. 如何防止检索有关 CD 及 DVD 的媒体信息

此设置可防止播放器自动从 Internet 获取有关用户播放的 CD 和 DVD 的媒体信息。

找到如下注册表子项（如果不存在，则新建），并根据下表编辑其相应项

值（如果不存在，则新建）。

HKEY_CURRENT_USER\Software\Policies\Microsoft\MediaPlayer

项值（数据类型）	项值数据
PreventCDDVDMetadataRetrieval（DWORD 值）	0（禁止检索） 1（允许检索）

5. 如何禁用代理服务器

找到如下注册表子项（如果不存在，则新建），并根据下表编辑其相应项值（如果不存在，则新建）。

HKEY_CURRENT_USER\Software\Policies\Microsoft\MediaPlayer\Protocols\HTTP

项值（数据类型）	项值数据
BypassProxyLocalAddress（DWORD 值）	xxx（ 禁止使用此字符开头的代理服务器地址）

6. 如何移除链接按钮

此设置可用于移除 Media Player 上的“音乐”、“电台”及“媒体指南”。

（1）找到如下注册表子项（如果不存在，则新建），根据下表编辑相应项值（如果不存在，则新建）：

HKEY_LOCAL_MACHINE\SOFTWARE\Microsoft\Windows Media

项　值（数据类型）	项值数据
NoRadioBar（DWORD 值）	0（显示“电台”按钮） 1（不显示“电台”按钮）
NoMediaFavorites（DWORD 值）	0（显示“音乐”按钮） 1（不显示“音乐”按钮）
NoFindNewStations（DWORD 值）	0（显示“媒体指南”按钮） 1（不显示“媒体指南”按钮）

（2）重新启动计算机或注销当前用户，再次进入 Windows XP，以使修改生效。

7. 如何禁止允许屏幕保护程序使播放中断

此设置根据在“屏幕保护程序”中的选项，在播放数据媒体时允许显示屏幕保护程序，如果禁用了此设置，即使用户选择了屏幕保护程序，屏幕保护程序也不会中断。“播放时允许运行屏幕保护程序”复选框呈未选中状态，切不可用。如果未配制次设置，用户可以更改“播放时允许运行屏幕保护程序”复选框的设置。

找到如下注册表子项（如果不存在，则新建），并根据下表编辑其相应项值（如果不存在，则新建）。

HKEY_CURRENT_USER\Software\Microsoft\MediaPlayer

项值（数据类型）	项值数据
EnableScreenSzver（DWORD 值）	0（禁止运行屏幕保护程序） 1（允许运行屏幕保护程序）

8. 如何自定义导航栏上的按钮名

找到如下注册表子项（如果不存在，则新建），并根据下表编辑其相应项值（如果不存在，则新建）。

HKEY_CURRENT_USER\Software\Policies\Microsoft\MediaPlayer

项值（数据类型）	项值数据
GroupPrivacyAcceptance（DWORD 值）	1（显示）；0（不显示）

9. 如何自定义导航栏上的 URL

找到如下注册表子项（如果不存在，则新建），并根据下表编辑其相应项值（如果不存在，则新建）。

HKEY_CURRENT_USER\Software\Policies\Microsoft\MediaPlayer

项值（数据类型）	项值数据
ShowCaseURl（DWORD 值）	.http://www.21cn.com（自定义按钮的 URL）

10. 如何防止创建桌面快捷方式

此设置可防止将播放器的快捷方式图标添加到用户桌面上。如果未配置或禁用了此设置，则用户可以选择是否将播放器快捷方式添加到桌面上。

找到如下注册表子项（如果不存在，则新建），并根据下表编辑其相应项值（如果不存在，则新建）。

HKEY_CURRENT_USER\Software\Policies\Microsoft\MediaPlayer

项值（数据类型）	项值数据
DesktopShortcut（DWORD 值）	NO（防止创建桌面快捷方式）； YES（允许创建桌面快捷方式）

11. 如何设置更高的解码率

找到如下注册表子项（如果不存在，则新建），并根据下表编辑其相应项值（如果不存在，则新建）。

HKEY_LOCAL_MACHINE\SOFTWARE\Microsoft\MediaPlayer\Settings\MP3Encoding

项值（数据类型）	项值数据
LowRate（DWORD 值）	0000dac0（低速率）
MediumRate（DWORD 值）	0001f400（中速率）
MediumHighRate（DWORD 值）	003e800（中高速率）
HighRate（DWORD 值）	0004e200（高速率）
56Kbps（DWORD 值）	000dac0（56 Kbps 网络）
64Kbps（DWORD 值）	000fa00 Kbps 速率
112Kbps（DWORD 值）	0001b580（112Kbps 速率）
128Kbps（DWORD 值）	001f400（128Kbps 速率）
160Kbps（DWORD 值）	00027100（160Kbps 速率）
192Kbps（DWORD 值）	00027100（160Kbps 速率）
224Kbps（DWORD 值）	00036b00（224Kbps 速率）
256Kbps（DWORD 值）	003e800（256Kbps 速率）
320Kbps（DWORD 值）	004e200（320Kbps 速率）

12. 如何更改标题栏信息

此设置可以使我们将 Windows Media Player 标题栏的文本信息改为自已想要的信息。

（1）找到如下注册表子项（如果不存在，则新建），根据下表编辑相应项值（如果不存在，则新建）：

HKEY_CURRENT_USER\Software\Policies\Microsoft\MediaPlayer

项　值（数据类型）	项值数据
TitleBar（字符串值）	Videasoft（标题栏信息更改为 videasoft）

（2）重新启动计算机或注销当前用户，再次进入 Windows XP，以使修改生效。

13. 如何禁止再次使用完整窗口模式

此设置隐藏媒体播放器在紧凑模式和外观模式下显示完整窗口。它也限制用户再次使用完整窗口。

找到如下注册表子项（如果不存在，则新建），并根据下表编辑其相应项值（如果不存在，则新建）。

HKEY_CURRENT_USER\Software\Policies\Microsoft\MediaPlayer

项值（数据类型）	项值数据
DoNotShowAnchor（DWORD 值）	0（显示完整）；1（隐藏完整）

14. 如何禁止脚本程序在 Media 文件中执行

此设置是一项安全设置，关闭 HTML 脚本程序在 windows media 文件中执行。

找到如下注册表子项（如果不存在，则新建），并根据下表编辑其相应的项值（如果不存在，则新建）。

HKEY_CURRENT_USER\Software\Microsoft\MediaPlayer\Preferences

项值（数据类型）	项值数据
PlayerScriptCommandsEnabled（DWORD 值）	0（禁止脚本）； 1（启用脚本）

15. 如何让最小化提示窗口再现

找到如下注册表子项（如果不存在，则新建），并根据下表编辑其相应项值（如果不存在，则新建）。

HKEY_CURRENT_USER\Software\Microsoft\MediaPlayer\Preferences

项值（数据类型）	项值数据
ShowMinimizeDialog（DWORD 值）	1（显示最小化提示窗口） 0（不显示最小化提示窗口）

16. 如何隐藏“选项”中的“网络”选项卡

本例可以隐藏“选项”对话框中的“网络”选项卡，使用默认网络设置，除非读者为播放器预定义了网络设置。

找到如下注册表子项（如果不存在，则新建），根据下表编辑相应项值（如果不存在，则新建）：

HKEY_CURRENT_USER\Software\Policies\Microsoft\MediaPlayer

项　值（数据类型）	项值数据
HideNetworkTab（DWORD 值）	1（隐藏“网络”选项卡） 0（不隐藏“网络”选项卡）

17. 如何自定义查找新电台的 URL

找到如下注册表子项（如果不存在，则新建），并根据下表编辑其相应项值（如果不存在，则新建）。

HKEY_CURRENT_USER\Software\Microsoft\MediaPlayer

项值（数据类型）	项值数据
DefaultURLFindNewStation（字符串值）	.http://www.Microsoft.com/isapi/redir.dll?prd=windows&sbp=mediaplayer&pver=6.1&ar=media&sba=Radiobar（自定义 URL）

提示!! 需要重新启动后才生效。

18. 如何配置网络缓存

本例指定使用默认网络缓存或指定流式媒体在播放前被缓存的秒数。

找到如下注册表子项（如果不存在，则新建），根据下表编辑相应项值（如果不存在，则新建）：

HKEY_CURRENT_USER\Software\Policies\Microsoft\MediaPlayer

项　值（数据类型）	项值数据
NetworkBufferingPolicy（DWORD 值）	1（允许配置网络缓存）
BufferingType（DWORD 值）	1（设置网络缓存使用默认值）
UseDefaultBuffering（DWORD 值）	1（设置网络缓存使用自定义的值）
NetworkBuffering（DWORD 值）	5（设置缓存的秒数，0 为最小值，60 为最大值）

19. 如何控制是否发送 ID 号

此设置控制 Windows 媒体播放器和远程媒体源通信时是否送出一个独立的 ID 号。

找到如下注册表子项（如果不存在，则新建），并根据下表编辑其相应项值（如果不存在，则新建）：

HKEY_CURRENT_USER\Software\Microsoft\MediaPlayer\Preferences

项值（数据类型）	项值数据
SendUserGUID（二进制值）	00 00 00 00（失效） 01 00 00 00（默认）

20. 如何让 Media Player 播放 DVD

通过本例，能够让 Windows Media Player 播放 DVD。

运行注册表编辑器打开如下注册表子项分支（如果不存在，则新建），并根据下表编辑其相应项值（如果不存在，则新建）。

HKEY_CURRENT_USER\Software\Microsoft\MediaPlayer\Player\Settings

项值（数据类型）	项值数据
EnableDVDUI（字符串值）	YES（表示启用 DVD 播放功能） NO（屏蔽 DVD 播放功能）

21. 如何清除 URL 文件列表

通过如下操作，能够清除使用 Windows Media Player 访问 URL 文件后的历史列表。

找到如下注册表子项（如果不存在，则新建），并根据下表编辑其相应的项值（如果不存在，则新建）。

HKEY_CURRENT_USER\Software\Microsoft\MediaPlayer\Player\RecentURKLList

项值（数据类型）	项值数据
URLO（字符串值）	清空（删除所有内容）

22. 如何防止视频平滑处理

此设置可避免发生视频平滑处理，这样做可以在资源有限的计算机中提高视频的播放效果。

找到如下注册表子项（如果不存在，则新建），并根据下表编辑其相应项值（如果不存在，则新建）。

HKEY_CURRENT_USER\Software\Policies\Microsoft\MediaPlayer

项值（数据类型）	项值数据
DontUseframeInterpolation（DWORD 值）	0（允许使用）；1（禁止使用）

> **提示!!** 视频平滑处理仅适用于 WindowsXPHome Edition 和 Windows XP Professionnal 操作系统。

23. 如何隐藏“安全”选项卡

此设置在 Windows Media Player 中隐藏“安全”选项卡。如果用户以前未更改过“安全”选项卡上安全设置的选项，则使用默认的安全设置。即使启用了此设置用户仍然可以使用 Internet Explorer 更改安全和区域设置，除非根据 Internet Explorer 设置隐藏或禁用了这些选项。如果未配置或禁用了此设置，用户可以在“安全”选项卡上配制安全设置。

找到如下注册表子项（如果不存在，则新建），并根据下表编辑其相应项值（如果不存在，则新建）。

HKEY_CURRENT_USER\Software\Policies\Microsoft\MediaPlayer

项值（数据类型）	项值数据
QuickLaunchShortcut（字符串值）	NO（防止创建“快速启动”工具栏快捷方式）； YES（允许创建“快速启动”工具栏快捷方式）
HideSecurityTab（DWORD 值）	0（显示“安全”选项卡）； 1（隐藏“安全”选项卡）

24. 如何改变 MP3 解码速率

此技巧允许你改变 Media Player 中的 MP3 的解码速率，默认的设置是低质量的 56kbps，利用此设置可以将它设置到 128kbps 或 192kbps。

找到如下注册表子项（如果不存在，则新建），并根据下表编辑其相应项值（如果不存在，则新建）。

HKEY_CURRENT_USER\Software\Microsoft\MediaPlayer\Settings\MP3 Encoding

项值（数据类型）	项值数据
HighRate（DWORD 值）	0x0004e200（高质量解码速率（320000）字节 320kbps）
Lowrate（DWORD 值）	0x0000fa00（低质量解码速率（64000 字节 64kbps））
MediumHigghrate（DWORD 值）	0x0002ee00（中高质量解码速率（192000 字节，192kbps））
MediumRate（DWORD 值）	0x001f400（中等质量解码速率（128000 字节，128kbps））

提示!! 注销或重新启动 Windows 后设置生效。

8-3 通过注册表设置 Realplay/Realone

1. 如何设置在文件菜单中是否允许使用历史列表

本例可根据我们的需要来设置在文件菜单中是否允许使用历史列表。找到如下注册表子项（如果不存在，则新建），并根据下表编辑其相应项值（如果不存在，则新建）。

HKEY_CURRENT_USER\Software\RealNetworks\Realplayer\60\Preferences\EnableHistory Infile Menu

项值（数据类型）	项值数据
默认项值（字符串值）	0（禁止使用历史列表） 1（在文件菜单中允许使用历史列表）

2. 如何实现更好的搜索和平滑的重放

本例可根据我们的需要来设置是否利用 Cache 来实现更好地搜索和平滑的重放。找到如下注册表子项（如果不存在，则新建），并根据下表编辑其相应项值（如果不存在，则新建）。

HKEY_LOCAL_MACHINE\SOFTWARE\ClassesSoftware\RealNetworks\Realplayer\60\Preferences\ODSuperBuffer

项值（数据类型）	项值数据
默认项值 （字符串值）	1（使用 Cache 来实现更好地搜索和平滑的重放） 0（禁止使用 Chche）

3. 如何设置自动更新

本例可根据我们的需要来设置是否允许软件的自动更新。

找到如下注册表子项（如果不存在，则新建），并根据下表编辑其相应项值（如果不存在，则新建）。

HKEY_CURRENT_USER\Software\RealNetworks\Realplayer\60\Preferences\Warn

项值（数据类型）	项值数据
默认项值（字符串值）	1（不允许自动更新） 0（允许自动更新）

4. 如何设置动态调整暂停时间

本例可根据我们的需要来设置是否允许在 Realplay10 中动态调整暂停时间。找到如下注册表子项（如果不存在，则新建），并根据下表编辑其相应项值（如果不存在，则新建）。

HKEY_LOCAL_MACHINE\SOFTWARE\\RealNetworks\Realplayer\60\Preferences\SuperbufferIncrease

项值（数据类型）	项值数据
默认项值（DWORD 值）	1（允许在 Realplay10 中动态调整暂停时间） 0（禁止在 Realplay10 中动态调整暂停时间）

5. 如何删除操作记录

RealPlayer 跟其他软件一样，也会记录你最近几次操作的文件名称及其对应的路径位置，但有时为了不让别人看见我们所作的操作，这时候就需要来清除这些记录信息。通过下面介绍的技巧就可以清除这些内容，以 RealPlayer8.0 为例。

运行注册表编辑器，打开如下注册表子项分支（如果不存在，则新建），并根据下表编辑其相应项值（如果不存在，则新建）。

HKEY_CLASSES_ROOT\Software\RealNetworks\RealPlayer\80\Preferences\MostRecent Clips

项值（数据类型）	项值数据
默认项值（字符串值）	清空（删除所有内容）

当然我们也可以将这些子键直接删除，比如 MostRecent Clips1，MostRecent Clips2….. MostRecent Clips8。

提示!!

> 虽然我们清除了注册表中记录的信息，但是当我们下次再用 RealPlayer 时，它还会在注册表中记录信息（默认的八个历史记录）。在 RealPlayer 里面，打开菜单“View”下的“Preferences”选项时，出现的对话框中有个“Recent Clips”，该选项可以选择 1-8，也就是选择希望保留的打开文件记录数，但是不可以填入 0。

6. 如何设置重放时允许自动调整

本例可根据我们的需要来设置在 Realplay10 中重放时是否允许自动调整画

面的大小。

找到如下注册表子项（如果不存在，则新建），并根据下表编辑其相应项值（如果不存在，则新建）。

HKEY_CURRENT_USER\Software\RealNetworks\Realplayer\60\Preferences\AutosizeVidio

项值（数据类型）	项值数据
默认项值（字符串值）	0（重放时，自动调整画面的大小） 1（重放时，不自动调整画面的大小）

7. 如何允许 Skin 自动更新

本例可根据我们的需要来设置是否可以在 Realplay10 中实现 Skin（皮肤的自动更换）。

找到如下注册表子项（如果不存在，则新建），并根据下表编辑其相应项值（如果不存在，则新建）。

HKEY_CURRENT_USER\Software\RealNetworks\RealJukebox\10\Preferences

项值（数据类型）	项值数据
默认项值（DWORD 值）	0（不允许 Skin 自动更换） 1（允许 Skin 自动更换）

8. 如何设置回放时自动清除列表

通过本例的设置技巧，可根据我们的需要来设置在回放时是否自动清除保存的列表。找到如下注册表子项（如果不存在，则新建），并根据下表编辑其相应项值（如果不存在，则新建）。

HKEY_CURRENT_USER\Software\RealNetworks\Realplayer\60\Preferences\CliplisrClearOrkeep

项值（数据类型）	项值数据
默认项值（字符串值）	0（自动清除保存的列表） 1（不自动清除保存的列表）

9. 如何自定义满屏控制

本例可根据我们的需要来设置是否可以在 Realplay10 中实现满屏控制。

找到如下注册表子项（如果不存在，则新建），并根据下表编辑其相应项值（如果不存在，则新建）。

HKEY_CURRENT_USER\Software\RealNetworks\Realplayer\60\Preferences\U seFullScreenContros

项值（数据类型）	项值数据
默认项值（DWORD 值）	0（禁止满屏控制） 1（允许满屏控制）

10. 如何定置暂停时间

本例可根据我们的需要来设置在 Realplay10 暂停的时间。

找到如下注册表子项（如果不存在，则新建），并根据下表编辑其相应项值（如果不存在，则新建）。

HKEY_LOCAL_MACHINE\SOFTWARE\Classes\Software\RealNetworks\Realplayer\60\Preferences\Super Buffer Length

项值（数据类型）	项值数据
默认项值（DWORD 值）	3600000（1 小时（可指定的暂停时间））

11. 如何设置重放时自动定位

本例可根据我们的需要来设置重新播放时是否允许自动定位开始播放的位置找到如下注册表子项（如果不存在，则新建），并根据下表编辑其相应项值（如果不存在，则新建）。

HKEY_CURRENT_USER\Software\RealNetworks\Realplayer\60\Preferences\PrefsPosition

项值（数据类型）	项值数据
默认项值（字符串值）	244，88（允许自动定位开始播放的位置） 213，67（不自动定位开始播放的位置）

12. 如何进行在线状态检测

本例可根据我们的需要来设置在 Realplay10 中是否进行在线状态检测。如果你使用的是宽带接入方式，建议你选用不检测在线状态，这样效果会好些。

找到如下注册表子项（如果不存在，则新建），并根据下表编辑其相应项值（如果不存在，则新建）。

HKEY_CURRENT_USER\Software\RealNetworks\Realplayer\60\Preferences\EnableInstantPlayback

项值（数据类型）	项值数据
默认项值（DWORD 值）	1（不检测在线状态） 0（检测在线状态）

13. 如何设置播放时是否检测网络

本例可根据我们的需要来设置在 Realplay10 开始播放时是否检测网络。找到如下注册表子项（如果不存在，则新建），并根据下表编辑其相应项值（如果不存在，则新建）。

HKEY_CURRENT_USER\Software\RealNetworks\Realplayer\60\Preferences\NetdetectOption

项值（数据类型）	项值数据
默认项值（字符串值）	1（播放时检测网络） 0（不检测网络）

14. 如何实现循环播放

本例可根据我们的需要来设置在 Realplay10 中实现循环播放。

找到如下注册表子项（如果不存在，则新建），并根据下表编辑其相应项值（如果不存在，则新建）。

HKEY_CURRENT_USER\Software\RealNetworks\Realplayer\60\Preferences\Turbo Play

项值（数据类型）	项值数据
默认项值（字符串值）	1（可循环播放） 0（不可循环播放）

15. 如何设置保留历史记录的数量

本例可根据我们的需要来设置在 Realplay10 中保留历史记录的数量。找到如下注册表子项（如果不存在，则新建），并根据下表编辑其相应项值（如果不存在，则新建）。

HKEY_CURRENT_USER\Software\RealNetworks\Realplayer\60\Preferences\PrefsPosition

项值（数据类型）	项值数据
默认项值（字符串值）	99（为指定保留的历史记录数量）

16. 如何设置删除记录时给出警告

本例可根据我们的需要来设置在 Realplay10 中删除历史记录时是否给出警告提示，以达到预期的各种安全设置效果。找到如下注册表子项（如果不存在，则新建），并根据下表编辑其相应项值（如果不存在，则新建）。

HKEY_CURRENT_USER\Software\RealNetworks\Realplayer\60\Preferences\Warnon ClearTrackList

项值（数据类型）	项值数据
默认项值（字符串值）	1（删除历史记录时给出警告） 0（删除历史记录时不给出警告）

17. 如何定置 Connection 时间

通过本例设置技巧，可根据我们的需要来设置 Realplay10 中的 Connection 时间，以解决可能出现的“网络超时错误”找到如下注册表子项（如果不存在，则新建），并根据下表编辑其相应项值（如果不存在，则新建）。

HKEY_CURRENT_USER\Software\RealNetworks\Realplayer\60\Preferences\Connection Timeout

项值（数据类型）	项值数据
默认项值（字符串值）	30（30 秒（可指定的 connection　时间））

18. 如何使用暂停功能

本例可根据我们的需要来设置是否可在 Realplay10 中使用暂停功能找到如下注册表子项（如果不存在，则新建），并根据下表编辑其相应项值（如果不存在，则新建）。

HKEY_LOCAL_MACHINE\SOFTWARE\Classes\Software\RealNetworks\RealMediaSDK\60\Preferences\Live Supper Buffer

项值（数据类型）	项值数据
默认项值（字符串值）	1（可使用暂停功能） 0（不可使用暂停功能）

19. 如何实时播放 Web-media

本例可根据我们的需要来设置是否在 Realplay10 中实现不下载而实时播放

Web-media，如果你的连接是低带宽，不建议使用实时播放 Web-media。

找到如下注册表子项（如果不存在，则新建），并根据下表编辑其相应项值（如果不存在，则新建）。

HKEY_CURRENT_USER\Software\RealNetworks\Realplayer\60\Preferences\EnableInstantPlayback

项值（数据类型）	项值数据
默认项值（字符串值）	1（允许在 Realplay10 中实现不下载而实时播放 Web-media） 0（禁止在 Realplay10 中使用 Web-media）

20. 如何指定 UDP 端口

本例可根据我们的需要来设置是否可以在 Realplay10 中指定 UDP 端口。

找到如下注册表子项（如果不存在，则新建），并根据下表编辑其相应项值（如果不存在，则新建）。

HKEY_LOCAL_MACHINE\SOFTWARE\Classes\Software\RealNetworks\RealMediaSDK\60\Preferences\UseUDPPort

项值（数据类型）	项值数据
默认项值（DWORD 值）	1（可以指定 UDP 端口） 0（禁止指定 UDP 端口）

8-4 通过注册表设置 NetMeeting

1. 如何禁止在真彩色中共享应用程序

本例可以禁止在真彩色中共享应用程序。因为真彩色共享在会议中使用了太多的带宽。

找到如下注册表子项（如果不存在，则新建），并根据下表编辑其相应项值（如果不存在，则新建）。

HKEY_CURRENT_USER\Software\Policies\Microsoft\Conferencing

项值（数据类型）	项值数据
NoTRUEColorSharing（DWORD 值）	1（禁止在真彩色中共享应用程序） 0（允许在真彩色中共享应用程序）

2. 如何隐藏“工具选项”的各个选项

本例可以把“工具选项”中的各个选项页隐藏起来。

找到如下注册表子项（如果不存在，则新建），并根据下表编辑其相应项值（如果不存在，则新建）。

HKEY_CURRENT_USER\Software\Policies\Microsoft\Conferencing

项值（数据类型）	项值数据
NoGeneralPage（DWORD 值）	1（隐藏“常规”选项页） 0（显示该选项页）
NoAdvancedCelling（DWORD 值）	1（禁止“高级呼叫”按钮） 0（允许使用“高级呼叫”按钮）
NosecurityPage（DWORD 值）	1（隐藏“安全措施”选项页） 0（显示该选项页）
NoAudioPage（DWORD 值）	1（隐藏“音频”选项页） 0（显示该选项页）
NoVidioPage（DWORD 值）	1（隐藏“视频”选项页） 0（显示该选项页）

3. 如何禁用音频或完全双工音频

禁用 NetMeeting 的音频功能可以使读者不能发送或接收音频。禁用完全双工音频可以使读者不能在用麦克风说话的同时听输入的音频。旧式的音频硬件在使用完全双工音频时运行不佳。

（1）找到如下注册表子项（如果不存在，则新建）:

HKEY_CURRENT_USER\Software\Policies\Microsoft\Conferencing

（2）根据下表编辑相应项值（如果不存在，则新建）。

项　值（数据类型）	项值数据
NoAudio（DWORD 值）	1（禁用音频） 0（不禁用音频）
NoFullDuplex（DWORD 值）	1（禁用完全双工音频） 0（不禁用完全双工音频）

（3）重新启动计算机或注销当前用户，再次进入 Windows XP，以使修改生效。

4. 如何设置音频/视频的带宽

本例可以限制音频的带宽，视频会在进行会议时恢复。这个设置将引导

NetMeeting 选择正确的格式和发送速率以便限制带宽。

（1）找到如下注册表子项（如果不存在，则新建）：

HKEY_CURRENT_USER\Software\Policies\Microsoft\Conferencing

（2）根据下表编辑相应项值（如果不存在，则新建）。

项　值（数据类型）	项值数据
MaximumBandwidth（DWORD 值）	fffff（设置每秒钟最大带宽，单位 KB）

提示!!

①85000 为 MaximumBandwidth 的最小值；621700 为最大值。Microsoft NetMeeting 的版本至少在 30 以上。

②Windows NetMeeting 具备以下多种功能：通过 Internet 或 Intranet 向读者发送呼叫；通过 Internet 或 Intranet 与读者交谈；看见你呼叫的读者与其他读者共享同一应用程序；在联机会议中使用白板画图检查快速拨号列表；看看哪些朋友已经登录，发送在交谈程序中键入的消息；在自己的 Web 页上创建呼叫链接，向参加会议的每位读者发送文件。

5. 如何禁止发送、接收文件

本例可以禁止用户在会议中向其他人发送文件，从其他人那里接收文件以及限制用户在会议中可以向其他人发送文件的大小。

找到如下注册表子项（如果不存在，则新建），并根据下表编辑其相应项值（如果不存在，则新建）。

HKEY_CURRENT_USER\Software\Policies\Microsoft\Conferencing

项值（数据类型）	项值数据
NoSendingFiles（DWORD 值）	1（禁止发送文件）；0（允许发送文件）
NoReceivingFiles（DWORD 值）	1（禁止接收文件）；0（允许接收文件）
MaxFileSendsize（DWORD 值）	0（用户只能发送比项值小的文件（单位为 KB），此值为最小值） 999999999（此值为最大值）

6. 如何禁止更改 DirectSound 音频设置

本例可以防止更改 Windows NetMeeting 的 DirectSound 音频设置。

（1）找到如下注册表子项（如果不存在，则新建）：

HKEY_CURRENT_USER\Software\Policies\Microsoft\Conferencing

（2）根据下表编辑相应项值（如果不存在，则新建）。

项 值（数据类型）	项值数据
NoChangeDirectSound（DWORD 值）	1（禁止更改） 0（允许更改）

（3）重新启动计算机或注销当前用户，再次进入 Windows XP，以使修改生效。

7. 如何对目录进行操作

NetMeeting 的目录操作包括禁用目录服务、防止加载目录服务器、防止查看 Web 目录。它们的功能分别是：当 NetMeeting 开始时，不会登录到一个目录（ILS）服务器；不能通过 NetMeeting 目录查看或打电话；禁止向那些可以用于呼叫的列表上添加目录（ILS）服务器；禁止在浏览器中将目录作为 Web 页查看。

（1）找到如下注册表子项（如果不存在，则新建）：

HKEY_CURRENT_USER\Software\Policies\Microsoft\Conferencing

（2）根据下表编辑相应项值（如果不存在，则新建）。

项 值（数据类型）	项值数据
NoDirectoryServices（DWORD 值）	1（禁用目录服务） 0（允许使用目录服务）
NoAddingDirectory Servers（DWORD 值）	1（禁止加载目录服务器） 0（允许加载目录服务器）
NoWebDirectory（DWORD 值）	1（禁止查看 Web 目录） 0（允许看 Web 目录）

（3）重新启动计算机或注销当前用户，再次进入 Windows XP，以使修改生效。

8. 如何设置音频 / 视频的带宽

本例可以限制音频 / 视频的带宽。这个设置将引导 NetMeeting 选择正确的格式和发送速率以便限制带宽。

找到如下注册表子项（如果不存在，则新建），并根据下表编辑其相应项值（如果不存在，则新建）。

HKEY_CURRENT_USER\Software\Policies\Microsoft\Conferencing

项值（数据类型）	项值数据
MaximumBandwidth（DWORD 值）	85000（设置每秒钟最大带宽，单位KB，该值为最小值） 621700（该值为最大值）

9. 如何禁用远程桌面共享

本例可以禁用 NetMeeting 的远程桌面共享功能，用户将不能安装或使用其他远程控制计算机。找到如下注册表子项（如果不存在，则新建），并根据下表编辑其相应项值（如果不存在，则新建）。

HKEY_CURRENT_USER\Software\Policies\Microsoft\Conferencing

项值（数据类型）	项值数据
NoRDS（DWORD 值）	1（禁用远程桌面共享） 0（允许使用远程桌面共享）

10. 如何禁止更改呼叫设置方式及自动接收呼叫

本例可以禁止读者更改直接拨入或通过网关守卫服务器进行的呼叫方式及禁止读者打开自动接收拨入呼叫。禁止自动接收呼叫可以保证在读者不在时他人不能呼叫并连接到 NetMeeting 上。如果将 NetMeeting 设置成永远运行，建议使用该策略。

（1）找到如下注册表子项（如果不存在，则新建）：

HKEY_CURRENT_USER\Software\Policies\Microsoft\Conferencing

（2）根据下表编辑相应项值（如果不存在，则新建）。

项　值（数据类型）	项值数据
NoChangingCallMode（DWORD 值）	1（禁止更改呼叫设置方式） 0（允许更改呼叫设置方式）
NoAutoAcceptCalls（DWORD 值）	1（禁止自动接收呼叫） 0（允许自动接收呼叫）

（3）重新启动计算机或注销当前用户，再次进入 Windows XP，以使修改生效。

11. 如何防止会议中的其他人控制共享数据

本例可以防止会议中的其他人控制共享的数据。这样做会启用只读模式，其他参加人员便无法更改共享应用程序中的数据。

找到如下注册表子项（如果不存在，则新建），并根据下表编辑其相应项值（如果不存在，则新建）。

HKEY_CURRENT_USER\Software\Policies\Microsoft\Conferencing

项值（数据类型）	项值数据
NoAllowcontrol（DWORD 值）	1（防止控制）

12. 如何禁止更改呼叫设置方式

本例可以禁止用户更改直接拨入或通过网关守卫服务器进行的呼叫方式及禁止用户打开自动接收拨入呼叫，并连接到 NetMeeting 上，也可将 NetMeeting 设置成永远运行。

找到如下注册表子项（如果不存在，则新建），并根据下表编辑其相应项值（如果不存在，则新建）。

HKEY_CURRENT_USER\Software\Policies\Microsoft\Conferencing

项值（数据类型）	项值数据
NoChangingCallMode（DWORD 值）	1（禁止更改呼叫设置方式） 0（允许更改呼叫设置方式）
NoAutoAcceptCalls（DWORD 值）	1（禁止自动接收呼叫） 0（允许自动接收呼叫）

13. 如何禁用聊天及白板程序

本例可以禁用聊天及 NetMeeting 白板程序。

找到如下注册表子项（如果不存在，则新建），并根据下表编辑其相应项值（如果不存在，则新建）。

HKEY_CURRENT_USER\Software\Policies\Microsoft\Conferencing

项值（数据类型）	项值数据
NoChat（DWORD 值）	1（禁用使用聊天功能） 0（允许使用聊天功能）
NoOldWhiteBoard（DWORD 值）	1（禁用 NetMeeting2.x 的白板功能） 0（允许使用 NetMeeting2.x 中的白板功能）

14. 如何禁止送\接收文件及设置发送文件的大小

本例可以禁止读者在会议中向其他人发送文件、从其他人那里接收文件以及限制读者在会议中可以向其他人发送的文件大小。

（1）找到如下注册表子项（如果不存在，则新建）：

HKEY_CURRENT_USER\Software\Policies\Microsoft\Conferencing

（2）根据下表编辑相应项值（如果不存在，则新建）。

项　值（数据类型）	项值数据
NoSendingFiles（DWORD 值）	1（禁止发送文件） 0（允许发送文件）
NoReceivingFiles（DWORD 值）	1（禁止接收文件） 0（允许接收文件）
MaxFileSendSize（DWORD 值）	0（读者只能发送比项值小的文件，单位为 KB）

提示!!

MaxFileSendSize 的范围：0~999999999（十六进制：3b9ac9f f）。

15. 如何禁止发送、接收视频

本例可以禁止用户发送或接收视频。

找到如下注册表子项（如果不存在，则新建），并根据下表编辑其相应项值（如果不存在，则新建）。

HKEY_CURRENT_USER\Software\Policies\Microsoft\Conferencing

项值（数据类型）	项值数据
NoSending Video（DWORD 值）	1（禁止发送视频） 0（允许发送视频）
NoReceivingVideo（DWORD 值）	1（禁止接收视频） 0（允许接收视频）

16. 如何隐藏工具选项中的各个选项页

为了使非法读者不能更改个人识别和带宽设置、呼叫方式以及使用的服务器、呼叫安全措施和身份验证设置、音频设置、视频设置，可以通过本例，把“工具选项”中的各个选项页隐藏起来。

（1）找到如下注册表子项（如果不存在，则新建）：

HKE-Y_CURRENT_USER\Software\Policies\Microsoft\Conferencing

（2）根据下表编辑相应项值（如果不存在，则新建）。

项 值（数据类型）	项值数据
NoGeneralPage（DWORD 值）	1（隐藏“常规”选项页） 0（显示该选项页）
NoAdvancedCalling（DWORD 值）	1（禁用“高级呼叫”按钮） 0（允许使用“高级呼叫”按钮）
NoSecurityPage（DWORD 值）	1（隐藏“安全措施”选项页） 0（显示该选项页）
NoAudioPage（DWORD 值）	1（隐藏“音频”选项页） 0（显示该选项页）
NoVideoPage（DWORD 值）	1（隐藏“视频”选项页） 0（显示该选项页）

（3）重新启动计算机或注销当前用户，再次进入 Windows XP，以使修改生效。

17. 如何禁用音频或完全双工音频

本例可以禁用 NetMeeting 的音频功能，这样可以使用户不能发送或接收音频；如果禁用完全双工音频可以使用户不能在用麦克风说话的同时收听输入的音频。

找到如下注册表子项（如果不存在，则新建），并根据下表编辑其相应项值（如果不存在，则新建）。

HKEY_CURRENT_USER\Software\Policies\Microsoft\Conferencing

项值（数据类型）	项值数据
NoAudio（DWORD 值）	1（禁用音频） 0（不禁用音频）
NoFullDUplex（DWORD 值）	1（禁止完全双工音频） 0（不禁用完全双工音频）

18. 如何禁止各种共享

本例可以禁止 NetMeeting 的各种共享。

找到如下注册表子项（如果不存在，则新建），并根据下表编辑其相应项值（如果不存在，则新建）。

HKEY_LOCAL_MACHINE\SOFTWARE\Policies\Microsoft\Conferencing

项值（数据类型）	项值数据
NoAppSharring（DWORD 值）	1（完全禁止 NetMeeting 的应用程序共享功能，用户将不能主持和查看应用程序共享）
NosharingDesktop（DWORD 值）	1（禁止用户共享所有桌面，但仍旧可以共享单个的应用程序）
NosharingDosWindows（DWORD 值）	1（禁止用户从命令提示符共享。由于命令提示符可以用于其他应用程序，这样做可以防止用户不小心共享应用程序）
NoSharingEplorer（DWORD 值）	1（禁止用户共享“资源管理器”窗口。由于可以从资源管理器窗口启动其他应用程序，这样可以防止用户不小心共享其他应用程序）
NoSharing（DWORD 值）	1（禁止用户自己进行任何共享，但仍旧可以查看其他人的共享应用程序 / 桌面）

19. 如何为用户指定参数

通过本例可为 NetMeeting 指定用户参数，如用户名、E-mail 地址、账户等信息。

找到如下注册表子项（如果不存在，则新建），并根据下表编辑其相应项值（如果不存在，则新建）。

HKEY_CURRENT_USER\Software\Microsoft\UserLocationService\Client

项值（数据类型）	项值数据
Accout（字符串值）	adsl（账户名）
Comments（字符串值）	163info（注释信息）
Email Name（字符串值）	jzxh@vip.163.com（E-mail 地址）
FirsterName（字符串值）	Fang（用于标识英文名的姓）
Last Name（字符串值）	Han（用于标识英文名的名）
Location（字符串值）	211-555-5555（指定的区域）
User Name（字符串值）	smartdrv（指定的用户名）

20. 如何对目录进行操作

找到如下注册表子项（如果不存在，则新建），并根据下表编辑其相应项值（如果不存在，则新建）。

HKEY_CURRENT_USER\Software\Policies\Microsoft\Conferencing

项值（数据类型）	项值数据
NoDirectory Services（DWORD 值）	1（禁用目录服务） 0（允许使用目录）
NoAddingDirectory Servers（DWORD 值）	1（禁止加载目录服务器） 0（允许加载目录服务器）
NoWebDirectory（DWORD 值）	1（禁止查看 Web 目录） 0（允许查看 Web 目录）

21. 如何清除呼叫的历史记录

通过本例，你可以清除 NetMeeting 呼叫的历史记录。

找到如下注册表子项（如果不存在，则新建）。

HKEY_CURRENT_USER\Software\Microsoft\Conferencing\UI\CalMRU

提示!!

此子键下将有许多项值，它们分别记录了一条以往呼叫的记录，将这些项值清除即可。

22. 如何禁止更改 DirectSound 音频设置

本例可以防止用户更改 DirectSound 音频设置。虽然 DirectSound 提供的音频质量更佳，但旧式的音频硬件可能不支持它。

找到如下注册表子项（如果不存在，则新建），并根据下表编辑其相应项值（如果不存在，则新建）。

HKEY_CURRENT_USER\Software\Policies\Microsoft\Conferencing

项值（数据类型）	项值数据
NoChangeDirectSound（DWORD 值）	1（禁止更改） 0（允许更改）

23. 如何配制网关

本例允许你为 NetMeeting 配制使用 H.323 网关暂存通过 PSIN 的标准电话呼叫。

找到如下注册表子项（如果不存在，则新建），并根据下表编辑其相应项值（如果不存在，则新建）。

HKEY_LOCAL_MACHINE\SOFTWARE\Policies\Microsoft\Conferencing

项值（数据类型）	项值数据
EnableH.32Gateway（二进制值）	00 00 00 00（不允许使用 H.323 网关） 01 00 00 00（允许使用 H.323 网关）
H.323Gateway（字符串值）	192.168.1.1（用作网关的主机 IP 地址）

提示!!

对于“Enable H.323 Gateway”和“H.323 Gateway”应配合使用才可使设置生效。需注意的是，你可以在同一时间为 NetMeeting 配置两个网关。

8-5 通过注册表设置 MSN

1. 如何禁止初始化时自动启动 Windows Messenger

当读者登录 Windows XP 时，Windows Messenger 自动被加载和运行。可以使用这个设置来停止 Windows Messenger 在登录时自动运行。如果启用该设置，Windows Messenger 在登录时不会被加载。如果禁用或不配置这个设置，Windows Messenger 在登录时自动被加载。

找到如下注册表子项（如果不存在，则新建），根据下表编辑相应项值（如果不存在，则新建）。

HKEY_LOCAL_MACHINE\Software\Policies\Microsoft\Messenger\Client

项 值（数据类型）	项值数据
PreventAutoRun（DWORD 值）	1（初始化时启动 Windows Messenger） 0（初始化时不启动 Windows Messenger）

提示!!

① 这个设置仅仅阻止 Windows Messenger 在初始化时运行。

② 如果不允许读者使用 Windows Messenger，则启用“不允许运行 Windows Messenger”设置。

2. 如何设置启动时不打开主窗口

本例可根据我们的需要来设置当 Messenger 启动时不打开 Messenger 主窗口。

找到如下注册表子项（如果不存在，则新建），并根据下表编辑其相应项值（如果不存在，则新建）。

HKEY_CURRENT_USER\Software\Microsoft\MSN_Messenger

项值（数据类型）	项值数据
Appsetting（二进制值）	02 32 00 00（Messenger 启动时不打开 Messenger 主窗口）

3. 如何让登录窗口最大化

本例可以让 MSN 登录窗口始终最大化。

找到如下注册表子项（如果不存在，则新建），并根据下表编辑其相应项值（如果不存在，则新建）。

HKEY_CURRENT_USER\Software\Microsoft\MSN_Messenger

项值（数据类型）	项值数据
Windows Max（二进制值）	01 00 00 00（最大化窗口） 00 00 00 00（不最大化窗口）

4. 如何让发送即时消息窗口最大化

本例可以让 MSN 发送即时消息的窗口始终最大化。

（1）找到如下注册表子项（如果不存在，则新建），并根据下表编辑其相应项值（如果不存在，则新建）。

HKEY_CURRENT_USER\Software\Microsoft\MSN_Messenger

项值（数据类型）	项值数据
IMWindows Max（二进制值）	01 00 00 00（最大化窗口） 00 00 00 00（不最大化窗口）

（2）关闭注册表后，重新启动 MSN 方可生效。

5. 如何设置 MSN 是否与 OutLook 一道运行

如果不想启动 OutLook 时启动微软的消息软件 MSN，可以通过修改注册表来屏蔽它。

找到如下注册表子项（如果不存在，则新建），并根据下表编辑其相应项值（如果不存在，则新建）。

HKEY_CURRENT_USER\Software\Policies\Microsoft\Office\100\Outlook\InstantMessaging

项值（数据类型）	项值数据
ForceDisable IM（DWORD 值）	1（在运行 OutLook 时启动 MSN） 0（启动 OutLook 时不允许 MSN）

6. 如何取消 Passport 登录 MSN 的提示

当我们将 Windows XP 系统安装好后，在系统的托盘区就会有一个小气球状的微软 Passport 登录的提示图标，通过修改注册表，可以把它彻底的去掉，让它永远也不能弹出来。

找到如下注册表子项（如果不存在，则新建），并根据下表编辑其相应项值（如果不存在，则新建）。

HKEY_CURRENT_USER\Software\Policies\Microsoft\MessengerService

项值（数据类型）	项值数据
PassportBalloon（二进制值）	0a 00 00 00（取消小气球提示） 0a 00 00 00（使用小气球提示）

7. 如何自定义连接到 Internet 时是否允许自动登录

通过下面的设置技巧，可根据我们的需要来设置当连接到 Intrenet 时是否允许自动登录。

找到如下注册表子项（如果不存在，则新建），并根据下表编辑其相应项值（如果不存在，则新建）。

HKEY_CURRENT_USER\Software\Microsoft\MSN_Messenger

项值（数据类型）	项值数据
Appsetting（二进制值）	22 30 00 00（连接到 Internet 时允许自动登录） 22 34 00 00（连接到 Internet 时禁止自动登录）

8. 如何禁止系统初始化时自动启动 MSN

当用户登录 Windows XP 时，MSN 自动被加载和运行。通过修改注册表，可以禁止或允许 MSN 在登录 Windows XP 时自动运行。

找到如下注册表子项（如果不存在，则新建），并根据下表编辑其相应项值（如果不存在，则新建）。

HKEY_CURRENT_USER\Software\Policies\Microsoft\Messenger\Client

项值（数据类型）	项值数据
PreventAutoRun（DWORD 值）	1（初始化时启动 MSN） 0（初始化时不启动 MSN）

提示!!

这个设置仅仅阻止 MSN 在初始化时运行。如果用户调用和使用 MSN，MSN 将被加载。用户也可以从 MSN 用户界面中的工具菜单上的首选项选项卡配置。

9. 如何隐藏即时消息发送窗口的侧栏

一般在默认情况下，MSN 的发送即时消息窗口是有侧栏的，包括启动摄像机、开始交谈、发送文件或照片、发送电子邮件、寻求远程协助等。本例可以让这个侧栏隐藏起来。

找到如下注册表子项（如果不存在，则新建），并根据下表编辑其相应项值（如果不存在，则新建）。

HKEY_CURRENT_USER\Software\Microsoft\MSN_Messenger

项值（数据类型）	项值数据
IMSHide（二进制值）	00 00 00 00（显示侧栏） 01 00 00 00（不显示侧栏）

10. 如何禁止 MSN 随系统启动

在安装 MSN 之后，默认的情况下，每次启动 Windows 操作系统，该软件都会随系统启动。通过本例可以禁止该启动项目。

找到如下注册表子项（如果不存在，则新建），并根据下表编辑其相应项值（如果不存在，则新建）。

HKEY_CURRENT_USER\Software\Microsoft\Windows\CurrentVersion\Run

项值（数据类型）	项值数据
msnmsgr（字符串值）	“”（给项值赋空值）

11. 如何自定义登录时是否显示用户名

通过本例的设置技巧，可根据我们的需要来设置登录时用户名是否默认显示，以达到预期的各种安全设置效果。

找到如下注册表子项（如果不存在，则新建），并根据下表编辑其相应项值（如果不存在，则新建）。

HKEY_CURRENT_USER\Software\Microsoft\MSN_Messenger

项值（数据类型）	项值数据
User NET Messenger Service（字符串值）	anyes（删除此项值，将不再显示用户名 例：anyes）

12. 如何设置非活动状态时是否显示离开

本例可根据我们的需要来设置在指定的时间内为非活动时是否显示离开。

找到如下注册表子项（如果不存在，则新建），并根据下表编辑其相应项值（如果不存在，则新建）。

HKEY_CURRENT_USER\Software\Microsoft\MSN_Messenger

项值（数据类型）	项值数据
EnableIdleDetac（DWORD 值）	1（当我在指定时间内为非活动状态则显示为离开） 0（不显示离开）

13. 如何禁止显示工具栏

在默认情况下，MSN 在发送即时消息的窗口中显示工具栏，本例我们可以让即时消息窗口不显示工具栏。

找到如下注册表子项（如果不存在，则新建），并根据下表编辑其相应项值（如果不存在，则新建）。

HKEY_CURRENT_USER\Software\Microsoft\MSN_Messenger

项值（数据类型）	项值数据
IMTBHide（二进制值）	00 00 00 00（不显示工具栏）;1 00 00 00（显示工具栏）

14. 如何设置检查 Hotmail 的网页时需要密码

可以通过本例来设置当检查 Hotmail 或打开其他启用.Net passport 的网页时需要密码。

找到如下注册表子项（如果不存在，则新建），并根据下表编辑其相应项值（如果不存在，则新建）。

HKEY_CURRENT_USER\Software\Microsoft\MSN_Messenger

项值（数据类型）	项值数据
Share passport Credential（字符串值）	00 00 00 00（检查 Hotmail 或打开其他启用.Net passport 的网页时需要密码）

15. 如何在即时消息对话框中显示自己的照片

找到如下注册表子项（如果不存在，则新建），并根据下表编辑其相应项值（如果不存在，则新建）。

HKEY_CURRENT_USER\Software\Microsoft\MSN_Messenger

项值（数据类型）	项值数据
Appsetting（二进制值）	62 12 00 00（显示他人照片） 62 32 00 00（显示自己的照片）

16. 如何设置后台的气球提示信息

本例可根据我们的需要来设置是否允许公共信息通过用户的 Windows Messenger，以达到预期的各种安全设置效果。

找到如下注册表子项（如果不存在，则新建），并根据下表编辑其相应项值（如果不存在，则新建）。

HKEY_CURRENT_USER\Software\Microsoft\Messenge Service

项值（数据类型）	项值数据
DSBgnbMode（二进制值）	00 00 00 00（默认，允许后台的气球提示信息） 01 00 00 00（禁止后台的气球提示信息）

17. 如何更改默认提示信息

找到如下注册表子项（如果不存在，则新建），并根据下表编辑其相应项值（如果不存在，则新建）。

HKEY_LOCAL_MACHINE\SOFTWARE\Microsoft\MessengerService\Polices

项值（数据类型）	项值数据
IMWarning（字符串值）	Warning Text（自定义的消息内容）

提示!!

系统重启后生效。

18. 如何隐藏主页下面的任务列表

通过本例的设计技巧，可根据我们的需要来设置是否隐藏 MSN 主页下面的“我想……任务列表”，以达到预期的各种安全设置效果。

找到如下注册表子项（如果不存在，则新建），并根据下表编辑其相应项值（如果不存在，则新建）。

HKEY_CURRENT_USER\Software\Microsoft\MSN_Messenger

项值（数据类型）	项值数据
TaskListState（二进制值）	01 00 00 00（不隐藏 MSN 主页下面的“我想……任务列表”） 00 00 00 00（隐藏 MSN 主页下面的“我想……任务列表”

19. 如何设置共享计算机是否显示自己的标签

本例可根据我们的需要来设置在共享计算机上是否允许显示我的标签，以达到预期的各种设置效果。

找到如下注册表子项（如果不存在，则新建），并根据下表编辑其相应项值（如果不存在，则新建）。

HKEY_CURRENT_USER\Software\Microsoft\MSN_Messenger

项值（数据类型）	项值数据
Disable Tabs（二进制值）	01 00 00 00（禁止显示自己的标签） 00 00 00 00（允许显示自己的标签）

20. 如何让 MSN 窗口总在前面

本例可以让 MSN 总是显示在所有窗口的前面。

找到如下注册表子项（如果不存在，则新建），并根据下表编辑其相应项值（如果不存在，则新建）。

HKEY_CURRENT_USER\Software\Microsoft\MSN_Messenger

项值（数据类型）	项值数据
AlwayaOnTop（二进制值）	01 00 00 00（总是位于最前面） 00 00 00 00（不总在最前面）

21. 如何设置登录到 Windows 时自动运行 Messenger

本例可根据我们的需要来设置当登录到 Windows 时自动运行 Messenger。

找到如下注册表子项（如果不存在，则新建），并根据下表编辑其相应项值（如果不存在，则新建）。

HKEY_CURRENT_USER\Software\Microsoft\MSN_Messenger

项值（数据类型）	项值数据
ppsetting（二进制值）	22 32 0000（登录到 windows 时自动运行 Messengger）

22. 如何让自动提示窗口消失

在 MSN 的默认设置情况下，关闭主窗口会出现一个提示窗口："MSN 仍在运行！MSN 将继续运行，以便于你在登录后可接收到通知和即时消息。"本例可以禁止这个窗口出现。

找到如下注册表子项（如果不存在，则新建），并根据下表编辑其相应项值（如果不存在，则新建）。

HKEY_CURRENT_USER\Software\Microsoft\MSN_Messenger

项值（数据类型）	项值数据
DSBkgnModet（二进制值）	00 00 00 00（显示自动提示窗口） 01 00 00 00（不显示自动提示窗口）

23. 如何将 MSN 的脱机联系人联系在一起

本例可以将 MSN 中的所有脱机联系人联系在一起。

找到如下注册表子项（如果不存在，则新建），并根据下表编辑其相应项值（如果不存在，则新建）。

HKEY_CURRENT_USER\Software\Microsoft\MSN_Messenger

项值（数据类型）	项值数据
GroupFILE（二进制值）	00 00 00 00（表示不将脱机联系人组织在一起） 01 00 00 00（表示将脱机联系人组织在一起）

24. 如何解决在开始菜单中无法打开 MSN 的问题

（1）找到如下注册表子项（如果不存在，则新建）。

HKEY_LOCAL_MACHINE\SOFTWARE\Microsoft\Windows\CurrentVersion\Installer\UserData\S-1-5-18\Components\63678366C4007D1E45A

（2）将项值 C838BEA7A1AD5C47B1EB83441062070 的数据更改为“C:\Program File\MSNMessenger\MsnMsgr.Exe” /background。

8-6 通过注册表设置 ACDSee

1. 如何设置启动时指向的文件夹路径

可以通过注册表修改 ACDSee3.2 最后一次访问路径，使其启动后便直接指向此路径，而且可以简单的修改 ACDSee 存放路径。

找到如下注册表子项（如果不存在，则新建），并根据下表编辑其相应项值（如果不存在，则新建）。

HKEY_CURRENT_USER\Software\ACD Systems\ACDSee32

项值（数据类型）	项值数据
LastFloder（字符串值）	"K://picture"（ACDSee 启动后直接指向的文件夹） "K://98tools"（ACDSee 所存放的目录）

2. 如何让全屏浏览时显示文件全路径

在默认情况下，ACDSee 在进行全屏浏览的时候是不会显示文件的全路径的，只会显示该文件的文件名。本例可以让全屏浏览时在标题栏中显示文件的全路径。

找到如下注册表子项（如果不存在，则新建），并根据下表编辑其相应项值（如果不存在，则新建）。

HKEY_CURRENT_USER\Software\ACD Systems\ACDSee\50

项值（数据类型）	项值数据
ViewShow FullPath（二进制值）	01（显示完全路径） 00（不显示完全路径）

3. 如何更改默认打开的文件夹位置

ACDSee 在 windows XP 中一般在默认状态下打开的文件是安装目录所谓"\Doucuments and setting\当前用户名\My Docunment\My Picture"中，本例可以修改这个默认的文件夹位置。

找到如下注册表子项（如果不存在，则新建），并根据下表编辑其相应项值（如果不存在，则新建）。

HKEY_CURRENT_USER\Software\ACD Systems\ACDSee\50

项值（数据类型）	项值数据
Open Floder（字符串值）	E://PIC（更改为其他的文件夹）

4. 如何自定义软件的自动更新

本例可根据我们的需要来设置是否允许每 60 天一次的软件更新。

找到如下注册表子项（如果不存在，则新建），并根据下表编辑其相应项值（如果不存在，则新建）。

HKEY_CURRENT_USER\Software\ACD Systems\ACDSee\60

项值（数据类型）	项值数据
IntouchCFUNoReminder（DWORD 值）	1（允许自动更新） 0（禁止自动更新）

5. 如何更改用户名称

本例可以更改 ACDSee50 的用户名（Username），让它的用户名更符合自己的需要。

找到如下注册表子项（如果不存在，则新建），并根据下表编辑其相应项值（如果不存在，则新建）。

HKEY_CURRENT_USER\Software\ACD Systems\ACDSee\50

项值（数据类型）	项值数据
User name（字符串值）	黄忠（更改为你想要的用户名即可）

6. 如何自定义工具栏在文件夹中的位置

本例可根据我们的需要来指定工具栏在文件夹中的位置。

找到如下注册表子项（如果不存在，则新建），并根据下表编辑其相应项值（如果不存在，则新建）。

HKEY_CURRENT_USER\Software\ACD Systems\ACDSee\60

项值（数据类型）	项值数据
FolderTReeModeBarPosition（DWORD 值）	1（工具栏在文件夹上部） 0（工具栏在文件夹底部）

7. 如何去掉右键预览选项

本例可以让 ACDSee 在预览 JPG 格式文件时的右键菜单消除 View with ACDSee 项。

找到如下注册表子项（如果不存在，则新建），并根据下表编辑其相应项值（如果不存在，则新建）。

HKEY_CLASSES_ROOT\jpegfile\shell

项值（数据类型）	项值数据
ACD view（字符串值）	空（将该子键删除）

8. 如何重现“每日提示”窗口

找到如下注册表子项（如果不存在，则新建），并根据下表编辑其相应项值（如果不存在，则新建）。

HKEY_CURRENT_USER\Software\ACD Systems\ACDSee\50\Tip

项值（数据类型）	项值数据
Startup（DWORD 值）	0（启用）；1（禁用）

9. 如何自动清除历史记录

本例可以实现在退出 ACDSee 的时候，自动清除所有的历史访问记录。

找到如下注册表子项（如果不存在，则新建），并根据下表编辑其相应项值（如果不存在，则新建）。

HKEY_CURRENT_USER\Software\ACD Systems\ACDSee\50

项值（数据类型）	项值数据
Clearhistory on Exit（二进制值）	01（退出时自动清除历史记录） 00（退出时不清除历史记录）

10. 如何去除各个文件夹前的方框

本例可根据我们的需要来设置是否去除各个文件夹前的方框（眼睛）。

找到如下注册表子项（如果不存在，则新建），并根据下表编辑其相应项值（如果不存在，则新建）。

HKEY_CURRENT_USER\Software\ACD Systems\ACDSee\60

项值（数据类型）	项值数据
Show Folder tree Easy Select（DWORD 值）	1（眼睛显示） 0（禁止眼睛显示）

11. 如何设置壁纸是否自动适应屏幕的大小

本例可根据我们的需要来设置壁纸是否自动适应屏幕的大小。

找到如下注册表子项（如果不存在，则新建），并根据下表编辑其相应项值（如果不存在，则新建）。

HKEY_CURRENT_USER\Software\ACD Systems\ACDSee\60

项值（数据类型）	项值数据
Strech Wallpaper（DWORD 值）	0（禁止壁纸自动适应屏幕的大小） 1（壁纸自动适应屏幕的大小）

12. 如何允许调整文件夹中工具栏的位置

本例可根据我们的需要来设置是否允许调整文件夹中工具栏的位置。

找到如下注册表子项（如果不存在，则新建），并根据下表编辑其相应项

值（如果不存在，则新建）。

HKEY_CURRENT_USER\Software\ACD Systems\ACDSee\60

项值（数据类型）	项值数据
FolderTreeMode（DWORD 值）	0（允许调整文件夹中工具栏的位置） 1（禁止调整文件夹中工具栏的位置）

13. 如何以全屏方式显示图片

在默认情况下，在 ACDSee 窗口中双击浏览某个图形图像文件是以带窗口（包括菜单栏、工具栏）的方式显示的，通过本例可以在浏览这些文件的时候直接进入全屏显示。

找到如下注册表子项（如果不存在，则新建），并根据下表编辑其相应项值（如果不存在，则新建）。

HKEY_CURRENT_USER\Software\ACD Systems\ACDSee\50

项值（数据类型）	项值数据
Full sreen Mode（二进制值）	01（以全屏方式浏览） 00（以窗口方式浏览）

14. 如何拖拉改变位置时给出确认提示

本例可根据我们的需要来设置在文件夹中通过拖拉来改变文件的位置是否给出确认提示，以达到预期的各种安全设置效果。

找到如下注册表子项（如果不存在，则新建），并根据下表编辑其相应项值（如果不存在，则新建）。

HKEY_CURRENT_USER\Software\ACD Systems\ACDSee\60

项值（数据类型）	项值数据
Folder Tree ConfirmMove（DWORD 值）	1（改变文件的位置给出确认提示） 0（不给出确认提示）

15. 如何更改全屏浏览时的背景图片

在 ACDSee 默认的情况下，进行全屏浏览的背景只是简单的颜色，是没有背景图片的。本例可以为全屏浏览配上漂亮的背景图片。

找到如下注册表子项（如果不存在，则新建），并根据下表编辑其相应项值（如果不存在，则新建）。

HKEY_CURRENT_USER\Software\ACD Systems\ACDSee32

项值（数据类型）	项值数据
ViewBGimage（字符串值）	K://图片/f001.jpg（更改为你想要的背景图片）

16. 如何让全屏浏览时鼠标指针再现

在使用 ACDSee 的过程中，为了更好地进行全屏浏览，一般是将鼠标指针隐藏起来了，本例可以让鼠标指针再现。

找到如下注册表子项（如果不存在，则新建），并根据下表编辑其相应项值（如果不存在，则新建）。

HKEY_CURRENT_USER\Software\ACD Systems\ACDSee\50

项值（数据类型）	项值数据
BlankCursor（二进制值）	00（显示鼠标指针） 01（隐藏鼠标指针）

17. 如何自动连接到 ACDTntouch

本例可配置 ACDSee 自动连接到 ACDTntouch，以便自动获取更新信息。

找到如下注册表子项（如果不存在，则新建），并根据下表编辑其相应项值（如果不存在，则新建）。

HKEY_CURRENT_USER\Software\ACD Systems\ACDSee\60

项值（数据类型）	项值数据
BypassInToucConnect（DWORD 值）	1（自动连接） 0（禁止自动连接）

18. 如何在单击 Acquire 时出现欢迎向导窗口

本例可根据我们的需要来设置当单击 Acquire 时是否出现欢迎向导窗口。

找到如下注册表子项（如果不存在，则新建），并根据下表编辑其相应项值（如果不存在，则新建）。

HKEY_CURRENT_USER\Software\ACD Systems\ACDSee\60

项值（数据类型）	项值数据
Acquire Show Welcome（DWORD 值）	1（显示欢迎向导窗口） 0（禁止显示欢迎向导窗口）

8-7 通过注册表设置 Nero

1. 如何禁止刻录前检查 Joliet 文件格式

本例可根据我们的需要来设置在刻录前是否检查 Joliet 文件格式，以达到预期的各种安全设置效果。

运行注册表编辑器，打开如下注册表子项分支（如果不存在，则新建），并根据下表编辑其相应项值（如果不存在，则新建）。

HKEY_CURRENT_USER\Software\Ahead\Nero-Burn ingROM\General

项值（数据类型）	项值数据
ShowJolietRenDlg （DWORD 值）	0（不检查） 1（刻录前检查 Joliet 文件格式）

2. 如何自定义刻录成功时的提示声音

本例可根据我们的需要来设置当刻录成功时的提示声音。

（1）运行注册表编辑器，打开如下注册表子项分支（如果不存在，则新建），并根据下表编辑其相应项值（如果不存在，则新建）。

HKEY_CURRENT_USER\Software\Ahead\Nero-Burn ingROM\General

将字符串项值 CDSuccessSound 的数据更改为自己喜欢的声音.wav 文件即可。

3. 如何在删除编译文件前显示信息框

本例可根据我们的需要来设置在删除编译文件前是否显示信息框，以达到预期的各种安全设置效果。

运行注册表编辑器，打开如下注册表子项分支（如果不存在，则新建），并根据下表编辑其相应项值（如果不存在，则新建）。

HKEY_CURRENT_USER\Software\Ahead\Nero-Burn ingROM\General

项值（数据类型）	项值数据
ShowDelectFileDlg （DWORD 值）	0（禁止显示信息框） 1（在删除编译文件前显示信息框）

4. 如何启用所有支持的刻录机格式

本例可根据我们的需要来设置是否为映像刻录机启用所有支持的刻录

机格式。

运行注册表编辑器，打开如下注册表子项分支（如果不存在，则新建），并根据下表编辑其相应项值（如果不存在，则新建）。

HKEY_CURRENT_USER\Software\Ahead\Nero-Burn ingROM\General

项值（数据类型）	项值数据
BshowAllCompilationTypes（DWORD 值）	1（为映像刻录机启用所有支持的刻录机格式） 0（禁止此设置）

5. 如何自定义刻录结束后自动弹出光盘

本例可根据我们的需要来设置刻录结束后是否自动弹出光盘。

运行注册表编辑器，打开如下注册表子项分支（如果不存在，则新建），并根据下表编辑其相应项值（如果不存在，则新建）。

HKEY_CURRENT_USER\Software\Ahead\Nero-Burning Rom\General

项值（数据类型）	项值数据
EjectThe CDlater（DWORD 值）	0（刻录结束后自动弹出光盘） 1（不自动弹出光盘）

6. 如何自定义刻录光盘的最大预留空间

本例可根据我们的需要来设置刻录光盘的最大预留空间。

运行注册表编辑器，打开如下注册表子项分支（如果不存在，则新建），并根据下表编辑其相应项值（如果不存在，则新建）。

HKEY_CURRENT_USER\Software\Ahead\Nero-Burn ingROM\General

项值（数据类型）	项值数据
MaxCacheSize（DWORD 值）	.16384（指定刻录光盘的最大预留空间为 16MB） .20480（指定刻录光盘的最大预留空间为 20MB）

7. 如何在刻录前检查 CD 格式是否正确

本例可根据我们的需要来设置在刻录前是否检查 CD 格式是否正确，以达到各种安全的设置效果。

运行注册表编辑器，打开如下注册表子项分支（如果不存在，则新建），并根据下表编辑其相应项值（如果不存在，则新建）。

HKEY_CURRENT_USER\Software\Ahead\Nero-Burn ingROM\General

项值（数据类型）	项值数据
CheckFor CDFORmat（DWORD 值）	0（禁止检查） 1（刻录前检查 CD 格式是否正确）

8. 如何找回序列号

通过该注册表技巧可以找回 Nero Burning Rom 的序列号。

运行注册表编辑器，打开如下注册表子项分支（如果不存在，则新建），并根据下表编辑其相应项值（如果不存在，则新建）。

HKEY_LOCAL_MACHINE\SOFTWARE\ahead\Nero-Burning Rom\Info

项值（数据类型）	项值数据
Serial 5（字符串值）	.XXXX-XXXX-XXXX-XXXX-XXXX-XXXX（这里显示的就是序列号）

提示!!

"Serial 5"中的 5 和程序的版本号有关，版本不同显示也不同。

9. 如何设置当刻录成功时是否启用声音提示

本例可根据我们的需要来设置当刻录成功时是否启用声音提示从而达到我们需要的设置效果。

运行注册表编辑器，打开如下注册表子项分支（如果不存在，则新建），并根据下表编辑其相应项值（如果不存在，则新建）。

HKEY_CURRENT_USER\Software\Ahead\Nero-Burn ingROM\General

项值（数据类型）	项值数据
CdSuccessCheck（DWORD 值）	0（刻录成功时启用声音提示） 1（禁止声音提示）

10. 如何在 ISO 刷新时清除"保存"属性

本例可根据我们的需要来设置在 ISO 刷新的时候是否清除 "保存"属性。

运行注册表编辑器，打开如下注册表子项分支（如果不存在，则新建），并根据下表编辑其相应项值（如果不存在，则新建）。

HKEY_CURRENT_USER\Software\Ahead\Nero-Burn ingROM\General

项值（数据类型）	项值数据
ClearArchBittsForISO（DWORD 值）	0（不清除保存属性） 1（清楚保存属性）

11. 如何激活 NeroNet 支持

本例可根据我们的需要来设置是否在 Nero 中激活 NeroNet 支持。

运行注册表编辑器，打开如下注册表子项分支（如果不存在，则新建），并根据下表编辑其相应项值（如果不存在，则新建）。

HKEY_CURRENT_USER\Software\Ahead\Nero-Burn ingROM\General

项值（数据类型）	项值数据
EnbleneroNETSupport（DWORD 值）	0（禁止在 Nero 中激活 NeroNet 支持） 1（在 Nero 中激活 NeroNet 支持）

12. 如何设置是否允许超刻光盘一次刻录

本例可根据我们的需要来设置是否允许超刻光盘一次刻录。

运行注册表编辑器，打开如下注册表子项分支（如果不存在，则新建），并根据下表编辑其相应项值（如果不存在，则新建）。

HKEY_CURRENT_USER\Software\Ahead\Nero-Burn ingROM\General

项值（数据类型）	项值数据
Enable DAOOverSize（DWORD 值）	0（禁止超刻光盘一次刻录） 1（允许超刻光盘一次刻录）

8-8 通过注册表设置 Dr Watson

1. 如何关闭 Dr Watson

如果不想使用 DrWatson，可以通过修改注册表来将其屏蔽掉。

找到如下注册表子项（如果不存在，则新建），根据下表编辑相应项值（如果不存在，则新建）:

HKEY_LOCAL_MACHINE\SOFTWARE\Microsoft\Windows NT\CurrentVersion\AeDebug

项　值（数据类型）	项值数据
AUTO（字符串值）	0（表示将其屏蔽掉） 1（表示将其开启）

2. 如何自定义队列报告请求之间的时间间隔

此设置将控制用户被提醒发送队列报告的频率。在该时间之后，才会再次提示用户（如果没有已排队的报告，则该时间可能更长）。

找到如下注册表子项（如果不存在，则新建），并根据下表编辑其相应项值（如果不存在，则新建）。

HKEY_LOCAL_MACHINE\SOFTWARE\Policies\Microsoft\PCHealth\ErrorReporting\DW

项值（数据类型）	项值数据
DWQueuePesterInterval（字符串值）	4320（队列报告请求之间的最短时间间隔（分钟），最大 10000，最小 20，默认值 4320（3 天））

3. 如何控制日志文件创建方式

Dr Watson 在创建日志文件时有许多方式可选择，它可以直接创建一个新的日志文件，也可向原有的日志文件中追加记录信息。具体使用哪一种方式，可通过注册表来指定。

（1）找到如下注册表子项（如果不存在，则新建），根据下表编辑相应项值（如果不存在，则新建）：

HKEY_LOCAL_MACHINE\SOFTWARE\Microsoft\DrWatson

项　值（数据类型）	项值数据
AppendToLogFile（DWORD 值）	0（创建新的日志文件） 1（追加到原有的日志文件中）

（2）重新启动计算机或注销当前用户，再次进入 Windows XP，以使修改生效。

4. 如何自动发送所有已排队的报告

此设置允许不用提示用户就可发送所有已排队的报告。

找到如下注册表子项（如果不存在，则新建），并根据下表编辑其相应项值（如果不存在，则新建）。

HKEY_LOCAL_MACHINE\SOFTWARE\Policies\Microsoft\PCHealth\ErrorReporting\DW

项值（数据类型）	项值数据
DWAllQueueHeadless（DWORD 值）	1（启用此设置） 0（取消此设置）

5. 如何设定记录应用程序出错信息的记录数

对于 Dr Watson 记录应用程序出错信息的记录数是可以人工指定的，可以在注册表中找到相应的项值并将其设置为合理的值，以适应实际情况的需要。

（1）找到如下注册表子项（如果不存在，则新建），根据下表编辑相应项值（如果不存在，则新建）:

HKEY_LOCAL_MACHINE\SOFTWARE\Microsoft\DrWatson

项　值（数据类型）	项值数据
Instructions（字符串值）	a（设定 Dr Watson 记录应用程序出错信息的记录数）

（2）重新启动计算机或注销当前用户，再次进入 Windows XP，以使修改生效。

6. 如何自定义队列报告的最多数量

此设置将配置存储在每个队列中错误报告的最多数量。

找到如下注册表子项（如果不存在，则新建），并根据下表编辑其相应项值（如果不存在，则新建）。

HKEY_LOCAL_MACHINE\SOFTWARE\Policies\Microsoft\PCHealth\ErrorReporting\DW

项　值（数据类型）	项值数据
DWMacQueueSize（字符串值）	100（队列报告的最多数量，最大 1000，最小 0）

7. 如何启用日志错误报告详细信息

通过此设置可启用“错误报告”详细日志，包含用户名和机器名的错误详细信息将写入到错误报告文件路径根目录下的 Crash.log 文件中。

找到如下注册表子项（如果不存在，则新建），并根据下表编辑其相应项值（如果不存在，则新建）。

HKEY_LOCAL_MACHINE\SOFTWARE\Policies\Microsoft\PCHealth\ErrorReporting\DW

项值（数据类型）	项值数据
DWTracking（DWORD 值）	1（启用此设置） 0（禁用此设置）

8. 如何设置日志文件的存贮位置

通过注册表可以自行指定 Dr Watson 创建的日志文件的存放位置。

（1）找到如下注册表子项（如果不存在，则新建），根据下表编辑相应项值（如果不存在，则新建）：

HKEY_LOCAL_MACHINE\SOFTWARE\Microsoft\DrWatson

项　值（数据类型）	项值数据
LogFilePath（字符串值）	C:\WINNT\LOGS（用于存放日志文件的位置）

（2）重新启动计算机或注销当前用户，再次进入 Windows XP，以使修改生效。

9. 如何设置报告后要启动的 URL

此设置可定制在报告之后显示的 URL，每位发送报告的用户将看到带有指向指定 URL 的链接的最终对话框。

找到如下注册表子项（如果不存在，则新建），并根据下表编辑其相应项值（如果不存在，则新建）。

HKEY_LOCAL_MACHINE\SOFTWARE\Policies\Microsoft\PCHealth\ErrorReporting\DW

项值（数据类型）	项值数据
DWURLLaunch（字符串值）	http://www.jzxh.com.cn（报告后要启动的 URL）

10. 如何设置是否使用对话框方式提示

当应用程序发生错误时，读者可决定 Dr Watson 是否使用弹出对话框方式进行提示。

（1）找到如下注册表子项（如果不存在，则新建），根据下表编辑相应项值（如果不存在，则新建）：

HKEY_LOCAL_MACHINE\SOFTWARE\Microsoft\DrWatson

项　值（数据类型）	项值数据
VisualNotification（DWORD 值）	0（不弹出对话框进行提示） 1（弹出对话框进行提示）

（2）重新启动计算机或注销当前用户，再次进入 Windows XP，以使修改生效。

11. 如何设置提示音

当用户激活了 Dr Watson 的声音提示功能后，每当应用程序出现启动 Dr Watson 时都会发出声音，用户可以设置其他声音。

找到如下注册表子项（如果不存在，则新建），并根据下表编辑其相应项值（如果不存在，则新建）。

HKEY_LOCAL_MACHINE\SOFTWARE\Microsoft\DrWatson

项值（数据类型）	项值数据
WaveFile（字符串值）	C:\WinNT\Alert.wav（可将此路径设置为用户自定义的其他声音文件路径）

12. 如何用个性化的组织名称替换“Microsoft”

通过此设置可允许你用自己的组织名称替换错误报告对话框中的“Microsoft”。

找到如下注册表子项（如果不存在，则新建），并根据下表编辑其相应项值（如果不存在，则新建）。

HKEY_LOCAL_MACHINE\SOFTWARE\Policies\Microsoft\PCHealth\ErrorReporting\DW

项值（数据类型）	项值数据
DWReporteeName（字符串值）	九州星火传媒（指定你的公司名称以替换报告对话框中的“Mirosoft”）

13. 如何设置是否使用声音报警

当应用程序发生错误时，读者可设置 Dr Watson 使用声音报警提示功能。

（1）找到如下注册表子项（如果不存在，则新建），根据下表编辑相应项值（如果不存在，则新建）：

HKEY_LOCAL_MACHINE\SOFTWARE\Microsoft\DrWatson

项　值（数据类型）	项值数据
SoundNotification（DWORD 值）	0（不使用声音报警提示） 1（用声音报警提示）

（2）重新启动计算机或注销当前用户，再次进入 Windows XP，以使修改生效。

14. 如何忽略队列而发送所有报告

此设置将禁用错误报告队列，不对任何报告进行排队。错误报告将总会在错误发生时发送。如果机器脱机而无法发送报告，则将删除报告。

找到如下注册表子项（如果不存在，则新建），并根据下表编辑其相应项值（如果不存在，则新建）。

HKEY_LOCAL_MACHINE\SOFTWARE\Policies\Microsoft\PCHealth\ErrorReporting\DW

项值（数据类型）	项值数据
DWBypassQueue（DWORD 值）	1（启用此设置） 0（取消此设置）

15. 如何设置在应用程序出错时是否创建垃圾文件

通过注册表，可以设置当应用程序发生错误时，Dr Watson 是否将该应用程序在内存中的信息保存到硬盘上的一个垃圾文件中。

（1）找到如下注册表子项（如果不存在，则新建），根据下表编辑相应项值（如果不存在，则新建）：

HKEY_LOCAL_MACHINE\SOFTWARE\Microsoft\DrWatson

项　值（数据类型）	项值数据
CreateCrashDump （DWORD 值）	0（程序发生错误时不创建垃圾文件） 1（程序发生错误时创建垃圾文件）

（2）重新启动计算机或注销当前用户，再次进入 Windows XP，以使修改生效。

16. 如何指定暂存文件的位置

（1）找到如下注册表子项（如果不存在，则新建），根据下表编辑相应项值（如果不存在，则新建）：

HKEY_LOCAL_MACHINE\SOFTWARE\Microsoft\DrWatson

项　值（数据类型）	项值数据
CrashDumpFile （可扩充字符串值）	D:\WINNT\DUMP\APP.DMP （指定 Dr Watson 暂存文件的位置）

（2）重新启动计算机或注销当前用户，再次进入 Windows XP，以使修改生效。

17. 如何指定存放碎片文件的位置

对于 Dr Watson 创建的碎片文件，你可指定一个目录专用于存放这些文件。

找到如下注册表子项（如果不存在，则新建），并根据下表编辑其相应项值（如果不存在，则新建）。

HKEY_LOCAL_MACHINE\SOFTWARE\Microsoft\DrWatson

项值（数据类型）	项值数据
CrashDumpFile（DWORD 值）	C:\WinNT\Dump\App.dmp（指定的碎片文件名及存放位置）

18. 如何设置提示方式

当应用程序发生错误时，你可决定 Dr Watson 是否使用弹出对话框方式进行提示。

找到如下注册表子项（如果不存在，则新建），并根据下表编辑其相应项值（如果不存在，则新建）。

HKEY_LOCAL_MACHINE\SOFTWARE\Microsoft\DrWatson

项值（数据类型）	项值数据
VisualNotification（DWORD 值）	0（不弹出对话框进行提示） 1（弹出对话框进行提示）

19. 如何禁止或允许创建碎片文件

当应用程序发生错误时，你可设定 Dr Watson 是否将该应用程序在内存中的信息保存到硬盘上的一个碎片文件中。

找到如下注册表子项（如果不存在，则新建），并根据下表编辑其相应项值（如果不存在，则新建）。

HKEY_LOCAL_MACHINE\SOFTWARE\Microsoft\DrWatson

项值（数据类型）	项值数据
CreatCrashDump（DWORD 值）	0（程序发生错误时不创建碎片文件） 0（程序发生错误时创建碎片文件）

20. 如何设定出错信息的记录数

Dr Watson 应用程序出错信息的记录数是可以人工指定的，可以在注册表中找到相应的项值并将其设置为合理的值，以适应实际情况的需要。

找到如下注册表子项（如果不存在，则新建），并根据下表编辑其相应项值（如果不存在，则新建）。

HKEY_LOCAL_MACHINE\SOFTWARE\Microsoft\DrWatson

项值（数据类型）	项值数据
Instruction（字符串值）	0x0000000a（10）（设置记录数为 10 条）

21. 如何隐藏“不发送”按钮

通过本设置可隐藏主要错误报告对话框上的“不发送”按钮。

找到如下注册表子项（如果不存在，则新建），并根据下表编辑其相应项值（如果不存在，则新建）。

HKEY_LOCAL_MACHINE\SOFTWARE\Policies\Microsoft\PCHealth\ErrorReporting\DW

项值（数据类型）	项值数据
DWAlwaysReport（DWORD 值）	1（启用此设置）；0（取消此设置）

22. 如何指定用户“为何要报告”的 URL

此设置将向主要错误报告对话框添加链接，错误报告对话框上显示的链接将带有文本“为何要报告？”。单击该链接可启动指定的 URL。

找到如下注册表子项（如果不存在，则新建），并根据下表编辑其相应项值（如果不存在，则新建）。

HKEY_LOCAL_MACHINE\SOFTWARE\Policies\Microsoft\PCHealth\ErrorReporting\DW

项值（数据类型）	项值数据
DWExplainnerURL（字符串值）	http://www.jzxh.com.cn/help.htm（解释用户为何应报告的 URL）

8-9 通过注册表设置 Netants

1. 如何清除“添加任务”窗口中的历史纪录

在每次下载任务的时候，Netants 会自动将任务保存到“添加窗口”中的 URL 列表中，本例可以将这些 URL 列表清除。

找到如下注册表子项（如果不存在，则新建），并根据下表编辑其相应项值（如果不存在，则新建）。

HKEY_CURRENT_USER\Software\Netants\MRU

项值（数据类型）	项值数据
0（字符串值）	清空（清除所有内容）

2. 如何设置窗口界面的显示

通过注册表可以直接对Netants的窗口界面布局进行调整。

找到如下注册表子项（如果不存在，则新建），根据下表编辑相应项值（如果不存在，则新建）：

HKEY_CURRENT_USER\Software\NetAnts\Layout

项值（数据类型）	项值数据
ShowBlockWin（DWORD值）	0（不显示右下窗口中“区块”栏） 1（显示右下窗口中“区块”栏）
ShowFolderWin（DWORD值）	0（不显示左窗口“虚拟文件夹”窗口） 1（显示左窗口“虚拟文件夹”窗口）
ShowInfoWin（DWORD值）	0（不显示右下窗口“信息”栏） 1（显示右下窗口“信息”栏）
ShowLinkWin（DWORD值）	0（不显示右下窗口“连接”栏） 1（显示右下窗口“连接”栏）
ShowLogWin（DWORD值）	0（不显示右下窗口“日志”栏） 1（显示右下窗口“日志”栏）
ShowToolBar（DWORD值）	0（不显示“工具”栏） 1（显示“工具”栏）
ShowWaveBar（DWORD值）	0（不显示“工具”栏下的“下载”状态视图条） 1（显示“工具”栏下的“下载”状态视图条）

提示!!

当读者在修改注册表时，一定要先将Netants关闭。读者修改的值会被当前运行的Netants覆盖，因为Netants在每次退出程序时都会将当前的信息重新写入注册表。

3. 如何让启动后窗口最小化

本例可以让Netants一运行即最小化窗口。

找到如下注册表子项（如果不存在，则新建），并根据下表编辑其相应项

值（如果不存在，则新建）。

HKEY_CURRENT_USER\Software\Netants\Cnfigure

项值（数据类型）	项值数据
Start as Tray（DWORD 值）	1（启用最小化窗口） 0（禁用最小化窗口）

4. 如何设置启动时是否出现启动画面及标题栏信息

通过下面的设置，读者可设定 Netants 在启动时是否出现启动画面。此外，读者还可设置 Netants 标题栏的信息。当读者设置了指定的标题栏信息后，除了在标题栏上可以看到此信息外，还可在 Netants 启动画面的左上角看到此信息。

（1）找到如下注册表子项（如果不存在，则新建），根据下表编辑相应项值（如果不存在，则新建）：

HKEY_CURRENT_USER\Software\NetAnts\OEM

项　值（数据类型）	项值数据
Splash（字符串值）	no（不显示启动画面） yes（显示启动画面）
Title（字符串值）	videasoft（在标题栏显示的信息）

（2）重新启动计算机或注销当前用户，再次进入 Windows XP，以使修改生效。

5. 如何实现定时任务

本例我们可以让 Netants 实现定时下载任务，定时挂断。

找到如下注册表子项（如果不存在，则新建），并根据下表编辑其相应项值（如果不存在，则新建）。

HKEY_CURRENT_USER\Software\Netants\Cnfigure

项值（数据类型）	项值数据
scheduleDownload（DWORD 值）	1（启用定时下载） 0（禁用定时下载）
scheduleDownloadHour（DWORD 值）	8（设置定时下载的时间（小时））
scheduleDownloadMin（DWORD 值）	0（设置定时下载的时间（分钟））
ScheduelHangup（DWORD 值）	0（禁用定时挂断）1（启用定时挂断）
ScheduelHangupHour（DWORD 值）	9（设置挂断的时间（小时））
ScheduelHangupMin（DWORD 值）	0（设置挂断的时间（分钟））

6. 如何汉化右键命令

有时在一些程序中使用右键时，所弹出的右键菜单中一些命令是用英文显示出来的，其实，我们可以对这些“英文命令 ”进行汉化，如 Netants。在用户浏览界面点击右键时，就会发现弹出的菜单中显示出来的是“Down load by Netants”，可以通过修改注册表来对其进行汉化。

找到如下注册表子项（如果不存在，则新建），并根据下表编辑其相应项值（如果不存在，则新建）。

HKEY_CURRENT_USER\Software\Microsoft\Internet Explorer\MenuExt

项值（数据类型）	项值数据
Download &All by NetAnts（字符串值）	用 Netants 下载（在此将“Download &All by NetAnts”修改为用“Netants 下载”即可）

提示!! 此设置在系统注销后生效。

7. 如何通过注册表来设置下载的默认路径

通常情况下，Netants 的默认下载目录是“ C:\”，通过本例可以修改 Netants 下载的默认路径。

找到如下注册表子项（如果不存在，则新建），并根据下表编辑其相应项值（如果不存在，则新建）。

HKEY_CURRENT_USER\Software\Netants\Cnfigure

项值（数据类型）	项值数据
DefaultDierectory（字符串值）	F:\（更改为其他的文件夹）

8. 如何为下载过程加入提示声

可以通过修改注册表来定制“网络蚂蚁”在下载过程中的音乐。

（1）找到如下注册表子项（如果不存在，则新建）:

HKEY_CURRENT_USER\AppEvents\Schemes\App\Netants

（2）在该项下有 NAAddFile、NADownloadFail 和 NADownloadSuccess 三个子项，分别表示 Netants 中加入下载文件、下载失败和下载成功这三个事件。只要将其下的.current 子项的“默认”项值数据改为自己喜欢的.wav 文件即可。

（3）重新启动计算机或注销当前用户，再次进入 Windows XP，以使修改生效。

9. 如何捕获更多类型的文件

在默认情况下，Netants 可以捕捉“ZIP，EXE，BIN，TGZ，TAR，ARJ，LZH，RAR，ACE，MP3”这些类型的文件，如果我们想下 RM 格式文件，还得去手工添加，似乎很麻烦，通过本例就可以让 RM 类型的文件变成 Netants 捕获的对象。

找到如下注册表子项（如果不存在，则新建），并根据下表编辑其相应项值（如果不存在，则新建）。

HKEY_CURRENT_USER\Software\Netants\Cnfigure

项值（数据类型）	项值数据
CBFileType（字符串值）	“ZIP，EXE，BIN，TGZ，TAR，ARJ，LZH，RAR，ACE，MP3，RM”（更改捕获的文件类型）

8-10 通过注册表设置 FlashGet

1. 如何删除“添加新任务/另存为”下的目录列表

如果经常更换下载存放地址的话，FlashGet（网际快车）会在“添加新的下载任务”窗口的“另存为”中保留原来的历史纪录。如果更换的目录多了，在下拉框中就会显示这些列表，为了让 FlashGet 看起来更加清洁，可以使用下面的操作将这些内容删除。

找到如下注册表子项（如果不存在，则新建），并根据下表编辑其相应项值（如果不存在，则新建）。

HKEY_CURRENT_USER\Software\JetCar\JetCar\DownDir

项值（数据类型）	项值数据
List（字符串值）	清空（清除所有的内容）

2. 如何更改程序默认的提示声音

FlashGet 在任务下载完成或增加新任务时会发出提示音，可以通过注册表将该声音更改为自己喜欢的声音。

找到如下注册表子项（如果不存在，则新建），并根据下表编辑其相应项值（如果不存在，则新建）。

HKEY_CURRENT_USER\Software\JetCar\JetCar\Sound

项值（数据类型）	项值数据
Sound0（字符串值）	G:\Sounds\A1.wav（添加新任务时的提示音）
Sound1（字符串值）	G:\Sounds\D1.wav（任务成功时的提示音）
Sound2（字符串值）	G:\Sounds\A2.wav（任务失败时的提示音）
Sound3（字符串值）	G:\Sounds\A3.wav（任务全部完成时的提示音）

3. 如何设置默认的下载路径

通常 FlashGet 默认的下载路径为“C：\DownLoads”。如果你经常在网上下载软件或文章的话，增减文件会导致 C 盘文件碎片增多，影响系统速度，转移它会带来意想不到的结果。

找到如下注册表子项（如果不存在，则新建），并根据下表编辑其相应项值（如果不存在，则新建）。

HKEY_CURRENT_USER\Software\JetCar\JetCar\Downloadefault

项值（数据类型）	项值数据
Path（字符串值）	I：\Download（默认的下载路径）

4. 如何个性化授权用户名

如果对以前注册的用户名不满意时，可以通过注册表将其修改为自己的中文名或其他你喜欢的名字。

找到如下注册表子项（如果不存在，则新建），并根据下表编辑其相应项值（如果不存在，则新建）。

HKEY_CURRENT_USER\Software\JetCar\JetCar\General

项值（数据类型）	项值数据
RegDisp（字符串值）	LWL（ 可自定义的用户名）

5. 如何突破下载极限

FlashGet 默认的最大下载线程数是 10 个，最多同时进行的任务数是 8 个。可以通过修改注册表的方法来改变其默认线程数和最多同时进行的任务数，以运行更多的任务，从而大幅度提高下载速度。

找到如下注册表子项（如果不存在，则新建），并根据下表编辑其相应项值（如果不存在，则新建）。

HKEY_CURRENT_USER\Software\JetCar\JetCar\General

项值（数据类型）	项值数据
MaxSimJobs（DWORD 值）	100（最多能同时进行的任务数，数值范围为 1-32767）
MaxParalleNum（字符串值）	100（最大下载线程数，数值范围为 1-32767）

6. 如何监视其他类型文件

当 FlashGet 后台运行时，会对以“ZIP，EXE，BIN，TGZ，TAR，ARJ，LZH，RAR，ACE，MP3；A（0-9）；R0-90-9” 等为扩展名的文件类型进行监视，如果鼠标点击的连接指向*.ZIP 等文件时，FlashGet 会提示你是否需要下载文件。有时在网上浏览时会碰到自己喜欢的 Rm 电影，我们可以设置直接点击就可以连接下载。

找到如下注册表子项（如果不存在，则新建），并根据下表编辑其相应项值（如果不存在，则新建）。

HKEY_CURRENT_USER\Software\JetCar\JetCar\General

项值（数据类型）	项值数据
Monitor（字符串值）	“ZIP，EXE，BIN，TGZ，TAR，ARJ，LZH，RAR，ACE，MP3；A（0-9）；R0-90-9”（监视的文件类型）

提示!! 添加新类型时直接键入“；.扩展名”，双引号除外。

7. 如何清除目录列表

如果经常更换下载存放地址的话，FlashGet 会在“添加新的任务/另存为/浏览/选择文件夹 ”中保留原来的历史纪录。如果更换的目录多了，会在下拉框显示出这些列表，为了让 FlashGet 看起来更清洁，可以采用下面的操作将这些内容删除。

找到如下注册表子项（如果不存在，则新建），并根据下表编辑其相应项值（如果不存在，则新建）。

HKEY_CURRENT_USER\Software\JetCar\JetCar\SelFolder

项值（数据类型）	项值数据
Recen t0（字符串值）	清空（清除所有内容）

8-11 通过注册表设置 pcAnywhere

1. 如何设定 Winsock 缓冲大小

当连接宽带时的网络延时较大，增大 Winsock 缓冲可以增加网络的吞吐量。这对于提高连接稳定性是非常有用的。

找到如下注册表子项（如果不存在，则新建），根据下表编辑相应项值（如果不存在，则新建）:

HKEY_LOCAL_MACHINE\Software\Symantec\pcANYWHERE\CurrentVersion\System

项值（数据类型）	项值数据
TCPIPWSDataBuf（DWORD 值）	10000Winsock 缓冲大小（字节）

提示!!

TCPIPWSDataBuf 的值范围为 1~65535 字节，默认情况下为 8000 个节字。一般来说，此值设置得越大越好。

2. 如何设置多点传送的数据端口

当用户在使用 pcAnywhere 时，用户可以通过修改注册表来设置 pcAnywhere 多点传送的数据端口。

找到如下注册表子项（如果不存在，则新建），并根据下表编辑其相应项值（如果不存在，则新建）。

HKEY_LOCAL_MACHINE\SOFTWARE\Symantec\pcAnywhere\CurrentVersion\System

项值（数据类型）	项值数据
TCPIPMastDataPort（DWORD 值）	15ff（默认值，可以对其进行修改）

3. 如何设广播方式

通过设定 pcAnywhere 的广播方式，可以减轻网络的使用状况，避免网络发生拥挤。

找到如下注册表子项（如果不存在，则新建），并根据下表编辑其相应项值（如果不存在，则新建）。

HKEY_LOCAL_MACHINE\SOFTWARE\Symantec\pcAnywhere\CurrentVersion\System

项值（数据类型）	项值数据
TCPUIPNetBroadcast（DWORD 值）	0（只向 TCP/IP 地址列表中出现的客户发送广播信息） 1（pcAnywhere 将为每个网络发送 254 个 UDP 信息包，此设置非常适用于通过 Internet 或广域网访问 pcAnywhere 服务端。设置此值后，不论在什么情况下 pcAnywhere 都不会向网络中发送太多的信息包） 2（pcAnywhere 在每个网络上只会发送一个 UDP 数据包。如果路由器过滤了此信息包，那么通过路由器将不会看到 pcAnywhere 服务器端）

提示!! 此功能只对 pcAnywhere802 或更高的版本有效。

4. 如何设置删除文件时客户端是否出现确认提示

此设置用于指定在客户端删除文件时，是否出现确认提示。

（1）找到如下注册表子项（如果不存在，则新建），根据下表编辑相应项值（如果不存在，则新建）：

HKEY_LOCAL_MACHINE\SOFTWARE\Symantec\pcANYWHERE\CurrentVersion\File Transfer

项值（数据类型）	项值数据
ConfirmDelete（DWORD 值）	0（不出现删除确认提示） 1（出现删除确认提示）

（2）重新启动计算机或注销当前用户，再次进入 Windows XP，以使修改生效。

5. 如何设定主机可访问的 TCP/IP 地址

通过本例，可以指定主机可访问操作提供的 TCP/IP 地址。

找到如下注册表子项（如果不存在，则新建），并根据下表编辑其相应项值（如果不存在，则新建）。

HKEY_LOCAL_MACHINE\SOFTWARE\Symantec\pcAnywhere\Current Version\System

项值（数据类型）	项值数据
TCPIPHost AddressIndex（字符串值）	210.45.32.58（指定被访问地址）

提示!! 当地址有多个时，可用逗号将其隔开。

6. 如何设置用 TCP/IP 地址的方式

找到如下注册表子项（如果不存在，则新建），并根据下表编辑其相应项值（如果不存在，则新建）。

HKEY_LOCAL_MACHINE\SOFTWARE\Symantec\pcAnywhere\CurrentVersion\System

项值（数据类型）	项值数据
TCPIPHostBindMode（DWORD 值）	0（使用操作系统中所设置的 TCP/IP 地址） 1（使用 TCP/IP Host AddressIndex 中所提示的 TCP/IP 地址）

7. 如何设置在传送文件时客户端是否出现提示

当 pcAnywhere 传送文件时，读者可设置在远程客户端是否出现确认提示。

（1）找到如下注册表子项（如果不存在，则新建），根据下表编辑相应项值（如果不存在，则新建）：

HKEY_LOCAL_MACHINE\SOFTWARE\Symantec\pcANYWHERE\CurrentVersion\File Transfer

项值（数据类型）	项值数据
ConfirmSend（DWORD 值）	0（不出现确认提示） 1（出现确认提示）

（2）重新启动计算机或注销当前用户，再次进入 Windows XP，以使修改生效。

8. 如何设置是否显示主机名

在 pcAnywhere 中，当客户端扫描整个网络时，主机的名字就会出现在客户端的列表中，如果用户不希望自己的主机名被显示出来，可以通过修改注册表来实现。

找到如下注册表子项（如果不存在，则新建），并根据下表编辑其相应项值（如果不存在，则新建）。

HKEY_LOCAL_MACHINE\SOFTWARE\Symantec\pcAnywhere\Current Version\System

项值（数据类型）	项值数据
Display HostInList（DWORD 值）	0（显示主机列表信息） 1（不显示主机列表信息）

提示!! 如果远程访问中指定的主机名已经被禁止显示在列表中，那么此主机仍会出现在远程主机列表中，只是远程用户不能进入而已。

9. 如何设置快速发送文件的大小

在默认情况下，pcAnywhere 快速发送文件的大小为 10KB，但我们可以通过注册表自行设定。

（1）找到如下注册表子项（如果不存在，则新建），根据下表编辑相应项值（如果不存在，则新建）：

HKEY_LOCAL_MACHINE\SOFTWARE\Symantec\pcAnywhere\CurrentVersion\File Transfer

项值（数据类型）	项值数据
SpeedSend Minimum Size（DWORD 值）	100（文件大小（KB））

（2）重新启动计算机或注销当前用户，再次进入 Windows XP，以使修改生效。

10. 如何设置连接响应时间

当连接主机长时间没有响应时，pcAnywhere 的连接响应功能就会发挥作用了，用户可以通过修改注册表来设置没有响应时间的长短。

找到如下注册表子项（如果不存在，则新建），并根据下表编辑其相应项值（如果不存在，则新建）。

HKEY_LOCAL_MACHINE\SOFTWARE\Symantec\pcAnywhere\Current Version\Remote Control

项值（数据类型）	项值数据
NonPCAHostTim eout （DWORD 值）	120（单位以秒计算）

11. 如何设置缓冲功能是否开启

此设置可用于设定 pcAnywhere 的缓冲功能是否开启。

（1）找到如下注册表子项（如果不存在，则新建），根据下表编辑相应项值（如果不存在，则新建）：

HKEY_LOCAL_MACHINE\SOFTWARE\Symantec\pcAnywhere\Current Version\Host

项　值（数据类型）	项值数据
PersistentCache（DWORD 值）	0（关闭缓冲功能） 1（开启缓冲功能）

（2）重新启动计算机或注销当前用户，再次进入 Windows XP，以使修改生效。

12. 如何提高在多点传送时的性能

pcAnywhere 启动多点传送功能时，有时会出现错误的连接信息。为了提高 pcAnywhere 在多点传送时的工作性能，可设置信息传送的延迟时间。

找到如下注册表子项（如果不存在，则新建），并根据下表编辑其相应项值（如果不存在，则新建）。

HKEY_LOCAL_MACHINE\SOFTWARE\Symantec\pcAnywhere\Current Version\System

项值（数据类型）	项值数据
TCP/IP McastDataDelay（DWORD 值）	2（延迟时间为 2 毫秒）

提示!!

当 TCP/IPMcastDataDelay 的值设置为 0 时，则表示在传送时没有延迟，对于网络性能不是很高的用来说，应将延迟时间设置的大一点。

13. 如何用电脑名代替呼叫者名称

当此功能设置后，在服务端的确认连接对话框、提示对话框中将显示客户端的计算机名称而不是显示呼叫者的名称。

（1）找到如下注册表子项（如果不存在，则新建）：

HKEY_LOCAL_MACHINE\SOFTWARE\Symantec\pcAnywhere\CurrentVersion\Host

（2）根据下表编辑相应项值（如果不存在，则新建）。

项　值（数据类型）	项值数据
ConfirmComputerName（DWORD 值）	0（使用呼叫者名称） 1（使用计算机名称）

（3）重新启动计算机或注销当前用户，再次进入 Windows XP，以使修改生效。

14. 如何设置怎样连接主机

通过对注册表的修改，可以在不知道主机状态下也能连接该主机。

找到如下注册表子项（如果不存在，则新建），并根据下表编辑其相应项值（如果不存在，则新建）。

HKEY_LOCAL_MACHINE\SOFTWARE\Symantec\pcAnywhere\CurrentVersion\System

项值（数据类型）	项值数据
TCPIPConnectIfUnknown（DWORD 值）	0（用 UDP 数据包进行直接连接） 1（不用 UDP 数据包进行直接连接）

提示!!

> 启动此功能可能会遇到如下的情况：当你在不知道主机的状态下仍向主机发送信息以请求连接。而此时对方主机实际上很忙。这就会出现黑屏，但你可重新建立一个连接以取消黑屏。

15. 如何以命令方式运行服务端程序

设置了此功能后，服务端程序将会秘密地运行，不出现任何提示信息。

（1）找到如下注册表子项（如果不存在，则新建），根据下表编辑相应项值（如果不存在，则新建）：

HKEY_LOCAL_MACHINE\SOFTWARE\Symantec\pcANYWHERE\CurrentVersion\Host

项　值（数据类型）	项值数据
ServiceStealthMode（DWORD 值）	0（正常的运行） 1（秘密的运行）

（2）重新启动计算机或注销当前用户，再次进入 Windows XP，以使修改生效。

16. 如何设置首次装入时是否运行 SmartSetup

此设置控制 pcAnywhere 在首次加载时是否运行 SmartSetup。

（1）找到如下注册表子项（如果不存在，则新建），根据下表编辑相应项值（如果不存在，则新建）：

HKEY_LOCAL_MACHINE\SOFTWARE\Symantec\pcAnywhere\Current Version\System

项　值（数据类型）	项值数据
SmartSetup（DWORD 值）	0（不启动运行） 1（启动运行）

（2）重新启动计算机或注销当前用户，再次进入 Windows XP，以使修改生效。

17. 如何设置 TCP/IP 状态端口号

通过注册表的修改，可指定 pcAnywhere 到底使用哪个状态端口号。

找到如下注册表子项（如果不存在，则新建），并根据下表编辑其相应项值（如果不存在，则新建）。

HKEY_LOCAL_MACHINE\SOFTWARE\Symantec\pcAnywhere\Current Version\System

项值（数据类型）	项值数据
TCPIPQStatusPort（二进制值）	1600（默认的端口号）

提示!!

pcAnywhere 所使用状态端口号是 1600。为了与以前的 pcAnywhere 版本兼容，最好将状态端口号设置为 1600。

18. 如何设置断线后是否等待连接

此设置用于指定 pcAnywhere 客户端在断开后，服务端是否等待连接。

找到如下注册表子项（如果不存在，则新建），并根据下表编辑其相应项值（如果不存在，则新建）。

HKEY_LOCAL_MACHINE\SOFTWARE\Symantec\pcAnywhere\CurrentVersion\Host

项值（数据类型）	项值数据
OnlyOneGoodConnection（DWORD 值）	0（主机等待连接） 1（主机不等待连接）

19. 如何设置运行时所启动的线程

找到如下注册表子项（如果不存在，则新建），并根据下表编辑其相应项值（如果不存在，则新建）。

HKEY_LOCAL_MACHINE\SOFTWARE\Symantec\pcAnywhere\CurrentVersion\Host

项值（数据类型）	项值数据
ProcessorMask（DWORD 值）	0（ 启动所有的线程）；1（开启一个线程） 2（开启两个线程）；4（开启四个线程） 8（开启八个线程）；16（开启十六个线程） 32（开启三十二个线程）；64（开启六十四个线程） 128（开启一百二十八个线程）

8-12　通过注册表设置 WinRAR

1. 如何添加默认的解压文件目录

在默认情况下，用 WinRAR 解压文件的时候，他的默认状态是将解压的文件放到当前的目录中，本例可以更改 WinRAR 当前默认的解压文件存放目录。

找到如下注册表子项（如果不存在，则新建），并根据下表编辑其相应项值（如果不存在，则新建）。

HKEY_CURRENT_USER\Software\WinRAR\Extraction

项值（数据类型）	项值数据
DefFolder（字符串值）	D:\WinRAR（更改为其他的文件夹）

2. 如何设置压缩方式

找到如下注册表子项（如果不存在，则新建），并根据下表编辑其相应项值（如果不存在，则新建）。

HKEY_CURRENT_USER\Software\WinRAR\Profiles\0

项值（数据类型）	项值数据
Method（字符串值）	0（存储的压缩方式）；1（最快的压缩方式） 2（较快的压缩方式）；3（标准的压缩方式） 4（较好的压缩方式）；5（最好的压缩方式）

3. 如何在文件存放目录前加文件名

通过本例，可以为 WinRAR 在解压文件的时候自动加上该文件的文件名称。

找到如下注册表子项（如果不存在，则新建），并根据下表编辑其相应项值（如果不存在，则新建）。

HKEY_CURRENT_USER\Software\WinRAR\DialogEditHistory

项值（数据类型）	项值数据
Extraction（DWORD 值）	1（应用文件名称） 0（不应用文件名称）

4. 如何清空目标路径历史列表

在多次使用 WinRAR 之后，会在“释放路径和选项”窗口的目标路径下保留最近使用过的文件列表，本例可以将这些内容删除。找到如下注册表子项（如果不存在，则新建），并根据下表编辑其相应项值（如果不存在，则新建）。

HKEY_CURRENT_USER\Software\WinRAR\Dilog-EditHistory\ExtrPath

项值（数据类型）	项值数据
0（字符串值）	删除整个项值
1（字符串值）	删除整个项值

5. 如何让 WinRAR 支持更多类型的文件

在 WinRAR 的设置窗口中，我们会看到 WinRAR 可以关联的文件类型包括 RAR，TAR，ZIP，CAB，UUE，ARJ，BZ2，LZH， JAR，ACE，ISO，其实 WinRAR 还可以关联 XXE，LHA，TGZ 等类型的文件。通过本例可以让 WinRAR 关联更多文件。

找到如下注册表子项（如果不存在，则新建），并根据下表编辑其相应项值（如果不存在，则新建）。

HKEY_CURRENT_USER\Software\WinRAR\Setup\xxe

项值（数据类型）	项值数据
Set（DWORD 值）	0（禁用） 1（启用）

提示!! 其他同类的文件类型也可以使用此方法。

6. 如何清除历史文件名记录

在多次使用 WinRAR 之后，会自动在对话框的“档案文件名”列表中保存历史文件名的记录，本例可以将这些内容删除。

找到如下注册表子项（如果不存在，则新建），并根据下表编辑其相应项值（如果不存在，则新建）。

HKEY_CURRENT_USER\Software\WinRAR\Dilog-EditHistory\AreName

项值（数据类型）	项值数据
0（字符串值）	清空（清除所有的内容）

7. 如何清除访问历史记录

通过本例可以将 WinRAR 最近访问的历史记录删除。

找到如下注册表子项（如果不存在，则新建），并根据下表编辑其相应项值（如果不存在，则新建）。

HKEY_CURRENT_USER\Software\WinRAR\ArcHistory

项值（数据类型）	项值数据
0（字符串值）	清空（清除所有的内容）

8. 如何更改默认压缩文件目录

在没有设置的情况下，WinRAR 默认存放压缩文件的目录是当前的目录。

找到如下注册表子项（如果不存在，则新建），并根据下表编辑其相应项值（如果不存在，则新建）。

HKEY_CURRENT_USER\Software\WinRAR\Compression

项值（数据类型）	项值数据
DefFolder（字符串值）	D:\WinRAR（更改为存放压缩文件的目录）

8-13 通过注册表设置 WinZip

1. 如何清除历史文件列表

在多次使用 WinZIP 后，在其解压缩的窗口中，当选择解压缩到的目录时，会出现一个历史文件夹列表。本例可以将该历史文件夹列表清除。

找到如下注册表子项（如果不存在，则新建），并根据下表编辑其相应项值（如果不存在，则新建）。

HKEY_CURRENT_USER\Software\Nico Mak Computing\WinZIP\extract

项值（数据类型）	项值数据
Extract1（字符串值）	清空（清除所有的内容）

2. 如何设置“每日提示”窗口

找到如下注册表子项（如果不存在，则新建），并根据下表编辑其相应项值（如果不存在，则新建）。

HKEY_CURRENT_USER\Software\Nico Mak Computing\WinZIP\WinZIP

项值（数据类型）	项值数据
ShowTips（字符串值）	0（永远不显示“每日提示”窗口） 1（如果未打开压缩包就显示“每日提示”窗口） 2（启动时总是显示“每日提示”窗口）

3. 如何找回注册信息

WinZip 是大名鼎鼎的压缩和解压缩软件，其用户名和注册码信息保存在如下注册表子项分支中：

HKEY_CURRENT_USER\Software\NicoMakComputer\WinZip\WinIni

在该子项侧窗口中对应的 Username（用户名）和 LicenseNumber（注册码）中的信息保存下来即可。

4. 如何给文件打包压缩完成后鸣叫提示

WinZIP 在进行大数据量压缩时，我们常常让程序在后台运行。打包压缩完成后，我们常常不知道，这样经常会误事。让 WinZIP 在打包压缩完成后发出鸣叫提示不是个很好的办法吗？

找到如下注册表子项（如果不存在，则新建），并根据下表编辑其相应项

值（如果不存在，则新建）。

HKEY_CURRENT_USER\Software\Nico Mak Computing\WinZIP\WinZIP

项值（数据类型）	项值数据
Beep（字符串值）	1（开启压缩完成鸣叫提示音）

5. 如何通过向导模式使用 WinZIP

通过 WinZIP 向导模式可以快捷地搜索硬盘上的 ZIP 压缩文件，创建新的 ZIP 压缩包和更新已经存在的 ZIP 压缩包。使用本例后，可直接进入向导模式。

找到如下注册表子项（如果不存在，则新建），并根据下表编辑其相应项值（如果不存在，则新建）。

HKEY_CURRENT_USER\Software\Nico Mak Computing\WinZIP\WinZIP

项值（数据类型）	项值数据
Wizard（字符串值）	0（关闭向导模式） 1（开启向导模式）

6. 如何设置默认的解压缩文件夹

WinZIP 默认的解压缩文件夹是“C：\Unzipped”，如果长期使用该文件夹会导致 C 盘文件碎片增加，使系统性能下降。为了防止 C 盘碎片增加，我们可以将解压缩文件夹转移到其他分区。

找到如下注册表子项（如果不存在，则新建），并根据下表编辑其相应项值（如果不存在，则新建）。

HKEY_CURRENT_USER\Software\Nico Mak Computing\WinZIP\WIZARD

项值（数据类型）	项值数据
ExtractTo（字符串值）	H:\Unzipped（默认解压缩文件夹）

7. 如何禁止添加文件夹到“ZIP”收藏夹

在使用 WinZIP 时，加入收藏夹的文件夹会越来越多，方便了初级用户的使用，但太多文件夹的加入会导致程序启动变慢，为了提高程序运行的速度，可以禁止添加文件夹到 ZIP 收藏夹。

找到如下注册表子项（如果不存在，则新建），并根据下表编辑其相应项值（如果不存在，则新建）。

HKEY_CURRENT_USER\Software\Nico Mak Computing\WinZIP\WIZARD

项值（数据类型）	项值数据
AutoAddDir （字符串值）	8119（自动添加文件夹到 ZIP 收藏夹） 8120（添加文件夹到 ZIP 收藏夹前询问） 8121（禁止添加文件夹到 ZIP 收藏夹）

8. 如何加快启动速度

在启动 WinZIP 时会自动打开上次打开的压缩包，可以修改注册表来禁止此功能，从而加快启动速度。

找到如下注册表子项（如果不存在，则新建），并根据下表编辑其相应项值（如果不存在，则新建）。

HKEY_CURRENT_USER\Software\Nico Mak Computing\WinZIP\directory

项值（数据类型）	项值数据
DeDir（字符串值）	K:\My Document（自动打开的目录）
zDedir（字符串值）	1（禁止打开压缩包）

9. 如何在打开时显示压缩包的类型和属性

WinZIP 在打开压缩包时只显示压缩包的“更改时间、大小、比率、压缩大小和压缩文件的路径”，为了更方便地观察压缩包，可通过修改注册表显示压缩包的压缩类型和属性。

找到如下注册表子项（如果不存在，则新建），并根据下表编辑其相应项值（如果不存在，则新建）。

HKEY_CURRENT_USER\Software\Nico Mak Computing\WinZIP\List view

项值（数据类型）	项值数据
Col-Attrib（字符串值）	7，l，39，T（显示文件属性） 7，L，0，F（不显示文件属性）
Col-Type（字符串值）	1， L，96，T（显示文件压缩类型） 1，L，0，f（不显示文件压缩类型）

10. 如何禁止检查自解压 CAB 文件

检查自解压 CAB 文件会导致系统速度变慢，尤其是检查“网络驱动器”时，会影响网络传输速度。

找到如下注册表子项（如果不存在，则新建），并根据下表编辑其相应项值（如果不存在，则新建）。

HKEY_CURRENT_USER\Software\Nico Mak Computing\WinZIP\wzshlext

项值（数据类型）	项值数据
cabchechfixed（字符串值）	0（禁止检查本地硬盘驱动器） 1（检查本地硬盘驱动器）
CabchechOther（字符串值）	0（禁止检查其他驱动器） 1（检查其他驱动器）
CabchechRemoveable（字符串值）	0（禁止检查可移动磁盘） 1（检查可移动磁盘）

11. 如何清除"文件"菜单中的历史文件

在多次使用 WinZIP 之后，会在"文件"菜单中保留使用过的文件，通过本例可以将这些文件删除。

找到如下注册表子项（如果不存在，则新建），并根据下表编辑其相应项值（如果不存在，则新建）。

HKEY_CURRENT_USER\Software\Nico Mak Computing\WinZIP\filemenu

项值（数据类型）	项值数据
Filemenu1（字符串值）	清空（清除所有的内容）

8-14　通过注册表设置图形设计软件

1. 如何设置 Flash 8 的启动加载模式

本例可根据我们的需要来设置 Flash 8 的启动加载模块，它包括允许检测工作区类型，是否添加快速说明，是否加载扩充颜色模块，以使图片的颜色更加鲜艳。

运行注册表编辑器，打开如下注册表子项分支（如果不存在，则新建），并根据下表编辑其相应项值（如果不存在，则新建）。

HKEY_CURRENT_USER\Software\Macromedia\Flash 8\Setting

项值（数据类型）	项值数据
CheckWorkspace Type（DWORD 值）	1（允许检测工作区类型） 0（禁止检测工作区类型）
Quick Start（DWORD 值）	1（添加快捷使用说明） 0（取消此功能）

2. 如何自定义 Flash 8 的框架设置

本例可根据我们的需要来设置 Flash 8 的框架，它包括屏幕窗格可视性，窗口填充显示器设置，时间轴可视性，边格宽度。

运行注册表编辑器，打开如下注册表子项分支（如果不存在，则新建），并根据下表编辑其相应项值（如果不存在，则新建）。

HKEY_CURRENT_USER\Software\Macromedia\Flash 8\FramesSetting

项值（数据类型）	项值数据
Screen Pane Visiblity（字符串值）	TRUE（设置屏幕窗格格式） FALSE（窗格不可见）
View Fit（字符串值）	TRUE（可以填充屏幕查看） FALSE（禁止屏幕查看）
Timeline visiblity（字符串值）	TRUE（时间轴可视） FALSE（时间轴隐藏）
Screen Pane Width（DWORD 值）	000000d4（设置屏幕窗格宽度）

3. 如何自定义 Flash 8 的文本选项设置

本例可根据我们的需要来设置 Flash 8 的文本选项。

运行注册表编辑器，打开如下注册表子项分支（如果不存在，则新建），并根据下表编辑其相应项值（如果不存在，则新建）。

HKEY_CURRENT_USER\Software\Macromedia\Flash 8\TextOptionPanel

项值（数据类型）	项值数据
Read Olay（DWORD 值）	1（设置为只读属性） 0（不为只读属性）
Text Type（DWORD 值）	1（设置文本编辑方式） 0（禁止设置文本编辑方式）
WordWrap（DWORD 值）	1（允许自动换行） 0（禁止自动换行）
HTML（DWORD 值）	1（允许使用 HTML 编辑） 0（禁止使用 HTML 编辑）
Expaned Color Mixer（DWORD 值）	1（加载扩充颜色模块） 0（不加载扩充颜色模块）

4. 如何找回 Flash 的序列号

如果用户在安装 Macromedia Flash 后不小心将序列号丢失了，要重新安装时就无法进行了。其实只要用户的系统中还装有 Flash，我们就可以在注册表中找回序列号。

运行注册表编辑器，打开如下注册表子项分支（如果不存在，则新建），

HKEY_LOCAL_MACHINE\SOFTWARE\Macromedia\Flash\X\Registration\Serial Number

其中，Serial Number 的项值数据就是 Flash 的序列号。

5. 如何设置 Flash 8 时间轴的显示格式

本例可根据我们的需要来设置 Flash 8 时间轴的显示格式，它包括是以小数显示还是以整数显示及时间标识的运动方向。

运行注册表编辑器，打开如下注册表子项分支（如果不存在，则新建），并根据下表编辑其相应项值（如果不存在，则新建）。

HKEY_CURRENT_USER\Software\Macromedia\Flash 8\TimeLine

项值（数据类型）	项值数据
Floating （DWORD 值）	1（时间轴的显示格式，以小数显示） 0（默认，时间轴的显示格式以整数显示）
Orientation （DWORD 值）	00000001（时间标识的运动方向向左，时间轴点在右） 0000000（默认，时间标识的方向向右，时间轴原点在左）

6. 如何使多个 Photoshop 版本共享目录

如同在一台电脑上安装多个操作系统一样，在多个操作系统里或者一个操作系统里，为了不同的用途可能会安装多个 Photoshop 版本或多个副本，比如同时安装了 Photoshop80 和 Photoshop90，而如果为使各个版本都能安装同一插件（比如 KPT 80 等），又不重复安装，那么可以把这些插件统一安装在某个目录下之后，让其他版本的 Photoshop 插件目录都指向这个目录。

运行注册表编辑器，打开如下注册表子项分支（如果不存在，则新建），并根据下表编辑其相应项值（如果不存在，则新建）。

HKEY_CURRENT_USER\Software\Adobe\Photoshop\70\PluginPath

项值（数据类型）	项值数据
默认项值（字符串值）	K：\Program File\Adobe\\Photoshop\90\Plug-Ins\（指定插件目录）

7. 如何设置 Photoshop 的状态窗口显示

本例可根据我们的需要来设置 Photoshop 的状态窗口是否显示。运行注册表编辑器，打开如下注册表子项分支（如果不存在，则新建），并根据下表编辑其相应项值（如果不存在，则新建）。

HKEY_CURRENT_USER\Software\Adobe\Photoshop\70

项值（数据类型）	项值数据
Show Status Window（DWORD 值）	1（显示状态窗口） 0（不显示状态窗口）

提示!! 状态窗口用于表示当前窗口的操作状态。

8. 如何使 Photoshop 启动时主窗口最大化显示

本例可根据我们的需要来设定 Photoshop 启动时，主窗口是否最大化显示。

运行注册表编辑器，打开如下注册表子项分支（如果不存在，则新建），并根据下表编辑其相应项值（如果不存在，则新建）。

HKEY_CURRENT_USER\Software\Adobe\Photoshop\70

项值（数据类型）	项值数据
AppWindowMaximized（DWORD 值）	1（Photoshop 启动时，主窗口最大化显示） 0（Photoshop 启动时，主窗口按默认大小显示）

9. 如何在注册表中查找 Photoshop 的安装序列号

如果在重装 Photoshop 时，安装程序索要安装序列号而自己却早已忘了，怎么办呢？这可以通过注册表找回来。

（1）找到如下注册表子项（如果不存在，则新建）：

HKEY_CURRENT_USER\Software\Adobe\Photoshop\70\Registration

（2）找到该项的字符串值 SERIAL，字符串值 SERIAL 的数据记录的就是 Photoshop 的安装序列号。

10. 如何修改 Photoshop CS 的注册信息

在安装 Photoshop 时安装程序要求输入注册信息：用户名及注册的公司名称，在 Windows XP 中系统将此信息保留在软件的卸载信息中。通过注册表可以修改所输入的注册信息。

（1）找到如下注册表子项（如果不存在，则新建）：

HKEY_LOCAL_MACHINE\SOFTWARE\Microsoft\Windows\CurrentVersion\Uninstall\{EFB21DE7-8C19-4A88-BB28-A766E16493BC}

（2）修改注册表编辑器右侧窗口的字符串值 RegCompany、RegOwner、URLUpdateInfo 等的数据，这样就修改了 Photoshop 的注册信息，其中字符串值 RegCopany 是注册的公司名，RegOwner 是所有者的名字，URLUpdateInfo 是产品更新的网址。

提示!! 还可以修改 URLUpdateInfo，RegOwner，URLInfoAbout 等等信息。

11. 如何更改 Dreamweaver 的用户名和组织名

通过注册表可以修改 Dreamweaver 的注册信息，更改注册用户名，更改注册组织名。

下面以 Dreamweaver UltraDev 为例，介绍具体的方法。

运行注册表编辑器，打开如下注册表子项分支（如果不存在，则新建），并根据下表编辑其相应项值（如果不存在，则新建）。

HKEY_LOCAL_MACHINE\SOFTWARE\Macromedia\UltraDev\4\Registration

项值（数据类型）	项值数据
First Name（字符串值）	黄（改为你希望显示的姓）
Last Name（字符串值）	忠（改为你希望显示的名字）
Organization（字符串值）	九州星火传媒（更改为你希望显示的名称）

12. 如何自定义 DreamWeaver 的窗体表头是否显示

本例可根据我们的需要来设置 DreamWeaver 的窗体表头是否显示及文本格式是否设置为自动缩进。

运行注册表编辑器，打开如下注册表子项分支（如果不存在，则新建），并根据下表编辑其相应项值（如果不存在，则新建）。

HKEY_CURRENT_USER\Software\Macromedia\DreamWeaver 80\Setting

项值（数据类型）	项值数据
Show Table Headers（DWORD 值）	1（显示窗体表头）;0（不显示）
AutoIndent（字符串值）	TRUE（自动缩进格式） FALSE（禁止自动缩进）

13. 如何清除 Dreamweaver 最近访问的文件列表

通过本例可以删除 Dreamweaver 最近访问的文件列表。

运行注册表编辑器，打开如下注册表子项分支（如果不存在，则新建），并根据下表编辑其相应项值（如果不存在，则新建）。

HKEY_LOCAL_MACHINE\SOFTWARE\Macromedia\\UltraDev\8\Recent File List

项值（数据类型）	项值数据
File1（字符串值）	清空（删除所有内容）

14. 如何设置 DreamWeaver 地址栏的输入方式

本例可根据我们的需要来设置 DreamWeaver 地址栏的默认输入方式是否允许 HTML inspector Autoindent 检查器自动检查 HTML 页，以帮助我们检查错误的 HTML 代码。

运行注册表编辑器，打开如下注册表子项分支（如果不存在，则新建），并根据下表编辑其相应项值（如果不存在，则新建）。

HKEY_CURRENT_USER\Software\Macromedia\DreamWeaver80\HTML Preferences

项值（数据类型）	项值数据
Default URL Format（DWORD 值）	1（默认，在 DreamWeaver 地址栏以域名格式输入）
HTMLInspectorAutotion（字符串值）	TRUE（检查器自动检查 HTML 页） FALSE（禁止检查器自动检查 HTML 页）

15. 如何设置 DreamWeaver 启动时重新打开文档

本例可根据我们的需要来设置 DreamWear 启动时是否重新打开文档。

运行注册表编辑器，打开如下注册表子项分支（如果不存在，则新建），并根据下表编辑其相应项值（如果不存在，则新建）。

HKEY_CURRENT_USER\Software\Macromedia\DreamWeaver80\

GeneralPreferences

项值（数据类型）	项值数据
Show Last OpenDoucments（字符串值）	TRUE（DreamWeaver 启动时允许重新打开文档） FALSE（取消此功能）

16. 如何设置 DreamWeaver 编辑器默认的文件格式

本例可根据我们的需要来设置 DreamWeaver 编辑器默认的文件格式。

运行注册表编辑器，打开如下注册表子项分支（如果不存在，则新建），并根据下表编辑其相应项值（如果不存在，则新建）。

HKEY_CURRENT_USER\Software\Macromedia\DreamWeave 80\Installation-0

项值（数据类型）	项值数据
Default Editor For（字符串值）	asp（默认，我们可根据需要选择其中的任一种格式（jsp，cfm，aspx，phpmphp3，php4，js，css，xml，lbi，dwt，mno，ste，as，asr，dwr））

17. 如何自定义 DreamWeaver 大字体的使用

本例可根据我们的需要来设置是否允许 DreamWeaver 使用大字体显示。

运行注册表编辑器，打开如下注册表子项分支（如果不存在，则新建），并根据下表编辑其相应项值（如果不存在，则新建）。

HKEY_CURRENT_USER\Software\Macromedia\DreamWeaver80\Accessibility

项值（数据类型）	项值数据
UseLarge Font（DWORD 值）	1（允许使用大字体显示） 0（恢复默认字体显示）

18. 如何加快 DreamWeaver 连接网络的速度

本例可通过使用连接缓存和页面缓存来加快 DreamWeaver 连接网络的速度。

运行注册表编辑器，打开如下注册表子项分支（如果不存在，则新建），并根据下表编辑其相应项值（如果不存在，则新建）。

HKEY_CURRENT_USER\Software\Macromedia\DreamWeaver80\UltraDevFeatures

项值（数据类型）	项值数据
EnableConnectionCaching（字符串值）	1（开启连接缓冲方式） 0（禁止使用连接缓冲方式）
Enable Page Caching（字符串值）	TRUE（开启页面缓冲） FALSE（禁用页面缓冲）

19. 如何自定义 DreamWeaver 一般位置

本例可根据我们的需要来对 DreamWeaver 的一般操作进行设置，它包括内存不足报警，显示对话框，自动刷新关联文件，显示启动页，最近打开的文件，打开新文件的说明，显示历史记录步进次数。

运行注册表编辑器，打开如下注册表子项分支（如果不存在，则新建），并根据下表编辑其相应项值（如果不存在，则新建）。

HKEY_CURRENT_USER\Software\Macromedia\DreamWeaver80\General Preferences

项值（数据类型）	项值数据
Low Memory Warning Threshold in KBytes（DWORD 值）	00000800（s 设置运行内存空间，默认 2048 K B，超出时报警）
Shoe Dilog（字符串值）	TRUE（显示对话框） FALSE（不显示对话框）
Update Link When file change（DWORD 值）	1（当文件改动时，刷新关联文件） 0（不刷新关联文件）
ShowStart Page（字符串值）	TRUE（启动时，显示启动首页） FALSE（不显示首页）
ShowLastOpen Documents（字符串值）	TRUE（显示上次程序打开的文档） FALSE（不显示）
Show Open File Message（字符串值）	TRUE（显示打开文件的信息说明） FALSE（不显示）
MaxNumber o f history steps（字符串值）	00000032（设置最大历史记录次数）

8-15 其他设置

1. 如何在硬盘上读取“星际”游戏

每次玩星际游戏的时候，都要使用光盘启动，这样就太过麻烦了。可通过修改注册表来实现硬盘读取游戏的方法，这样不必每次玩这个游戏的时候都要从光盘里面读取。

（1）找到如下注册表子项（如果不存在，则新建），根据下表编辑相应项值（如果不存在，则新建）：

HKEY_LOCAL_MACHINE\Software\Blizzard Entertainment\starcraft.

项　值（数据类型）	项值数据
InstallPath（字符串值）	G:\xx（将 G 修改为本地硬盘盘符）

提示!! 修改后的硬盘路径里面必须有“星际”光盘里面全部的内容。

2. 如何解决 Hexen Ⅱ 无法打开的问题

游戏 Hexen II 是无法在中文版的 Windows 9x 下打开的，必须在英文版下才能正常使用。不过解决的办法还是有的，可以通过对注册表的修改来解决此问题。

（1）运行注册表编辑器，打开如下注册表子项分支（如果不存在，则新建），并根据下表编辑其相应项值（如果不存在，则新建）。

HKEY_LOCAL_MACHINE\SYSTEM\CurrentControlSet\Control\Nls\Locale

项值（数据类型）	项值数据
默认（字符串值）	00 00 04 09（将原来的值修改为此值）

（2）修改完毕后，重新启动计算机，即可安装游戏，完毕后将刚才的改动还原为原来的初始值即可。

3. 如何在“红心大战”中作弊

（1）运行注册表编辑器，打开如下注册表子项分支（如果不存在，则新建），并根据下表编辑其相应项值（如果不存在，则新建）。

HKEY_CURRENT_USER\Software\Microsoft\Windows\CurrentVersion\Applets\Hearts

项值（数据类型）	项值数据
Zb（字符串值）	42（启用作弊功能）

（2）以后在“红心大战”游戏中你只需按下 Ctrl+Shift+Alt+F12 组合键就可以查看其他三家的牌了。

4. 如何使“模拟市民”英文版变成中文版

运行注册表编辑器，打开如下注册表子项分支（如果不存在，则新建），并根据下表编辑其相应项值（如果不存在，则新建）。

HKEY_LOCAL_MACHINE\SOFTWARE\Maxis\The Sims

项值（数据类型）	项值数据
SIM_LANGAGE（字符串值）	USEnglish（默认值） TraditionalChinese（修改为该值后操作界面变成繁体中文）

5. 如何在“横扫千军之王国风云”中启用作弊模式

运行注册表编辑器，打开如下注册表子项分支（如果不存在，则新建），并根据下表编辑其相应项值（如果不存在，则新建）。

HKEY_USERS\.DEFAULT\CavedogEntertainment\Kingdoms\SkirmishGame Options

项值（数据类型）	项值数据
Allowcheating （DWORD 值）	1（启用作弊） 0（禁止作弊）

6. 如何使“空当接龙”游戏快速过关和修改战果

先运行一次空当接龙，并故意输掉一局，以便可以在注册表中直接修改战报。

（1）找到如下注册表子项（如果不存在，则新建）：

HKEY_CURRENT_USER\Software\Microsoft\Windows\CurrentVersion\Applets\FreeCell

（2）删除该项下的二进制项值“losses”和“lost”。

（3）将该项下的二进制项值“wins”和“won”的项值数据修改为想要显示的胜利场数。

（4）将该项下的二进制项值“streak”的数据修改为与二进制项值“wins”的数据一致。

（5）重新启动空当接龙游戏，即可查看修改后的战果。

7. 如何修改“帝国时代”的游戏速度

虽然“帝国时代”的游戏速度可以在启动“帝国时代”后进行设定，但游戏内置的速度等级就那么三种，即正常、较快和最快。在注册表中可以任意设定“帝国时代”的游戏速度，要慢的话可以慢得让读者受不了（在采摘果子的时候，要完成从果树到基地这段路程的行走需要花费 X 个小时），要快的话能让读者看也看不清游戏中的人物在干些什么。

（1）找到如下注册表子项（如果不存在，则新建）：

HKEY_CURRENT_USER\Software\Microsoft\Games\Age of Empires\100

（2）找到该项下的字符串值 Game speed，将它的项值数据修改为所要的游戏速度。

游戏默认的速度是 10（即游戏速度为正常时的值），可千万别将速度调得太慢或太快，要不然的话就不能正常地进行游戏了。在 100 主键下，还能够修改游戏的难度（Difficulty）、屏幕大小（Screen Size）。

提示!!

该方法只影响玩帝国时代单人游戏，在多人联机玩时无效。

8. 如何设定“星际争霸”地图编辑器中的撤销次数

“星际争霸”是目前最流行的即时战略游戏之一，无数的玩家陶醉在“争霸”世界中。本例介绍的是怎样由玩家决定地图编辑器中的撤销次数。

运行注册表编辑器，打开如下注册表子项分支（如果不存在，则新建），并根据下表编辑其相应项值（如果不存在，则新建）。

HKEY_CURRENT_USER\Software\BizzardEntertainment\starcrft\starEdit\Setting

项值（数据类型）	项值数据
UndoLevels（DWORD 值）	32（此值决定在编辑地图时允许撤销的次数，默认值为 32）

9. 如何将 Foxmail 设置为 IE 默认电子邮件程序

通常情况下系统会把 Outlook Express 设置成 IE 默认的电子邮件程序，但 Outlook Express 的登录和发送电子邮件的速度非常慢。而 Foxmail 发送邮件的速度非常快，为了使操作更方便，我们可以将 Foxmail 设置为 IE 的默认电子邮件程序。

运行注册表编辑器，打开如下注册表子项分支（如果不存在，则新建），并根据下表编辑其相应项值（如果不存在，则新建）。

HKEY_LOCAL_MACHINE\SOFTWARE\Clients\Mail

项值（数据类型）	项值数据
默认（字符串值）	Foxmail（默认的电子邮件）

10. 如何设置 Foxmail 网络超时的值

用 Foxmail 发送或收取邮件时，默认连接网络的时间为 180。若是多个邮件同时进行收发操作时会占用网络带宽，影响网络速度。把时间设置得短一些会减少网络带宽的损失。

运行注册表编辑器，打开如下注册表子项分支（如果不存在，则新建），并根据下表编辑其相应项值（如果不存在，则新建）。

HKEY_CURRENT_USER\Software\Aerofox\Foxmail\network

项值（数据类型）	项值数据
Time out（字符串值）	60（连接网络的时间）

11. 如何设置 Foxmail 邮件的接收

本例可根据我们的需要来设置 Foxmail 邮件的接收设置，它包括字体颜色的设置，是否显示当前邮件数。

运行注册表编辑器，打开如下注册表子项分支（如果不存在，则新建），并根据下表编辑其相应项值（如果不存在，则新建）。

HKEY_CURRENT_USER\Software\Macromedia\Aerofox\Foxmail\MailTicker

项值（数据类型）	项值数据
FontColor（字符串值）	1 677 215（默认字体颜色）
AutoShow（字符串值）	1（显示当前新到邮件数） 0（不显示）

12. 如何自定义 Foxmail 中的邮件快递的通知

本例可根据我们的需要来设置当 Foxmail 中有邮件快递时是否给出通知。

运行注册表编辑器，打开如下注册表子项分支（如果不存在，则新建），并根据下表编辑其相应项值（如果不存在，则新建）。

HKEY_CURRENT_USER\Software\Macromedia\Aerofox\Foxmail\MailExpress

项值（数据类型）	项值数据
ExpressNotify（字符串值）	1（有邮件快递将给出通知） 0（不给出通知）

13. 如何设置 Foxmail 自动检查邮箱中的邮件

本例可根据我们的需要来设置 Foxmail 自动检查邮箱中的邮件，这对防止病毒邮件是非常有利的。

运行注册表编辑器，打开如下注册表子项分支（如果不存在，则新建），并根据下表编辑其相应项值（如果不存在，则新建）。

HKEY_CURRENT_USER\Software\Macromedia\Aerofox\Foxmail\General

项值（数据类型）	项值数据
CheckMailer（字符串值）	1（打开邮箱自动检查邮件） 0（不检查）

14. 如何指定一个故障排除程序

当系统发生故障时，在默认情况下 Dr Watson 为指定的故障排除程序。当然，如果手头有更好的故障排除程序，则将它指定为默认的故障排除程序。

（1）找到如下注册表子项（如果不存在，则新建），根据下表编辑相应项值（如果不存在，则新建）：

HKEY_LOCAL_MACHINE\Software\Microsoft\WindowsNT\CurrentVersion\AeDebug

项　值（数据类型）	项值数据
Debugger（字符串值）	drwtsn32 -p %ld -e %ld –g（被指定的故障排除程序）

（2）重新启动计算机或注销当前用户，再次进入 Windows XP，以使修改生效。

15. 如何禁用远程桌面共享

本例可以禁用 NetMeeting 的远程桌面共享功能，使得用户不能安装或远程控制计算机。

（1）找到如下注册表子项（如果不存在，则新建），根据下表编辑相应项值（如果不存在，则新建）：

HKEY_CURRENT_USER\Software\Policies\Microsoft\Conferencing

项　值（数据类型）	项值数据
NoRDS（DWORD 值）	1（禁用远程桌面共享） 0（允许使用远程桌面共享）

（2）重新启动计算机或注销当前用户，再次进入 Windows XP，以使修改生效。

16. 如何快速确定未知文件的类型

注册表中保存了所有文件名与应用程序的关联记录，当不能确定某一文件是什么类型，如以 shtml 为扩展名的文件类型时，可以利用注册表来获得。

（1）找到如下注册表子项（如果不存在，则新建）：

HKEY_CLASSES_ROOT\.shtml

（2）在.shtml 项中可以看到它的默认值为"htmlfile"。

（3）在注册表编辑器中定位到如下子项分支：

HKEY_CLASSES_ROOT\htmlfile

（4）在该项下的\shell\open\command 子项的默认项值数据记录了用什么程序来打开 shtml 文件。在这里可以看到它的默认值为：

"D:\Program Files\Internet Explorer\iexplore.exe"-nohome

这说明系统是使用 IE 浏览器来打开 Shtml 文件的，即 shtml 文件是网页的另一种形式。

要查找其他未知文件的类型，只需将第（1）步中的.shtml 替换为所要查找的文件扩展名，记下该项的默认项值数据。然后将第（3）步中的 htmlfile 替换为刚才找到的默认值，其余步骤类似。

17. 如何为程序的特定操作配上声音

Windows XP 中一些程序启动时会有音乐，但常用的也就那么几个，如 Windows XP 启动与关闭及"回收站"的清空等。实际操作时可以自己为其他没有声音的程序操作配上声音。

（1）找到如下注册表子项（如果不存在，则新建）：

HKEY_CURRENT_USER\AppEvents\Schemes\Apps

（2）在 Apps 项下可以看到.Default、Explorer 等子项。在 Apps 下新建子项并命名为要配声音的程序（如要为注册表编辑器配上声音，则命名为 regedit），然后将刚才新建的子项的默认值修改为程序事件名称（"开始"|"控制面板"/"声音和音频设备"/"声音"/"程序事件"）。

（3）在刚才新建的项下再新建子项 Open。

经过这样修改后就能在程序事件中为注册表编辑器的启动配上声音了。

在 Windows XP 中系统还定义了以下事件：

AppGPFault：程序错误

Close：关闭程序

CriticalBatteryAlarm：严重电池警告

DeviceConnect：设备连接

DeviceDisconnect：设备断开

DeviceFail：连接设备失败

EmptyRecycleBin：清空回收站

LowBatteryAlarm：电池电力不足告警

MailBeep：新邮件通知

Maximize：最大化

MenuCommand：菜单命令

MenuPopup：弹出菜单

Minimize：最小化

MSMSGS_ContactOnline：联机联系人

MSMSGS_NewAlert：新通知

MSMSGS_NewMail：新邮件

MSMSGS_NewMessage：新消息

Navigating：启动导航

Open：打开程序

PrintComplete：完成打印

RestoreDown：向下还原

RestoreUp：向上还原

SystemAsterisk：警告信息

SystemExclamation：提示信息

SystemExit：退出 Windows

SystemHand：严重停止信息

SystemNotification：系统通知

SystemQuestion：疑问信息

SystemStart：启动 Windows

WindowsLogoff Windows：注销

WindowsLogon：Windows 登录

18. 如何启动金山毒霸的“安全手册”

运行注册表编辑器，打开如下注册表子项分支（如果不存在，则新建），并根据下表编辑其相应项值（如果不存在，则新建）。

HKEY_CURRENT_USER\Software\Kingsoft\Auti Virus\V40\Svcui

项值（数据类型）	项值数据
WinZip（DWORD 值）	1（启用 WinZip 安全手册） 0（禁用 WinZip 安全手册）
NetAnts（DWORD 值）	1（启用 NetAnts 安全手册） 0（禁用 NetAnts 安全手册）
FlashGet（DWORD 值）	1（启用 FlashGet 安全手册） 0（禁用 FlashGet 安全手册）

19. 如何取消应用程序的自启动

有许多应用程序在安装结束后，都可以实现自启动的功能，但是，有时我们不需要这个自启动，那么就可以通过修改注册表来消除。

（1）找到如下注册表子项（如果不存在，则新建）:

HKEY_LOCAL_MACHINE\Software\Microsoft\Windows\CurrentVersion\Run

（2）将右窗口中的有关自动的项值数据名删除掉。

（3）关闭注册表编辑器窗口，重新启动计算机后，即可取消自启动功能了。

20. 如何加快多媒体程序运行速度

（1）找到如下注册表子项（如果不存在，则新建）:

HKEY_LOCAL_MACHINE\SYSTEM\CurrentControlSet\Control\FileSystem

（2）在该项下新建 DWORD 值"ConfigFileAllocSize"，并设置其项值数据为"0x000001F4（500）"。

21. 如何更改 Windows 安装时的源目录

如果 Windows XP 是从光盘上安装的，那么每次添加 Windows XP 的自带组件，系统都会要求插入一张标识为 Windows XP 的光盘，即使在安装完 Windows XP 后将安装盘上的文件都复制到硬盘系统也会提示要插入光盘。如果将安装光盘上 I386 文件夹复制到硬盘中，可以修改注册表来避免这种情况。

（1）找到如下注册表子项（如果不存在，则新建）:

HKEY_LOCAL_MACHINE\SOFTWARE\Microsoft\Windows NT\CurrentVersion

（2）在该项下存在字符串值 SourcePath，其项值数据记录着 Windows XP 安装光盘的源路径，将字符串值 SourcePath 的项值数据修改为"H：\I386"

（假设已将 Windows XP 安装所需的文件全部复制到 H：\I386 文件中）。

以后添加 Windows 的组件或硬件时，系统就不会出现插入 Windows XP 的安装光盘的提示了。

22. 如何禁止应用程序安装时给出磁盘空间不足的警告

（1）找到如下注册表子项：

HKEY_LOCAL_MACHINE\SYSTEM\CurrentControlSet\Control\FileSystem

（2）在该项右边窗口区域新建一个二进制项值 DisableLowDiskSpaceBroadcast，并设置其项值数据为 FF FF FF FF。

23. 如何快速编辑 BAT 文件

系统默认批处理文件的打开方法是用命令解释器来运行，可以修改注册表使它的默认打开方式为记事本打开，这样可以快速编辑 BAT 文件。

（1）找到如下注册表子项（如果不存在，则新建）：

HKEY_CLASSES_ROOT\batfile\shell\open\command

（2）将 command 项的默认值修改为"C：\Windows\System32\NOTEPAD.EXE %1"。

以后双击 BAT 文件系统就会调用记事本来编辑该批处理文件。

提示!! 其中 C：\Windows 是 Windows XP 的安装目录。

24. 如何设置缺省的 COM⁺假冒级别

通过修改注册表可以设定使用 DCOM 的缺省假冒级别，系统管理员可以按照如下方法手工设置这个值。

运行注册表编辑器，打开如下注册表子项分支（如果不存在，则新建），并根据下表编辑其相应项值（如果不存在，则新建）。

HKEY_LOCAL_MACHINE\SOFTWARE\Microsoft\COM3\Loacal Computer table\My computer

项值（数据类型）	项值数据
DefaultImpersotion Level（DWORD 值）	2（将此项的值改为所希望的假冒级别（除了改写以外））

25. 如何防止因 COM+事务处理超时而失败

COM+具有一个等待事务处理发出成功或失败信号的时间，在网络延迟比较大的地方，这个等待时间如果需要增加，可以通过如下方法改变这个等待时间。

运行注册表编辑器，打开如下注册表子项分支（如果不存在，则新建），并根据下表编辑其相应项值（如果不存在，则新建）。

HKEY_LOCAL_MACHINE\SOFTWARE\Microsoft\COM3\Loacal Computer table\My computer

项值（数据类型）	项值数据
TransactionTime out（DWORD 值）	60（将此项的值改为所希望的时间（以秒为单位））

26. 如何启用 COM+资源池

运行注册表编辑器，打开如下注册表子项分支（如果不存在，则新建），并根据下表编辑其相应项值（如果不存在，则新建）。

HKEY_LOCAL_MACHINE\SOFTWARE\Microsoft\COM3\Loacal Computer table\My computer

项值（数据类型）	项值数据
ResourcePoolingEnable（字符串值）	Y（打开 COM+资源池） N（关闭 COM+资源池）

27. 如何设置是否允许使用计算机作为 COM+路由器

如果想要使某个指定的 COM+设备（COM+installation）作为 COM+的路由器（在本地和远程 COM+计算机之间实现负载平衡），按照如下方法可以达到此目的。

运行注册表编辑器，打开如下注册表子项分支（如果不存在，则新建），并根据下表编辑其相应项值（如果不存在，则新建）。

HKEY_LOCAL_MACHINE\SOFTWARE\Microsoft\COM3\Loacal Computer table\My computer

项值（数据类型）	项值数据
IsRouter（字符串值）	Y（允许使当前的 COM+设备成为路由器） N（不允许使当前的 COM+设备成为路由器）

第 9 章

调整 Internet 与 Outlook Express

9-1 调整 Internet

1. 如何让 IE 使用多线程下载网页

现在很流行 Netants、FlashGet 等多线程下载工具，其实 IE 也可以使用多线程下载网页，只不过要修改注册表来激活该项功能。如果设置适当的话，可以加快网页的下载速度。

（1）找到如下子项分支（如果不存在，则新建）：

HKEY_CURRENT_USER\Software\Microsoft\Windows\CurrentVersion\Internet Settings

（2）在该项下新建 DWORD 值“MaxConnectionsPerServer”。该 DWORD 值的项值数据决定最大同步下载的连线数目，一般 5～8 个连线数目比较好。另外，对于 HTTP 1.0 服务器，可以加入名为“MaxConnectionsPer1_0Server”的 DWORD 值，其项值数据也是设置最大同步下载的数目。

2. 如何随心所欲修改 IE 浏览器标题

IE 浏览器的默认标题是“网页标题+Microsoft Internet Explorer”，网页标题由网页设计者拟定，这里可以通过修改注册表定制 IE 浏览器标题的后面部分。

（1）找到如下子项分支（如果不存在，则新建）：

HKEY_CURRENT_USER\Software\Microsoft\Internet Explorer\Main

（2）在该项下找到字符串值“Window Title”，如无此项值，则新建字符串值“Window Title”，设定其项值数据为所要的 IE 浏览器标题，比如“☆素心艺术工作室－http：//www.sxsj_mimi.com☆”。

（3）重新启动 IE 浏览器，即可看到标题被更改。

3. 如何为 IE 浏览器工具栏配上背景

在默认的情况下，IE 浏览器的工具栏是没有背景图像的，通过修改注册表可为 IE 浏览器的工具栏配上背景图，使之更美观。

（1）找到如下子项分支（如果不存在，则新建）：

HKEY_CURRENT_USER\Software\Microsoft\Internet Explorer\Toolbar

（2）在该项下新建字符串值“Back Bitmap”，设定其项值数据为所要的背景图片（BMP 格式）路径。

（3）重新启动 IE 浏览器，使修改生效。

4. 如何在注册表中修改 IE 浏览器的主页

虽然能在 Internet 选项中可以设置 IE 浏览器的主页，但是如果 IE 浏览器被注册表设置禁止更改主页的话，就不能设置主页了。在这种情况下，修改注册表同样可以更改 IE 浏览器的主页。

（1）找到如下子项分支（如果不存在，则新建）：

HKEY_CURRENT_USER\Software\Microsoft\Internet Explorer\Main

（2）在该项下找到字符串值 Start Page，将其项值数据修改为想要的主页。比如，要将主页设为 5460 中国同学录，则项值数据为“http：//www.5460.net”。

5. 如何指定 IE 浏览器的默认搜索引擎

现在的搜索引擎给上网带来了极大的方便，所以一个好的搜索引擎是上网的重要工具之一，有时候系统默认的搜索引擎并不一定好用，这里可以通过修改注册表来指定 IE 浏览器的搜索引擎。

（1）找到如下子项分支（如果不存在，则新建）：

HKEY_LOCAL_MACHINE\Software\Microsoft\Internet Explorer\Search

（2）将该项下的字符串值 CustomizeSearch 与 0CustomizeSearch 都修改为需要的搜索引擎地址。

6. 如何设定 IE 浏览器的运行环境

通过 Internet 选项可以设定 IE 浏览器的运行环境，诸如主页、安全级别、是否允许下载文件、建立连接等都是在这里设置，可以算得上是 IE 浏览器的控制面板。在这里可以通过注册表使用 Internet 选项来设定 IE 浏览器的运行环境。

（1）找到如下子项分支（如果不存在，则新建）：

HKEY_CURRENT_USER\Software\Policies\Microsoft\InternetExplorer\Restrictions

提示!! 默认情况下该项是不存在的。

（2）在该主键下新建一 DWORD 值 NoBrowserOptions，并设定其项值数据为 1。

提示!! 经过这样修改后，再点击 IE 浏览器的工具菜单中的 Internet 选项就会弹出“由于计算机受到限制，本次操作被取消。请与你的系统管理员联系。”警告框。但还可在控制面板中运行 Internet 选项 ，还需要在注册表中进行以下修改。

（3）再定位到如下子项分支：

HKEY_CURRENT_USER\Software\Policies\Microsoft\InternetExplorer\Control Panel

在 Control Panel 项下新建下列 DWORD 值并全部设为 1：

GeneralTab：屏蔽 Internet 选项中的常规选项卡。

SecurityTab：屏蔽 Internet 选项中的安全选项卡。

ContentTab：屏蔽 Internet 选项中的内容选项卡。

ConnectionsTab：屏蔽 Internet 选项中的连接选项卡。

ProgramsTab：屏蔽 Internet 选项中的程序选项卡。

AdvancedTab：屏蔽 Internet 选项中的高级选项卡。

PrivacyTab：屏蔽 Internet 选项中的隐私选项卡。

提示!! 该项在默认情况下也是不存在的。

经过这样修改后再访问 Internet 选项就会弹出“系统管理员在某个限制设置中已禁用访问该功能”的警告框，彻底地禁用了 Internet 选项。

7. 如何限制 IE 浏览器的功能

在注册表中进行一定的设置，就可以屏蔽 IE 浏览器的一些菜单及 IE 的某些功能，如禁止下载、禁止查源文件、在 IE 浏览器中新开窗口等。

（1）找到如下子项分支（如果不存在，则新建）：

HKEY_CURRENT_USER\Software\Policies\Microsoft\Internet Explorer\Restrictions

（2）在 Restrictions 子键下新建下列 DWORD 值并且将它们的项值数据都设为 1：

①NoBrowserClose：禁止 IE 浏览器工具菜单中的关闭，同时影响资源管理器的关闭。

②NoFavorites：屏蔽 IE 浏览器的收藏菜单。

③NoFileNew：禁止 IE 浏览器中的“文件”/“新建”/“窗口”功能，即禁止在 IE 中打开新窗口。

④NoFileOpen：禁止 IE 浏览器中文件菜单→打开功能。

⑤NoSelectDownloadDir：禁用 IE 浏览器右键快捷菜单中的“目标另存为”功能，即禁止下载文件。

⑥NoBrowserSaveAs：屏蔽 IE 浏览器中的“文件”菜单下的“另存为”项目。

⑦NoViewSource：禁止使用 IE 浏览器中的“查看”菜单下的“源文件”项目。

8. 如何让 IE 打开时的窗口最大化

（1）运行注册表编辑器，打开如下子项分支：

HKEY_CURRENT_USER\Software\Microsoft\Internet Explorer\Main

将该项右边窗口中的项值 Window_Placement 删除。

（2）打开如下子项分支：

HKEY_CURRENT_USER\Software\Microsoft\InternetExplorer\Desktop\Old WorkAreas

将该项右边窗口中的项值 OldWorkAreaRects 删除。

9. 如何禁止更改 IE 的连接设置

（1）找到如下子项分支（如果不存在，则新建）：

HKEY_CURRENT_USER\Software\Policies\Microsoft\InternetExplorer\Control Panel

（2）在该项右边窗口中新建一个 DWORD 项值 Connection Settings，并设值其数据为 1。

10. 如何清理 IE 网址列表

（1）找到如下子项分支（如果不存在，则新建）：

HKEY_CURRENT_USER\Software\Microsoft\Internet Explorer\TypedURLs

（2）在该项右边的窗口中，删除想要删除的网址即可。

11. 如何禁止使用代理服务器

如果要禁止在电脑上使用代理服务器，那么可进行下述操作。

（1）找到如下子项分支（如果不存在，则新建）：

HKEY_CURRENT_USER\Software\Microsoft\Windows\CurrentVersion\Internet Settings

（2）在该项右边的窗口中，新建二进制项值 ProxyEnable，并设置其项值数据为 0。

12. 如何改变“超级链接”处点击前后的颜色

（1）找到如下子项分支（如果不存在，则新建）：

HKEY_CURRENT_USER\Software\Microsoft\Internet Explorer\Settings

（2）在该项右边的窗口中，项值 Anchor Color 对应的是“超级链接”处单击前的颜色，项值 Anchor Color Visited 对应的是“超级链接”处单击后的颜色，修改其项值数据即可改变其颜色。

13. 如何更改 IE 缓冲路径

（1）找到如下子项分支（如果不存在，则新建）：

HKEY_USERS\.DEFAULT\Software\Microsoft\Windows\CurrentVersion\Explorer\User Shell Folders

（2）将该项下的项值 Cache 的项值数据修改为想要的文件夹，比如 D:\IE Cche（该文件夹必须是存在的）即可。

（3）重新启动计算机或注销当前用户，再次进入 Windows XP，以使修改生效。

14. 如何修改注册表以限制 Internet 选项

在注册表中进行一定的修改，可以禁止用户在 Internet 选项中进行某些设置，如更改主页、启用代理服务器设置、禁用表单、禁用重置 WEB 设置等。

（1）找到如下子项分支（如果不存在，则新建）：

HKEY_CURRENT_USER\Software\Policies\Microsoft\Internet Explorer\Control Panel

（2）在 Control Panel 键下新建下列 DWORD 值，并将它们的项值数据都设为 1：

Autoconfig：禁用“工具”/“Internet 选项”/“连接”/“局域网设置”/“自动配置”。

Proxy：禁用“工具”/“Internet 选项”/“连接”/“局域网设置”/“代理服务器”。

ResetWebSettings：禁用“工具”/“Internet 选项”/“程序”/“重置 WEB 设置”。

Messaging：禁用“工具”/“Internet 选项”/“程序”/“Internet 程序”/“电子邮件、新闻组”。

CalendarContact：禁用“工具”/“Internet 选项”/“程序”/“Internet 程序”/“日历与联系人电话”。

Profies：禁用“工具”/“Internet 选项”/“内容”/“配置文件”。

Check_If_Default：禁用“工具”/“Internet 选项”/“连接”/“检查 Internet Explorer 是否为默认的浏览器”。

Advanced：禁用“工具”/“Internet 选项”/“高级”。

Ratings：禁用“工具”/“Internet 选项”/“内容”/“分级审查”。

Certificates：禁用“工具”/“Internet 选项”/“证书”/“证书与发行商”。

FormSuggest：禁用“工具”/“Internet 选项”/“内容”/“自动完成”/“自动完成功能应用于”/“表单”。

HomePage：禁用“工具”/“Internet 选项”/“常规”/“主页”。

Cache：禁用“工具”/“Internet 选项”/“常规”/“Internet 临时文件”/“设置”。

Accessibility：禁用“工具”/“Internet 选项”/“常规”/“辅助功能”。

Colors：禁用“工具”/“Internet 选项”/“常规”/“颜色”。

Fonts：禁用“工具”/“Internet 选项”/“常规”/“字体”。

Languages：禁用“工具”/“Internet 选项”/“常规”/“语言”。

Links：禁用“工具”/“Internet 选项”/“常规”/“颜色”/“链接”。

History：禁用“工具”/“Internet 选项”/“常规”/“历史记录”。

15. 如何禁止从 IE 浏览器的地址栏访问驱动器

在 IE 浏览器的地址栏中输入驱动器的盘符也能访问驱动器，这就是 IE 的一个漏洞，从安全方面考虑的话必须禁止这个后门。

（1）找到如下子项分支（如果不存在，则新建）：

HKEY_CURRENT_USER\Software\Microsoft\Windows\CurrentVersion\Policies\Explorer

（2）在该项下新建一个 DWORD 值 NoRun，将其项值数据修改为 1。NoRun 项值数据的存在既能防止用户使用运行菜单，也能禁止从地址栏访问驱动器，在资源管理器中也有同样的效果。在注册表作些修改后，再输入驱动器的盘符到地址栏中后按回车键，会弹出“不允许访问资源‘c:’”的警告框。

16. 如何屏蔽 IE 浏览器的地址栏

除了禁止从地址栏访问驱动器外，还能在注册表中设置屏蔽地址栏，使地址栏不出现在 IE 浏览器中。

（1）找到如下子项分支（如果不存在，则新建）：

HKEY_LOCAL_MACHINE\SOFTWARE\Classes\CLSID\{01E04581-4EEE-11d0-BFE9-00AA005B4383}\InProcServer32

（2）修改该项的默认值为 rem %SystemRoot%\System32\browseui.dll。

（3）关闭 IE 浏览器并重新打开即生效。

提示!! 上述修改对资源管理器同样有效。

17. 如何屏蔽 IE 浏览器的右键快捷菜单

这项设置可以使鼠标右键在 IE 浏览器中失效。

（1）打开注册表编辑器，定位到如下子键：

HKEY_CURRENT_USER\Software\Policies\Microsoft\Internet Explorer\Restrictions

（2）在该项下新建 DWORD 值 NoBrowserContextMenu，并设定其项值数据为 1。

（3）关闭 IE 浏览器，然后再重新打开，即可生效。

18. 如何破解 IE 浏览器的分级审查口令

在 IE 浏览器的 Internet 选项“内容”/“分级审查”/“启用”/“常规”/“创建密码”来设置分级审查口令。设置了分级审查口令后，再更改分级审查中的设置，必须提供密码才能进行下一步的操作，此时弹出警告对话框。在通常情况下，如果所设的分级审查口令被遗忘，就无法进行更改，尽管重装 IE 浏览器也无济于事。求助于注册表可以破解 IE 浏览器的分级审查口令。

（1）找到如下子项分支（如果不存在，则新建）：

HKEY_LOCAL_MACHINE\Software\Microsoft\Windows\CurrentVersion\policies\Ratings

（2）删除该项下的二进制值 Key。Ratings 主键下的二进制值 Key 保存了分级审查口令，其项值数据是经过加密处理的，删除该二进制值，IE 浏览器会认为并没有设置分级审查口令。

19. 如何更换网页文件的编辑器

系统默认的网页编辑器是记事本，但是用记事本编写网页有诸多不便，特别是书写相同的代码的时候更是不爽。书写相同的代码是 Dremweaver 与 Frontpage 这类网页制作软件的强项，在这里可以通过修改注册表，设定 Dreamweaver 或 Frontpage 作为网页文件的编辑器。

（1）打开注册表编辑器，定位到如下注册表子项分支：

HKEY_CLASSES_ROOT\htmlfile\shell\edit

（2）修改项 edit 的默认值为“用 Dreamweaver 编辑”。

（3）修改如下子项的默认值为 Dreamweaver 程序的路径（这里为 C:

\Program Files\Macromedia\Dreamweaver 3\Dreamweaver.exe %1):

HKEY_CLASSES_ROOT\htmlfile\shell\edit\command

提示!! 符号“%1”不可少，如果没有此符号，所选择的 HTML 文件不会被 Dreamweaver 打开，只是运行 Dreamweaver 软件罢了。

（4）在资源管理器中用鼠标右击 HTML 文件，会发现以前的“编辑”变成了“用 Dreamweaver 编辑”，右击所选 HTML 文件，在随后弹出的快捷菜单里会出现 Edit with Dreamweaver 菜单项。

提示!! 将 Frontpage 作为网页的编辑器的，只需替换子键 edit 的默认值为“用 Frontpage 编辑”以及替换子键 command 的默认值为 Frontpage 程序的路径即可。

20. 如何清除 IE 浏览器中多余的右键快捷菜单

在安装东方网神这类的软件后，IE 浏览器的右键快捷菜单会多出一些东西来。如“用东方网神下载全部”、“用东方网神搜索”等。

（1）找到如下子项分支（如果不存在，则新建）:

HKEY_CURRENT_USER\Software\Microsoft\Internet Explorer\MenuExt

（2）将该项下想要删除的子项删除即可。

21. 如何清除安装东方快车 3000 后在 IE 浏览器工具栏中留下的项目

（1）找到如下子项分支（如果不存在，则新建）:

HKEY_LOCAL_MACHINE\SOFTWARE\Microsoft\InternetExplorer\Extensions

（2）在此项下会发现有如下两个分支存在:

{63A96E48-1CD6-4346- B1EE-F2CA91642FF8}

{E1CC05A7-50AD-4A1A-8C5E- 50145D933731}

前者是“网上点点”在注册表中的位置，而后者是“翻译”在注册表中的位置。

（3）将上述两个分支项删除，就可以将“网上点点”与“翻译”图标从工具栏中删除了。

除了这两项后还有一些其他东西留在了工具栏中。在工具栏单击右键就会发现还存留有“东方网译”与“铭泰在线词语解释”。下面继续进行操作。

（4）定位到如下子项分支:

HKEY_LOCAL_MACHINE\SOFTWARE\Microsoft\Internet Explorer\Toolbar

在该项中可以看到有如下两个分支：

{AB6BEAD2-325B-4729-BB13-DB24509EFA54}

{CAEEE31B -6844-479C-ADAA-73B6D482E782}

其项值数据分别为“东方网译”和“网上点点”。

（5）将上述两个分支删除，再在 IE 浏览器的工具栏中点击右键，就会发现残留在系统里面的东方快车 3000 的信息已经彻底被删除掉了。

提示!!

①在注册表中使用这种方法后，不能再恢复（除非重装一遍东方快车 3000），如果打算需要的时候恢复东方快车在 IE 浏览器工具栏中的设置，请在进行此项操作前备份相关的注册表分支（即上面的步骤中所提到的子键和项值数据）以便恢复时方便使用。

②编辑注册表不当可能会严重损坏当前计算机的系统。在更改注册表之前，应备份计算机上任何有价值的数据。

9-2 调整 Outlook Express

1. 如何使 Outlook Express 收信时跳过无法收取的账号

（1）找到如下子项分支（如果不存在，则新建）：

HKEY_USERS\.DEFAULT\Software\Microsoft\Internet Account Manager

（2）展开其下所需跳过账号所对应的项，将 DWORD 值 POP3 Skip Account 的值由 0 修改为 1 即可。

2. 如何更改 Outlook Express 通讯录的存放目录

（1）找到如下子项分支（如果不存在，则新建）：

HKEY_USERS\.DEFAULT\Software\Microsoft\Windows\CurrentVersion\ProfileReconciliation\AppData

（2）将 AppData 的项值数据修改为所需指定的文件夹路径即可。

3. 如何备份 Outlook Express 的配置

（1）运行注册表编辑器，打开如下两项注册表子项分支（如果不存在，则新建）：

HKEY_USERS\.DEFAULT\Software\Microsoft\OutlookExpress\Mail\Inboxrules

HKEY_USERS\.DEFAULT\Software\Microsoft\InternetAccountManager\Account

（2）依次导出这两项分支所对应的内容，以后需要恢复时，只要将导出文件导入即可。

4. 如何更改 Outlook Express 的 Cookies 目录

（1）找到如下子项分支（如果不存在，则新建）：

HKEY_USERS\.DEFAULT\Software\Microsoft\Windows\CurrentVersion\Explorer\ Shell Folders

（2）将其下的 Cookies 项的数据修改为我们需要的即可。

5. 如何指定系统默认的邮件客户端软件

（1）找到如下子项分支（如果不存在，则新建）：

HKEY_CLASSES_ROOT\mailto\shell\open\command

（2）将该项下的字符串值修改为所要指定为客户端邮件软件的完全路径即可。

第 10 章

通过注册表设置 Office 2003

本章内容

10-1 通过注册表设置 Word 2003

10-2 通过注册表设置 Excel 2003

10-3 通过注册表设置 Access 2003

10-4 Outlook 2003 优化设置

10-5 通过注册表设置 PowerPoint 2003

10-6 通过注册表设置 FrontPage 2003

10-7 其他设置

10-1 通过注册表设置 Word 2003

1. 如何给打开对话框添加图标

在使用 Word 2000\2002\2003 时，经常要用到文件菜单中“打开”、“保存”、“另存为”等操作，而打开文件后弹出的对话框中只有“历史”、“我的文档”、“桌面”、“收藏夹”和“WEB 文件夹”五个选择图标，有时感觉不够用，通过修改注册表可以添加图标按钮。

（1）运行注册表编辑器，打开如下注册表子项分支（如果不存在，则新建）：

HKEY_CURRENT_USER\Software\Microsoft\Office\9.0\Common\OpenFind\Places

（2）在 Places 项中新建 DWORD 值，命名为“ItemSize”，并将其项值数据修改为 1。

（3）定位到如下子项分支：

HKEY_CURRENT_USER\Software\Microsoft\Office\9.0\Common\OpenFind\Places\UserDefinedPlaces

在该项下再新建项 place6。

（4）在 place6 子项中新建两个字符串值，分别命名为 name 与 path。然后将字符串值 name 的项值数据修改为图标按钮的名称，字符串值 path 的项值数据修改为某文件夹的绝对路径。

（5）在 Word 中选择“文件”/“打开”，在随后弹出的对话框中就可看到多了刚才加的一个图标按钮。

提示!!

如果是 Word 2002 的话，将上面的主项路径中的 9.0 替换为 10.0 即可；如果是 Word 2003 的话，将上面的主项路径中的 9.0 替换为 11.0 即可。要增加更多的图标按钮，只需在上面的子项下新建几个子项即可，其键名为 place7、place8、place9 等。

2. 如何设置文件保存路径

在 Word 中保存新建的文件时，默认的路径是“我的文档”，其实在注册表中可以指定默认保存路径。

（1）运行注册表编辑器，打开如下注册表子项分支（如果不存在，则新建）：

HKEY_CURRENT_USER\Software\Microsoft\Office\11.0\Word\Options

（2）在 Options 项中新建字符串值“Doc-Path”，并设置其项值数据为 Word 的保存路径。

（3）重新启动 Word，新建文件并保存，就会发现保存路径指向刚才在注册表中设置的文件了。

3. 如何禁止出现已使用过的字体记录

默认情况下，Word 2003“字体”列表会出现已使用过的字体记录。

本例用于设置禁止“字体”列表中出现已使用过的字体。

本例设置后，使用过的字体列表不再显示。

找到如下注册表子项（如果不存在，则新建），并根据下表编辑其相应项值（如果不存在，则新建）：

HKEY_CURRENT_USER\Software\Policies\Microsoft\Office\11.0\Word\Option

项值（数据类型）	项值数据
NoFountMrUList（字符串值）	1（禁止出现已使用过的字体记录列表） 0（取消此限制功能）

4. 如何自定义限制各种按钮与菜单项

本例用于自定义限制 Word 的各种按钮与菜单项，从而达到预期的各种安全设置目的。

找到如下注册表子项（如果不存在，则新建），并根据下表编辑其相应项值（如果不存在，则新建）：

HKEY_CURRENT_USER\Software\Policies\Microsoft\Office\11.0\Word\Disabled CmdBarItemsList

项值（数据类型）	项值数据
TCID1（字符串值）	2521（设置欲禁止的命令 ID，如“默认打印”按钮）
TCID2（字符串值）	1576（设置欲禁止的命令 ID，如“插入链接命令）

提示！以上的项值可无限增加，比如 TCID1、TCID2......TCID88。

5. 如何改变插入文档中的日期显示方式

在 Word 2003 文档中插入日期页眉或者页脚时，日期显示格式一般为：MM\DD\YYYY，这不符合我们的习惯。希望将 10\25\2006 改为 2006\10\25，则可通过修改注册表改变这种日期的显示方式。

（1）运行注册表编辑器，打开如下注册表子项分支（如果不存在，则新建）：

HKEY_CURRENT_USER\Software\Microsoft\Office\11.0\Word\Options

（2）在 Options 项中新建字符串值“DateFormat”。

（3）修改字符串值 DateFormat 的项值数据为“YYYY.MM.DD”。

（4）重新启动 Word，再插入时间，它显示成“2006\10\25”。

6. 如何限制“工具/宏”菜单下的菜单项

本例用于自定义限制 Word “工具/宏”菜单下的各种按钮与菜单项，从而达到预期的各种安全设置目的。

找到如下注册表子项（如果不存在，则新建），并根据下表编辑其相应项值（如果不存在，则新建）：

HKEY_CURRENT_USER\Software\Policies\Microsoft\Office\11.0\Word\Disabled CmdBarItemsCheckBoxes

项值（数据类型）	项值数据
ToolsMacro （字符串值）	30017（限制“工具”菜单中的“宏”字菜单） 0（取消此限制功能）
ToolsMacroMacros （字符串值）	186（限制“工具/宏/宏”命令与菜单项） 0（取消此限制功能）
ToolsMacroRecord （字符串值）	2780（限制“工具/宏/录制新宏”命令与菜单项） 0（取消此限制功能）
ToolsMacroSecurity （字符串值）	3627（限制“工具/宏/安全性”命令与菜单项） 0（取消此限制功能）
ToolsMacroVBE （字符串值）	11695（限制“工具/宏/Visual Basic”命令与菜单项） 0（取消此限制功能）
ToolsMacroWeb （字符串值）	3613（限制“工具/宏/Microsoft”命令与菜单项） 0（取消此限制功能）

7. 如何设置“宏安全”标准

本例用于根据我们的安全需要来设置“宏”安全的标准，从而达到预期的各种安全设置目的。

找到如下注册表子项（如果不存在，则新建），并根据下表编辑其相应项值（如果不存在，则新建）：

HKEY_CURRENT_USER\Software\Policies\Microsoft\Office\11.0\Word\Security

项值（数据类型）	项值数据
Level （DWORD值）	1（低，不建议使用，不受保护，某些宏具有潜在的不安全因素，只有在安装了防病毒软件或检查了所有要打开的文档的安全性时，才能使用这项设置） 2（中，可选择是否运行可能不安全的宏） 3（高，默认只允许运行可靠来源签署的宏，未经签署的宏会自动取消）

8. 如何限制“文件”菜单下的菜单项

本例用于自定义限制 Word 2003“文件”菜单下的各种按钮与菜单项，从而达到预期的各种安全设置目的。

找到如下注册表子项（如果不存在，则新建），并根据下表编辑其相应项值（如果不存在，则新建）：

HKEY_CURRENT_USER\Software\Policies\Microsoft\Office\11.0\Word\Disabled CmdBarItemsCheckBoxes

项值（数据类型）	项值数据
FileOpenToolsFind （字符串值）	5905（限制“文件/打开/工具/查找”命令与菜单项） 0（取消此限制功能）
FileSaveAsWebPage （字符串值）	3823（限制“文件/另存为”命令与菜单项） 0（取消此限制功能）
FileWebPagePreview （字符串值）	3655（限制“文件/网页预览”命令与菜单项） 0（取消此限制功能）
FileSendToMailReci pient（字符串值）	3738（限制“文件/发送/邮件收件人”命令与菜单项） 0（取消此限制功能）

9. 如何限制“工具”菜单下的菜单项

本例用于自定义限制 Word 的“工具”菜单下的各种命令按钮与菜单项，从而达到预期的各种安全设置目的。

找到如下注册表子项（如果不存在，则新建），并根据下表编辑其相应项值（如果不存在，则新建）：

HKEY_CURRENT_USER\Software\Policies\Microsoft\Office\11.0\Word\Disabled CmdBarItemsCheckBoxes

项值（数据类型）	项值数据
ToolsSpeech（字符串值）	5764（限制“工具/拼写检查”命令与菜单项）；0（取消此限制功能）
WtoolsProtectDoc（字符串值）	7116（限制“工具/保护文档”命令与菜单项）；0（取消此限制功能）
ToolsCollaboration（字符串值）	30468（限制“工具/联机操作”命令与菜单项）；0（取消此限制功能）
ToolsOnTheWeb（字符串值）	7.32（限制“工具/Web 工具”命令与菜单项）；0（取消此限制功能）
ToolsTemplateAddins（字符串值）	751（限制“工具/模板和加载项”命令与菜单项）；0（取消此限制功能）
ToolsCustomize（字符串值）	797（限制“工具/自定义”命令与菜单项）；0（取消此限制功能）
ToolsOpation（字符串值）	522（限制“工具/选项”命令与菜单项）；0（取消此限制功能）

提示!!

如果启用 ToolsOption 项值的设置并编辑其值为 522，为了达到更安全的效果，可进一步编辑此子键下的“WebOptions”和“GeneralOpation”项值，将他们的值分别设置为 4107 和 4108。

10. 如何限制各种热键命令功能

本例用于自定义限制 Word 中的各种热键命令功能，从而达到预期的各种安全设置目的。

找到如下注册表子项（如果不存在，则新建），并根据下表编辑其相应项值（如果不存在，则新建）：

HKEY_CURRENT_USER\Software\Policies\Microsoft\Office\11.0\Word\Disabled ShortcutKeyslist

项值（数据类型）	项值数据
KeyMod1（字符串值）	70,8（设置欲禁止的快捷键模式，如“查找”的模式为“70，8”）
KeyMod2（字符串值）	75,8（设置欲禁止的快捷键模式，如“插入链接”的模式为“75，8”）

11. 如何限制"帮助"菜单下的菜单项

本例用于自定义限制 Word "帮助"菜单下的各种按钮与菜单项，从而达到预期的各种安全设置目的。

找到如下注册表子项（如果不存在，则新建），并根据下表编辑其相应项值：

HKEY_CURRENT_USER\Software\Policies\Microsoft\Office\11.0\Word\Disabled CmdBarItemsCheckBoxes

项值（数据类型）	项值数据
HelpOfficeWeb （字符串值）	3775（限制"帮助/Microsoft Office Online"命令与菜单项） 0（取消此限制功能）
HelpRepair （字符串值）	3774（限制"帮助/检测并修改"命令与菜单项） 0（取消此限制功能）
HelpRegistration （字符串值）	5933（限制"帮助/激活产品"命令与菜单项） 0（取消此限制功能）

12. 如何限制"插入/超链接"命令

本例用于自定义限制 Word 的"插入/超链接"命令与菜单项，本例设置生效后，位于"插入"菜单下的"超链接"命令菜单变灰且无法使用。

找到如下注册表子项（如果不存在，则新建），并根据下表编辑其相应项值（如果不存在，则新建）：

HKEY_CURRENT_USER\Software\Policies\Microsoft\Office\11.0\Word\Disabled CmdBarItemsCheckBoxes

项值（数据类型）	项值数据
FileInsertHyperlink （字符串值）	1576（限制"插入/超链接"命令与菜单项） 0（取消此限制功能）

13. 如何限制"Web 工具栏"中的命令按钮

本例用于自定义限制 Word "Web 工具栏"菜单下的各种按钮与菜单项，从而达到预期的各种安全设置目的。

找到如下注册表子项（如果不存在，则新建），并根据下表编辑其相应项值（如果不存在，则新建）：

HKEY_CURRENT_USER\Software\Policies\Microsoft\Office\11.0\Word\Disabled CmdBarItemsCheckBoxes

项值（数据类型）	项值数据
WebRefreshCurrentPage（字符串值）	102（限制“Web 工具栏”中的“刷新”命令按钮） 0（取消此限制功能）
WebStartPage（字符串值）	1016（限制“Web 工具栏”中的“开始页”命令按钮） 0（取消此限制功能）
WebSearchTheWeb（字符串值）	1922（限制“Web 工具栏”中的“搜索 Web”命令按钮） 0（取消此限制功能）
WebFaverites（字符串值）	30176（限制“Web 工具栏”中的“收藏夹”命令按钮） 0（取消此限制功能）
WebGo（字符串值）	30328（限制“Web 工具栏”中的“前往”命令按钮） 0（取消此限制功能）
WebAdress（字符串值）	1740（限制“Web 工具栏”中的“地址栏”命令按钮） 0（取消此限制功能）

提示!!

如果启用 WebSearchTheWeb 项值的设置并编辑其值为 1922，为了达到更安全的效果，可进一步编辑此子键下的“FileOpenSearchTheWeb”项值，将值设置为 4087。

14. 如何自定义文件卷的命名方式

本例用于我们设置 Word 2003 文件卷的命名方式，他们分别是三种不同的模式。可根据需要进行个性选择设置。

找到如下注册表子项（如果不存在，则新建），并根据下表编辑其相应项值（如果不存在，则新建）：

HKEY_CURRENT_USER\Software\Policies\Microsoft\Office\11.0\Word\Option\vpref

项值（数据类型）	项值数据
VolumePref（DWORD 值）	0（使用驱动器字母卷或 UNC（统一命名约定）方式） 2（将驱动器字母卷转化为 UNC（统一命名约定）方式） 1（将 UNC（统一命名约定）方式转化为驱动器字母卷标名）

15. 如何设置是否信任所有安装加载项和模板

本例用于根据我们的安全需要来设置是否信任所有安装的加载项和模板，从而达到预期的各种安全设置目的。

找到如下注册表子项（如果不存在，则新建），并根据下表编辑其相应项值（如果不存在，则新建）：

HKEY_CURRENT_USER\Software\Policies\Microsoft\Office\11.0\Word\Security

项值（数据类型）	项值数据
Don'tTrastInstalled File（DWORD 值）	0（信任所有安装加载项和模板） 1（取消此信任）

16. 如何设置对"Visual Basic 项目"的访问

本例用于根据我们的安全需要来设置是否信任对"Visual Basic 项目"的访问，从而达到预期的各种安全设置目的。

找到如下注册表子项（如果不存在，则新建），并根据下表编辑其相应项值（如果不存在，则新建）：

HKEY_CURRENT_USER\Software\Policies\Microsoft\Office\11.0\Word\Security

项值（数据类型）	项值数据
AccessVBOM（DWORD 值）	1（信任对"Visual Basic 项目"的访问） 0（取消此信任）

10-2　通过注册表设置 Excel 2003

1. 限制各种热键命令功能

本例用于自定义限制 Excel 中的各种热键命令功能，从而达到预期的各种安全设置目的。

找到如下注册表子项（如果不存在，则新建），并根据下表编辑其相应项值（如果不存在，则新建）：

HKEY_CURRENT_USER\Software\Policies\Microsoft\Office\11.0\Excel\Disabled ShortcutKeyslist

项值（数据类型）	项值数据
KeyMod1（字符串值）	70,8（设置欲禁止的快捷键模式，如"查找"的模式为"70，8"）
KeyMod2（字符串值）	75,8（设置欲禁止的快捷键模式，如"插入链接"的模式为"75，8"）

提示!!

以上的项值可无限增加，比如 KeyMod1、KeyMod 2……Key Mod88。

2. 恢复公式

在 Excel 打开一个工作簿，Excel 会自动进行检测，在发现问题时，将自动运行一个数据恢复程序。我们可根据自己的需要来设置 Excel 中公式的恢复。

找到如下注册表子项（如果不存在，则新建），并根据下表编辑其相应项值（如果不存在，则新建）：

HKEY_CURRENT_USER\Software\Policies\Microsoft\Office\11.0\Excel\Option

项值（数据类型）	项值数据
ExtractDataFormulas（DWORD 值）	0（Excel 尝试恢复公式，如果不成功将转变公式到一个值）； 1（Excel 尝试恢复尽可能多的格式，如果恢复不成功将用#REF 代替，在打开并修复程序期间恢复公式，此设置也影响默认选项）

3. 在获取外部数据时发出警告

Excel 2003 的高级功能允许数据表获取外部数据，而外部数据可能存在有各种病毒等安全隐患，因此通过本例的设置及技巧，我们可在获取外部数据时设置安全参数来警告用户，以此大大提高安全可靠性，降低安全隐患和风险。

找到如下注册表子项（如果不存在，则新建），并根据下表编辑其相应项值（如果不存在，则新建）：

HKEY_CURRENT_USER\Software\Policies\Microsoft\Office\11.0\Excel\Option

项值（数据类型）	项值数据
ReflashAlert（DWORD 值）	0（获取外部数据时警告用户） 1（获取外部数据时不警告用户）

4. 恢复工作簿数据

在 Excel 中打开一个工作簿时，Excel 将对其进行检测，如果发现问题，将自动运行数据修复程序，本例用于指定 Excel 中工作簿数据恢复的方式，从而达到预期的各种安全效果。

找到如下注册表子项（如果不存在，则新建），并根据下表编辑其相应项

值（如果不存在，则新建）：

HKEY_CURRENT_USER\Software\Policies\Microsoft\Office\11.0\Excel\Option

项值（数据类型）	项值数据
ExtractDataMode（DWORD 值）	0（默认，Excel 认为工作簿的结构没有被破坏，然后恢复工作簿的全部格式包括：公式，格式，及 VBA 工程） 1（Excel 将认为工作簿的结构被破坏，Excel 仅恢复数据）

5. 限制“工具”菜单下的菜单项

本例用于自定义限制 Excel 的“工具”菜单下的各种命令按钮与菜单项，从而达到预期的各种安全设置目的。

找到如下注册表子项（如果不存在，则新建），并根据下表编辑其相应项值（如果不存在，则新建）：

HKEY_CURRENT_USER\Software\Policies\Microsoft\Office\11.0\Excel\Disabled CmdBarItemsCheckBoxes

项值（数据类型）	项值数据
ToolsSpeech（字符串值）	5764（限制“工具/拼写检查”命令与菜单项） 0（取消此限制功能）
WtoolsProtectDoc（字符串值）	7116（限制“工具/保护文档”命令与菜单项） 0（取消此限制功能）
ToolsCollaboration（字符串值）	30468（限制“工具/联机操作”命令与菜单项） 0（取消此限制功能）
ToolsOnTheWeb（字符串值）	7.32（限制“工具/Web 工具”命令与菜单项） 0（取消此限制功能）
ToolsTemplateAddins（字符串值）	751（限制“工具/模板和加载项”命令与菜单项） 0（取消此限制功能）
ToolsCustomize（字符串值）	797（限制“工具/自定义”命令与菜单项） 0（取消此限制功能）
ToolsOpation（字符串值）	522（限制“工具/选项”命令与菜单项） 0（取消此限制功能）

提示!!

如果启用 ToolsOption 项值的设置并编辑其值为 522，为了达到更安全的效果，可进一步编辑此子键下的“WebOptions”和“GeneralOpation”项值，将他们的值分别设置为 4107 和 4108。

6. 本地进行缓冲处理局域网上的文件

本例用于我们设置的当 Excel 2003 编辑局域网上的文件时，在本地进行缓冲，这样可防止网络上的文件因为丢失链接而丢失工作表数据，从而大大增加文件编辑的数据安全性。

找到如下注册表子项（如果不存在，则新建），并根据下表编辑其相应项值（如果不存在，则新建）:

HKEY_CURRENT_USER\Software\Policies\Microsoft\Office\11.0\Excel\Option

项值（数据类型）	项值数据
NetworkResiliency（DWORD 值）	1（编辑局域网上的文件时在本地进行缓冲） 0（取消此功能）

7. 设置“宏安全”标准

本例用于根据我们的安全需要来设置，在 Excel 2003 中设置“宏”安全的标准，从而达到预期的各种安全设置目的。

找到如下注册表子项（如果不存在，则新建），并根据下表编辑其相应项值（如果不存在，则新建）:

HKEY_LOCAL_MACHINE\SOFTWARE\Policies\Microsoft\Office\11.0\Excel\Security

项值（数据类型）	项值数据
Level（DWORD 值）	1（低，不建议使用，不受保护，某些宏具有潜在的不安全因素，只有在安装了防病毒软件或检查了所有要打开的文档的安全性时，才能使用这项设置） 2（中，可选择是否运行可能不安全的宏） 3（高，默认只允许运行可靠来源签署的宏，未经签署的宏会自动取消）

8. 限制“文件”菜单下的菜单项

本例用于自定义限制 Excel “文件”菜单下的各种按钮与菜单项，从而达到预期的各种安全设置目的。

找到如下注册表子项（如果不存在，则新建），并根据下表编辑其相应项值（如果不存在，则新建）:

HKEY_CURRENT_USER\Software\Policies\Microsoft\Office\11.0\Excel\Disabled CmdBarItemsCheckBoxes

项值（数据类型）	项值数据
FileOpenToolsFind（字符串值）	5905（限制“文件/打开/工具/查找”命令与菜单项） 0（取消此限制功能）
FileSaveAsWebPage（字符串值）	3823（限制“文件/另存为”命令与菜单项） 0（取消此限制功能）
FileWebPagePreview（字符串值）	3655（限制“文件/网页预览”命令与菜单项） 0（取消此限制功能）
FileSendToMailRecipient（字符串值）	3738（限制“文件/发送/邮件收件人”命令与菜单项） 0（取消此限制功能）

提示!!

如果启用 FileSaveAsWebPage 项值的设置并编辑其值为 3823，为了达到更安全的效果，可进一步编辑此子键下的“FilePublishAsWebPage”项值，将值设置为 3903。

9. 进行外部数据源连接时警告

通过本例的设置及技巧，我们可设置在 Excel 2003 数据表进行 OLAY（联机分析处理）访问时是否发出警告提示，以此大大提高安全可靠性，降低安全隐患和风险。

找到如下注册表子项（如果不存在，则新建），并根据下表编辑其相应项值（如果不存在，则新建）：

HKEY_CURRENT_USER\Software\Policies\Microsoft\Office\11.0\Excel\Option

项　值（数据类型）	项值数据
PageFileSecuityPrompt（DWORD 值）	0（进行外部数据源连接时发出警告提示） 1（进行外部数据源连接时不发出警告提示）

10. 自定义“Web 查询对话框”主页

通过本例的设置及技巧，我们可在 Excel 2003 中，根据我们的需要来设置“Web 查询对话框”主页，从而达到预期的各种安全效果。

找到如下注册表子项（如果不存在，则新建），并根据下表编辑其相应项值（如果不存在，则新建）：

HKEY_CURRENT_USER\Software\Policies\Microsoft\Office\11.0\Excel\Option

项　值（数据类型）	项值数据
WebQueryHomePage（DWORD 值）	http://Office.icrosoft.com/home/default.aspx?CTT=6&Origin=EC010229862052（自定义“Web 对话框”主页的“URL”）

11. 限制“Web 工具栏”中的命令按钮

本例用于自定义限制 Excel “Web 工具栏”菜单下的各种按钮与菜单项，从而达到预期的各种安全设置目的。

找到如下注册表子项（如果不存在，则新建），并根据下表编辑其相应项值（如果不存在，则新建）：

HKEY_CURRENT_USER\Software\Policies\Microsoft\Office\11.0\Excel\Disabled CmdBarItemsCheckBoxes

项值（数据类型）	项值数据
WebRefresh CurrentPage（字符串值）	102（限制“Web 工具栏”中的“刷新”命令按钮） 0（取消此限制功能）
WebStartPage（字符串值）	1016（限制“Web 工具栏”中的“开始页”命令按钮） 0（取消此限制功能）
WebSearchTheWeb（字符串值）	1922（限制“Web 工具栏”中的“搜索 Web”命令按钮） 0（取消此限制功能）
WebFaverites（字符串值）	30176（限制“Web 工具栏”中的“收藏夹”命令按钮） 0（取消此限制功能）
WebGo（字符串值）	30328（限制“Web 工具栏”中的“前往”命令按钮） 0（取消此限制功能）
WebAdress（字符串值）	1740（限制“Web 工具栏”中的“地址栏”命令按钮） 0（取消此限制功能）

12. 信任所有安装加载项和模板

本例用于根据我们的安全需要，在 Excel 2003 中设置是否信任所有安装的加载项和模板，从而达到预期的各种安全设置目的。

找到如下注册表子项（如果不存在，则新建），并根据下表编辑其相应项值（如果不存在，则新建）：

HKEY_LOCAL_MACHINE\SOFTWARE\Policies\Microsoft\Office\11.0\Excel\Security

项值（数据类型）	项值数据
Don'tTrastInstalled File（DWORD 值）	0（信任所有安装加载项和模板） 1（取消此信任）

13. 限制“插入/超链接”命令

本例用于自定义限制 Excel 的“插入/超链接”命令与菜单项，本例设置生效后，位于“插入”菜单下的“超链接”命令菜单变灰且无法使用。

找到如下注册表子项（如果不存在，则新建），并根据下表编辑其相应项值（如果不存在，则新建）：

HKEY_CURRENT_USER\Software\Policies\Microsoft\Office\11.0\Excel\Disabled CmdBarItemsCheckBoxes

项值（数据类型）	项值数据
FileInsertHyperlink（字符串值）	1576（限制“插入/超链接”命令与菜单项） 0（取消此限制功能）

14. 进行 OLAP 时发出警告

通过本例的设置及技巧，我们可设置在 Excel 2003 数据表进行 OLAY（联机分析处理）访问时是否发出警告提示，以此大大提高安全可靠性，降低安全隐患和风险。

找到如下注册表子项（如果不存在，则新建），并根据下表编辑其相应项值（如果不存在，则新建）：

HKEY_CURRENT_USER\Software\Policies\Microsoft\Office\11.0\Excel\Option

项值（数据类型）	项值数据
OLATPSecurityPrompt（DWORD 值）	0（进行 OLAP 时发出警告提示） 1（进行 OLAP 时不发出警告提示）

15. 定义 UDF 进行 OLAP 时的安全设置

Excel 2003 数据透视表使用“用户定义函数（UDF）”进行联机分析处理（OLAP）,由于 UDF 可编译成可执行程序，因此存在一定的安全隐患，本例用于设置 UDF 进行 OLAY 时的安全参数，以此大大提高安全可靠性，降低安全隐患和风险。

找到如下注册表子项（如果不存在，则新建），并根据下表编辑其相应项值（如果不存在，则新建）：

HKEY_CURRENT_USER\Software\Policies\Microsoft\Office\11.0\Excel\Option

项值（数据类型）	项值数据
OLAPUDFSecurity（DWORD 值）	1（允许没有 IObjectSafety 安全组件接口的 UDFs 进行 OLAP 访问） 2（只允许有 IObjectSafety 安全组件接口的 UDFs 进行 OLAP 访问） 3（禁止所有 UDFs 进行 OLAP 访问）

16. 限制“工具/宏”菜单下的菜单项

本例用于自定义限制 Excel “工具/宏”菜单下的各种按钮与菜单项，从而达到预期的各种安全设置目的。

找到如下注册表子项（如果不存在，则新建），并根据下表编辑其相应项值（如果不存在，则新建）：

HKEY_CURRENT_USER\Software\Policies\Microsoft\Office\11.0\Excel\Disabled CmdBarItemsCheckBoxes

项值（数据类型）	项值数据
ToolsMacro（字符串值）	30017（限制“工具”菜单中的“宏”字菜单） 0（取消此限制功能）
ToolsMacroMacros（字符串值）	186（限制“工具/宏/宏”命令与菜单项） 0（取消此限制功能）
ToolsMacroRecord（字符串值）	2780（限制“工具/宏/录制新宏”命令与菜单项） 0（取消此限制功能）
ToolsMacroSecurity（字符串值）	3627（限制“工具/宏/安全性”命令与菜单项） 0（取消此限制功能）
ToolsMacroVBE（字符串值）	11695（限制“工具/宏/Visual Basic”命令与菜单项） 0（取消此限制功能）
ToolsMacroWeb（字符串值）	3613（限制“工具/宏/Microsoft”命令与菜单项） 0（取消此限制功能）

17. 自动获取外部数据时的安全设置

Excel 2003 的高级功能允许数据表自动地获取外部数据，而外部数据可能存在各种病毒等安全隐患，因此本例用于设置自动获取外部数据时的安全参数，以此大大提高安全可靠性，降低安全隐患和风险。

找到如下注册表子项（如果不存在，则新建），并根据下表编辑其相应项值（如果不存在，则新建）：

HKEY_CURRENT_USER\Software\Policies\Microsoft\Office\11.0\Excel\Option

项值（数据类型）	项值数据
QuerySecurity（DWORD 值）	0（所有数据表自动获取外部数据时都进行提示） 1（禁止数据表自动获取外部数据） 2（允许数据表自动获取数据但不进行提示）

18. 设置恢复数据的界面

在 Excel 打开一个工作簿，Excel 会自动进行检测，在发现问题时，将自动运行一个数据恢复程序。通过本例的设置及技巧，我们可在打开并修复一个程序时，根据我们的需要设置 Excel 恢复数据时使用的用户界面，从而达到预期的各种安全效果。

找到如下注册表子项（如果不存在，则新建），并根据下表编辑其相应项值（如果不存在，则新建）：

HKEY_CURRENT_USER\Software\Policies\Microsoft\Office\11.0\Excel\Option

项值（数据类型）	项值数据
ExtractDataDisableUI（DWORD 值）	0（在打开并修复一个程序期间，Excel 将给出两个提示：（1）选择修改还是获取数据；（2）选择转变到值，还是恢复公式） 1（在打开并修复一个程序期间，Excel 不提供任何选项，Excel 使用安全装载进程打开文件，数据仍能通过对象模型数据自动恢复）

19. 设置对“Visual Basic 项目”的访问

本例用于根据我们的安全需要，在 Excel 2003 中设置是否信任对“Visual Basic 项目”的访问，从而达到预期的各种安全设置目的。

找到如下注册表子项（如果不存在，则新建），并根据下表编辑其相应项值（如果不存在，则新建）：

HKEY_LOCAL_MACHINE\SOFTWARE\Policies\Microsoft\Office\11.0\Excel\Security

项值（数据类型）	项值数据
AccessVBOM（DWORD 值）	1（信任对“Visual Basic 项目”的访问） 0（取消此信任）

20. 限制“帮助”菜单下的菜单项

本例用于自定义限制 Excel “帮助”菜单下的各种按钮与菜单项，从而达到预期的各种安全设置目的。

找到如下注册表子项（如果不存在，则新建），并根据下表编辑其相应项值（如果不存在，则新建）：

HKEY_CURRENT_USER\Software\Policies\Microsoft\Office\11.0\Excel\Disabled CmdBarItemsCheckBoxes

项值（数据类型）	项值数据
HelpOfficeWeb（字符串值）	3775（限制“帮助/Microsoft Office Online”命令与菜单项） 0（取消此限制功能）
HelpRepair（字符串值）	3774（限制“帮助/检测并修改”命令与菜单项） 0（取消此限制功能）
HelpRegistration（字符串值）	5933（限制“帮助/激活产品”命令与菜单项） 0（取消此限制功能）

21. 设置认可“智能标签”

“智能标签”的使用，可以为我们带来很多的方便，它形象且直观，通过本例的设置及技巧，我们可在 Excel 2003 中，根据我们的需要来设置是否认可“智能标签”，从而达到预期的各种安全效果。

找到如下注册表子项（如果不存在，则新建），并根据下表编辑其相应项值（如果不存在，则新建）：

HKEY_CURRENT_USER\Software\Policies\Microsoft\Office\11.0\Excel\Option

项值（数据类型）	项值数据
RecognizeSmartTags（DWORD 值）	2（认可）;0（不认可）

10-3 通过注册表设置 Access 2003

1. 如何禁止打开老版本数据库时显示“转换对话框”

在 Access 2003 中打开老版本数据库时，会显示“转换/打开数据库”对话框，以便对数据库进行相应的操作，通过本例的设置及技巧，我们可在 Access

2003 中，根据我们的需要自定义禁止显示“转换对话框”。

找到如下注册表子项（如果不存在，则新建），并根据下表编辑其相应项值（如果不存在，则新建）：

HKEY_CURRENT_USER\Software\Policies\Microsoft\Office\11.0\Access\Setting

项值（数据类型）	项值数据
NoConverDialog（DWORD 值）	1（禁止显示“转换对话框”） 0（禁用此限制功能）

2. 如何设置“宏安全”

本例用于根据需要在 Access 2003 中 设置“宏安全”标准，从而达到预期的各种安全效果。

找到如下注册表子项（如果不存在，则新建），并根据下表编辑其相应项值（如果不存在，则新建）：

HKEY_LOCAL_MACHINE\SOFTWARE\Policies\Microsoftt\Office\11.0\Access\Option

项值（数据类型）	项值数据
Level（DWORD 值）	1（低，不建议使用，不受保护，某些宏具有潜在的不安全因素，只有在安装了防病毒软件或检查了所有要打开的文档的安全性时，才能使用这项设置） 2（中，可选择是否运行可能不安全的宏） 3（高，默认只允许运行可靠来源签署的宏，未经签署的宏会自动取消）

3. 如何限制“插入/超链接”命令

本例用于自定义限制 Access 的“插入/超链接”命令与菜单项，本例设置生效后，位于“插入”菜单下的“超链接”命令菜单变灰且无法使用。

找到如下注册表子项（如果不存在，则新建），并根据下表编辑其相应项值（如果不存在，则新建）：

HKEY_CURRENT_USER\Software\Policies\Microsoft\Office\11.0\Access\Disabled CmdBarItemsCheckBoxes

项值（数据类型）	项值数据
FileInsertHyperlink（字符串值）	1576（限制“插入/超链接”命令与菜单项） 0（取消此限制功能）

4. 如何限制热键功能

本例用于自定义限制 Access 的各种热键命令功能，从而达到预期的各种安全设置目的。

找到如下注册表子项（如果不存在，则新建），并根据下表编辑其相应项值（如果不存在，则新建）：

HKEY_CURRENT_USER\Software\Policies\Microsoft\Office\11.0\Access\Disabled ShortcutKeyssCheckBoxes

项值（数据类型）	项值数据
Find （字符串值）	70，8（限制“查找（Ctrl+F）”热键功能命令） 0（取消此限制功能）
InsertHyperlink （字符串值）	75，8（限制“插入超链接（Ctrl+K）”热键功能命令） 0（取消此限制功能）
ToolsMacroMacros （字符串值）	119，16（限制“宏（Alt+F8）”热键功能命令） 0（取消此限制功能）
ToolsMacroVBE （字符串值）	112，16（限制“Visual Basic（Atl+F11）”热键功能命令） 0（取消此限制功能）
ToolsMacroWeb （字符串值）	122，20（限制“Microsoft 脚本编辑器（Alt+Shift+F11）”热键功能命令） 0（取消此限制功能）

5. 如何信任所有安装加载项和模板

本例用于根据我们的安全需要在 Access 2003 中设置是否信任所有安装的加载项和模板，从而达到预期的各种安全设置目的。

找到如下注册表子项（如果不存在，则新建），并根据下表编辑其相应项值（如果不存在，则新建）：

HKEY_LOCAL_MACHINE\SOFTWARE\Policies\Microsoft\Office\11.0\Access\Security

项值（数据类型）	项值数据
Don'tTrastInstalled File （DWORD 值）	0（信任所有安装加载项和模板） 1（取消此信任）

提示!! 此访问设置，仅为 COM 加载项使用。

6. 如何限制“工具”菜单下的菜单项

本例用于自定义限制 Access 的“工具”菜单下的各种命令按钮与菜单项，从而达到预期的各种安全设置目的。

找到如下注册表子项（如果不存在，则新建），并根据下表编辑其相应项值（如果不存在，则新建）：

HKEY_CURRENT_USER\Software\Policies\Microsoft\Office\11.0\Access\Disabled CmdBarItemsCheckBoxes

项值（数据类型）	项值数据
ToolsSpeech （字符串值）	5764（限制“工具/拼写检查”命令与菜单项） 0（取消此限制功能）
WtoolsProtectDoc （字符串值）	7116（限制“工具/保护文档”命令与菜单项） 0（取消此限制功能）
ToolsCollaboration （字符串值）	30468（限制“工具/联机操作”命令与菜单项） 0（取消此限制功能）
ToolsOnTheWeb （字符串值）	732（限制“工具/Web 工具”命令与菜单项） 0（取消此限制功能）
ToolsTemplateAddins （字符串值）	751（限制“工具/模板和加载项”命令与菜单项） 0（取消此限制功能）
ToolsCustomize （字符串值）	797（限制“工具/自定义”命令与菜单项） 0（取消此限制功能）
ToolsOpation （字符串值）	522（限制“工具/选项”命令与菜单项） 0（取消此限制功能）.

7. 如何限制各种按钮与菜单项

本例用于自定义限制 Access 的各种按钮与菜单项，从而达到预期的各种安全设置目的。

找到如下注册表子项（如果不存在，则新建），并根据下表编辑其相应项值（如果不存在，则新建）：

HKEY_CURRENT_USER\Software\Policies\Microsoft\Office\11.0\Access\isabled CmdBarItemsList

项值（数据类型）	项值数据
TCID1（字符串值）	2521（设置欲禁止的命令 ID，如“默认打印”按钮）
TCID2（字符串值）	1576（设置欲禁止的命令 ID，如“插入链接”命令）

提示 以上的项值可无限增加，比如 TCID1、TCID2……TCID8。

8. 如何限制“Web 工具栏”中的命令按钮

本例用于自定义限制 Access “Web 工具栏”菜单下的各种按钮与菜单项，从而达到预期的各种安全设置目的。

找到如下注册表子项（如果不存在，则新建），并根据下表编辑其相应项值（如果不存在，则新建）：

HKEY_CURRENT_USER\Software\Policies\Microsoft\Office\11.0\Access\Disabled CmdBarItemsCheckBoxes

项值（数据类型）	项值数据
WebRefreshCurrentPage（字符串值）	102（限制“Web 工具栏”中的“刷新”命令按钮） 0（取消此限制功能）
WebStartPage（字符串值）	1016（限制“Web 工具栏”中的“开始页”命令按钮） 0（取消此限制功能）
WebSearchTheWeb（字符串值）	1922（限制“Web 工具栏”中的“搜索 Web”命令按钮） 0（取消此限制功能）
WebFaverites（字符串值）	30176（限制“Web 工具栏”中的“收藏夹”命令按钮） 0（取消此限制功能）
WebGo（字符串值）	30328（限制“Web 工具栏”中的“前往”命令按钮） 0（取消此限制功能）
WebAdress（字符串值）	1740（限制“Web 工具栏”中的“地址栏”命令按钮） 0（取消此限制功能）

9. 如何限制“帮助”菜单下的菜单项

本例用于自定义限制 Excel “帮助”菜单下的各种按钮与菜单项，从而达到预期的各种安全设置目的。

找到如下注册表子项（如果不存在，则新建），并根据下表编辑其相应项值（如果不存在，则新建）：

HKEY_CURRENT_USER\Software\Policies\Microsoft\Office\11.0\Excel\Disabled CmdBarItemsCheckBoxes

项值（数据类型）	项值数据
HelpOfficeWeb（字符串值）	3775（限制“帮助/Microsoft Office Online”命令与菜单项） 0（取消此限制功能）

续表

项值（数据类型）	项值数据
HelpRepair（字符串值）	3774（限制“帮助/检测并修改”命令与菜单项） 0（取消此限制功能）
HelpRegistration（字符串值）	5933（限制“帮助/激活产品”命令与菜单项） 0（取消此限制功能）

10. 如何限制“文件”菜单下的菜单项

本例用于自定义限制 Access “文件”菜单下的各种按钮与菜单项，从而达到预期的各种安全设置目的。

找到如下注册表子项（如果不存在，则新建），并根据下表编辑其相应项值（如果不存在，则新建）：

HKEY_CURRENT_USER\Software\Policies\Microsoft\Office\11.0\Excel\Disabled CmdBarItemsCheckBoxes

项值（数据类型）	项值数据
FileOpenToolsFind（字符串值）	5905（限制“文件/打开/工具/查找”命令与菜单项） 0（取消此限制功能）
FileSendToMailRecipient（字符串值）	3738（限制“文件/发送/邮件收件人”命令与菜单项） 0（取消此限制功能）

11. 如何限制“工具/宏”菜单下的菜单项

本例用于自定义限制 Excel “工具/宏”菜单下的各种按钮与菜单项，从而达到预期的各种安全设置目的。

找到如下注册表子项（如果不存在，则新建），并根据下表编辑其相应项值（如果不存在，则新建）：

HKEY_CURRENT_USER\Software\Policies\Microsoft\Office\11.0\Excel\Disabled CmdBarItemsCheckBoxes

项值（数据类型）	项值数据
ToolsMacro（字符串值）	30017（限制“工具”菜单中的“宏”字菜单） 0（取消此限制功能）
ToolsMacroMacros（字符串值）	186（限制“工具/宏/宏”命令与菜单项） 0（取消此限制功能）
ToolsMacroRecord（字符串值）	2780（限制“工具/宏/录制新宏”命令与菜单项） 0（取消此限制功能）

续表

项值（数据类型）	项值数据
ToolsMacroSecurity（字符串值）	3627（限制“工具/宏/安全性”命令与菜单项） 0（取消此限制功能）
ToolsMacroVBE（字符串值）	11695（限制“工具/宏/Visual Basic”命令与菜单项） 0（取消此限制功能）
ToolsMacroWeb（字符串值）	3613（限制“工具/宏/Microsoft”命令与菜单项） 0（取消此限制功能）

10-4 Outlook 2003 优化设置

1. 如何设置“新建电子邮件账户”使用哪一种服务器类型

本例用于根据需要来设置“新建电子邮件账户”允许使用哪一种服务器类型，以达到预期的各种安全设置目的。

找到如下注册表子项（如果不存在，则新建），并根据下表编辑其相应项值（如果不存在，则新建）：

HKEY_CURRENT_USER\Software\Policies\Microsoft\Office\11.0\Outlook\Option

项值（数据类型）	项值数据
DisableHTTP（DWORD 值）	1（禁止使用“HTTP”服务器类型） 0（允许使用）
DisableExchange（DWORD 值）	1（禁止 Exchange 服务） 0（允许 Exchange 服务）
DisablePOP3（DWORD 值）	1（禁止 POP3 服务）；0（允许 POP3 服务）
DisableIMAP（DWORD 值）	1（禁止 IMAP 服务）；0（允许 IMAP 服务）
DisableOtherTypes（DWORD 值）	1（禁止其他类型服务） 0（允许其他类型服务）

2. 如何自定义“宏安全”标准

本例用于在 Outlook 2003 中，根据我们的需要来设置“宏安全”标准：

低：不建议使用，不受保护，某些宏具有潜在的不安全因素，只有在安装了防病毒软件或检查了所有要打开的文档的安全性时，才能使用这项设置。

中：可选择是否运行可能不安全的宏。

高：默认只允许运行可靠来源签署的宏，未经签署的宏会自动取消。

找到如下注册表子项（如果不存在，则新建），并根据下表编辑其相应项值（如果不存在，则新建）：

HKEY_CURRENT_USER\Software\Policies\Microsoft\Office\11.0\Outlook\Option

项值（数据类型）	项值数据
Level（DWORD 值）	1（低）；2（中）；3（高，默认）

3. 如何设置是否允许使用“在线会议”选项

本例用于根据需要来设置在 Outlook 2003 中是否允许使用所有的“在线会议（OnlineMeeting）”选项，以达到预期的各种安全设置。

找到如下注册表子项（如果不存在，则新建），并根据下表编辑其相应项值（如果不存在，则新建）：

HKEY_CURRENT_USER\Software\Policies\Microsoft\Office\11.0\Outlook

项值（数据类型）	项值数据
DisableOnlineMeetings（DWORD 值）	1（禁用所有的“在线会议”选项） 0（启用所有的“在线会议”选项）

4. 如何自定义 OST 的创建

本例用于根据需要来设置是否允许 OST（脱机文件夹）的创建。

找到如下注册表子项（如果不存在，则新建），并根据下表编辑其相应项值（如果不存在，则新建）：

HKEY_CURRENT_USER\Software\Policies\Microsoft\Office\11.0\Outlook

项值（数据类型）	项值数据
NoOST（DWORD 值）	2（禁止创建） 0（允许）

5. 如何设置同步“Sharepoint”文件夹的间隔时间

本例用于根据需要来指定同步“Sharepoint”文件夹的间隔时间，在指定的时间内，定时更新“Sharepoint”文件夹的内容。

找到如下注册表子项（如果不存在，则新建），并根据下表编辑其相应项值（如果不存在，则新建）：

HKEY_CURRENT_USER\Software\Policies\Microsoft\Office\11.0\Outlook\Preferences

项值（数据类型）	项值数据
STTSyncINterval（DWORD 值）	20（默认，最小值为 0，最大值为 1440 秒）

6. 如何设置 Exchange 服务器使用鉴定

本例用于根据需要来设置 Exchange 服务器使用鉴定，以达到预期的各种安全设置目的。

找到如下注册表子项（如果不存在，则新建），并根据下表编辑其相应项值（如果不存在，则新建）:

HKEY_CURRENT_USER\Software\Policies\Microsoft\Office\11.0\Outlook\Security

项值（数据类型）	项值数据
AuthenticationService（DWORD 值）	9（默认，使用 Kerberros/NTLM 口令鉴定） 16（使用 Kerberros 口令鉴定） 10（使用 NTLM 口令鉴定）

7. 如何设置发送邮件时是否验证“个人 DLS”

本例用于根据需要来自定义发送邮件时是否验证“个人 DLS”，以达到预期的各种安全设置目的。

找到如下注册表子项（如果不存在，则新建），并根据下表编辑其相应项值（如果不存在，则新建）:

HKEY_CURRENT_USER\Software\Policies\Microsoft\Office\11.0\Outlook\Option\Mail

项值（数据类型）	项值数据
Expand PDLUsingCache（DWORD 值）	0（验证） 1（不验证）

提示!! DLS 就是分发列表

8. 如何自定义“便签”文件夹主页

本例用于指定是否显示“便签”关联的 Web 页，及指定的 Web 页的地址，同时可设置是否关闭此 Web 页的 IE 安全检测。

找到如下注册表子项（如果不存在，则新建），并根据下表编辑其相应项值（如果不存在，则新建）:

HKEY_CURRENT_USER\Software\Policies\Microsoft\Office\11.0\Outlook\Webview\Notes

项值（数据类型）	项值数据
Show（字符串值）	YES（显示） NO（不显示）
Url（字符串值）	WWW.WWW.baidu.com（指定的关联 Web 页地址（例：WWW. WWW.baidu.com））
Security（字符串值）	YES（不检测） NO（检测）

9. 如何自定义缓存 Exchange 低带宽极限

本例用于输入一个“比特率”（kbps:128k=128）的极限，来探测“低带宽”可指定的比特率的最大值为 1000000。

找到如下注册表子项（如果不存在，则新建），并根据下表编辑其相应项值（如果不存在，则新建）：

HKEY_CURRENT_USER\Software\Policies\Microsoft\Office\11.0\Outlook\PRC

项值（数据类型）	项值数据
ShowBileRale（DWORD 值）	92000（自定义“比特率”的值）

10. 如何自定义 Outlook 鉴定对话框格式

本例用于根据需要来设置当修改口令时，可指定是否使用传统的“Outlook 鉴定对话框”。

找到如下注册表子项（如果不存在，则新建），并根据下表编辑其相应项值（如果不存在，则新建）：

HKEY_CURRENT_USER\Software\Policies\Microsoft\Office\11.0\Outlook \RPC

项值（数据类型）	项值数据
DisableCredUI（DWORD 值）	1（使用） 0（不使用）

11. 如何设置是否允许“媒体文件”上传

本例用于根据需要来设置是否允许“媒体文件”上传，以达到预期的各种安全设置。

找到如下注册表子项（如果不存在，则新建），并根据下表编辑其相应项值（如果不存在，则新建）：

HKEY_CURRENT_USER\Software\Policies\Microsoft\Office\11.0\Common\Intenet

项值（数据类型）	项值数据
DoNotUpLoadMidia（DWORD 值）	1（禁止上传） 0（取消此限制）

12. 如何自定义"已删除的邮件"文件夹主页

本例用于指定是否显示"已删除的邮件"关联的 Web 页，及指定的 Web 页的地址，同时可设置是否关闭此 Web 页的 IE 安全检测。

找到如下注册表子项（如果不存在，则新建），并根据下表编辑其相应项值（如果不存在，则新建）：

HKEY_CURRENT_USER\Software\Policies\Microsoft\Office\11.0\Outlook\Webview\DeletedItems

项值（数据类型）	项值数据
Show（字符串值）	YES（显示） NO（不显示）
Url（字符串值）	WWW.WWW.baidu.com（指定 Web 页地址）
Security（字符串值）	YES（不检测）； NO（检测）

13. 如何自定义"日记"文件夹主页

本例用于指定是否显示"日记"关联的 Web 页，及指定的 Web 页的地址，同时可设置是否关闭此 Web 页的 IE 安全检测。

找到如下注册表子项（如果不存在，则新建），并根据下表编辑其相应项值：

HKEY_CURRENT_USER\Software\Policies\Microsoft\Office\11.0\Outlook\Webview\Journal

项值（数据类型）	项值数据
Show（字符串值）	YES（显示）；NO（不显示）
Url（字符串值）	WWW.WWW.baidu.com（指定 Web 页地址）
Security（字符串值）	YES（不检测）；NO（检测）

14. 如何自定义各种模式下是否允许完整下载

本例用于根据需要来设置是否允许在缓存模式、F9 同步、发送/接收组下的完整下载，以达到预期的各种安全设置。

找到如下注册表子项（如果不存在，则新建），并根据下表编辑其相应项值（如果不存在，则新建）：

HKEY_CURRENT_USER\Software\Policies\Microsoft\Office\11.0\Exchange\Exchange Provider

项值（数据类型）	项值数据
Allow SRS FullOAB Download（DWORD 值）	1（允许在缓存模式、F9 同步、发送/接收组下的完整下载） 0（禁止）

15. 如何自定义“发件箱”文件夹主页

本例用于指定是否显示“发件箱”关联的 Web 页，及指定的 Web 页的地址，同时可设置是否关闭此 Web 页的 IE 安全检测。

找到如下注册表子项（如果不存在，则新建），并根据下表编辑其相应项值（如果不存在，则新建）：

HKEY_CURRENT_USER\Software\Policies\Microsoft\Office\11.0\Outlook\Webview\Journal

项值（数据类型）	项值数据
Show（字符串值）	YES（显示）; NO（不显示）
Url（字符串值）	WWW.WWW.baidu.com（指定 Web 页地址）
Security（字符串值）	YES（不检测）; NO（检测）

16. 如何自定义文件夹的“文件夹主页”的使用

本例用于根据需要来设置是否允许所有文件夹的“文件夹主页”的使用，以达到预期的各种安全设置目的。

找到如下注册表子项（如果不存在，则新建），并根据下表编辑其相应项值（如果不存在，则新建）：

HKEY_CURRENT_USER\Software\Policies\Microsoft\Office\11.0\Outlook\Webview

项值（数据类型）	项值数据
Disable（DWORD 值）	1（禁止所有文件夹的“文件夹主页”） 0（取消此限制）

17. 如何自定义 Microsoft Exchange Conferencing

“Microsoft Exchange Conferencing 主要用于“多对多”会议，这种会议需要实时声音和视频，本例用于根据需要来设置在 Outlook 2003 中是否允许使用 Microsoft Exchange Conferencing 选项。

找到如下注册表子项（如果不存在，则新建），并根据下表编辑其相应项值（如果不存在，则新建）:

HKEY_CURRENT_USER\Software\Policies\Microsoft\Office\11.0\Outlook\ExchangeConferencing

项值（数据类型）	项值数据
ExchangeConferencing（DWORD 值）	0（禁用 Microsoft Exchange Conferencing 选项） 1（启用 Microsoft Exchange Conferencing 选项）

18. 如何自定义“已发送的邮件”文件夹主页

本例用于指定是否显示“已发送的邮件”关联的 Web 页，及指定的 Web 页的地址，同时可设置是否关闭此 Web 页的 IE 安全检测。

找到如下注册表子项（如果不存在，则新建），并根据下表编辑其相应项值（如果不存在，则新建）:

HKEY_CURRENT_USER\Software\Policies\Microsoft\Office\11.0\Outlook\Webview\SentMail

项值（数据类型）	项值数据
Show（字符串值）	YES（显示） NO（不显示）
Url（字符串值）	

19. 如何自定义 Expand Unicode Mode

本例用于根据需要来自定义“Expand Unicode Mode ”模式，以达到预期的各种安全设置目的。

找到如下注册表子项（如果不存在，则新建），并根据下表编辑其相应项值（如果不存在，则新建）:

HKEY_CURRENT_USER\Software\Policies\Microsoft\Office\11.0\Outlook\EmSp

项值（数据类型）	项值数据
IngnoreOSTFFormat（DWORD 值）	0（OST 格式测定模式） 1（若格式与模式不匹配，创建新的 OST） 2（若格式与模式不匹配，通过命令创建新的 OST）
IngnoreArchiveFo（DWORD 值）	1（放弃现有的 ArchivePST 模式） 0（取消此设置）
PreferANSI（DWORD 值）	1（默认，不接受 ANSI） 0（接受 ANSI 模式）

20. 如何自定义 OAB 手动下载的数量

本例用于根据需要来指定在每 13 个小时期间，允许手动 OAB 完整下载的数量。

找到如下注册表子项（如果不存在，则新建），并根据下表编辑其相应项值（如果不存在，则新建）：

HKEY_CURRENT_USER\Software\Policies\Microsoft\Office\11.0\Outlook\Exchange\Exchange Provider

项值（数据类型）	项值数据
LimitManualOABDownload（DWORD 值）	2（自定义允许动 OAB 完整下载的数量）

21. 如何自定义“任务”文件夹主页

本例用于指定是否显示“任务”关联的 Web 页，及指定的 Web 页的地址，同时可设置是否关闭此 Web 页的 IE 安全检测。

找到如下注册表子项（如果不存在，则新建），并根据下表编辑其相应项值（如果不存在，则新建）：

HKEY_CURRENT_USER\Software\Policies\Microsoft\Office\11.0\Outlook\Webview\Journal

项值（数据类型）	项值数据
Show（字符串值）	YES（显示）；NO（不显示）
Url（字符串值）	WWW.163.com（指定的关联 Web 页地址）
Security（字符串值）	YES（不检测）；NO（检测）

22. 如何自定义 DualFont（双字体）的支持

本例用于根据需要来设置在 Outlook 2003 中，是否允许 DualFont（双字体）的支持。

找到如下注册表子项（如果不存在，则新建），并根据下表编辑其相应项值（如果不存在，则新建）：

HKEY_CURRENT_USER\Software\Policies\Microsoft\Office\11.0\Outlook\Preferences

项值（数据类型）	项值数据
DontUseDualFont（DWORD 值）	1（禁止 DualFont（双字体）的支持） 0（允许 DualFont（双字体）的支持）

23. 如何自定义“工具栏按钮”和“菜单项”

本例用于根据需要来设置一些“工具栏按钮”和“菜单项”的使用，当禁止使用时，“工具栏按钮”和“菜单项”将变灰，并呈不可用状态。

找到如下注册表子项（如果不存在，则新建），并根据下表编辑其相应项值（如果不存在，则新建）：

HKEY_CURRENT_USER\Software\Policies\Microsoft\Office\11.0\Outlook\Disabled CmdBarItemsCheckBoxes

项值（数据类型）	项值数据
ToolsSpeech（DWORD 值）	5764（限制“工具/语音”菜单无效） 0（允许使用）
toolsOntheWeb（DWORD 值）	7032（限制“工具/在 Web 上的工具”菜单无效） 0（允许使用）
ToolsCustomerize（DWORD 值）	797（限制“工具/自定义”菜单无效） 0（允许使用）
ToolsForms3Design（DWORD 值）	1（限制“工具/窗体/设计窗体”菜单无效） 0（允许使用）
HelpOfficeWeb（DWORD 值）	3775（限制“帮助/Microsoft Office Online”菜单无效） 0（允许使用）
HelpRegistration（DWORD 值）	5933（限制“帮助/激活”菜单无效） 0（允许使用）
HelpRepair（DWORD 值）	3774（限制“帮助/检测和修复”菜单无效） 0（允许使用）
ToolsService（DWORD 值）	6863（使“工具/电子邮件账户”菜单无效） 0（允许使用）

24. 如何自定义 OAB 完整下载的数量

本例用于根据需要来设置在一个指定的时间期间，可同时进行的 OAB 完整下载的数量。

找到如下注册表子项（如果不存在，则新建），并根据下表编辑其相应项值（如果不存在，则新建）：

HKEY_CURRENT_USER\Software\Policies\Microsoft\Office\11.0\Outlook Exchange\Exchange Provider

项值（数据类型）	项值数据
AllowSRSCEFullOAB Download（DWORD 值）	1（默认，在每 13hr 期间，同时进行的 OAB 完整下载的数量）

25. 如何自定义今天 Outlook 的可用性

本例用于根据需要来设置今天 Outlook 的可用性，以达到预期的各种安全设置目的。

找到如下注册表子项（如果不存在，则新建），并根据下表编辑其相应项值（如果不存在，则新建）：

HKEY_CURRENT_USER\Software\Policies\Microsoft\Office\11.0\Outlook\Today

项值（数据类型）	项值数据
Disable（DWORD 值）	0（今天可用） 1（今天不可用）

26. 如何自定义“使用高宽带 RPC”提示前的时间

本例用于根据需要来设置正在运行的使用高宽带 RPC（远程程序调用）给出系统托盘图标提示之前的等待时间。

找到如下注册表子项（如果不存在，则新建），并根据下表编辑其相应项值（如果不存在，则新建）：

HKEY_CURRENT_USER\Software\Policies\Microsoft\Office\11.0\Outlook\Display Types

项值（数据类型）	项值数据
Time toUpdate TrayIconHighBandwidth（DWORD 值）	3000（默认，3 秒）；5000（5 秒） 10000（10 秒）；15000（15 秒） 30000（30 秒）；60000（1 分钟）；120000（2 分钟）

27. 如何自定义今天 Outlook 的 Web 页

本例用于根据需要来设置今天 Outlook 的 Web 页及 Web 页的地址。

找到如下注册表子项（如果不存在，则新建），并根据下表编辑其相应项值（如果不存在，则新建）：

HKEY_CURRENT_USER\Software\Policies\Microsoft\Office\11.0\Outlook\Webview\Journal

项值（数据类型）	项值数据
Show（字符串值）	YES（显示）；NO（不显示）
Url（字符串值）	WWW.baidu.com（指定的关联 Web 页地址）
Security（字符串值）	YES（不检测）；NO（检测）

28. 如何自定义 Sharepoint Integration 的使用

本例用于根据需要来设置是否允许 Sharepoint Integration 在 Outlook 上的使用，以达到预期的各种安全设置目的。

找到如下注册表子项（如果不存在，则新建），并根据下表编辑其相应项值（如果不存在，则新建）：

HKEY_CURRENT_USER\Software\Policies\Microsoft\Office\11.0\Outlook\Preferences

项值（数据类型）	项值数据
DisallowSTS（DWORD 值）	0（允许 Sharepoint Integration 在 Outlook 上的使用） 1（禁止 Sharepoint Integration 在 Outlook 上的使用）

29. 如何自定义"脱机地址簿"的别名匹配

本例用于根据需要来设置在 Outlook 中是否允许脱机地址簿的别名匹配，以达到预期的各种安全设置。

找到如下注册表子项（如果不存在，则新建），并根据下表编辑其相应项值（如果不存在，则新建）：

HKEY_CURRENT_USER\Software\Policies\Microsoft\Exchange\Exchange Provider

项值（数据类型）	项值数据
OABExactAliasMatch（DWORD 值）	1（允许脱机地址簿的别名匹配） 0（禁止脱机地址簿的别名匹配）

30. 如何自定义 Exchange 视图信息的发布

本例用于根据需要来设置在公用文件夹或私有文件夹上 Exchange 视图信息的发布，以达到预期的各种安全设置目的。

找到如下注册表子项（如果不存在，则新建），并根据下表编辑其相应项值（如果不存在，则新建）：

HKEY_CURRENT_USER\Software\Policies\Microsoft\Office\11.0\Outlook

项值（数据类型）	项值数据
ExchVwPub（DWORD 值）	0（在公用文件夹上不发布 Exchange 视图信息） 1（在公用文件夹上发布 Exchange 视图信息）
ExchVwPsnl（WORD 值）	0（在私有文件夹上不发布 Exchange 视图信息） 1（在私有文件夹上发布 Exchange 视图信息）

31. 如何自定义"使用低宽带 RPC"提示前的时间

本例用于根据需要来设置正在运行的使用低宽带 RPC（远程程序调用）给出系统托盘图标提示之前的等待时间。

找到如下注册表子项（如果不存在，则新建），并根据下表编辑其相应项值（如果不存在，则新建）：

HKEY_CURRENT_USER\Software\Policies\Microsoft\Office\11.0\Outlook\Display Types

项值（数据类型）	项值数据
TimetoUpdate TrayIconLowBandwidth（DWORD 值）	3000（默认，3 秒）；.5000（5 秒） 10000（10 秒）；15000（15 秒） 30000（30 秒）；.60000（1 分钟）；120000（2 分钟）

32. 如何自定义"通过命令执行 OAB 下载"

本例用于根据需要来指定是否"通过命令执行 OAB 下载"，以达到预期的各种安全设置。

找到如下注册表子项（如果不存在，则新建），并根据下表编辑其相应项值（如果不存在，则新建）：

HKEY_CURRENT_USER\Software\Policies\Microsoft\Office\11.0\Outlook\Exchange\Exchange Provider

项值（数据类型）	项值数据
Allow FullOABPrompt（DWORD 值）	1（允许） 2（不“通过命令执行 OAB 下载”）

33. 如何自定义 Exchange 运行“搜索文件夹”数量

本例用于根据需要来指定在“Exchange”（即邮筒）上运行联机“搜索文件夹”的数量，在指定的时间内，定时更新“Sharepoint”文件夹的内容。

找到如下注册表子项（如果不存在，则新建），并根据下表编辑其相应项值（如果不存在，则新建）：

HKEY_CURRENT_USER\Software\Policies\Microsoft\Office\11.0\Outlook\Option\General

项值（数据类型）	项值数据
SearchMaxNumberOnline（DWORD 值）	999（默认，最小值为 0，最大值为 999）

34. 如何设置“日历”文件夹主页

本例用于指定是否显示“日历”关联的 Web 页，及指定的 Web 页的地址，同时可设置是否关闭此 Web 页的 IE 安全检测。

找到如下注册表子项（如果不存在，则新建），并根据下表编辑其相应项值（如果不存在，则新建）：

HKEY_CURRENT_USER\Software\Policies\Microsoft\Office\11.0\Outlook Webview\Calendar

项值（数据类型）	项值数据
Show（字符串值）	YES（显示）；NO（不显示）
Url（字符串值）	WWW.WWW.baidu.com（指定 Web 页地址）
Security（字符串值）	YES（不检测）；NO（检测）

35. 如何自定义“搜索文件夹”在脱机下的保留时间

本例用于根据需要来指定“搜索文件夹”在脱机下的保留时间，以达到预期的各种安全设置目的。

找到如下注册表子项（如果不存在，则新建），并根据下表编辑其相应项值（如果不存在，则新建）：

HKEY_CURRENT_USER\Software\Policies\Microsoft\Office\11.0\Outlook\Option\General

项值（数据类型）	项值数据
SearchOfflineKeepAliveDays（DWORD 值）	60（默认，最小值为 0，最大值为 999 天）

36. 如何自定义“搜索文件夹”在联机模式下保留时间

本例用于根据需要来指定“搜索文件夹”在“Exchange Online”模式下的保留时间，以达到预期的各种安全设置。

找到如下注册表子项（如果不存在，则新建），并根据下表编辑其相应项值（如果不存在，则新建）：

HKEY_CURRENT_USER\Software\Policies\Microsoft\Office\11.0\Outlook\Option\General

项值（数据类型）	项值数据
SearchOnlineKeepAliveDays（DWORD 值）	60（默认（最小值为 0，最大值为 1000 天））

37. 如何自定义电子邮件附件窗格的显示

本例用于根据需要来为设置在邮件中增加附件时，“附件”窗格是否做自动显示。

找到如下注册表子项（如果不存在，则新建），并根据下表编辑其相应项值（如果不存在，则新建）：

HKEY_CURRENT_USER\Software\Policies\Microsoft\Office\11.0\Common\MailSettings

项值（数据类型）	项值数据
ShareingOptionCount（DWORD 值）	1（在邮件中增加附件时，“附件”窗格自动显示）； 0（不自动显示“附件 ”窗格）

38. 如何自定义“Windows 友好登录邮件请求”

本例用于根据需要来设置是否禁止“Windows 友好登录邮件请求”，以达到预期的各种安全设置目的。

找到如下注册表子项（如果不存在，则新建），并根据下表编辑其相应项值（如果不存在，则新建）：

HKEY_CURRENT_USER\Software\Policies\Microsoft\Office\11.0\Outlook

项值（数据类型）	项值数据
DontUpdateFriendlyLogon（DWORD 值）	0（允许） 1（禁止"Windows 友好登录邮件请求"）

39. 如何自定义"尚未决定的 RPC"通告前的时间

本例用于根据需要来设置"尚未决定的 RPC"（远程程序调用）给出气球通告前的时间。

找到如下注册表子项（如果不存在，则新建），并根据下表编辑其相应项值（如果不存在，则新建）：

HKEY_CURRENT_USER\Software\Policies\Microsoft\Office\11.0\Outlook\Display Types

项值（数据类型）	项值数据
TimetoShowRPCNMessagerHighBandwidth（DWORD 值）	15000（15 秒，高带宽连接） 30000（30 秒，高带宽连接） 60000（1 分钟，高带宽连接） 120000（2 分钟，高带宽连接） 600000（10 分钟，高带宽连接）
TimetoShowRPCNMessagerLowBandwidth（DWORD 值）	15000（15 秒，低带宽连接） 30000（30 秒，低带宽连接） 60000（1 分钟，低带宽连接） 120000（2 分钟，低带宽连接） 600000（10 分钟，低带宽连接）

40. 自定义"电子邮件账户菜单项"

本例用于根据需要来设置是否禁止"电子邮件账户菜单项"，以达到预期的各种安全设置目的。

找到如下注册表子项（如果不存在，则新建），并根据下表编辑其相应项值（如果不存在，则新建）：

HKEY_CURRENT_USER\Software\Policies\Microsoft\Office\11.0\Outlook\Setup

项值（数据类型）	项值数据
ModifyAccounts（DWORD 值）	0（允许） 1（禁止"电子邮件账户菜单项"）

41. 如何自定义“会议工作区”按钮的使用

本例用于根据需要来设置是否允许“会议工作区”按钮的使用，以达到预期的各种安全设置目的。

找到如下注册表子项（如果不存在，则新建），并根据下表编辑其相应项值（如果不存在，则新建）:

HKEY_CURRENT_USER\Software\Policies\Microsoft\Office\11.0\Meetting\Profile

项值（数据类型）	项值数据
Entry UI（DWORD 值）	0（允许“会议工作区”按钮的使用） 1（禁止“会议工作区”按钮的使用）

42. 如何自定义是否使用“快捷键”发送邮件

本例用于根据需要来设置是否使用快捷键“Ctrl+Enter”来发送邮件，以方便我们的操作。

找到如下注册表子项（如果不存在，则新建），并根据下表编辑其相应项值（如果不存在，则新建）:

HKEY_CURRENT_USER\Software\Policies\Microsoft\Office\11.0\Outlook\DisabledShortcutKeysCheckBoxes

项值（数据类型）	项值数据
CtrlEnte（DWORD 值）	13（可使用） 8（可使用） 0（禁用）

43. 如何自定义 Microsoft Windows Media Services

本例用于根据需要来设置在 Outlook 2003 中是否允许使用 Windows Media Services。Windows Media Services 主要用于“一对多”事件，如公司范围的广播或联机培训课程。

找到如下注册表子项（如果不存在，则新建），并根据下表编辑其相应项值（如果不存在，则新建）:

HKEY_CURRENT_USER\Software\Policies\Microsoft\Office\11.0\Outlook\Windows Media Services

项值（数据类型）	项值数据
Windows Media Services（DWORD 值）	0（禁用“Windows Media Services”选项） 1（启用“Windows Media Services”选项）

44. 如何设置运行“Mapi32. dll 的自动修复”时给出提示

本例用于根据需要来设置有运行“Fixmapi.exe”前是否询问，以达到预期的各种安全设置目的。

找到如下注册表子项（如果不存在，则新建），并根据下表编辑其相应项值（如果不存在，则新建）：

HKEY_CURRENT_USER\Software\Policies\Microsoft\Office\11.0\Outlook

项值（数据类型）	项值数据
Fixmapi（DWORD 值）	5（默认，运行“Fixmapi.exe”前询问） 1（运行“Fixmapi.exe”前不询问）

45. 如何设置“E-mail 同步脱机交换文件”时允许下载

本例用于根据需要来设置在 E-mail 同步脱机交换文件时是否允许下载，以达到预期的各种安全设置目的。

找到如下注册表子项（如果不存在，则新建），并根据下表编辑其相应项值（如果不存在，则新建）：

HKEY_CURRENT_USER\Software\Policies\Microsoft\Office\11.0\Outlook\Common\Drm

项值（数据类型）	项值数据
DoNotAcpuireDrmLicenseOnSync（DWORD 值）	0（在 E-mail 同步脱机交换文件时允许下载） 1（在 E-mail 同步脱机交换文件时不允许下载）

46. 如何设置“收件箱”文件夹主页

本例用于指定是否显示“收件箱”关联的 Web 页，及指定的 Web 页的地址，同时可设置是否关闭此 Web 页的 IE 安全检测。

找到如下注册表子项（如果不存在，则新建），并根据下表编辑其相应项值（如果不存在，则新建）：

HKEY_CURRENT_USER\Software\Policies\Microsoft\Office\11.0\Outlook\Webview\Inbox

项值（数据类型）	项值数据
Show（字符串值）	YES（显示）；NO（不显示）
Url（字符串值）	WWW.163.com（指定 Web 页地址）
Security（字符串值）	YES（不检测）；NO（检测）

47. 如何设置“联系”文件夹主页

本例用于指定是否显示“联系”关联的 Web 页，及指定的 Web 页的地址，同时可设置是否关闭此 Web 页的 IE 安全检测。

找到如下注册表子项（如果不存在，则新建），并根据下表编辑其相应项值（如果不存在，则新建）:

HKEY_CURRENT_USER\Software\Policies\Microsoft\Office\11.0\Outlook Webview\Contacts

项值（数据类型）	项值数据
Show（字符串值）	YES（显示）；NO（不显示）
Url（字符串值）	WWW.163.com（指定 Web 页地址）
Security（字符串值）	YES（不检测）；NO（检测）

48. 如何设置文件夹属性中“文件夹大小”按钮

本例用于根据需要来设置是否允许“文件夹属性对话框”中的“文件夹大小”按钮的显示，以达到预期的各种安全设置。

找到如下注册表子项（如果不存在，则新建），并根据下表编辑其相应项值（如果不存在，则新建）:

HKEY_CURRENT_USER\Software\Policies\Microsoft\Office\11.0\Outlook

项值（数据类型）	项值数据
ChkFldrSize（DWORD 值）	0（不显示） 1（默认，显示“文件夹大小”按钮）

49. 如何限制邮件消息的共享附件选项

本例用于根据需要在 Outlook 2003 中设置是否禁止“Outlook 邮件消息的共享附件选项”。

找到如下注册表子项（如果不存在，则新建），并根据下表编辑其相应项

值（如果不存在，则新建）：

HKEY_CURRENT_USER\Software\Policies\Microsoft\Office\11.0\Outlook\Common\mailSetting

项值（数据类型）	项值数据
DisablesharingOption（DWORD 值）	1（禁止 Outlook 邮件消息的共享附件选项） 0（取消此限制）

10-5 通过注册表设置 PowerPoint 2003

1. 如何自定义共享文件位置

本例用于自定义 PowerPoint 共享文件位置，以便实现多用户广播放映功能。

找到如下注册表子项（如果不存在，则新建），并根据下表编辑其相应项值（如果不存在，则新建）：

HKEY_CURRENT_USER\Software\Policies\Microsoft\Office\11.0\PowerPoint\Broadcast

项值（数据类型）	项值数据
FileServerLoc（字符串值）	K：/PIC（设置共享文件位置）

2. 如何限制"插入/超链接"命令

本例用于自定义限制 PowerPoint 的"插入/超链接"命令与菜单项，本例设置生效后，位于"插入"菜单下的"超链接"命令菜单变灰且无法使用。

找到如下注册表子项（如果不存在，则新建），并根据下表编辑其相应项值（如果不存在，则新建）：

HKEY_CURRENT_USER\Software\Policies\Microsoft\Office\11.0\PowerPointl\Disabled CmdBarItemsCheckBoxes

项值（数据类型）	项值数据
FileInsertHyperlink（字符串值）	1576（限制"插入/超链接"命令与菜单项） 0（取消此限制功能）

3. 如何限制各种按钮与菜单项

本例用于自定义限制 PowerPoint 的各种按钮与菜单项，从而达到预期的各种安全设置目的。

找到如下注册表子项（如果不存在，则新建），并根据下表编辑其相应项值（如果不存在，则新建）：

HKEY_CURRENT_USER\Software\Policies\Microsoft\Office\11.0\PowerPoint\Disabled CmdBarItemsList

项值（数据类型）	项值数据
TCID1（字符串值）	2521（设置欲禁止的命令 ID，如“默认打印”按钮）
TCID2（字符串值）	1576（设置欲禁止的命令 ID，如“插入链接命令”）

提示!! 以上的项值可无限增加，比如 TCID1、TCID2……TCID88。

4. 如何保留早期浏览器的介绍版本

本例用于设置 PowerPoint 是否保留一个早期浏览器的介绍版本。

找到如下注册表子项（如果不存在，则新建），并根据下表编辑其相应项值（如果不存在，则新建）：

HKEY_CURRENT_USER\Software\Policies\Microsoft\Office\11.0\PowerPoint\Internet

项值（数据类型）	项值数据
AllowNonV4MHTML （DWORD 值）	1（保留） 0（取消此功能）

5. 如何设置“宏安全”标准

本例用于根据需要在 PowerPoint 2003 中设置“宏安全”标准，从而达到预期的各种安全效果。

找到如下注册表子项（如果不存在，则新建），并根据下表编辑其相应项值（如果不存在，则新建）：

HKEY_LOCAL_MACHINE\SOFTWARE\Policies\Microsoftt\Office\11.0\PowerPoint 2\Option

项值（数据类型）	项值数据
Level（DWORD 值）	1（低，不建议使用，不受保护，某些宏具有潜在的不安全因素，只有在安装了防病毒软件或检查了所有要打开的文档的安全性时，才能使用这项设置） 2（中，可选择是否运行可能不安全的宏） 3（高，默认值，只允许运行可靠来源签署的宏，未经签署的宏会自动取消）

6. 如何设置兼容 Web 页格式

本例用于为 PowerPoint 设置兼容 Web 页格式，从而实现我们需要的浏览方式。

找到如下注册表子项（如果不存在，则新建），并根据下表编辑其相应项值（如果不存在，则新建）：

HKEY_CURRENT_USER\Software\Policies\Microsoft\Office\11.0\PowerPoint\Broadcast

项值（数据类型）	项值数据
HTMLVersion（DWORD 值）	2（允许所有的浏览器） 1（IE40 或 IE40 以后的版本） 0（已经安装的浏览器）

7. 如何限制“Web 工具栏”中的命令按钮

本例用于自定义限制 PowerPoint “Web 工具栏”菜单下的各种按钮与菜单项，从而达到预期的各种安全设置目的。

找到如下注册表子项（如果不存在，则新建），并根据下表编辑其相应项值（如果不存在，则新建）：

HKEY_CURRENT_USER\Software\Policies\Microsoft\Office\11.0\PowerPoint\Disabled CmdBarItemsCheckBoxes

项值（数据类型）	项值数据
WebRefreshCurrentPage（字符串值）	102（限制“Web 工具栏”中的“刷新”命令按钮） 0（取消此限制功能）
WebStartPage（字符串值）	1016（限制“Web 工具栏”中的“开始页”命令按钮） 0（取消此限制功能）

续表

项值（数据类型）	项值数据
WebSearchTheWeb（字符串值）	1922（限制“Web 工具栏”中的“搜索 Web”命令按钮） 0（取消此限制功能）
WebFaverites（字符串值）	30176（限制“Web 工具栏”中的“收藏夹”命令按钮） 0（取消此限制功能）
WebGo（字符串值）	30328（限制“Web 工具栏”中的“前往”命令按钮） 0（取消此限制功能）
WebAdress（字符串值）	1740（限制“Web 工具栏”中的“地址栏”命令按钮） 0（取消此限制功能）

提示!!

如果启用 WebSearchTheWeb 项值的设置并编辑其值为 1922，为了达到更安全的效果，可进一步编辑此子键下的“FileOpenSearchTheWeb”项值，将值设置为 4087。

8. 如何信任所有安装加载项和模板

本例用于根据我们的安全需要，在 PowerPoint 中设置是否信任所有安装的加载项和模板，从而达到预期的各种安全设置目的。

找到如下注册表子项（如果不存在，则新建），并根据下表编辑其相应项值（如果不存在，则新建）：

HKEY_LOCAL_MACHINE\SOFTWARE\Policies\Microsoft\Office\11.0\PowerPoint\Security

项值（数据类型）	项值数据
Don'tTrastInstalled File（DWORD 值）	0（信任所有安装加载项和模板） 1（取消此信任）

9. 如何限制热键功能

本例用于自定义限制 PowerPoint 的各种热键命令功能，从而达到预期的各种安全设置目的。

找到如下注册表子项（如果不存在，则新建），并根据下表编辑其相应项值（如果不存在，则新建）：

HKEY_CURRENT_USER\Software\Policies\Microsoft\Office\11.0\PowerPoint\Disabled ShortcutKeyssCheckBoxes

项值（数据类型）	项值数据
Find （字符串值）	70，8（限制“查找（Ctrl+F）”热键功能命令） 0（取消此限制功能）
InsertHyperlink （字符串值）	75，8（限制“插入超链接（Ctrl+K）”热键功能命令） 0（取消此限制功能）
ToolsMacroMacros （字符串值）	119，16（限制“宏（Alt+F8）”热键功能命令） 0（取消此限制功能）
ToolsMacroVBE （字符串值）	112，16（限制“Visual Basic（Atl+F11）”热键功能命令） 0（取消此限制功能）
ToolsMacroWeb （字符串值）	122，20（限制“Microsoft 脚本编辑器（Alt+Shift+F11）”热键功能命令） 0（取消此限制功能）

10. 如何定义广播放映方式

本例用于自定义 PowerPoint 在广播放映时的各种扩展设置，以便达到更好的性能和功能扩展。

找到如下注册表子项（如果不存在，则新建），并根据下表编辑其相应项值（如果不存在，则新建）：

HKEY_CURRENT_USER\Software\Policies\Microsoft\Office\11.0\PowerPoint\Broadcast

项值（数据类型）	项值数据
EnableAudio（DWORD 值）	1（允许发送音频流）；0（禁止发送）
EnableVideo（DWORD 值）	1（允许发送视频流）；0（禁止发送）
REXComputerName （字符串值）	Solon（设置将摄像头/麦克风链接到指定的计算机）
Archive（DWORD 值）	1（设置将播放内容记录下来）；0（取消此功能）
ArchiveLoc（字符串值）	C：/Record（设置记录广播放映的文件夹位置）

11. 如何设置对“Visual Basic 项目”的访问

本例用于根据我们的安全需要，在 PowerPoint 中设置是否信任对“Visual Basic 项目”的访问，从而达到预期的各种安全设置目的。

找到如下注册表子项（如果不存在，则新建），并根据下表编辑其相应项值（如果不存在，则新建）：

HKEY_LOCAL_MACHINE0\SOFTWARE\Policies\Microsoft\Office\11.0\

PowerPoint\Security

项值（数据类型）	项值数据
AccessVBOM（DWORD 值）	1（信任对“Visual Basic 项目”的访问） 0（取消此信任）

12. 如何限制“工具”菜单下的菜单项

本例用于自定义限制 PowerPoint 的“工具”菜单下的各种命令按钮与菜单项，从而达到预期的各种安全设置目的。

找到如下注册表子项（如果不存在，则新建），并根据下表编辑其相应项值（如果不存在，则新建）:

HKEY_CURRENT_USER\Software\Policies\Microsoft\Office\11.0\PowerPoint\Disabled CmdBarItemsCheckBoxes

项值（数据类型）	项值数据
ToolsSpeech（字符串值）	5764（限制“工具/拼写检查”命令与菜单项） 0（取消此限制功能）
ToolsProtectDoc（字符串值）	7116（限制“工具/保护文档”命令与菜单项） 0（取消此限制功能）
ToolsCollaboration（字符串值）	30468（限制“工具/联机操作”命令与菜单项） 0（取消此限制功能）
ToolsOnTheWeb（字符串值）	7032（限制“工具/Web 工具”命令与菜单项） 0（取消此限制功能）
ToolAddins（字符串值）	751（限制“工具/模板和加载项”命令与菜单项） 0（取消此限制功能）
ToolsCustomize（字符串值）	797（限制“工具/自定义”命令与菜单项） 0（取消此限制功能）
ToolsOpation（字符串值）	522（限制“工具/选项”命令与菜单项） 0（取消此限制功能）

13. 如何限制“文件”菜单下的菜单项

本例用于自定义限制 PowerPoint “文件”菜单下的各种按钮与菜单项，从而达到预期的各种安全设置目的。

找到如下注册表子项（如果不存在，则新建），并根据下表编辑其相应项值（如果不存在，则新建）:

HKEY_CURRENT_USER\Software\Policies\Microsoft\Office\11.0\PowerPoint\

\Disabled CmdBarItemsCheckBoxes

项值（数据类型）	项值数据
FileOpenToolsFind（字符串值）	5905（限制“文件/打开/工具/查找”命令与菜单项）；0（取消此限制功能）
FileSaveAsWebPage（字符串值）	3823（限制“文件/另存为”命令与菜单项）0（取消此限制功能）
FileWebPagePreview（字符串值）	3655（限制“文件/网页预览”命令与菜单项）0（取消此限制功能）
FileSendToMailRecipient（字符串值）	3738（限制“文件/发送/邮件收件人”命令与菜单项）；0（取消此限制功能）

提示!!

如果启用 FileSaveAsWebPage 项值的设置并编辑其值为 3823，为了达到更安全的效果，可进一步编辑此子键下的“FilePublishAsWebPage”项值，将值设置为 3903。

14. 如何限制“帮助”菜单下的菜单项

本例用于自定义限制 PowerPoint “帮助”菜单下的各种按钮与菜单项，从而达到预期的各种安全设置目的。

找到如下注册表子项（如果不存在，则新建），并根据下表编辑其相应项值（如果不存在，则新建）：

HKEY_CURRENT_USER\Software\Policies\Microsoft\Office\11.0\PowerPoint\Disabled CmdBarItemsCheckBoxes

项值（数据类型）	项值数据
HelpOfficeWeb（字符串值）	3775（限制“帮助/Microsoft Office Online”命令与菜单项）0（取消此限制功能）
HelpRepair（字符串值）	3774（限制“帮助/检测并修改”命令与菜单项）0（取消此限制功能）
HelpRegistration（字符串值）	5933（限制“帮助/激活产品”命令与菜单项）0（取消此限制功能）

15. 如何自定义扩展的广播放映位置

本例用于自定义 PowerPoint 在广播放映时的各种扩展设置，以便达到更好的性能和功能扩展。

找到如下注册表子项（如果不存在，则新建），并根据下表编辑其相应项值（如果不存在，则新建）：

HKEY_CURRENT_USER\Software\Policies\Microsoft\Office\11.0\PowerPoint\Broadcast

项值（数据类型）	项值数据
ChatURL（字符串值）	Http：//1921680102.：8003（设置 Chat 聊天服务器的 URL）
ChatFile（字符串值）	http://1921680102/chat.cab（设置聊天服务器 ActiveX 安装 CAB 包的 URL）
ChatFileExisits（DWORD 值）	1（忽略默认的 Chat 聊天室的客户端程序） 0（取消此功能）
NsCore（字符串值）	http://1921680102/midiacore.cab（设置媒体核心支持 ActiveX 安装 CAB 包的 URL）
NsFiles（字符串值）	http://1921680102/ftp.cab（设置文件传输 CAB 包的 URL）
NsPlay（字符串值）	http://1921680102/mediaplay.cab（设置媒体播放器 ActiveX 安装 CAB 包的 URL）
BrowseLoc（字符串值）	Http：//1921680102.（设置默认事件的 URL）
MailTo（字符串值）	popox@www.baidu.com（设置默认的 E-mail 地址）
HelpURL（字符串值）	Http：//1921680102/help（设置默认帮助文件 URL）
TestVidioURL（字符串值）	Http：//1921680102./test.asf（设置默认的多媒体测试文件的 URL）

16. 限制“工具/宏”菜单下的菜单项

本例用于自定义限制 PowerPoint “工具/宏”菜单下的各种按钮与菜单项，从而达到预期的各种安全设置目的。

找到如下注册表子项（如果不存在，则新建），并根据下表编辑其相应项值（如果不存在，则新建）：

HKEY_CURRENT_USER\Software\Policies\Microsoft\Office\11.0\PowerPoint\Disabled CmdBarItemsCheckBoxes

项值（数据类型）	项值数据
ToolsMacro（字符串值）	30017（限制“工具”菜单中的“宏”字菜单） 0（取消此限制功能）
ToolsMacroMacros（字符串值）	186（限制“工具/宏/宏”命令与菜单项） 0（取消此限制功能）
ToolsMacroRecord（字符串值）	2780（限制“工具/宏/录制新宏”命令与菜单项） 0（取消此限制功能）
ToolsMacroSecurity（字符串值）	3627（限制“工具/宏/安全性”命令与菜单项） 0（取消此限制功能）
ToolsMacroVBE（字符串值）	11695（限制“工具/宏/Visual Basic”命令与菜单项） 0（取消此限制功能）
ToolsMacroWeb（字符串值）	3613（限制“工具/宏/Microsoft”命令与菜单项） 0（取消此限制功能）

10-6 通过注册表设置 FrontPage 2003

1. 如何自定义限制 PowerPoint 2003 的各种菜单项

本例用于自定义限制 FrontPage 的各种按钮与菜单项，从而达到预期的各种安全设置目的。

找到如下注册表子项（如果不存在，则新建），并根据下表编辑其相应项值（如果不存在，则新建）:

HKEY_CURRENT_USER\Software\Policies\Microsoft\Office\11.0\FrontPage\Disabled CmdBarItemsList

项值（数据类型）	项值数据
TCID1（字符串值）	5905（设置欲禁止的命令 ID，如“默认打印”按钮）
TCID2（字符串值）	797（设置欲禁止的命令 ID，如“插入链接命令）

提示!! 以上的项值可无限增加，比如 TCID1、TCID2……TCID8。

2. 如何自定义限制“插入/Web 组件”菜单下的菜单项

本例用于自定义限制 FrontPage“插入/Web 组件”菜单下的各种按钮与菜单项，从而达到预期的各种安全设置目的。

找到如下注册表子项（如果不存在，则新建），并根据下表编辑其相应项值（如果不存在，则新建）:

HKEY_CURRENT_USER\Software\Policies\Microsoft\Office\11.0\FrontPage\Disabled CmdBarItemsCheckBoxes

项值（数据类型）	项值数据
InserCompWebCal（字符串值）	3892（限制“插入/Web 组件/电子表格和图表/Office 电子表格”控件）；0（取消此限制功能）
InserCompPivotListl（字符串值）	3725（限制“插入/Web 组件/电子表格和图表/Office 电子表格”控件）；0（取消此限制功能）
InserCompWebChart（字符串值）	3726（限制“插入/Web 组件/电子表格和图表/Office 电子表格”控件）；0（取消此限制功能）
InserCompBannerAdManiger（字符串值）	4210（限制“插入/Web 组件/电子表格和图表/Office 电子表格”控件）；0（取消此限制功能）
InserComHitCounter（字符串值）	4207（限制“插入/Web 组件/电子表格和图表/Office 电子表格”控件）；0（取消此限制功能）
InserComhoveButten（字符串值）	4206（限制“插入/Web 组件/电子表格和图表/Office 电子表格”控件）；0（取消此限制功能）
InserCompWebCal（字符串值）	4208（限制“插入/Web 组件/电子表格和图表/Office 电子表格”控件）；0（取消此限制功能）
InserCompWebCal（字符串值）	4211（限制“插入/Web 组件/电子表格和图表/Office 电子表格”控件）；0（取消此限制功能）
InserCompWebCal（字符串值）	4302（限制“插入/Web 组件/电子表格和图表/Office 电子表格”控件）；0（取消此限制功能）
InserCompWebCal（字符串值）	4303（限制“插入/Web 组件/电子表格和图表/Office 电子表格”控件）；0（取消此限制功能）
InserCompWebCal（字符串值）	4304（限制“插入/Web 组件/电子表格和图表/Office 电子表格”控件）；0（取消此限制功能）
InserCompWebCal（字符串值）	4305（限制“插入/Web 组件/电子表格和图表/Office 电子表格”控件）；0（取消此限制功能）
InserCompWebCal（字符串值）	4300（限制“插入/Web 组件/电子表格和图表/Office 电子表格”控件）；0（取消此限制功能）

3. 如何自定义限制“工具/宏”菜单下的菜单项

本例用于自定义限制 FrontPage“工具/宏”菜单下的各种按钮与菜单项，

从而达到预期的各种安全设置目的。

找到如下注册表子项（如果不存在，则新建），并根据下表编辑其相应项值（如果不存在，则新建）：

HKEY_CURRENT_USER\Software\Policies\Microsoft\Office\11.0\FrontPage\Disabled CmdBarItemsCheckBoxes

项值（数据类型）	项值数据
ToolsMacro（字符串值）	30017（限制“工具”菜单中的“宏”字菜单） 0（取消此限制功能）
ToolsMacroMacros（字符串值）	186（限制“工具/宏/宏”命令与菜单项） 0（取消此限制功能）
ToolsMacroRecord（字符串值）	2780（限制“工具/宏/录制新宏”命令与菜单项） 0（取消此限制功能）
ToolsMacroSecurity（字符串值）	3627（限制“工具/宏/安全性”命令与菜单项） 0（取消此限制功能）
ToolsMacroVBE（字符串值）	11695（限制“工具/宏/Visual Basic”命令与菜单项） 0（取消此限制功能）
ToolsMacroWeb（字符串值）	3613（限制“工具/宏/Microsoft”命令与菜单项） 0（取消此限制功能）

4. 如何自定义限制“文件”菜单下的菜单项

本例用于自定义限制 FrontPage “文件”菜单下的各种按钮与菜单项，从而达到预期的各种安全设置目的。

找到如下注册表子项（如果不存在，则新建），并根据下表编辑其相应项值（如果不存在，则新建）：

HKEY_CURRENT_USER\Software\Policies\Microsoft\Office\11.0\FrontPage\Disabled CmdBarItemsCheckBoxes

项值（数据类型）	项值数据
FileOpenToolsFind（字符串值）	5905（限制“文件/打开/工具/查找”命令与菜单项） 0（取消此限制功能）

5. 如何自定义限制“插入/图片”菜单下的菜单项

本例用于自定义限制 FrontPage “插入/图片”菜单下的各种按钮与菜单

项，从而达到预期的各种安全设置目的。

找到如下注册表子项（如果不存在，则新建），并根据下表编辑其相应项值（如果不存在，则新建）:

HKEY_CURRENT_USER\Software\Policies\Microsoft\Office\11.0\FrontPage\Disabled CmdBarItemsCheckBoxes

项值（数据类型）	项值数据
InsertPictureVedio（字符串值）	3799（限制“插入/图片-视频”命令与菜单项）； 0（取消此限制功能）

6. 如何自定义限制“插入/数据库”菜单下的菜单项

本例用于自定义限制 FrontPage “插入/数据库”菜单下的各种按钮与菜单项，从而达到预期的各种安全设置目的。

找到如下注册表子项（如果不存在，则新建），并根据下表编辑其相应项值（如果不存在，则新建）:

HKEY_CURRENT_USER\Software\Policies\Microsoft\Office\11.0\FrontPage\Disabled CmdBarItemsCheckBoxes

项值（数据类型）	项值数据
InserDBRResults（字符串值）	4218（限制“插入/数据库/结果”命令与菜单项） 0（取消此限制功能）
InserDBRColValue（字符串值）	4219（限制“插入/数据库/列值”命令与菜单项） 0（取消此限制功能）

7. 如何自定义限制“视图”菜单下的菜单项

本例用于自定义限制 FrontPage “视图”菜单下的各种按钮与菜单项，从而达到预期的各种安全设置目的。

找到如下注册表子项（如果不存在，则新建），并根据下表编辑其相应项值（如果不存在，则新建）:

HKEY_CURRENT_USER\Software\Policies\Microsoft\Office\11.0\FrontPage\Disabled CmdBarItemsCheckBoxes

项值（数据类型）	项值数据
ViewToolbarsCustomize（字符串值）	797（限制“视图/工具栏/自定义”命令与菜单项） 0（取消此限制功能）

8. 如何自定义限制“工具”菜单下的菜单项

本例用于自定义限制 FrontPage 的“工具”菜单下的各种命令按钮与菜单项，从而达到预期的各种安全设置目的。

找到如下注册表子项（如果不存在，则新建），并根据下表编辑其相应项值（如果不存在，则新建）：

HKEY_CURRENT_USER\Software\Policies\Microsoft\Office\11.0\FrontPage\Disabled CmdBarItemsCheckBoxes

项值（数据类型）	项值数据
ToolsSpeech（字符串值）	5764（限制“工具/拼写检查”命令与菜单项） 0（取消此限制功能）
ToolsCollaboration（字符串值）	30468（限制“工具/联机操作”命令与菜单项） 0（取消此限制功能）
ToolsOnTheWeb 字符串值）	7032（限制“工具/Web 工具”命令与菜单项） 0（取消此限制功能）
ToolAddins（（字符串值）	751（限制“工具/模板和加载项”命令与菜单项） 0（取消此限制功能）
ToolsCustomize（字符串值）	797（限制“工具/自定义”命令与菜单项） 0（取消此限制功能）
ToolsOpation（字符串值）	522（限制“工具/选项”命令与菜单项） 0（取消此限制功能）

10-7 其他设置

1. 如何禁止从网上访问数据

本例用于禁止管理器从网上访问数据，设置以后无法点击“网上剪辑”按钮。

找到如下注册表子项（如果不存在，则新建），并根据下表编辑其相应项值（如果不存在，则新建）：

HKEY_CURRENT_USER\Software\Policies\Microsoft\Office\11.0\ClipOrgnization

项值（数据类型）	项值数据
DisableClipsOnline（DWORD 值）	1（启用此功能） 0（取消此功能）

2. 如何禁止对收藏集进行更改

通过本例用于全面禁止对收藏集的所有更改命令功能，包括“新建收藏集”、文件菜单下的“自动”、来自扫描仪或照相机命令以及复制、移动、改名等各种操作全面禁止。

（1）找到如下注册表子项（如果不存在，则新建），并根据下表编辑其相应项值（如果不存在，则新建）：

HKEY_CURRENT_USER\Software\Policies\Microsoft\Office\11.0\ClipOrgnization

项值（数据类型）	项值数据
DisablePrimaryChange（DWORD 值）	1（启用此功能） 0（取消此功能）

（2）设置完成后，重新启动电脑，“剪辑管理器”即可生效。

3. 如何设置字体格式是否依赖 CSS

本例用于根据需要来设置字体格式是否依赖 CSS。

找到如下注册表子项（如果不存在，则新建），并根据下表编辑其相应项值（如果不存在，则新建）：

HKEY_CURRENT_USER\Software\Policies\Microsoft\Office\11.0\common\Internet

项值（数据类型）	项值数据
DoNot Rely OnCSS（DWORD 值）	0（字体格式依赖 CSS） 1（取消此功能）

4. 如何设置 Office 工具栏是否使用大图标

本例用于根据需要来设置 Office 工具栏是否使用大图标。

找到如下注册表子项（如果不存在，则新建），并根据下表编辑其相应项值（如果不存在，则新建）：

HKEY_CURRENT_USER\Software\Policies\Microsoft\Office\11.0\common\toolbars

项值（数据类型）	项值数据
BtnSize（DWORD 值）	0（使用大图标） 1（禁用大图标）

5. 如何设置“Office 位置”查找的搜索域

本例用于在以“Office 位置”查找时，可根据我们的需要在“Active Direction”上指定搜索域，从而达到预期的各种安全设置目的。

找到如下注册表子项（如果不存在，则新建），并根据下表编辑其相应项值（如果不存在，则新建）：

HKEY_CURRENT_USER\Software\Policies\Microsoft\Office\11.0\common\PersonalMenu

项值（数据类型）	项值数据
ADRplacePhysicalDeliveryOfficename（DWORD 值）	WWW.163.com（以“Office 位置”查找时，在“Active Direction”上指的定搜索域）

6. 如何禁止所有“人名智能标记”菜单项

本例用于根据需要来设置是否禁止所有的“人名智能标记”菜单项，从而达到预期的各种安全设置目的。

找到如下注册表子项（如果不存在，则新建），并根据下表编辑其相应项值（如果不存在，则新建）：

HKEY_CURRENT_USER\Software\Policies\Microsoft\Office\11.0\common\PersonalMenu

项值（数据类型）	项值数据
Enabled（DWORD 值）	0（禁止所有的“人名智能标记”菜单项） 1（取消此限制）

7. 如何限制超越“因特网特性”传真的使用

本例用于根据需要来设置是否禁止超越“因特网特性”的传真的使用。

找到如下注册表子项（如果不存在，则新建），并根据下表编辑其相应项值（如果不存在，则新建）：

HKEY_CURRENT_USER\Software\Policies\Microsoft\Office\11.0\common\Services\Fax

项值（数据类型）	项值数据
NoFox（DWORD 值）	0（允许使用） 1（禁止使用）

8. 如何设置传真时是否接受“自定义保护层”

本例用于根据需要来设置在进行传真“收/发”中是否接受“自定义保护层”，从而达到预期的各种安全设置目的。

找到如下注册表子项（如果不存在，则新建），并根据下表编辑其相应项值（如果不存在，则新建）：

HKEY_CURRENT_USER\Software\Policies\Microsoft\Office\11.0\common\Services\Fax

项值（数据类型）	项值数据
DisallowCustomCoverSheet（DWORD 值）	0（接受） 1（不接受）

9. 如何将新的 Web 页作为 Web 档案保存

本例用于根据需要来设置将新的 Web 页作为 Web 档案来保存，从而达到预期的各种安全设置目的。

找到如下注册表子项（如果不存在，则新建），并根据下表编辑其相应项值（如果不存在，则新建）：

HKEY_CURRENT_USER\Software\Policies\Microsoft\Office\11.0\common\Internet

项值（数据类型）	项值数据
SaveNewWebPagersAswebArchives（DWORD 值）	0（取消此功能） 1（将新的 Web 页作为 Web 档案保存）

10. 如何设置选中字体时显示字体的外观

本例用于根据需要来设置当选中一种字体时，同时显示字体的外观，以方便我们选择字体。

找到如下注册表子项（如果不存在，则新建），并根据下表编辑其相应项值（如果不存在，则新建）：

HKEY_CURRENT_USER\Software\Policies\Microsoft\Office\11.0\common\toolbars

项值（数据类型）	项值数据
Font View（DWORD 值）	0（取消此设置） 1（选中字体时，显示字体的外观）

11. 如何设置将“Web 档案”并存在 HTML 编码中

本例用于根据需要来设置将“Web 档案”保存在任何 HTML 编码中产生比较小的文件，此设置只适用于 IE50 以后的版本。

找到如下注册表子项（如果不存在，则新建），并根据下表编辑其相应项值（如果不存在，则新建）：

HKEY_CURRENT_USER\Software\Policies\Microsoft\Office\11.0\common\Internet

项值（数据类型）	项值数据
DoNotForceUSACIIFForMHTML（DWORD 值）	0（取消此功能） 1（允许将“Web 档案”保存在任何 HTML 编码中）

12. 如何设工作区更新的间隔时间

本例用于根据需要来设置工作区更新的间隔时间，在指定的时间内，定时对工作区进行更新。

找到如下注册表子项（如果不存在，则新建），并根据下表编辑其相应项值（如果不存在，则新建）：

HKEY_CURRENT_USER\Software\Policies\Microsoft\Office\11.0\common\General

项值（数据类型）	项值数据
PollongInterval（DWORD 值）	10（默认（最小值为 1 分钟，最大值为 999 分钟））

13. 如何自定义 Office 助手

使用 Office 助手，可为我们操作 Office 提供许多方便，本例用于选择一个自己喜欢的 Office 助手。

找到如下注册表子项（如果不存在，则新建），并根据下表编辑其相应项值（如果不存在，则新建）：

HKEY_CURRENT_USER\Software\Policies\Microsoft\Office\11.0\common\Assistant

项值（数据类型）	项值数据
AssFile（字符串值）	clippit.acs（默认（大眼夹））；dot.acs（小灵通） Fl .acs（机器人）；logo .acs（七巧板） mnature .acs（美丽家园）；offcat .acs（恋恋） rocky .acs（聪聪）；dolphin .acs（查查） saek .acs（苗苗老师）；mnkying .acs（孙悟空）

14. 如何自定义“网上剪辑”的 URL

本例用于将“网上剪辑”的 URL 设置为自己喜欢的站点。

找到如下注册表子项（如果不存在，则新建），并根据下表编辑其相应项值（如果不存在，则新建）：

HKEY_CURRENT_USER\Software\Policies\Microsoft\Office\11.0\ClipOrgnization

项值（数据类型）	项值数据
ClipOnlineURL（DWORD 值）	Http://Office.Microsoft .com/clipart/default.aspx（自定义“网上剪辑”的 URL）

15. 如何自定义 Web 页发布的默认格式

本例用于根据需要来设置 Web 页发布的默认格式，从而达到预期的各种安全设置目的。

找到如下注册表子项（如果不存在，则新建），并根据下表编辑其相应项值（如果不存在，则新建）：

HKEY_CURRENT_USER\Software\Policies\Microsoft\Office\11.0\common\Internet

项值（数据类型）	项值数据
PublishFormat（DWORD 值）	0（默认格式）；1（Web 页格式）；2（Web 档案格式）

16. 如何设置“手机”查找的搜索域

本例用于在以“手机”查找时，可根据我们的需要在“Active Direction”上指定搜索域，从而达到预期的各种安全设置目的。

找到如下注册表子项（如果不存在，则新建），并根据下表编辑其相应项值（如果不存在，则新建）：

HKEY_CURRENT_USER\Software\Policies\Microsoft\Office\11.0\common\PersonalMenu

项值（数据类型）	项值数据
ADRplaceReplaceMobile（字符串值）	WWW.baidu.com（以“手机”查找时，在“Active Direction”上指定的搜索域）

17. 如何设置是否允许使用“来自扫描仪或照相机”菜单命令

本例用于禁用“来自扫描仪或照相机”菜单命令。

找到如下注册表子项（如果不存在，则新建），并根据下表编辑其相应项值（如果不存在，则新建）：

HKEY_CURRENT_USER\Software\Policies\Microsoft\Office\11.0\ClipOrgnization

项值（数据类型）	项值数据
DisableScanCamerapic（DWORD 值）	1（启用此功能）；0（取消此功能）

18. 如何设置一个“图表图库”的路径

本例用于设置一个“图表图库”的路径，从而实现将自己特有的图表添加到文档中。

找到如下注册表子项（如果不存在，则新建），并根据下表编辑其相应项值（如果不存在，则新建）：

HKEY_CURRENT_USER\Software\Policies\Microsoft\Office\11.0Graph\Options

项值（数据类型）	项值数据
GalleryPath（DWORD 值）	K:\PIC（可指定“图表图库”存放的路径）

19. 如何设置始终显示所有菜单

本例用于根据需要来设置始终显示所有菜单，或指定鼠标短暂停留后显示所有菜单。

找到如下注册表子项（如果不存在，则新建），并根据下表编辑其相应项值（如果不存在，则新建）：

HKEY_CURRENT_USER\Software\Policies\Microsoft\Office\11.0\common\toolbars

项值（数据类型）	项值数据
Adaptive Menua（DWORD 值）	0（始终显示所有菜单） 1（取消此设置）

20. 如何自定义修复时是否恢复快捷方式

本例用于根据需要来设置在修复时恢复快捷方式。

找到如下注册表子项（如果不存在，则新建），并根据下表编辑其相应项值（如果不存在，则新建）：

HKEY_CURRENT_USER\Software\Policies\Microsoft\Office\11.0\common\General

项值（数据类型）	项值数据
RestoreShortcuts（DWORD 值）	1（修复时恢复快捷方式）

21. 如何设置“球形提示”保留时间

本例用于根据需要来设置 Office 助手“球形提示”保留的时间。

找到如下注册表子项（如果不存在，则新建），并根据下表编辑其相应项值（如果不存在，则新建）：

HKEY_CURRENT_USER\Software\Policies\Microsoft\Office\11.0\common\Assistant

项值（数据类型）	项值数据
AssTipTimeout（DWORD 值）	20（默认，最小值为 0 秒）

22. 如何设置“人名智能标记”刷新时间

本例用于根据需要来设置“人名智能标记”日历信息的刷新时间，从而达到预期的各种安全设置目的。

找到如下注册表子项（如果不存在，则新建），并根据下表编辑其相应项值（如果不存在，则新建）：

HKEY_CURRENT_USER\Software\Policies\Microsoft\Office\11.0\common\PersonalMenu

项值（数据类型）	项值数据
CalendarInterval（DWORD 值）	15（默认，其最小值为 0 分钟，最大值为 500 分钟）

23. 如何设置“管理器”查找的搜索域

本例用于在以“管理器”查找时，可根据我们的需要在“Active Direction”上指定搜索域，从而达到预期的各种安全设置目的。

找到如下注册表子项（如果不存在，则新建），并根据下表编辑其相应项值（如果不存在，则新建）：

HKEY_CURRENT_USER\Software\Policies\Microsoft\Office\11.0\common\PersonalMenu

项值（数据类型）	项值数据
ADRplaceManager（DWORD 值）	WWW.baidu.com（以“管理器”查找时，在“Active Direction”上指定的搜索域（例：WWW.baidu.com））

24. 如何设置“住宅电话”查找的搜索域

本例用于在以“住宅电话”查找时，可根据我们的需要在“Active Direction”上指定搜索域，从而达到预期的各种安全设置目的。

找到如下注册表子项（如果不存在，则新建），并根据下表编辑其相应项值（如果不存在，则新建）：

HKEY_CURRENT_USER\Software\Policies\Microsoft\Office\11.0\common\PersonalMenu

项值（数据类型）	项值数据
ADRplaceHomePhone（字符串值）	WWW.baidu.com（以“住宅电话”查找时，在“Active Direction”上指的定搜索域，例：WWW.baidu.com）

25. 如何修复文档时不使用自定义设置

本例用于根据需要来设置在对文档实施“检测兵修复”时放弃使用自动义设置来恢复默认设置，从而达到预期的各种安全设置目的。

找到如下注册表子项（如果不存在，则新建），并根据下表编辑其相应项值（如果不存在，则新建）：

HKEY_CURRENT_USER\Software\Policies\Microsoft\Office\11.0\common\General

项值（数据类型）	项值数据
NResetSettings（DWORD 值）	1（放弃使用自定义设置来恢复默认设置）

26. 如何输出“HTML”时使空格键仿效 Tab 键

本例用于根据需要来设置当输出“HTML”时，是否允许“空格键”仿效 Tab 键，从而达到预期的各种安全设置目的。

找到如下注册表子项（如果不存在，则新建），并根据下表编辑其相应项值（如果不存在，则新建）：

HKEY_CURRENT_USER\Software\Policies\Microsoft\Office\11.0\common\Internet

项值（数据类型）	项值数据
ExportRealTabs（DWORD 值）	0（取消此功能） 1（禁止“空格键”仿效“Tab 键”）

27. 如何设置信赖“警告”的来源

本例用于根据需要来设置可信赖“警告”的来源，来保障我们使用“因特网”上资源的安全，从而达到预期的各种安全设置目的。

找到如下注册表子项（如果不存在，则新建），并根据下表编辑其相应项值（如果不存在，则新建）:

HKEY_CURRENT_USER\Software\Policies\Microsoft\Office\11.0\common\Security\Trusted Alert Sources

项值（数据类型）	项值数据
All（DWORD 值）	1（授权所有的站点作为“安全签名文件”的来源） 0（取消此授权）
All Intranet（DWORD 值）	1（授权企业内部网中所有的站点作为“安全签名文件”的来源）；0（取消此授权）
All Trusted（DWORD 值）	1（授权可信赖的站点作为“安全签名文件”的来源） 0（取消此授权）

28. 如何设置在文档关闭前是否自动获取工作区更新

本例用于根据需要，指定在文档关闭前是否自动获取对文档或工作区的更新。

找到如下注册表子项（如果不存在，则新建），并根据下表编辑其相应项值（如果不存在，则新建）:

HKEY_CURRENT_USER\Software\Policies\Microsoft\Office\11.0\common\SharePointEraching

项值（数据类型）	项值数据
Automatic Discovery（DWORD 值）	ON（在文档关闭前自动获取对文档或工作区的更新）； OFF（关闭此功能）

29. 如何禁用“发送至邮件收件人”菜单命令

本例用于禁用“发送至邮件收件人”菜单命令。

找到如下注册表子项（如果不存在，则新建），并根据下表编辑其相应项值（如果不存在，则新建）：

HKEY_CURRENT_USER\Software\Policies\Microsoft\Office\11.0\ClipOrgnization

项值（数据类型）	项值数据
DisableMailAttach（DWORD 值）	1（启用此功能） 0（取消此功能）

30. 如何更正误按 Caps Lock 键产生的大小写错误

本例用于根据需要来设置在 Excel，PowerPoint 和 Access 中的自定更正时因误按 Caps Lock 键产生的大小写错误。

找到如下注册表子项（如果不存在，则新建），并根据下表编辑其相应项值（如果不存在，则新建）：

HKEY_CURRENT_USER\Software\Policies\Microsoft\Office\11.0\common\Auto Correct

项值（数据类型）	项值数据
Toggle Caps Lock（DWORD 值）	0（取消此功能） 1（允许更正因误按 Caps Lock 键而产生的大小写错误）

31. 如何设置是否加密“文档文件”

本例用于根据需要来设置是否允许给“文档文件”加密，以达到预期的各种安全效果目的。

找到如下注册表子项（如果不存在，则新建），并根据下表编辑其相应项值（如果不存在，则新建）：

HKEY_CURRENT_USER\Software\Policies\Microsoft\Office\11.0\common\Security

项值（数据类型）	项值数据
DisableCuatomEncryption（DWORD 值）	0（允许加密设置） 1（禁止加密设置，并使设置文件密码的“高级”按钮变灰，处于禁用状态）

32. 如何设置是否允许访问“Web 基本文件库”

本例用于根据需要来设置是否允许对“Web 基本文件库”的访问，从而达到预期的各种安全设置目的。

找到如下注册表子项（如果不存在，则新建），并根据下表编辑其相应项值（如果不存在，则新建）：

HKEY_CURRENT_USER\Software\Policies\Microsoft\Office\11.0\common\SmartTag

项值（数据类型）	项值数据
NeverLoadManifests（DWORD 值）	0（取消此限制） 1（禁止使用“智能文档”的 Manifets（旅客名单））

提示!! 仅适用于 Word、Excel。

33. 完全禁止“智能文档”的使用

本例用于根据需要来设置在 Word、Excel 中完全禁止“智能文档特性”的运用。

找到如下注册表子项（如果不存在，则新建），并根据下表编辑其相应项值（如果不存在，则新建）：

HKEY_CURRENT_USER\Software\Policies\Microsoft\Office\11.0\common\SmartTag

项值（数据类型）	项值数据
NeverSmartDocoments（DWORD 值）	0（允许智能文档使用） 1（禁止智能文档使用）

提示!! 仅适用于 Word、Excel。

34. 如何为 Office 助手设置声音效果

本例用于为 Office 助手配上声音效果。

找到如下注册表子项（如果不存在，则新建），并根据下表编辑其相应项值（如果不存在，则新建）：

HKEY_CURRENT_USER\Software\Policies\Microsoft\Office\11.0\common\Assistant

项值（数据类型）	项值数据
AsstSound（DWORD 值）	0（禁止声音） 1（配上声音）

提示!! 可使用环境变量。

35. 如何为 Office 模板设置保存路径

找到如下注册表子项（如果不存在，则新建），并根据下表编辑其相应项值（如果不存在，则新建）:

HKEY_CURRENT_USER\Software\Policies\Microsoft\Office\11.0\common\General

项值（数据类型）	项值数据
UserTemplates（字符串值）	K:\Mytemp（指定"用户模板"保存的路径）
ShareTemplates（字符串值）	K:\WorkgroupTemplates（指定"工作组模板"保存的路径）
WorkgroupThemes（字符串值）	K:\WorkgroupThemes（指定"工作组共享主题"保存的路径）
UserQueriesFolder（字符串值）	K:\UserQueries（指定"用户查询文件夹"保存的路径，需加""）

36. 如何禁用"输入"功能

当我们已经输入了各种剪辑后不想再让其他的用户再输入新的剪辑时，可通过此设置禁用所有的设置功能，此时文件菜单下的"自动"、"在我自己的目录"和"来自扫描仪或照相机"命令全部禁用。

（1）找到如下注册表子项（如果不存在，则新建），并根据下表编辑其相应项值（如果不存在，则新建）:

HKEY_CURRENT_USER\Software\Policies\Microsoft\Office\11.0\ClipOrgnization

项值（数据类型）	项值数据
DisableUserImport（DWORD 值）	1（启用此功能） 0（取消此功能）

（2）设置完成后，重新启动电脑，"剪辑管理器"即可生效。

37. 如何自定义是否允许使用长文件名

本例用于根据需要来设置是否允许使用长文件名。

找到如下注册表子项（如果不存在，则新建），并根据下表编辑其相应项值（如果不存在，则新建）：

HKEY_CURRENT_USER\Software\Policies\Microsoft\Office\11.0\common\Auto Corrsct

项值（数据类型）	项值数据
DoNot UseLongFileName（DWORD 值）	0（允许使用长文件名） 1（禁止使用长文件名）

38. 如何设置触发“粘贴板”工具栏

本例用于根据需要来设置是否允许触发“粘贴板”工具栏，以达到预期的各种安全效果。

找到如下注册表子项（如果不存在，则新建），并根据下表编辑其相应项值（如果不存在，则新建）：

HKEY_CURRENT_USER\Software\Policies\Microsoft\Office\11.0\common\General

项值（数据类型）	项值数据
AcbControl（DWORD 值）	0（取消此限制） 1（禁止触发“粘贴板”工具栏）

39. 如何自定义 IE 浏览器打开文档的模式

本例用于根据需要来设置使用 IE 浏览器打开文档的模式，从而达到预期的安全效果。

找到如下注册表子项（如果不存在，则新建），并根据下表编辑其相应项值（如果不存在，则新建）：

HKEY_CURRENT_USER\Software\Policies\Microsoft\Office\11.0\common\Internet

项值（数据类型）	项值数据
OpenDocmentReadWriteEWhileBrowsing（DWORD 值）	1（读/写模式打开） 0（只读模式打开）

40. 如何禁用“我的收藏集”列表

本例用于禁用“我的收藏集”列表。

找到如下注册表子项（如果不存在，则新建），并根据下表编辑其相应项值（如果不存在，则新建）：

HKEY_CURRENT_USER\Software\Policies\Microsoft\Office\11.0\ClipOrgnization

项值（数据类型）	项值数据
DisableMyCol（DWORD 值）	1（启用此功能） 0（取消此功能）

41. 如何设置是否“提供声音反馈”

本例用于根据需要来设置是否“提供声音反馈”，从而达到预期的各种安全设置目的。

找到如下注册表子项（如果不存在，则新建），并根据下表编辑其相应项值（如果不存在，则新建）：

HKEY_CURRENT_USER\Software\Policies\Microsoft\Office\11.0\common\General

项值（数据类型）	项值数据
Sound（DWORD 值）	0（不提供声音反馈） 1（提供声音反馈）

42. 如何设置工具栏屏幕提示是否显示

本例用于根据需要来设置工具栏的屏幕提示是否显示。

找到如下注册表子项（如果不存在，则新建），并根据下表编辑其相应项值（如果不存在，则新建）：

HKEY_CURRENT_USER\Software\Policies\Microsoft\Office\11.0\common\toolbars

项值（数据类型）	项值数据
Tooltips（DWORD 值）	0（禁止显示工具栏上的屏幕提示） 1（显示工具栏的屏幕提示）

43. 如何在更正中当键入时就允许自动替换

本例用于根据需要来设置在 Excel，PowerPoint 和 Access 中的自定更正中，当键入时就允许自动替换，但必须在自动更正的设置面板上设置要替换的字符，及替换为的字符文本。

找到如下注册表子项（如果不存在，则新建），并根据下表编辑其相应项值（如果不存在，则新建）：

HKEY_CURRENT_USER\Software\Policies\Microsoft\Office\11.0\common\Auto Correct

项值（数据类型）	项值数据
Replace Text（DWORD 值）	0（禁止在键入时就自动替换） 1（允许键入时自动替换）

44. 如何禁用“Office 收藏集”列表

本例用于禁用“Office 收藏集”列表，设置完成后重新启动“剪辑管理”生效。

找到如下注册表子项（如果不存在，则新建），并根据下表编辑其相应项值（如果不存在，则新建）：

HKEY_CURRENT_USER\Software\Policies\Microsoft\Office\11.0\ClipOrgnization

项值（数据类型）	项值数据
DisableOfficeCol（DWORD 值）	1（启用此功能） 0（取消此功能）

45. 如何设置“Office 文件对话框”使用 Web 视图

使用 Web 视图，将对程序运行的速度产生一定的影响，本例用于根据需要来设置是否在“Office 文件对而话框”中使用 Web 视图，以满足我们实际操作的需求。

找到如下注册表子项（如果不存在，则新建），并根据下表编辑其相应项值（如果不存在，则新建）：

HKEY_CURRENT_USER\Software\Policies\Microsoft\Office\11.0\common\FileDialogWebViewSettings

项值（数据类型）	项值数据
ShowAllFileAndFolder（DWORD 值）	0（取消此限制） 1（禁止以 Web 视图显示）

46. 如何为“请求加入扩展组”指定等待时间

本例用于根据需要，在很大目录服务上为“请求加入扩展组”指定一个等待时间，从而达到预期的各种安全设置目的。

找到如下注册表子项（如果不存在，则新建），并根据下表编辑其相应项

值（如果不存在，则新建）：

HKEY_CURRENT_USER\Software\Policies\Microsoft\Office\11.0\common\DRM\AutoExpandDls

项值（数据类型）	项值数据
AdsSearchPrefTimeOutSecs（DWORD 值）	15（默认（最小值为 0，最大值为 640，单位为秒））

47. 如何设置是否允许组织文件夹中的支持文件

本例用于根据需要来设置是否允许组织文件夹中的支持文件。

找到如下注册表子项（如果不存在，则新建），并根据下表编辑其相应项值（如果不存在，则新建）：

HKEY_CURRENT_USER\Software\Policies\Microsoft\Office\11.0\common\Internet

项值（数据类型）	项值数据
DoNotOrganizeInFolder（DWORD 值）	0（允许组织文件夹中的支持文件） 1（禁止组织文件夹中的支持文件）

48. 如何自定义“连接服务器时的校验”

本例用于设置在连接服务器时总是要求进行校验，这样有利于将服务器上受限制的文件的使用情况记载到日志中，从而达到预期的各种安全设置目的。

找到如下注册表子项（如果不存在，则新建），并根据下表编辑其相应项值（如果不存在，则新建）：

HKEY_CURRENT_USER\Software\Policies\Microsoft\Office\11.0\common\DRM

项值（数据类型）	项值数据
requireConnection（DWORD 值）	0（不要求校验） 1（要求校验）

49. 如何在自动更正中设置英文日期首字母大写

本例用于根据需要来设置在 Excel，PowerPoint 和 Access 中的自动更正中设置英文日期首字母大写。

找到如下注册表子项（如果不存在，则新建），并根据下表编辑其相应项值（如果不存在，则新建）：

HKEY_CURRENT_USER\Software\Policies\Microsoft\Office\11.0\common\

Auto Correct

项值（数据类型）	项值数据
CapitailizeNames Of Days（DWORD 值）	0（禁止更正英文日期首字母大写） 1（自动更正英文日期首字母大写）

提示!! 仅适用于 Excel，powerPoint 和 Access。

50. 如何自定义“URL/E-mail”地址

本例用于额外指定一个“URL/E-mail”地址。

找到如下注册表子项（如果不存在，则新建），并根据下表编辑其相应项值（如果不存在，则新建）：

HKEY_CURRENT_USER\Software\Policies\Microsoft\Office\11.0\common\DRM

项值（数据类型）	项值数据
RequesPermission（DWORD 值）	0（禁止） 1（允许指定一个“URL/E-mail”地址）
RequesPermissionURL（字符串值）	WWW.baidu.com（指定的“URL/E-mail”地址，仅当“RequesPermission”值为 1 时可用）

51. 如何禁用“自动输入”功能

剪辑管理器的自动输入功能可以从本地用户计算机上死锁故障剪辑资源，但为了安全、隐私，我们可通过此设置禁用该功能。

找到如下注册表子项（如果不存在，则新建），并根据下表编辑其相应项值（如果不存在，则新建）：

HKEY_CURRENT_USER\Software\Policies\Microsoft\Office\11.0\ClipOrgnization

项值（数据类型）	项值数据
DisableAutoImport（DWORD 值）	1（启用此功能） 0（取消此功能）

52. 如何禁用“共享收藏夹”列表

本例用于禁用“共享收藏夹”列表，设置完成后重新启动“剪辑管理”生效。

找到如下注册表子项（如果不存在，则新建），并根据下表编辑其相应项

值（如果不存在，则新建）：

HKEY_CURRENT_USER\Software\Policies\Microsoft\Office\11.0\ClipOrgnization

项值（数据类型）	项值数据
DisableSharedCol（DWORD 值）	1（启用此功能） 0（取消此功能）

53. 如何设置自定更正时保持前两个字母连续大写

本例用于根据需要来设置在 Excel，PowerPoint 和 Access 中的自定更正时保持前两个字母连续大写。

找到如下注册表子项（如果不存在，则新建），并根据下表编辑其相应项值（如果不存在，则新建）：

HKEY_CURRENT_USER\Software\Policies\Microsoft\Office\11.0\common\Auto Correct

项值（数据类型）	项值数据
CorrectTwoInititalCapitals（DWORD 值）	0（取消此设置） 1（自定更正时保持前两个字母连续大写）

54. 如何设置允许将 PNG 作为图形格式

本例用于根据需要来设置是否允许将 PNG 作为图形格式。

找到如下注册表子项（如果不存在，则新建），并根据下表编辑其相应项值（如果不存在，则新建）：

HKEY_CURRENT_USER\Software\Policies\Microsoft\Office\11.0\common\Internet

项值（数据类型）	项值数据
AllowPNG（DWORD 值）	0（取消此设置） 1（允许将 PNG 作为图形格式）

56. 如何设置将文档另存为时指定编码格式

本例用于根据需要来设置将文档另存为指定的编码格式。

找到如下注册表子项（如果不存在，则新建），并根据下表编辑其相应项值（如果不存在，则新建）：

HKEY_CURRENT_USER\Software\Policies\Microsoft\Office\11.0\common\Internet

项值（数据类型）	项值数据
ncoding （DWORD 值）	1252（默认，Western Alphabet（Windows）） 28594（BalticAlphabet（ISO）） 1257（BalticAlphabet（Windows）） 852（Central Enropean（DOS）） 28592（Central EnropeanAlphabet（DOS）） 1250（Central EnropeanAlphabet（Windows）） 936（Chinese Simplified（GB2312）） 950（Chinese Traditional（Big 5）） 52936（Chinese Simplified（HZ）） 866（CyrillcAlphabet（DOS）） 28595（CyrillcAlphabet（ISO）） 1253（Greek Alphabet（Windows）） 1255（Hebrem Alphabet（Windows）） 51932（Japanese（EUC）） 50220（Japanese（JIS）） 50222（Japanese（JIS-Allow1 Byte Kana-So/SI）） 50221（Japanese（JIS-Allow1 Byte Kana）） 932（Japanese（Shift-JIS）） 949（Lorean） 28593（Latin 3 Alphabet（ISO）） 874（Thai（Windows）） 1254（Turkish Alphabet） 21866（UkrainianAlphabet（KOI8_RU）） 1200（UkrainianAlphabet（Big-Endian）） 65001（UkrainianAlphabet（UTF-8）） 1258（Vietnamese Alphabet（Windows）） 28598（Visual Hebrem（ISO））

55. 如何禁用“Web 收藏集”列表

本例用于禁用“Web 收藏集”列表，设置完成后重新启动“剪辑管理”生效。

找到如下注册表子项（如果不存在，则新建），并根据下表编辑其相应项值（如果不存在，则新建）：

HKEY_CURRENT_USER\Software\Policies\Microsoft\Office\11.0\

ClipOrgnization

项值（数据类型）	项值数据
DisableWebCol（DWORD 值）	1（启用此功能） 0（取消此功能）

57. 如何设置是否禁止模版任务框

本例用于根据需要来设置是否禁止模版任务框，以达到预期的各种安全效果。

找到如下注册表子项（如果不存在，则新建），并根据下表编辑其相应项值（如果不存在，则新建）：

HKEY_CURRENT_USER\Software\Policies\Microsoft\Office\11.0\common\General

项值（数据类型）	项值数据
NoATTP（DWORD 值）	0（取消此限制） 1（禁止模版任务框）

58. 如何设置是否允许在终端服务中预览声音和动画

在终端服务器上，为了能通过增强性能和减低服务器压力，默认情况下，声音和动画剪辑文件不进行预览，如果有特别需要而希望具有此功能，则通过本例进行设置。

找到如下注册表子项（如果不存在，则新建），并根据下表编辑其相应项值（如果不存在，则新建）：

HKEY_CURRENT_USER\Software\Policies\Microsoft\Office\11.0\ClipOrgnization

项值（数据类型）	项值数据
EnableSoundmotion（DWORD 值）	1（启用此功能）；0（取消此功能）

59. 如何设置始终按默认编码保存网页

本例用于根据需要来设置是否始终按默认编码保存网页，以达到预期的更正安全设置效果。

找到如下注册表子项（如果不存在，则新建），并根据下表编辑其相应项值（如果不存在，则新建）：

HKEY_CURRENT_USER\Software\Policies\Microsoft\Office\11.0\common\Internet

项值（数据类型）	项值数据
AwaysSave InDefault Encoding（DWORD 值）	0（禁止） 1（始终按默认编码保存网页）

60. 如何设置是否允许超链接到“Web 模版和任务窗格”

本例用于根据需要来设置当新建文档时是否允许超链接到“Web 模版的任务窗格”，以达到预期的各种安全效果。

找到如下注册表子项（如果不存在，则新建），并根据下表编辑其相应项值（如果不存在，则新建）:

HKEY_CURRENT_USER\Software\Policies\Microsoft\Office\11.0\common\Internet

项值（数据类型）	项值数据
DisableTemplatesOnThWeb（DWORD 值）	0（取消此限制） 1（禁止超链接到“Web 模版和任务窗格”）

61. 如何设置菜单的打开方式

本例用于根据需要来设置菜单的打开方式。

找到如下注册表子项（如果不存在，则新建），并根据下表编辑其相应项值（如果不存在，则新建）:

HKEY_CURRENT_USER\Software\Policies\Microsoft\Office\11.0\common\Toolbars

项值（数据类型）	项值数据
Animation（DWORD 值）	0（系统默认）；1（任意）；2（展开）；3（滑动）；4（淡出）

62. 如何为目标监视器设置屏幕尺寸

本例用于根据需要来为目标监视器设置屏幕尺寸。

找到如下注册表子项（如果不存在，则新建），并根据下表编辑其相应项值（如果不存在，则新建）:

HKEY_CURRENT_USER\Software\Policies\Microsoft\Office\11.0\common\Internet

项值（数据类型）	项值数据
ScreenSize（DWORD 值）	800×600（默认） 544×376（设置的屏幕尺寸） 640×480（设置的屏幕尺寸） 720×512（设置的屏幕尺寸） 1024×768（设置的屏幕尺寸） 1152×882（设置的屏幕尺寸） 1280×1024（设置的屏幕尺寸） .544×376（设置的屏幕尺寸） 1600×1200（设置的屏幕尺寸） 1800×1440（设置的屏幕尺寸） 1920×1200（设置的屏幕尺寸）

63. 如何设置“警告”时是否显示路径

本例用于根据需要来设置“警告”时是否显示路径，以达到预期的各种安全效果。

找到如下注册表子项（如果不存在，则新建），并根据下表编辑其相应项值（如果不存在，则新建）：

HKEY_CURRENT_USER\Software\Policies\Microsoft\Office\11.0\common\General

项值（数据类型）	项值数据
HidePathInAlerts（DWORD 值）	0（取消此限制） 1（“警告”时，禁止显示路径）

64. 如何设置保存时是否更新链接

本例用于根据需要来设置在保存时是否更新链接。

找到如下注册表子项（如果不存在，则新建），并根据下表编辑其相应项值（如果不存在，则新建）：

HKEY_CURRENT_USER\Software\Policies\Microsoft\Office\11.0\common\Auto Correct

项值（数据类型）	项值数据
DoNotUpdateLinksOnSave（DWORD 值）	0（保存时更新链接） 1（禁止保存时更新链接）

65. 如何使用 GermanPost–reform 进行拼写检查

本例用于根据需要，当运行拼写检查文档时，设置是否使用 German Post-reform 规则。

找到如下注册表子项（如果不存在，则新建），并根据下表编辑其相应项值（如果不存在，则新建）：

HKEY_CURRENT_USER\Software\Policies\Microsoft\ShareedTools\Proofing Tools\Spelling

项值（数据类型）	项值数据
German Post Reform（DWORD 值）	0（不使用 German Post-reform 规则检查） 1（默认，使用 German Post-reform 规则检查）

66. 如何设置是否显示“自动更正选项”按钮

本例用于根据需要来设置菜单的打开方式。

找到如下注册表子项（如果不存在，则新建），并根据下表编辑其相应项值（如果不存在，则新建）：

HKEY_CURRENT_USER\Software\Policies\Microsoft\Office\11.0\common\Auto Correct

项值（数据类型）	项值数据
FacOption（DWORD 值）	0（不显示“自动更正选项”按钮） 1（显示“自动更正选项”按钮）

67. 如何在自动更正中设置句首字母大写

本例用于根据需要来设置在 Excel，PowerPoint 和 Access 中的自定更正中使句首字母大写。

找到如下注册表子项（如果不存在，则新建），并根据下表编辑其相应项值（如果不存在，则新建）：

HKEY_CURRENT_USER\Software\Policies\Microsoft\Office\11.0\common\Auto Correct

项值（数据类型）	项值数据
CapitailizeSentence（DWORD 值）	0（取消此设置） 1（自定更正时使句首字母大写）

68. 如何修改 Micfrosoft Office Online 站点

本例用于根据需要来实现对“Micfrosoft Office Online ”站点的更改。

找到如下注册表子项（如果不存在，则新建），并根据下表编辑其相应项值（如果不存在，则新建）：

HKEY_CURRENT_USER\Software\Policies\Microsoft\Office\11.0\common\Internetl

项值（数据类型）	项值数据
OfficeOn TheWeb（字符串值）	WWW.Office Microsoft.com/home/default，aps 指定的网站，例如 WWW.Office,Microsoft.com/home/default.aps。

69. 如何检查 Office 是否为网页默认的编辑器

本例用于根据需要来设置检查 Office 是否为网页默认的编辑器。

找到如下注册表子项（如果不存在，则新建），并根据下表编辑其相应项值（如果不存在，则新建）：

HKEY_CURRENT_USER\Software\Policies\Microsoft\Office\11.0\common\Auto Correct

项值（数据类型）	项值数据
DoNotCheckIfOfficeIsTMlEditor（DWORD 值）	0（检查 Office 是否为网页默认的编辑器） 1（取消此设置）

70. 如何设置允许利用 VML 在浏览器中的显示图形

本例用于根据需要来设置是否利用 VML 在浏览器中的显示图形。

找到如下注册表子项（如果不存在，则新建），并根据下表编辑其相应项值（如果不存在，则新建）：

HKEY_CURRENT_USER\Software\Policies\Microsoft\Office\11.0\common\Auto Correct

项值（数据类型）	项值数据
Rely OnVML（DWORD 值）	0（禁止利用 VML 在浏览器中的显示图形） 1（允许利用 VML 在浏览器中的显示图形）

71. 如何设置参加微软“客户体验改进活动”

本例用于根据需要来决定是否参加微软举办的“客户体验改进活动”。

找到如下注册表子项（如果不存在，则新建），并根据下表编辑其相应项值（如果不存在，则新建）：

HKEY_CURRENT_USER\Software\Policies\Microsoft\Office\11.0\common

项值（数据类型）	项值数据
QMEnable（DWORD 值）	0（不愿意参加“客户体验改进活动”） 1（愿意匿名参加“客户体验改进活动”）

72. 如何设置是否允许从 Office 2003 更新站点上更新“块”

本例用于根据需要来设置是否允许从 Office 2003 更新站点上进行 Office 2003 产品的“块”更新，从而达到预期的各种安全设置目的。

找到如下注册表子项（如果不存在，则新建），并根据下表编辑其相应项值（如果不存在，则新建）：

HKEY_CURRENT_USER\Software\Policies\Microsoft\Office\11.0\common\OfficeUpdate

项值（数据类型）	项值数据
BlockUpdate（DWORD 值）	0（允许更新）；1（禁止更新）

73. 如何设置编辑文档时是否追踪文档编辑时间

本例用于根据需要来设置在编辑文档时，是否“追踪文档编辑时间”，从而达到预期的各种安全设置目的。

找到如下注册表子项（如果不存在，则新建），并根据下表编辑其相应项值（如果不存在，则新建）：

HKEY_CURRENT_USER\Software\Policies\Microsoft\Office\11.0\common\General

项值（数据类型）	项值数据
NoTrack（DWORD 值）	0（取消此限制）；1（禁止追踪文档编辑时间）

74. 如何设置鼠标在主菜单停留后是否显示所有菜单

本例用于根据需要来设置当鼠标指针在主菜单上短暂停留之后，是否显示所有菜单。

找到如下注册表子项（如果不存在，则新建），并根据下表编辑其相应项值（如果不存在，则新建）：

HKEY_CURRENT_USER\Software\Policies\Microsoft\Office\11.0\common\toolbars

项值（数据类型）	项值数据
AutoExpandMenu（DWORD 值）	0（禁用此功能） 1（鼠标在主菜单停留后显示所有菜单）

75. 如何设置是否为“有限制权限的文档”指定组

本例用于根据需要来设置当“文档有限制权限”时，是否允许用户为其指定组，从而达到预期的各种安全设置目的。

找到如下注册表子项（如果不存在，则新建），并根据下表编辑其相应项值（如果不存在，则新建）：

HKEY_CURRENT_USER\Software\Policies\Microsoft\Office\11.0\common\DRM

项值（数据类型）	项值数据
NeverAllowDLs（DWORD 值）	0（取消此限制） 1（禁止为“有限制权限的文档”指定组）

76. 如何设置工具栏的屏幕提示显示快捷键

本例用于根据需要来设置工具栏上的屏幕提示是否显示快捷键。

找到如下注册表子项（如果不存在，则新建），并根据下表编辑其相应项值（如果不存在，则新建）：

HKEY_CURRENT_USER\Software\Policies\Microsoft\Office\11.0\common\toolbars

项值（数据类型）	项值数据
ShowKbdShortcuts（DWORD 值）	0（禁止显示工具栏的屏幕提示显示快捷键） 1（显示快捷键）

77. 如何设置是否允许使用“消息权限管理”用户界面

本例用于根据需要来设置是否使用“消息权限管理”的用户界面，从而达到预期的各种安全设置目的。

找到如下注册表子项（如果不存在，则新建），并根据下表编辑其相应项

值（如果不存在，则新建）:

HKEY_CURRENT_USER\Software\Policies\Microsoft\Office\11.0\common\DRM

项值（数据类型）	项值数据
Disable（DWORD 值）	0（取消此限制） 1（禁止使用“消息权限管理”的用户界面）

78. 如何设置是否允许阅读“早期的 Office 版本”

本例用于根据需要来设置“早期的 Office 版本”是否允许使用浏览器阅读，此设置将使“受限制的文档”获得更多的许可。

找到如下注册表子项（如果不存在，则新建），并根据下表编辑其相应项值（如果不存在，则新建）:

HKEY_CURRENT_USER\Software\Policies\Microsoft\Office\11.0\common\DRM

项值（数据类型）	项值数据
INcludeHTML（DWORD 值）	0（禁止使用浏览器阅读） 1（允许使用浏览器阅读）

79. 如何为目标监视器设置每英寸像素数

本例用于根据需要来为目标监视器设置每英寸像素数。

找到如下注册表子项（如果不存在，则新建），并根据下表编辑其相应项值（如果不存在，则新建）:

HKEY_CURRENT_USER\Software\Policies\Microsoft\Office\11.0\common\Auto Internet

项值（数据类型）	项值数据
PixesPerInch（DWORD 值）	96（默认）；72（指定的每英寸像素数） 120（指定的每英寸像素数）

80. 如何设置打开模版是否自动显示模版任务框

本例用于根据需要来设置是否自动显示模版任务框。

找到如下注册表子项（如果不存在，则新建），并根据下表编辑其相应项值（如果不存在，则新建）:

HKEY_CURRENT_USER\Software\Policies\Microsoft\Office\11.0\common\General

项值（数据类型）	项值数据
NoAutoTTP（DWORD 值）	0（自动显示模版任务框） 1（不自动显示）

81. 如何设置是否允许“没有临界误差”的报告

本例用于根据需要来设置是否允许“没有临界误差”的报告，从而达到预期的各种安全设置目的。

找到如下注册表子项（如果不存在，则新建），并根据下表编辑其相应项值（如果不存在，则新建）：

HKEY_CURRENT_USER\Software\Policies\Microsoft\Office\11.0\common\ShipAsserts

项值（数据类型）	项值数据
AllowWebDrives（DWORD 值）	0（取消此限制） 1（禁止“没有临界误差”的报告）

82. 如何设置是否显示“粘贴”选择按钮

本例用于根据需要来设置“粘贴”选项按钮是否显示，从而达到预期的各种安全设置目的。

找到如下注册表子项（如果不存在，则新建），并根据下表编辑其相应项值（如果不存在，则新建）：

HKEY_CURRENT_USER\Software\Policies\Microsoft\Office\11.0\common\General

项值（数据类型）	项值数据
PasteOption（DWORD 值）	0（不显示“粘贴”选择按钮） 1（显示“粘贴”选择按钮）

83. 如何设置在线内容选项

本例用于根据需要来设置在线内容选项，从而达到预期的各种安全设置目的。

找到如下注册表子项（如果不存在，则新建），并根据下表编辑其相应项值（如果不存在，则新建）：

HKEY_CURRENT_USER\Software\Policies\Microsoft\Office\11.0\common\General

项值（数据类型）	项值数据
UseOnlineContent（DWORD 值）	0（从不显示在线内容和链接） 1（随时搜索有效的脱机内容） 2（随时搜索有效的在线内容）

84. 如何设置启动时是否显示“共享工作区”窗格

本例用于根据需要当文档是工作区或 SharePoint 网站的一部分时，设置在启动时是否显示“共享工作区”窗格。

找到如下注册表子项（如果不存在，则新建），并根据下表编辑其相应项值（如果不存在，则新建）：

HKEY_CURRENT_USER\Software\Policies\Microsoft\Office\11.0\common\DWS

项值（数据类型）	项值数据
ShowDWSPane（DWORD 值）	0（不显示“共享工作区”窗格） 1（显示“共享工作区”窗格）

85. 如何限制用户升级“消息权限管理”配置

本例用于根据需要来限制用户升级“消息权限管理”的配置，从而达到预期的各种安全设置目的。

找到如下注册表子项（如果不存在，则新建），并根据下表编辑其相应项值（如果不存在，则新建）：

HKEY_CURRENT_USER\Software\Policies\Microsoft\Office\11.0\common\DRM

项值（数据类型）	项值数据
DisableRepair（DWORD 值）	0（取消此限制） 1（禁止升级“消息权限管理”的配置）

86. 如何在启动时显示“共享工作区”窗格

本例用于根据需要当有一些关于文档的重要状态信息时，设置在启动时是否显示“共享工作区”。

找到如下注册表子项（如果不存在，则新建），并根据下表编辑其相应项值（如果不存在，则新建）：

HKEY_CURRENT_USER\Software\Policies\Microsoft\Office\11.0\common\DWSl

项值（数据类型）	项值数据
ShowDWSSPaneAlers（DWORD 值）	0（不显示“共享工作区”） 1（显示“共享工作区”）

提示!! 此项的更改，必须在“Micfrosoft Office Online ”组策略已经开启的情况下，才可实现。

87. 如何为 Office 应用软件设置禁用 VBA 特性

找到如下注册表子项（如果不存在，则新建），并根据下表编辑其相应项值（如果不存在，则新建）：

HKEY_CURRENT_USER\Software\Policies\Microsoft\Office\11.0\common

项值（数据类型）	项值数据
VbaOff（DWORD 值）	1（禁用 VBA 特性）

88. 如何自定义 Microsoft Passort 服务

本例用于根据需要来指定是否允许“有限制权限内容”使用 Microsoft Passport，从而达到预期的各种安全设置目的。

找到如下注册表子项（如果不存在，则新建），并根据下表编辑其相应项值（如果不存在，则新建）：

HKEY_CURRENT_USER\Software\Policies\Microsoft\Office\11.0\common\DRM

项值（数据类型）	项值数据
DisablePassportCentification（DWORD 值）	0（取消此限制） 1（禁止“有限制权限的内容”使用 Microsoft Passport 服务）

89. 如何自定义是否允许对“Web 基本文件库”的访问

本例用于根据需要来设置是否允许对“Web 基本文件库”的访问，从而达到预期的各种安全设置目的。

找到如下注册表子项（如果不存在，则新建），并根据下表编辑其相应项值（如果不存在，则新建）：

HKEY_CURRENT_USER\Software\Policies\Microsoft\Office\11.0\common\WebServices

项值（数据类型）	项值数据
AllowWebDrives（DWORD 值）	0（禁止对“Web 基本文件库”的访问） 1（取消此限制）

90. 如何设置“自动控制安全”的标准

本例用于根据需要来设置“自动控制安全” 的标准，从而达到预期的各种安全设置目的。

找到如下注册表子项（如果不存在，则新建），并根据下表编辑其相应项值（如果不存在，则新建）：

HKEY_CURRENT_USER\Software\Policies\Microsoft\Office\11.0\common\Security

项值（数据类型）	项值数据
Automation Security（DWORD 值）	1（默认，Macros enabled） 2（“Use application macro security level ”（使用应用程序宏安全标准）） 3（“Disable macros by default”（禁止默认的宏））

提示!!

此加密设置，适用于 Excel ，powerPoint，Word 中保存的文件。

91. 如何设置是否允许使用“系统字体”代替 Tahoma 字体

找到如下注册表子项（如果不存在，则新建），并根据下表编辑其相应项值（如果不存在，则新建）：

HKEY_CURRENT_USER\Software\Policies\Microsoft\Office\11.0\common\General

项值（数据类型）	项值数据
UseOfficeUIFont（DWORD 值）	0（允许用“系统字体”代替 Tahoma 字体） 1（不可替代）

92. 如何设置是否允许“新建的文件任务窗格”被自动解散

本例用于根据需要来设置是否允许“新建的文件任务窗格”被自定解散，

从而达到预期的各种安全设置目的。

找到如下注册表子项（如果不存在，则新建），并根据下表编辑其相应项值（如果不存在，则新建）：

HKEY_CURRENT_USER\Software\Policies\Microsoft\Office\11.0\common\General

项值（数据类型）	项值数据
DoNotDismissFileNewTaskPane（DWORD 值）	0（允许自动解散） 1（禁止自动解散）

93. 如何自定义 Office 中的“扩展组”

本例用于根据需要来设置，当 Office 有“文档”限制权限时，是否允许在 Office 中总是“扩展组 ”，从而达到预期的各种安全设置目的。

找到如下注册表子项（如果不存在，则新建），并根据下表编辑其相应项值（如果不存在，则新建）：

HKEY_CURRENT_USER\Software\Policies\Microsoft\Office\11.0\common\DRM\AutoExpandeDls

项值（数据类型）	项值数据
AutoExpandeDls Enable（DWORD 值）	0（取消此限制） 1（为“文档”限制权限时，允许 Office 中总是“扩展组”）

94. 如何自定义一个“策略模版”的路径

本例用于根据需要来为许可的内容指定一个策略模版的路径，从而达到预期的各种安全设置目的。

找到如下注册表子项（如果不存在，则新建），并根据下表编辑其相应项值（如果不存在，则新建）：

HKEY_CURRENT_USER\Software\Policies\Microsoft\Office\11.0\common\DRM

项值（数据类型）	项值数据
Admintemplatepath（DWORD 值）	K:\TT（指定的“策略模版”的路径，例：K:\TT））

95. 如何设置是否允许“错误信息”的报告

本例用于根据需要来设置是否允许“错误信息”的报告，从而达到预期的各种安全设置目的。

找到如下注册表子项（如果不存在，则新建），并根据下表编辑其相应项值（如果不存在，则新建）：

HKEY_CURRENT_USER\Software\Policies\Microsoft\Office\11.0\common\Alerts

项值（数据类型）	项值数据
NoAlertReporting（DWORD 值）	0（取消此限制） 1（禁止“错误报告”）

96. 如何设置 Office 助手在影响操作时自动离开

本例用于设置当 Office 助手图标影响了我们的操作时，会自动离开。这一设置可谓比较“人性化”，给我们的操作带来了很大的方便。

找到如下注册表子项（如果不存在，则新建），并根据下表编辑其相应项值（如果不存在，则新建）：

HKEY_CURRENT_USER\Software\Policies\Microsoft\Office\11.0\common\Assistant

项值（数据类型）	项值数据
AssMoveWhenInThe Way（DWORD 值）	0（禁止移开） 1（允许移开）

97. 如何设置是否允许将“个人站点”作为默认位置

本例用于根据需要来设置是否允许将“个人站点”设为默认位置，从而达到预期的各种安全设置目的。

找到如下注册表子项（如果不存在，则新建），并根据下表编辑其相应项值（如果不存在，则新建）：

HKEY_CURRENT_USER\Software\Policies\Microsoft\Office\11.0\common\Portal

项值（数据类型）	项值数据
DisableSetPersionalSite（DWORD 值）	1（禁止“个人站点”作为默认位置） 0（取消此限制）

98. 如何设置 OneNote 文档自动保存的时间间隔

日常处理各种文档的时候，最害怕发生系统和程序无响应、停电等意外事件而导致的文档丢失、损坏，为了解决这个问题，Office 系列软件提供了“自动保存”功能，它会在事先定义的时间间隔内自动保存文档，以便在文档发生问题时及时恢复。

本例可以轻松自定义 OneNote 文档自动保存的时间间隔，让程序运行更顺畅。

找到如下注册表子项（如果不存在，则新建），并根据下表编辑其相应项值（如果不存在，则新建）：

HKEY_CURRENT_USER\Software\Policies\Microsoft\Office\11.0\OneNot\Option\Save

项值（数据类型）	项值数据
AutoSaveInterval（DWORD 值）	30（自定义 OneNote 文档保存的时间间隔。单位为分钟，最大为 0，最小为 10）

99. 如何设置是否允许在“活动目录”上查找“人名智能标签”

本例用于根据需要来设置是否允许在“活动目录”上查找“人名智能标签”，从而达到预期的各种安全设置目的。

找到如下注册表子项（如果不存在，则新建），并根据下表编辑其相应项值（如果不存在，则新建）：

HKEY_CURRENT_USER\Software\Policies\Microsoft\Office\11.0\common\PersonaMenu

项值（数据类型）	项值数据
Active Direction（DWORD 值）	0（禁止查找）；1（允许查找）

100. 如何自定义编程时搜索产品及编程帮助

本例用于根据需要来设置在编程时是否允许搜索产品及编程帮助，从而达到预期的设置效果。

找到如下注册表子项（如果不存在，则新建），并根据下表编辑其相应项值（如果不存在，则新建）：

HKEY_CURRENT_USER\Software\Policies\Microsoft\Office\11.0\common\Assistant

项值（数据类型）	项值数据
AssSearchProgram（DWORD 值）	0（禁止搜索产品及编程帮助） 1（允许搜索产品及编程帮助）

101. 如何设置是否需要助手的向导帮助

使用 Office 2003 助手，无疑会提高我们的工作效率和使用水平，但对于使用 Office 比较熟的用户来说，使用助手的帮助显然是多余的。本例用于根据需要来设置是否需要助手的向导帮助。

找到如下注册表子项（如果不存在，则新建），并根据下表编辑其相应项值（如果不存在，则新建）:

HKEY_CURRENT_USER\Software\Policies\Microsoft\Office\11.0\common\Assistant

项值（数据类型）	项值数据
AssAssistWithWizards（DWORD 值）	0（禁止）；1（允许向导帮助）

102. 如何自定义 OneNote 扫描文夹的时间间隔

找到如下注册表子项（如果不存在，则新建），并根据下表编辑其相应项值（如果不存在，则新建）:

HKEY_CURRENT_USER\Software\Policies\Microsoft\Office\11.0\ClipOrgnization

项值（数据类型）	项值数据
FolderPollInterval（DWORD 值）	30（自定义 OneNote 文档扫描文件夹的时间间隔，单位为分钟，最大为 999，最小为 10）

103. 如何设置 Publish 出版文档本地文件夹

本例用于自定义设置出版文档本地文件夹，在以后新建、打开文档时，将默认打开所设置的文件夹。

找到如下注册表子项（如果不存在，则新建），并根据下表编辑其相应项值（如果不存在，则新建）:

HKEY_CURRENT_USER\Software\Policies\Microsoft\Office\11.0\Publish

项值（数据类型）	项值数据
Doc-Path（字符串值）	K:\Pic（设置 Publisher 的出版文档本地文件夹位置）

104. 如何设置“E-mail 地址”查找的搜索域

本例用于在使用“E-mail 地址”查找时，可根据我们的需要在“Active Direction”上指定搜索域，从而达到预期的各种安全设置目的。

找到如下注册表子项（如果不存在，则新建），并根据下表编辑其相应项值（如果不存在，则新建）：

HKEY_CURRENT_USER\Software\Policies\Microsoft\Office\11.0\common\PeraonalMenu

项值（数据类型）	项值数据
ADReplaceSMTPLookup（DWORD 值）	WWW.baidu.com（以"E-mail"地址查找时，在"Act ive，Direction"上指定的搜索域，例：WWW. baidu . com ）

105. 如何设置默认位置保存"我的设置"文件

本例用于设置一个默认位置来保存"我的设置"文件，当我们需在此打开或修改时，此文件将会被默认打开。

找到如下注册表子项（如果不存在，则新建），并根据下表编辑其相应项值（如果不存在，则新建）：

HKEY_CURRENT_USER\Software\Policies\Microsoft\Office\11.0\common\General\settings

项值（数据类型）	项值数据
defaultOpsfile（字符串值）	K：\DOC\T.doc（输入完整路径名包括文件名，不支持 URL）

106. 如何在 Publisher 输入文本时进行拼写

熟悉 Word 的用户知道，在 Word 中输入文本时即可实时地进行拼写检查，在 Publisher 中也有此功能，通过本例即可对其功能进行打开、关闭的设置。

找到如下注册表子项（如果不存在，则新建），并根据下表编辑其相应项值（如果不存在，则新建）：

HKEY_CURRENT_USER\Software\Policies\Microsoft\Office\11.0\Publisher\Spelling

项值（数据类型）	项值数据
BackgroundSpellingChecking（字符串值）	1（启用此功能） 0（取消此功能）

107. 如何设置是否允许管理员应用任何位置的 CMW 文件

默认情况下，非管理员用户应用 CMW（自定义维护向导）文件时，此文件必须在应用程序安装在 Windows 中的根目录下的“CMW”文件夹下，本例用于设置允许管理员应用任何位置的 CMW 文件。

找到如下注册表子项（如果不存在，则新建），并根据下表编辑其相应项值（如果不存在，则新建）：

HKEY_CURRENT_USER\Software\Policies\Microsoft\Officecustom MaintenanceWizard

项值（数据类型）	项值数据
CMWSecure（DWORD 值）	0（允许任何位置的 CMW 文件被应用） 0（禁止此功能）

108. 如何设置是否显示助手的警告信息

本例用于根据需要来设置是否显示 Office 2003 助手的警告信息，它将为我们的疏忽或错误提出警告，从而达到预期的各种安全设置目的。

找到如下注册表子项（如果不存在，则新建），并根据下表编辑其相应项值（如果不存在，则新建）：

HKEY_CURRENT_USER\Software\Policies\Microsoft\Office\11.0\common\Assistant

项值（数据类型）	项值数据
AssAssistWithAlerts（DWORD 值）	0（不显示警告信息） 1（显示警告信息）

109. 如何设置 Publisher 进行拼写检查时是否忽略大小写

本例用于定义在 Publisher 中进行拼写检查时，是否忽略大小写。

找到如下注册表子项（如果不存在，则新建），并根据下表编辑其相应项值（如果不存在，则新建）：

HKEY_CURRENT_USER\Software\Policies\Microsoft\Office\11.0\Publisher\Spelling

项值（数据类型）	项值数据
BackgroundSpellingChecking（字符串值）	1（忽略）；0（不忽略）

110. 如何设置在 Publisher 中进行拼写检查时是否标记重复单词

本例用于定义在 Publisher 中进行拼写检查时，是否标记重复单词。

找到如下注册表子项（如果不存在，则新建），并根据下表编辑其相应项值（如果不存在，则新建）：

HKEY_CURRENT_USER\Software\Policies\Microsoft\Office\11.0\Publisher\Spelling

项值（数据类型）	项值数据
Show Repeated Words（字符串值）	1（标记重复的单词） 0（取消此功能）

111. 如何设置在助手显示相关提示时是否进行特定配置

本例用于在 Office 助手显示相关提示时，根据我们的需要进行特定的配置。

找到如下注册表子项（如果不存在，则新建），并根据下表编辑其相应项值（如果不存在，则新建）：

HKEY_CURRENT_USER\Software\Policies\Microsoft\Office\11.0\common\Assistant

项值（数据类型）	项值数据
AsstFeatureTips（DWORD 值）	1（在显示相关提示时，允许更有效地使用功能） 0（取消此功能）
AsstMousetips（DWORD 值）	1（在显示相关提示时，允许更有效地使用鼠标） 0（取消此功能）
AsstKeyBoardShortcutTips（DWORD 值）	1（在显示相关提示时，允许使用键盘快捷键） 0（取消此功能）
AsstOlayHighPrioritips（DWORD 值）	1（在显示相关提示时，允许只显示高优先权提示） 0（取消此功能）
AsstShowTipofday（DWORD 值）	1（在显示相关提示时，允许启动时显示“日积月累”） 0（取消此功能）

112. 如何设置是否允许对“不安全 Activex 的初始化”的访问

本例用于根据需要来设置是否允许对“Web 基本文件库”的访问，从而达到预期的各种安全设置目的。

找到如下注册表子项（如果不存在，则新建），并根据下表编辑其相应项值（如果不存在，则新建）：

HKEY_CURRENT_USER\Software\Policies\Microsoft\Office\11.0\common\WebServices

项值（数据类型）	项值数据
UFIControls（DWORD 值）	4（提示用户使用默认控制） 6（提示用户使用连续数据）; 1（不提示）

113. 如何在 Publisher 中设置“宏安全”标准

本例用于根据需要，在 Publisher 2003 中设置“宏安全”标准，从而达到预期的各种安全效果。

找到如下注册表子项（如果不存在，则新建），并根据下表编辑其相应项值（如果不存在，则新建）:

HKEY_LOCAL_MACHINE\SOFTWARE\Policies\Microsoft\Office\11.0\Publisher\Option

项值（数据类型）	项值数据
Level（DWORD 值）	1（低，不建议使用，不受保护，某些宏具有潜在的不安全因素，只有在安装了防病毒软件或检查了所有要打开的文档的安全性时，才能使用这项设置） 2（中，可选择是否运行可能不安全的宏） 3（高，默认只允许运行可靠来源签署的宏，未经签署的宏会自动取消）

114. 如何限制装载可控制的代码扩充

本例用于根据需要来禁止在 Word、Excel 中装载可控制的代码扩充，从而可禁止出现“组合文档”，从而达到预期的各种安全设置目的。

找到如下注册表子项（如果不存在，则新建），并根据下表编辑其相应项值（如果不存在，则新建）:

HKEY_CURRENT_USER\Software\Policies\Microsoft\Office\11.0\common\Smart Tag

项值（数据类型）	项值数据
DisableDocumentAssembl（DWORD 值）	1（禁止装载可控制的代码扩充） 0（取消此限制）

115. 如何信任所有安装的加载项和模板

本例用于根据我们的安全需要，在 Publisher 2003 中设置是否信任所有安装的加载项和模板，从而达到预期的各种安全设置目的。

找到如下注册表子项（如果不存在，则新建），并根据下表编辑其相应项值（如果不存在，则新建）：

HKEY_LOCAL_MACHINE\SOFTWARE\Policies\Microsoft\Office\11.0\Publisher\Security

项值（数据类型）	项值数据
Don’tTrastInstalled File（DWORD 值）	0（信任所有安装的加载项和模板） 1（取消此信任）

第 11 章

调整网络

本章内容

11-1 局域网设置

1. 如何控制局域网络的自动断开功能

（1）找到如下注册表子项（如果不存在，则新建）：

HKEY_LOCAL_MACHINE\SYSTEM\CurrentControlSet\Services\LanmanServer\Parameters

（2）将该项下的 DWORD 值 autodisconnect 的数据修改为自己想要的分钟数即可：

如果设置为 0，则关闭自动断开功能；

如果设置为大于 0 的其他数值，则局域网会在设定的时间到达时自动关闭网络连接。

（3）重新启动计算机或注销当前用户，再次进入 Windows XP，则刚才设置的 RAS 的自动断开连接参数将发生作用。

提示!! 将 DWORD 值 AUTODISCONNECT 的项值数据修改为 0，则可以禁用自动断开连接。

2. 如何在拨号网络中禁止拨号

（1）找到如下注册表子项（如果不存在，则新建）：

HKEY_LOCAL_MACHINE\SOFTWARE\Microsoft\Windows\CurrentVersion\Policies\Network

（2）将 Network 项下的 DWORD 值 NoDialIn（若不存在，则新建）修改为 1。

（3）重新启动计算机或注销当前用户，再次进入 Windows XP，在拨号网络就不允许拨号了。

3. 如何禁用文件共享

（1）找到如下注册表子项（如果不存在，则新建）：

HKEY_LOCAL_MACHINE\SOFTWARE\Microsoft\Windows\CurrentVersion\Policies\Network

（2）将 Network 项下的 DWORD 值 NoFileSharing（若不存在，则新建）修改为 1。

（3）重新启动计算机或注销当前用户，再次进入 Windows XP，系统就不能再将文件设置为共享了。

4. 如何禁止在“控制面板”中显示“网络”属性

（1）找到如下注册表子项（如果不存在，则新建）：

HKEY_USERS\.DEFAULT\Software\Microsoft\Windows\CurrentVersion\Policies\Explorer

（2）在右边的窗口中新建 DWORD 值“NoNetSetup”,并设其值为“1”。

5. 如何在局域网中隐藏列表中的服务器

通常，在局域网中，利用网上邻居可以看到当前有哪些计算机正在工作，从而可以共享这些计算机上的资源。但在实践操作中，有时为了保证安全，特别是要保证局域网中服务器的安全，这时就需要在“网上邻居”中隐藏指定的服务器计算机名称。

（1）找到如下注册表子项（如果不存在，则新建）：

HKEY_LOCAL_MACHINE\SYSTEM\CurrentControlSet\Services\lanmanserver\parameters

（2）在该项右边窗口区域中新建一个 DWORD 项值 Hidden，并设置其项值数据为 1。

（3）重新启动计算机或注销当前用户，再次进入 Windows XP，以使修改生效。

6. 如何设置局域网登录时恢复连接

我们可以把远程的共享目录映射成本地的一个驱动器，以方便日常操作。如果要经常使用这些网络资源，且又节省时间，那么我们可以通过注册表设置计算机在下次登录时自动恢复该连接。

（1）找到如下注册表子项（如果不存在，则新建）：

HKEY_LOCAL_MACHINE\SYSTEM\CurrentControlSet\Control\NetworkProvider

（2）在该项对应的右边窗口区域内新建一个 DWROD 项值 Restor Connection，并设置其项值数据为 1。

7. 如何隐藏网上邻居中的“整个网络”

（1）找到如下注册表子项（如果不存在，则新建）：

HKEY_CURRENT_USER\Software\Microsoft\Windows\CurrentVersion\

Policies\Explorer

（2）在该项所对应的右边窗口区域中新建一个 DWORD 值 NoEntire Network，并设置其项值数据为 1。

（3）重新启动计算机或注销当前用户，再次进入 Windows XP，以使修改生效。

8. 如何隐藏网上邻居中的工作组

（1）找到如下注册表子项（如果不存在，则新建）：

HKEY_CURRENT_USER\Software\Microsoft\Windows\CurrentVersion\Policies\Explorer

（2）将 Explorer 项下的 DWORD 值（若不存在，则新建）NoWorkgroup Contents 的项值数据修改为 1。

（3）重新启动计算机或注销当前用户，再次进入 Windows XP，网上邻居中的工作组就被隐藏起来了。

11-2 网络设置与性能优化

1. 在“网上邻居”中隐藏一个服务器

有时为了安全起见，需要把服务器从工作站上隐藏起来，这时用户可以考虑通过修改注册表的方式来实现。

（1）找到如下注册表子项（如果不存在，则新建）：

HKEY_LOCAL_MACHINE\SYSTEM\CurrentControlSet\Services\lanmanserver\parameters

（2）在右窗口中有一项名为“Hidden”的数值名称（如果没有此值名，可以自己创建一个），其数据类型为 REG_DWORD，然后双击此项将该项值的值设为 1 即可；

（3）重新启动计算机，修改即可生效。这时再次打开本机所处的工作组，代表本机的计算机图标就不见了。

2. 更改计算机名称

计算机名称是用户在安装 Windows 时就必须输入的信息，安装了 Windows 以后，用户仍然可以通过“系统属性”对话框进行修改。另外，修改注册表也可以达到该目的。

要通过修改注册表更改计算机名称可按以下步骤进行：

（1）找到如下注册表子项（如果不存在，则新建）：

HKEY_LOCAL_MACHINE\SYSTEM\CurrentControlSet\Services\Tcpip\Parameters

（2）双击右窗口中的“NV Hostname”项值，将老的计算机名称修改为新的计算机名称。

（3）完成后关闭注册表编辑器以保存设置，返回桌面按 F5 键刷新即可。如果再次打开“系统属性”对话框的“计算机名”选项卡，则会看到显示的计算机名已经被修改。

3. 禁止文件共享

（1）找到如下注册表子项（如果不存在，则新建）：

HKEY_LOCAL_MACHINE\SOFTWARE\Microsoft\Windows\CurrentVersion\Policies\Network

（2）在右侧窗口中创建名为 NoFileSharing 的 DWORD 值，将其数据设置为 1，表示禁止文件共享；设置为 0 或不存在时，表示允许文件共享。

（3）设置完毕后，重新启动计算机。

4. 禁止打印机共享

（1）找到如下注册表子项（如果不存在，则新建）：

HKEY_LOCAL_MACHINE\SOFTWARE\Microsoft\Windows\CurrentVersion\Policies\Network

（2）在右侧窗口中创建名为“NoPrintSharing”，数据类型为 DWORD 项值，将其数据设置为 1，表示禁止打印机共享；设置为 0 或不存在时，表示允许打印机共享。

（3）设置完毕后，重新启动计算机。

5. 禁止更改“文件和打印共享”的设置

一般情况下，用户可以在“网络属性”对话框中，通过单击“文件和打印共享”按钮来设置文件和打印机的共享选项。用户也可以通过注册表来禁止使用“文件和打印共享”设置。

（1）找到如下注册表子项（如果不存在，则新建）：

HKEY_LOCAL_MACHINE\SOFTWARE\Microsoft\Windows\CurrentVersion\Policies\Network

（2）在右侧窗口中创建名为“NoFileSharingControl”，数据类型为 DWORD 项值，将其数据设置为 1，表示禁止更改“文件和打印共享”设置；设置为 0 或不存在时，表示允许更改“文件和打印共享”设置。

（3）修改完成后，重新启动计算机使设置生效。

6. 禁止使用“映射网络驱动器”和“断开网络驱动器”菜单项

在共享的文件夹上用鼠标右键单击，在弹出的快捷菜单中可以看到“映射网络驱动器”菜单项，它可以将共享的文件夹设置成为一个驱动器。如果在映射成网络驱动器的文件夹上用鼠标右键单击，在弹出的快捷菜单中可以看到“断开网络驱动器”菜单项。通过对注册表的修改，用户可以禁止使用这两个菜单项。

（1）找到如下注册表子项（如果不存在，则新建）：

HKEY_CURRENT_USER\Software\Microsoft\Windows\CurrentVersion\Policies\Explorer

（2）在右侧窗口中创建名为 NoNetConnectDisconnect 的 DWORD 项值，将其数据设置为 1，表示禁止使用“映射网络驱动器”和“断开网络驱动器”菜单项；设置为 0 或不存在时，表示允许使用这两个菜单项。

（3）按 F5 键刷新注册表使设置生效。

7. 解决在局域网中访问计算机时出现的迟缓问题

使用过 Windows 2000/XP 的用户，可能都有过这样的经验，即在一个包含有 Windows 98 和 Windows 2000/XP 的局域网中，Windows 98 系统访问 Windows 2000/XP 时速正常，可 Windows 2000/XP 系统访问 Windows 98 系统时速度却非常慢。

很多 Windows 2000/XP 用户不再通过“网上邻居”打开其计算机，而是使用“运行”输入诸如“\\计算机名\共享文件夹名”的方式访问 Windows 98 系统下的共享资源，这样可以稍微提高一点访问速度。但这只是权宜之计。如果用户希望彻底解决这个问题，可尝试通过修改注册表的方式来完成。

（1）找到如下注册表子项（如果不存在，则新建）：

HKEY_LOCAL_MACHINE\SOFTWARE\Microsoft\Windows\CurrentVersion\Explorer\Remote Computer\NameSpace

（2）将该项下的{D6277990-4C6A-11CF-8D87-00AA0060F5BF}子项删除。

（3）按 F5 键刷新注册表，重新尝试访问 Windows XP 系统，观察其速度是否已经有所改观。

8. 设置网络连接的超时

在 Windows NT/2000/XP 中，当远程登录的客户在一段时间内没有任何请求，系统就会自动断开连接，这段时间被称为网络连接的超时。可以通过注册表来设置超时时间。

（1）找到如下注册表子项（如果不存在，则新建）:

HKEY_LOCAL_MACHINE\SYSTEM\CurrentControlSet\Services\RemoteAccess\Parameters

（2）在右侧窗口中双击项值 AutoDisconnect（定义网络连接的超时时间，单位为分钟），为其数据设置一个值即可。

（3）修改完毕后，重新启动计算机即可。

9. 设置登录时恢复连接

在 Windows 中，可以将共享的文件夹映射为一个驱动器，如果要经常使用该共享文件夹，可以设置登录计算机的自动恢复连接。

（1）找到如下注册表子项（如果不存在，则新建）:

HKEY_LOCAL_MACHINE\SYSTEM\CurrentControlSet\Control\NetworkProvider

（2）在右侧窗口中创建名为“Restore Connection”，数据类型为 DWORD 项值，将其数据设置为 1，表示在登录时自动恢复对映射驱动器的连接；为 0 或不存在，表示不自动恢复连接。

（3）设置完毕后，重新启动计算机。

10. 禁止系统检测网络的连接速度

Windows NT/2000 会自动检测当前网络连接的传输速度。但是，这种检测往往会出现错误而影响到网络的连接性能。可以通过注册表禁止系统检测网络的速度。

（1）找到如下注册表子项（如果不存在，则新建）:

HKEY_LOCAL_MACHINE\SOFTWARE\Microsoft\Windows NT\Current Version\Winlogon

（2）在右侧窗口中创建名为 SlowLinkDetedtEnabled 的 REG_DWORD 数据类型的项值，将其数据设置为 1，表示禁止系统检测网络的连接速度；为 0 或不存在时，表示允许系统检测网络的连接速度。

（3）设置完毕后，重新启动计算机。

11. 修改默认的 E-mail 地址

当用户使用 IE 连接到 FTP 站点时，FTP 服务器会要求用户提供一个 E-mail 地址作为匿名用户的密码。而默认的 E-mail 地址为 IEUser@，这是一个非法的 E-mail 地址。如果 FTP 服务器打开了匿名用户的密码审核功能，则在访问 FTP 站点时就会报错。这时可以通过注册表来修改默认的 E-mail 地址。

（1）找到如下注册表子项（如果不存在，则新建）：

HKEY_CURRENT_USER\Software\Microsoft\Windows\CurrentVersion\InternetSettings

（2）在右侧窗口中双击名称为“E-mailName”数据类型为 REG_SZ 的项值。该项值保存了默认的 E-mail 地址，用户可以将其更改为一个合法的 E-mail 地址。

（3）设置完毕后，按 F5 键刷新注册表使设置生效。

12. 禁止“网络和拨号连接”的“高级”菜单中的“拨号首选项”

通过“高级”菜单中的“拨号首选项”命令，可以设置拨号时的一些选项。用户可以修改注册表来禁止该菜单命令的使用。

（1）找到如下注册表子项：

HKEY_CURRENT_USER\Software\Policies\Microsoft\Windows\NetworkConnections

（2）双击名称为“NC_DialupPrefs”的 REG_DWORD 项值，将其数据设置为 0，表示禁止使用“拨号首选项”命令，此时，该菜单项将变为灰色不可用状态；值为 1 或不存在时，表示可以使用该菜单命令。

（3）注销当前用户，重新登录使设置生效。

13. 禁止“网络和拨号连接”的“高级”菜单中的“高级设置”

使用“高级设置”命令，可以查看和更改网络适配器的绑定服务，以及使用网络服务程序的顺序。为了安全起见，用户可以通过注册表禁用该命令。

（1）找到如下注册表子项（如果不存在，则新建）：

HKEY_CURRENT_USER\Software\Policies\Microsoft\Windows\Network Connections

（2）双击名称为“NC_AdvancedSettings”，数据类型为 DWORD 项值，将其数据设置为 0，表示禁止使用“高级设置”命令，此时该菜单项将变为灰色不可用状态；值为 1 或不存在时，表示允许使用该菜单项。

（3）注销当前用户，重新登录使设置生效。

14. 禁止访问“网络和拨号连接”的“属性”

通过“属性”命令，用户可以打开网络连接的属性对话框，从而设置网络连接的有关选项。通过注册表，用户可以禁止使用“属性”命令。

（1）找到如下注册表子项（如果不存在，则新建）：

HKEY_CURRENT_USER\Software\Policies\Microsoft\Windows\NetworkConnections

（2）双击名称为“NC_LanProperties”的 DWORD 项值，将其数据设置为 0，表示禁止使用“属性”命令，值为 1 或不存在时，表示允许使用该菜单项。

（3）注销当前用户，重新登录使设置生效。此时，当用户再使用“属性”命令时，系统会打开“网络和拨号连接”对话框，并显示“你没有足够的权限访问此连接的属性，请与管理员联系”的提示。

15. 禁止访问网络连接的某一组件的属性

通过修改注册表，用户可以禁止访问网络连接的某一组件的属性。

（1）找到如下注册表子项（如果不存在，则新建）：

HKEY_CURRENT_USER\Software\Policies\Microsoft\Windows\NetworkConnections

（2）双击名称为“NC_LanChangeProperties”，数据类型为 DWORD 项值，将其数据设置为 0，表示禁止使用“属性”按钮；值为 1 或不存在时，表示允许使用“属性”按钮。

（3）注销当前用户，重新登录使设置生效。

16. 禁止查看“网络和拨号连接”的活动连接的状态

在“网络和拨号连接”窗口中，双击某一连接图标，可以查看该连接的状态，包括连接持续时间、连接速度、收发的数据包等。通过注册表，可以禁止查看活动连接的状态。

（1）找到如下注册表子项（如果不存在，则新建）：

HKEY_CURRENT_USER\Software\Policies\Microsoft\Windows\Network Connections

（2）双击名称为“NC_Statistics”，数据类型为 DWORD 项值，将其数据设置为 0，表示禁止查看连接状态；值为 1 或不存在时，表示允许查看连接状态。

（3）注销当前用户，重新登录使设置生效。

17. 禁止使用“网络和拨号连接”的“新建连接”

通过“新建连接”，用户可以创建一个新的连接，通过注册表可以禁止该项的使用。

（1）找到如下注册表子项（如果不存在，则新建）：

HKEY_CURRENT_USER\Software\Policies\Microsoft\Windows\NetworkConnections

（2）双击名称为“NC_NewCreate”，数据类型为 DWORD 项值，将其数据设置为 0，表示禁止创建新的网络连接；值为 1 或不存在时，表示允许创建新的网络连接。

（3）注销当前用户，重新登录使设置生效。

18. 禁止保存拨号网络的密码

在进行拨号时，在“拨号连接”对话框中，有一个“保存密码”复选框，如果该复选框处于被选取状态，则本次拨号所使用的用户名和密码将被保存下来，在下次拨号时，将自动显示上次使用的用户名和密码，用户无需重新输入。

但是，这在多人共用一台计算机情况下，就显得很不方便。这时用户可以修改注册表来禁止保存拨号连接的密码。

（1）找到如下注册表子项（如果不存在，则新建）：

HKEY_LOCAL_MACHINE\SYSTEM\CurrentControlSet\Services\RasMan\Parameters

（2）创建名为 DisableSavePassword 的 DWORD 项值，将其数据设置为 1，表示禁止保存拨号连接的密码，此时，“保存密码”复选框将消失；值为 0 或不存在时，“保存密码”复选框可用，用户可以通过选择“保存密码”复选框来保存密码。

（3）按 F5 键刷新注册表使设置生效。

19. 设置系统随机选择网络适配器

如果计算机上安装了多个网卡，一般情况下，网络数据包都是从默认的网络适配器被发送。可以修改注册表，使计算机在发送数据包时随机选择网络适配器。

（1）找到如下注册表子项（如果不存在，则新建）：

HKEY_LOCAL_MACHINE\SYSTEM\CurrentControlSet\Services\VxD\MSTCP

（2）创建名为“RandomAdapter”，数据类型为 DWORD 项值，将其数据设置为 1，表示随机选择网络适配器；值为 0 或不存在时，表示选择默认网络适配器。

（3）注销当前用户使设置生效。

20. 设置自动拨号

（1）找到如下注册表子项（如果不存在，则新建）：

HKEY_CURRENT_USER\Software\Microsoft\Windows\CurrentVersion\InternetSettings

（2）在右侧窗口中双击名称为 NoNetAutodial 的 REG_DWORD 项值，将其数据设置为 1，表示允许自动拨号；为 0，表示禁止自动拨号。

（3）按 F5 键刷新注册表即可使设置生效。

21. 禁止在“网络”对话框中显示“标识”选项卡

在“网络”对话框的“标识”选项卡，显示了“工作组”、“计算机名称”和“计算机说明”等内容。用户可以通过注册表禁止该选项卡的显示。

（1）找到如下注册表子项（如果不存在，则新建）：

HKEY_USERS\.DEFAULT\Software\Microsoft\Windows\CurrentVersion\Policies\Network

（2）在右侧窗口中创建名为 NoNetSetupIDPage 的 DWORD 项值，将其数据设置为 1，表示禁止显示“标识”选项卡；为 0 或不存在时，表示正常显示。

（3）按 F5 键刷新注册表使设置生效。

22. 禁止使用“控制面板”中的“网络”图标

（1）找到如下注册表子项（如果不存在，则新建）：

HKEY_USERS\.DEFAULT\Software\Microsoft\Windows\CurrentVersion\Policies\Network

（2）在右侧窗口中创建名为 NoNetSetup 的 DWORD 项值，将其数据设置为 1，表示禁止使用“网络”图标，此时，双击“网络”图标时，系统将提示用户系统管理员已经关闭网络控制面板；为 0 或不存在时，表示允许使用“网络”图标。

（3）按 F5 键刷新注册表使设置生效。

23. 增加允许的 HTTP 连接的最大数目

HTTP 允许的最大连接数目就是指能同时连接到 HTTP 服务器的最大数目。它对所有使用标准 API 的 Windows Internet 应用程序（包括 IE）都起作用。对于 HTTP1.0 服务器，该数目为 4；对于 HTTP1.1 服务器，该数目为 2（在 RFC2068 中指定）。可以通过修改注册表更改连接到 HTTP 的最大数目。

（1）找到如下注册表子项（如果不存在，则新建）：

HKEY_CURRENT_USER\Software\Microsoft\Windows\CurrentVersion\InternetSettings

（2）在右侧窗口中双击名称为 MaxConnectsPerServer 和 MaxConnectsPer1_0Server 的 DWORD 项值（它们分别指定了 HTTP1.1 和 HTTP1.0 服务器所允许的最大连接数目），将其数据修改为自己需要的数字即可。

（3）设置完毕后，重新启动计算机。

24. 局域网的自动断开控制

当一名用户登录到网络中很长时间而又没有在网络上做任何工作，服务器可以认为此用户已经离开网络。这种情况在大型的网络中时有发生。当连接处于闲置状态超过一定时间时，系统自动断开这个连接。

（1）找到如下注册表子项（如果不存在，则新建）：

HKEY_LOCAL_MACHINE\SYSTEM\CurrentControlSet\Services\lanmanserver\parameters

（2）在右侧窗口中双击名为 autodisconnect 的项值，将其数据设置为预设的时间（以分钟为单位），默认值为 f（十进制 15）。

（3）重新启动计算机，设置即可生效。

25. 禁止使用“网上邻居”

（1）找到如下注册表子项（如果不存在，则新建）：

HKEY_USERS\.DEFAULT\Software\Microsoft\Windows\CurrentVersion\Policies\Explorer

（2）在右侧窗口中创建名为 NoNetHood 的 DWORD 项值，将其数据设置为

1，表示禁止使用“网上邻居”；为 0 或不存在时，表示允许使用“网上邻居”。

（3）按 F5 键刷新注册表使设置生效。

26. 禁止显示“邻近的计算机”

在“网上邻居”窗口中可以看到邻近的计算机，它代表了与本机处于同一网段的计算机。通过修改注册表，可以禁止显示“邻近的计算机”项。

（1）找到如下注册表子项（如果不存在，则新建）：

HKEY_USERS\.DEFAULT\Software\Microsoft\Windows\CurrentVersion\Policies\Explorer

（2）在右侧窗口中创建名为 NoComputersNearMe 的 DWORD 项值，将其数据设置为 1，表示禁止显示邻近的计算机项；为 0 或不存在时，表示可以显示邻近的计算机项。

（3）注销当前用户，重新登录系统使设置生效。

27. 使 Windows 启动时显示网络登录对话框

在启动 Windows 系统时，有时不会出现网络登录对话框，从而无法登录网络。而一般的解决方法就是“注销”后重新登录。

出现这种情况的原因可能有两个：

① 是计算机的 Cache 中保留有网络登录密码；

② 是第一次登录网络时输入了空的密码。可以通过注册表来解决这个问题。

（1）找到如下注册表子项（如果不存在，则新建）：

HKEY_LOCAL_MACHINE\SOFTWARE\Microsoft\Windows\CurrentVersion\Network\Real ModeNet

（2）在右侧窗口中双击名称为 AutoLogon 的字符串项值，将其数据设置为 01 即可。

（3）设置完毕后，重新启动计算机。

11-3 设置 TCP/IP

TCP/IP 是应用于 Internet 网络中最广泛的协议，而且局域网也有许多软件需要使用此协议，所以，配置好 TCP/IP 协议将有利于提高网络的连接速度。

1. 设置 TCP/IP

设置 TCP/IP 地址是用户配置计算机网络的主要工作，用户通过习惯在传统方式下设置，但在注册表中也可以设置 TCP/IP 地址。

（1）找到如下注册表子项（如果不存在，则新建）：

HKEY_LOCAL_MACHINE\SYSTEM\CurrentControlSet\Services\{A6114619-CA8D-4782-87 D1-6190736D74FE}\Parameters\Tcpip

①如果要修改本机的 IP 地址，可直接双击右窗口中的 IPAddress 项值，将其数据设置为本机 IP 地址。

②如果要修改 TCP/IP 协议中的子网掩码，可双击右窗口中的项值 SubnetMask，将其数据设置为所需的子网掩码。

③如果要修改 TCP/IP 协议的网关地址，可双击右窗口中的项值 DefaultGateway，将其数据设置为默认的网关。

（2）完成设置后，关闭注册表编辑器并重新启动计算机即可使设置生效。

2. 设置域控制器

域控制器是 Windows NT/2000/XP 域中运行的计算机，它负责管理用户对网络的访问，包括登录、身份验证以及访问共享资源。通过注册表可以设置域控制器。

（1）找到如下注册表子项（如果不存在，则新建）：

HKEY_LOCAL_MACHINE\SYSTEM\CurrentControlSet\Services\Tcpip\Parameters

（2）在右侧窗口中双击名称为 Domain 的字符串项值，该项值保存了域控制器的地址，将其数据修改为自己需要的值即可。

（3）设置完毕后，重新启动计算机使设置生效。

3. 设置 TCP 连接的等待时间

对于网络中的计算机来说，通过 TCP/IP 协议连接其他计算机或服务器是使用网络资源的基础，但能够登录网络成功还要看 TCP/IP 协议的配置和网络硬件是否正常工作。因此，设定一定的登录时间限制，即设置 TCP 连接的等待时间有利于用户节省登录时间，提高工作效率。

（1）找到如下注册表子项（如果不存在，则新建）：

HKEY_LOCAL_MACHINE\SYSTEM\CurrentControlSet\Services\Tcpip\Parameters

（2）在右侧窗口右击空白处，从出现的菜单中单击“新建”/“DWORD值”命令，创建一个数据类型为双字节的项值，命名为 TcpTimeWaitDelay，然后双击该项值，将其数据设为等待时间，例如，在十进制下设为 60 秒。

（3）完成等待时间设置后关闭注册表编辑器，重新启动计算机设置即可生效。

4. 启用 IP 过滤

通过注册表可以启用 IP 过滤功能。

（1）找到如下注册表子项（如果不存在，则新建）：

HKEY_LOCAL_MACHINE\SYSTEM\CurrentControlSet\Services\Tcpip\Parameters

（2）在右侧窗口中双击名称为 EnableSecurityFilters 的 DWORD 项值，将其设置为 1，表示启用 IP 过滤功能；为 0，表示禁止 IP 过滤功能。

（3）设置完成后，重新启动计算机设置即可生效。

5. 设置 TCP/IP 的分组寿命和接受缓冲区

TCP/IP 的分组寿命是指如果分组在 Internet 上的传输时间超过了分组寿命，该分组将被丢弃。另外，传输单元接受缓冲区的大小也决定了网络连接的速度。如果缓冲区太小，将导致分组阻塞，降低传输速率；缓冲区太大，如果一个分组出错将会导致缓冲区中的所有分组被丢弃和重发，这也会降低传输速率。

我们可以通过注册表来设置 TCP/IP 分组寿命和传输单元接受缓冲区的大小。

（1）找到如下注册表子项（如果不存在，则新建）：

HKEY_LOCAL_MACHINE\SYSTEM\CurrentControlSet\Services\VxD\MSTCP

（2）在右侧窗口中双击名称为“DefaultRcvWindow”，数据类型为字符串项值。该项值保存了传输单元接受缓冲区的大小。对于拨号网络，其大小与调制解调器的速度有关，最好是 MSS 的整数倍。

（3）双击名称为“DefaultTTL”，数据类型为字符串项值。该项值的值保存了 TCP/IP 分组寿命，默认值为 32，可以将其改大一些，使得信息在网络中传得更远。

（4）设置完毕后，重新启动计算机使设置生效。

6. 设置名称服务器解析地址的顺序

通过注册表，用户可以设置名称服务器解析地址的顺序。

（1）找到如下注册表子项（如果不存在，则新建）：

HKEY_LOCAL_MACHINE\SYSTEM\CurrentControlSet\Services\NetBT\Parameters

（2）在右侧窗口中双击名称为 LocalPriority、HostsPriority、DnsPriority 和 NetbtPriority 的 DWORD 项值。它们分别控制着 4 类主要的名称服务器从名称字符串中获取 IP 地址的优先顺序。其中：

LocalPriority 项值控制着本地名称服务器（Local Name Server）的优先级。值较大时，优先级也较大。

HostsPriority 项值控制着主机名称服务器（Hosts Name Server）的优先级。值较大时，优先级也较大。

DnsPriority 项值控制着 DNS 服务器（Domain Name Server）的优先级。值较大时，优先级也较大。

NetbtPriority 项值控制着 NetBT 名称服务器（NetBT Name Server）的优先级。值较大时，优先级也较大。

（3）设置完成后，重新启动计算机。

7. 设置 TCP/IP 服务器 WINS 的进程优先级

WINS 服务本身也是一个进程，用户可以通过注册表更改其优先级，提高网络性能。

（1）找到如下注册表子项（如果不存在，则新建）：

HKEY_LOCAL_MACHINE\SYSTEM\CurrentControlSet\Services\Wins\Parameters

（2）在右侧窗口中双击名称为 PriortyClassHigh 的 DWORD 项值，将其数据设置为 1，以提高其优先级。

（3）设置完毕后，重新启动计算机。

8. 启用 WINS 代理

通过注册表可以启用 Windows 的 WINS 代理功能，将 Windows 计算机作为一台 WINS 代理服务器。

（1）找到如下注册表子项（如果不存在，则新建）：

HKEY_LOCAL_MACHINE\SYSTEM\CurrentControlSet\Services\VxD\MSTCP

（2）在右侧窗口右击空白处，从出现的菜单中单击“新建”/“DWORD 值”命令，创建名为 EnableProxy 的 DWORD 项值，将其数据设置为 1，表示启用 Windows 的 WINS 代理功能；为 0 或不存在时，表示不启用 WINS 代理功能。

（3）设置完毕后，重新启动计算机。

9. 设置 WINS 服务器解析超时时间

WINS 服务器是运行 Microsoft TCP/IP 和 Windows 网际名称服务

(Windows Internet Name Service) 软件的服务器。WINS 服务器保存并维护将计算机名称映射到 TCP/IP 地址的数据库，不但允许用户方便地与其他计算机进行通信，而且也充分利用了 TCP/IP 的优点。WINS 是实现 IP 地址和计算机名称之间映射的几种方法之一。

在一个负载很重的网络上，经常会遇到请求超时问题，可以通过注册表将 WINS 服务器的解析超时时间增加来解决这个问题。

(1) 找到如下注册表子项(如果不存在，则新建):

HKEY_LOCAL_MACHINE\SYSTEM\CurrentControlSet\Services\NetBT\Parameters

(2) 在右侧窗口中双击名称为 WinsDownTimeout 的 WORD 项值。该项值的值指定了 WINS 服务器解析超时时间，单位为毫秒。

(3) 设置完毕后，重新启动计算机。

10. 设置 WINS 刷新时间间隔

默认情况下，网络中的 WINS 服务器总是每隔一段时间对请求地址解析的计算机提供服务，为了控制 WINS 服务器每次的刷新时间，用户可以通过修改注册表来完成。

(1) 找到如下注册表子项(如果不存在，则新建):

HKEY_LOCAL_MACHINE\SYSTEM\CurrentControlSet\Services\VxD\MSTCP

(2) 在右侧窗口右击空白处，从出现的菜单中单击"新建"/"DWORD 值"命令，新建一个名称为"InitialRefreshT.0"的项值。双击该项值名称，在打开的对话框的"数值数据"文本框中设置刷新时间。默认的时间单位是毫秒，系统默认的刷新时间为 960000 毫秒(十进制数值)，用户可以根据本地的实际情况来设置。

(3) 完成时间设定后，关闭注册表编辑器，重新启动计算机设置即可生效。

11. 设置 WINS 查询端口

Windows 允许用户通过注册表来自定义 WINS 查询的端口，默认情况下，系统使用的端口是 137。

(1) 找到如下注册表子项(如果不存在，则新建):

HKEY_LOCAL_MACHINE\SYSTEM\CurrentControlSet\Services\VxD\MSTCP

(2) 在右侧窗口右击空白处，从出现的菜单中单击"新建"/"DWORD 值"命令，新建一个数据类型为 DWORD 的项值，命名为"NameServerPort"，然后将数值设定为自定义的端口号，如 65。

(3) 完成端口设置后，关闭注册表编辑器保存设置，重新启动计算机后系统将启用新的端口。

12. 设置 WINS 查询参数

通过修改注册表，用户可以设置 WINS 服务器的查询参数，该参数包括了查询尝试的次数和查询超时时间。

（1）找到如下注册表子项（如果不存在，则新建）：

HKEY_LOCAL_MACHINE\SYSTEM\CurrentControlSet\Services\VxD\MSTCP

（2）在右侧窗口右击空白处，从出现的菜单中单击“新建”/“字符串值”命令，新建一个名称为 NameSrvQueryCount 的项值。双击该项值名称，在打开的对话框的“数值数据”文本框中输入 WINS 服务器查询尝试的次数，这里将该数值设为 32。

（3）完成设置后，关闭注册表编辑器，重新启动计算机设置即可生效。

13. 设置 WINS 的响应方式

如果一台计算机上安装了多个网络适配器，用户可以通过修改注册表来设置是否在 WINS 服务器进行查询时发送所有的 IP 地址。

（1）找到如下注册表子项（如果不存在，则新建）：

HKEY_LOCAL_MACHINE\SYSTEM\CurrentControlSet\Services\VxD\MSTCP

（2）在右侧窗口右击空白处，从出现的菜单中单击“新建”/“DWORD 值”命令，新建一个名称为 SingleResponse 的项值。双击该项值名称，在打开的对话框的“数值数据”文本框中输入 0，表示 WINS 响应客户机的查询请求时发送所有的 IP 地址。

（3）完成了 WINS 服务器的响应方式设置后，关闭注册表编辑器，重新启动计算机，WINS 服务器在响应客户机的查询请求时将发送所有的 IP 地址。

14. 设置 TCP/IP 服务器 WINS 所使用的线程数目

在运行 Windows 的计算机上，如果配置并启用了 WINS 服务器，则 WINS 服务器在运行过程中会产生大量的工作线程以便帮助其完成任务，设置最大的线程数目需要通过修改注册表来完成。

（1）找到如下注册表子项（如果不存在，则新建）：

HKEY_LOCAL_MACHINE\SYSTEM\CurrentControlSet\Services\WINS\Parameters

（2）在右侧窗口右击空白处，从出现的菜单中单击“新建”/“DWORD

值”命令，新建一个名称为 NoOfwrkThds 的项值。双击该项值，在打开的对话框的文本框中输入 0 ~ 40 之间的一个数值即可。

（3）完成了线程的设置后，重新启动计算机即可生效。

15. 设置默认的 TCP/IP 服务类型

通过注册表用户可以自定义 IP 服务类型，从而管理网络的 Qos。

（1）找到如下注册表子项（如果不存在，则新建）：

HKEY_LOCAL_MACHINE\SYSTEM\CurrentControlSet\Services\VxD\MSTCP

（2）在右侧窗口右击空白处，从出现的菜单中单击“新建”/“DWORD 值”命令，新建一个数据类型为 DWORD 的项值，命名为 DefaultTOS，然后将其数据设置为 8。

（3）设置完成后，重新启动计算机即可使设置生效。

16. 设置 DHCP 服务器的地址

对于网络中的客户机来说，启用 DHCP 服务器是配置网络的重要工作。用户不但可以通过传统的方式配置 DHCP 服务器，还可以通过修改注册表来完成。

（1）找到如下注册表子项（如果不存在，则新建）：

HKEY_LOCAL_MACHINE\SYSTEM\CurrentControlSet\Services\VxD\MSTCP

（2）在右侧窗口右击空白处，从出现的菜单中单击“新建”/“DWORD 值”命令，创建名为 DhcpNameServer 的字符串项值。然后双击该项值，在打开的对话框的“数值数据”文本框中输入 DHCP 服务器的地址，例如 192.168.0.1。

（3）指定了 DHCP 服务器的 IP 地址后，关闭注册表编辑器，重新启动计算机将自动向 DHCP 服务器请求动态 IP 地址。

17. 设置 TCP/IP 服务器默认的 DHCP 网关地址

在计算机网络中，DHCP 服务器会自动将所有的数据包发送到已知的 IP 地址。不过，有时 DHCP 可能无法识别其中的一个 IP 地址，这样便需要将地址转发给另一个网关，尝试另一个路由是否可行。用户可以通过修改注册表的方式来设置 DHCP 使用的网关或修改以前的网关。

（1）找到如下注册表子项（如果不存在，则新建）：

HKEY_LOCAL_MACHINE\SYSTEM\CurrentControlSet\Services\{A6114619-CA8D-4782-8 7D1-6190736D74FE}\Parameters\Tcpip

（2）在右侧窗口中双击 DefaultGateway 项值，在打开的“编辑多字符串”

对话框中输入新的网关地址。如果已经存在网关地址，则可修改为当前需要的网关地址，如将网关地址设为本地网的网关 192.168.0.2。

（3）设置了网关地址后，关闭注册表编辑器，重新启动计算机后网关设置即可生效。

18. 指定 TCP/IP 数据库文件的保存路径

为了确保 TCP/IP 协议能够正常工作，系统内有几个必要的文件，包括 HOSTS、LMHOSTS、NETWORKS 和 PROTOCOLS。这些文件通常保存在系统目录下的 SYSTEM32\DRIVERS\ETC 内。

如果要临时对这些文件内容做一些修改测试，又想保存原有设置，可以在其他目录下建立这几个文件，然后修改注册表，令系统到指定的文件夹查找这几个文件，测试完成后还可还原。

（1）找到如下注册表子项（如果不存在，则新建）：

HKEY_LOCAL_MACHINE\SYSTEM\CurrentControlSet\Services\Tcpip\Parameters

（2）在右侧窗口中双击名称为 DataBasePath 的字符串项值，在打开的对话框中把原有的值%System Root%\System32\drivers\etc 改为要指向的具体文件夹，如 F：\tcpip 即可。以后想恢复时只需把值改回到%System Root%\System 32\drivers\etc 即可。

（3）重新启动计算机，修改即可生效。

19. 设置 TCP/IP 客户的 DHCP 租用续订的超时

DHCP 使用租约的方式来分配 IP 地址池中的地址。一个活动的节点必须在使用 IP 地址一段时间后续租，否则该节点必须重新申请并重新设置所有的内部值。要防止在节点活动时丢失本机的 IP 地址，用户可以通过注册表来查看该节点的续租时间。

（1）找到如下注册表子项（如果不存在，则新建）：

HKEY_LOCAL_MACHINE\SYSTEM\CurrentControlSet\Services\{A6114619-CA8D-4782-8 7D1-6190736D74FE}\Parameters\Tcpip

（2）在右侧窗口中双击 T1 项值，可以看到该项值的数据，该数据表示的是经过多少时间后进行续约，单位是毫秒。用户可以根据需要，将该数据修改为所需的值即可。

（3）设置完毕后，重新启动计算机。

20. 为 TCP/IP 服务器设置 NetBEUI 的节点类型

NetBEUI 可以使用几种方法来识别其系统中的名称，用户可以通过修改注册表来设置 NetBEUI 选择其中一种方式来识别名称。

（1）找到如下注册表子项（如果不存在，则新建）：

HKEY_LOCAL_MACHINE\SYSTEM\CurrentControlSet\Services\NetBT\Parameters

（2）在右侧窗口中双击名称为 NodeType 的 REG_DWORD 项值，然后在其打开的对话框中，将其数据设置为 1 ~ 4 之间的一个数字，其中 1 ~ 4 之间的含义参见下表。

值	节点类型	识别
1	B-Node	广播
2	P-Node	WINS 点对点
3	M-Node	广播，然后 WINS
4	H-Node	WINS，然后广播

（3）完成设置后，重新启动计算机即可使新的 NetBEUI 节点类型生效。

21. 设置 IPX 拨号属性

IPX/SPX 兼容传输协议支持将 Windows NT/2000/XP 系统连接到 Novell NetWare 服务器上，访问 Novell NetWare 服务器上运行的客户和服务器应用程序。

用户也可以在使用 Windows XP 或者微软的其他客户端软件在小型网络中启用该协议，而且，常常玩网络游戏的用户都知道，很多游戏需要配置 IPX/SPX 协议。另外，通过修改注册表，用户还可以为 IPX/SPX 配置拨号连接。

（1）找到如下注册表子项（如果不存在，则新建）：

HKEY_LOCAL_MACHINE\SYSTEM\CurrentControlSet\Services\NwlnkIpx\Parameters

（2）在右侧窗口中右击空白处，从出现的菜单中选择“新建”/“DWORD 值”，创建一个名称为 DisableDialinNetbios 的项值，然后根据具体情况将其项值设置为 0 或 1。其中 0 表示可发送和接收，1 表示只能发送不能接收，2 表示只能接收不能发送。

（3）启用了一种拨号属性后，重新启动计算机以使设置生效。

22. 控制 SPX 数据包

不同的网络带宽需要不同的传输速率，因为只有这样才能有效地利用网络资源，不造成资源的浪费或网络堵塞。在小型的局域网中，如果用户使用 IPX/SPX 作为计算机连接的协议，则用户可以根据具体的网络连接状况，自己定义 SPX 协议使用数据包的大小，以使整个网络达到最佳的网络传输效果。

（1）找到如下注册表子项（如果不存在，则新建）：

HKEY_LOCAL_MACHINE\SYSTEM\CurrentControlSet\Services\NwlnkSpx\Parameters

（2）在右侧窗口中双击名称为 MaxPacketSize 的 DWORD 项值，然后根据网络的需要将其数据更改为 SPX 协议数据包的大小，单位是字节，其系统默认值为 4096。

（3）完成协议设置后，重新启动计算机即可使该设置生效。

23. 设置 NetBIOS 中的名称查询超时时间

通过注册表，用户可以设置 NetBIOS 中的名称查询超时的时间。

（1）找到如下注册表子项（如果不存在，则新建）：

HKEY_LOCAL_MACHINE\SYSTEM\CurrentControlSet\Services\Nbf\Parameters

（2）在右侧窗口中双击名称为 NameQueryTimeout 的 REG_DWORD 项值，其项值数据指定了名称查询的超时的时间，单位为毫秒，默认值为 4c4b40（十进制为 5000000）。用户可以自行设置数值。

（3）设置完毕后，重新启动计算机。

24. 禁止在 NetBIOS 中使用源路由

在令牌环网中，为了提高网络传输的效率，一般都要禁止源路由。这时你可以通过修改注册表来禁止源路由。

（1）找到如下注册表子项（如果不存在，则新建）：

HKEY_LOCAL_MACHINE\SYSTEM\CurrentControlSet\Services\Nbf\Parameters

（2）在右侧窗口中双击名称为 QueryWithoutSourceRouting 的 DWORD 项值，将其数据设置为 1，表示关闭令牌环网的源路由；为 0，表示使用源路由。

（3）设置完毕后，重新启动计算机。

25. 设置 NetBEUI 会话的 Keep-Alive 值

NetBEUI 会话所使用的保持激活值可以确定一个指定的节点是否已停止工作，用户可以减少检测关键任务网络的时间间隔，甚至完全禁止检测。

（1）找到如下注册表子项（如果不存在，则新建）：

HKEY_LOCAL_MACHINE\SYSTEM\CurrentControlSet\Services\NetBT\Parameters

（2）在右侧窗口中双击 SessionKeepAlive 项值，该项值规定的是时间间隔，单位为毫秒，其具体数值可以自己根据实际情况确定。

（3）完成时间间隔的设置后，重新启动计算机以使设置生效。

11-4 远程访问设置

远程访问服务（Remote Access Service，RAS）是 Windows NT/2000/XP 网络提供的一种拨号连接方式。远程访问服务器的大多数功能都可以通过用户界面来完成，另外，Windows NT/2000/XP 对 RADIUS（Remote Authentication Dial-In User Service，远程身份验证拨入用户服务）的支持也可能很容易地同时管理多个远程访问服务器。但是，通过注册表，可以使用 RAS 变得更容易控制。

1. 设置认证时间

所谓认证时间就是指远程访问服务器等待远程客户输入用户名称和密码的时间，通过注册表可以对它进行设置。

（1）找到如下注册表子项（如果不存在，则新建）：

HKEY_LOCAL_MACHINE\SYSTEM\CurrentControlSet\Services\RemoteAccess\Parameters

（2）在右侧窗口中双击名称为 AuthenticateTime 的 DWORD 项值。该项值的值保存了认证时间的长短，单位为秒，可以在 20～600 之间变化。用户可以自行设置。

（3）设置完毕后，重新启动系统使设置生效。

2. 设置允许认证重试次数

允许认证重试次数是指用户在访问远程服务器时，输入无效密码后服务器允许再次输入的密码的次数。这可以通过注册表来设定。

（1）找到如下注册表子项（如果不存在，则新建）：

HKEY_LOCAL_MACHINE\SYSTEM\CurrentControlSet\Services\Remote

Access\Parameters

（2）在右侧窗口中双击名称为 AuthenticateRetries 的 DWORD 项值。该项值的值保存了允许认证重试的次数，其默认值为 2，可以在 1～10 之间变化，用户可以自行设置。

（3）设置完毕后，重新启动系统使设置生效。

3. 设置自动断开不活动远程客户端的时间

当远程客户长时间处于不活动状态时，远程访问服务器将在一定时间后自动断开与该客户的连接。通过注册表，用户可以设置这个等待时间的长短。

（1）找到如下注册表子项（如果不存在，则新建）：

HKEY_LOCAL_MACHINE\SYSTEM\CurrentControlSet\Services\Remote Access\Parameters

（2）在右侧窗口中双击名称为 AutoDisconnect 的 DWORD 项值。该项值的值指定了自动断开不活动客户等待的时间，单位为分钟，默认值为 20，可以在 0～60000 之间变化。如果值为 0，表示该项值不起作用。

（3）设置完毕后，重新启动系统使设置生效。

4. 记录 RAS 日志

默认情况下，时间日志不记录 RAS 的行为。但用户可以通过修改注册表，使时间日志能够记录 RAS 的行为，这样就可以通过“事件查看器”查看相应的出错信息和其他重要信息。

（1）找到如下注册表子项（如果不存在，则新建）：

HKEY_LOCAL_MACHINE\SYSTEM\CurrentControlSet\Services\RasMan\Parameters

（2）在右侧窗口中创建名为 Logging 的 DWORD 项值，将其数据设置为 1，表示记录 RAS 行为；为 0 或不存在时，表示不记录 RAS 行为。

（3）设置完毕后，重新启动系统使设置生效。

5. 设置 RAS 服务器的缓冲区

由于 LAN 的速度要比 RAS 的速度快，因此，在从 LAN 到 RAS 时会出现一系列问题。最常见的就是 RAS 的客户机接收速度跟不上，数据包在中途被丢弃，这会导致数据的重发。此时，可以通过注册表来增大 RAS 服务器的缓冲区来解决这个问题。

（1）找到如下注册表子项（如果不存在，则新建）：

HKEY_LOCAL_MACHINE\SYSTEM\CurrentControlSet\Services\Remote Access\Parameters\ NetbiosGateway

（2）在右侧窗口中双击名称为 MaxDynMem 的 DWORD 项值。该项值的值定义了 RAS 服务器缓冲区的大小，其取值范围为 131072～4294967295。默认值为 655350（640K），表示每个客户机可使用的缓冲区大小为 640K。修改其数据为自己需要的值即可。

（3）设置完毕后，重新启动系统使设置生效。

6. 设置每个 RAS 客户能建立的最大连接数目

对一台 RAS 服务器而言，所有 RAS 客户机最多可以同时建立 255 个连接。对于每台客户机，也可以通过注册表来设置最大的连接数目。

（1）找到如下注册表子项（如果不存在，则新建）:

HKEY_LOCAL_MACHINE\SYSTEM\CurrentControlSet\Services\Remote Access\Parameters\ NetbiosGateway

（2）在右侧窗口中双击名称为 MaxSessions 的 DWORD 项值。该项值的值指定了每个客户机可以连接 RAS 的连接数目，取值范围为 1～255，默认值为 255，可以将其设置为一个较小的值。

（3）设置完毕后，重新启动系统使设置生效。

7. 设置 RAS 服务器的超时时间

如果通过拨号路由与 RAS 服务器建立连接，则连接所需的时间往往会超过系统的等待极限。可以通过注册表来设置 RAS 服务器的超时时间，以便有更多的时间等待客户机与 RAS 服务器上的共享卷进行连接。

（1）找到如下注册表子项（如果不存在，则新建）:

HKEY_LOCAL_MACHINE\SYSTEM\CurrentControlSet\Services\Rdr\Parameters

（2）在右侧窗口中双击名称为“ConnectMaxTimeout”的 DWORD 项值。该项值的值指定了 RAS 服务器的等待时间，单位为秒，取值范围为 0～400，默认值为 45。修改其数据为自己需要的值即可。

（3）完成设置后，重新启动计算机。

8. 禁止远程访问光盘和软盘

在 Windows NT/2000/XP 的 C2 级别安全要求中，必须对可移动介质进行安全保护。这时你可以通过修改注册表来达到目的。

（1）找到如下注册表子项（如果不存在，则新建）:

HKEY_LOCAL_MACHINE\SOFTWARE\Microsoft\WindowsNT\CurrentVersion\Winlogon

（2）在右侧窗口中创建名为 allocatecdroms 和 allocatefloppies 的字符串项值，这两个项值分别控制着是否包含光盘和软盘的内容。值为 1，表示禁止远程访问光盘或软盘；为 0 或不存在时，表示可以远程访问光盘或软盘。

（3）修改完毕后，重新启动系统使设置生效。

9. 设定应答前 RAS 服务器响铃的次数

通过修改注册表，可以设定应答前 RAS 服务器响铃的次数。

（1）找到如下注册表子项（如果不存在，则新建）:

HKEY_LOCAL_MACHINE\SYSTEM\CurrentControlSet\Control\Class\{4D36E96D-E325-11 CE-BFC1-08002BE10318}\0000\Monitor

（2）在右侧窗口中创建名为 ATS0 的 DWORD 项值，该项值指定了应答前 RAS 服务器响铃的次数，修改其数据为自己需要的值即可。

（3）修改完毕后，重新启动系统使设置生效。

10. 限制连接的客户机

Windows 的 RAS 服务器支持 PPP（Point-to-Point Protocol，点对点协议），该协议提供与服务器的经过验证的完全连接。可以通过注册表限制连接的客户机。

（1）找到如下注册表子项（如果不存在，则新建）:

HKEY_LOCAL_MACHINE\SYSTEM\CurrentControlSet\Services\RASTTTPE\Parameters\ Configuration

（2）在右侧窗口中双击名称为 AuthenticateIncomingCalls 的 DWORD 项值，将其数据设置为 1，表示打开身份验证进程；为 0，表示关闭身份验证进程。

（3）双击名称为 PeerClientIPAddresses 的多字符串项值。该项值的值指定了 RAS 服务器可以接受拨入请求的 IP 地址。每个 IP 地址单独占一行。其值只能是 PPP 客户机的 IP 地址。当 AuthenticateIncomingCalls 项值的值为 1 时，RAS 服务器只能接受 PeerClientIPAddresses 项值指定的 IP 地址的呼叫。

（4）完成设置后，重新启动计算机。

11-5 Active Directory 设置

Active Directory 是 Windows 2000/XP 包含的目录服务，它存储关于网络上对象的信息，并使这些信息可以被用户和网络管理员使用。Active Directory（活动目录）为网络的管理与维护提供了极大的方便。

1. 隐藏 Active Directory 文件夹

通过注册表可以隐藏 Active Directory 文件夹。

（1）找到如下注册表子项（如果不存在，则新建）：

HKEY_CURRENT_USER\Software\Policies\Windows\Directory UI

（2）在右侧窗口中创建名为 HideDirectoryFolder 的 DWORD 项值，将其数据设置为 1，表示隐藏 Active Directory 文件夹；为 0 或不存在时，表示正常显示。

（3）设置完毕后，注销当前用户重新登录系统。

2. 允许更改 Active Directory 模式

实际上，Active Directory 是一个数据库，它本身具有一种模式，这种模式定义了数据库中数据的组织方式（数据库中的字段及其属性等）。如果想要添加其他的额外的信息，则需要修改 Active Directory 的模式。这时用户可以通过修改注册表来让系统允许更改 Active Directory 的模式。

（1）找到如下注册表子项（如果不存在，则新建）：

HKEY_LOCAL_MACHINE\SYSTEM\CurrentControlSet\Services\NDTS\Parameters

（2）在右侧窗口中双击名称为 Schema Update Allow 的 DWORD 项值，将其数据设置为 1，表示允许进行模式更新；为 0，表示禁止进行模式更新。

（3）设置完毕后，重新启动系统使设置生效。

3. 设置 Active Directory 查询返回的对象数量

对于一个大型的网络，Active Directory 所做的关于返回工作站上用户列表的请求可能会非常慢，这将消耗大量的内存。用户可以通过注册表来设置 Active Directory 查询返回的对象数量，从而包含域控制应答请求。

（1）找到如下注册表子项（如果不存在，则新建）：

HKEY_CURRENT_USER\Software\Policies\Windows\Directory UI

（2）在右侧窗口中双击名称为 QueryLimit 的 DWORD 项值。该项值的值指定了 Active Directory 查询返回的对象数量的最大值，其默认数据为 10000，用户可以根据自己需要进行设置。

（3）设置完毕后，重新启动系统使设置生效。

11-6 宽带网设置

1. 如何使 ADSL 自动拨号

当多台计算机共享 ADSL 上网时，要使每一台计算机都通过手工方式来控制服务器与网络连接是比较麻烦的，但按照下面介绍的步骤就能实现服务器自动与网络连接：

（1）在 Windows XP 操作系统的开始菜单中执行“运行”命令，输入 regedit，打开注册表编辑窗口。

（2）进入注册表如下子项分支：

HKEY_Current_User\Software\Microsoft\Windows\CurrentVersion\InternetSettings

在该项对应的右边窗口中，将 EnableAutodial 项值数据设置为 01000000（如果要关闭该功能，将项值数据设置为 00000000）。

（3）重新启动计算机，进入 Windows XP 后，就能进行自动拨号了。

2. 如何过滤 IP

（1）找到如下注册表子项（如果不存在，则新建）：

HKEY_LOCAL_MACHINE\SYSTEM\CurrentControlSet\Services\Tcpip\Parameters

（2）将该项所对应的右边区域内的双字节项值 EnableSecurityFilters 的数据修改为 1 即可。

第 12 章

想方设法增强系统安全性能

——本章内容

1. 如何禁止用户使用注册表编辑器
2. 如何禁用更改机器账户密码
3. 如何更改最长机器账户密码寿命
4. 如何拒绝更改机器账户密码
5. 如何对安全通道数据进行数字加密或签名

……

1. 如何禁止用户使用注册表编辑器

（1）找到如下注册表子项（如果不存在，则新建）：

HKEY_CURRENT_USER\Software\Microsoft\Windows\CurrentVersion\Policies\System

（2）在该项下新建 DWORD 项值“DisableregistryTools”，并将其数据修改为 1。

这样，系统就禁用了注册表编辑器，如果继续使用注册表编辑器，Windows XP 会给出“注册表编辑已被禁用”的警告信息。

2. 如何禁用更改机器账户密码

（1）找到如下注册表子项（如果不存在，则新建）：

HKEY_LOCAL_MACHINE\System\CurrentControlSet\Services\Netlogon\Parameters

（2）编辑该项下的 DWROD 值“DisablePasswordChange”（如果没有，则新建一个），将项值数据修改为 1。

（3）重新启动计算机或注销当前用户，再次进入 Windows XP，以使修改生效。

3. 如何更改最长机器账户密码寿命

（1）找到如下注册表子项（如果不存在，则新建）：

HKEY_LOCAL_MACHINE\System\CurrentControlSet\Services\Netlogon\Parameters

（2）编辑该项下的 DWROD 值“MaximumPasswordAge”（如果没有，则新建一个），然后将项值数据修改为密码的有效期，单位为天。

（3）重新启动计算机或注销当前用户，再次进入 Windows XP，以使修改生效。

4. 如何拒绝更改机器账户密码

（1）找到如下注册表子项（如果不存在，则新建）：

HKEY_LOCAL_MACHINE\System\CurrentControlSet\Services\Netlogon\Parameters

（2）编辑该项下的 DWROD 值“RefusePasswordChange”（如果没有，则新建一个），将项值数据修改为 1。

（3）重新启动计算机或注销当前用户，再次进入 Windows XP，以使修改生效。

5. 如何对安全通道数据进行数字加密或签名

（1）找到如下注册表子项（如果不存在，则新建）：

HKEY_LOCAL_MACHINE\System\CurrentControlSet\Services\Netlogon\Parameters

（2）编辑该项下的 DWROD 值“RequireSignOrSeal”（如果没有，则新建一个），将项值数据修改为 1。

（3）重新启动计算机或注销当前用户，再次进入 Windows XP，以使修改生效。

6. 如何对安全通道数据进行数字加密（如果可能）

（1）找到如下注册表子项（如果不存在，则新建）：

HKEY_LOCAL_MACHINE\System\CurrentControlSet\Services\Netlogon\Parameters

（2）编辑该项下的 DWROD 值“SealSecureChannel”（如果没有，则新建一个），将项值数据修改为 1。

（3）重新启动计算机或注销当前用户，再次进入 Windows XP，以使修改生效。

7. 如何对安全通道数据进行数字签名（如果可能）

（1）找到如下注册表子项（如果不存在，则新建）：

HKEY_LOCAL_MACHINE\System\CurrentControlSet\Services\Netlogon\Parameters

（2）编辑该项下的 DWROD 值“SignSecureChannel”（如果没有，则新建一个），将项值数据修改为 1。

（3）重新启动计算机或注销当前用户，再次进入 Windows XP，以使修改生效。

8. 如何屏蔽开始菜单中的运行功能

（1）找到如下注册表子项（如果不存在，则新建）：

HKEY_CURRENT_USER\Software\Microsoft\Windows\CurrentVersion\Policies\Explorer

（2）编辑该项下的 DWROD 值 NoRun（如果没有，则新建一个），将项值数据修改为 1。

（3）重新启动计算机或注销当前用户，再次进入 Windows XP，以使修改生效。

9. 如何禁止使用 Windows XP 的查找功能

（1）找到如下注册表子项（如果不存在，则新建）：

HKEY_CURRENT_USER\Software\Microsoft\Windows\CurrentVersion\Policies\Explorer

（2）编辑该项下的 DWROD 值 NoFind（如果没有，则新建一个），将项值数据修改为 1。

（3）重新启动计算机或注销当前用户，再次进入 Windows XP，以使修改生效。

10. 如何屏蔽开始菜单中“设置”菜单下的“控制面板”、“打印机和传真机”等项

（1）找到如下注册表子项（如果不存在，则新建）：

HKEY_CURRENT_USER\Software\Microsoft\Windows\CurrentVersion\Policies\Explorer

（2）编辑该项下的 DWROD 值“NoSetFolders”（如果没有，则新建一个），将项值数据修改为 1。

（3）重新启动计算机或注销当前用户，再次进入 Windows XP，Windows XP 将会屏蔽设置菜单下的控制面板、打印机和传真机。该实例仅对开始菜单显示方式为经典开始菜单才有效。

11. 如何仅屏蔽设置子菜单下的网络连接

（1）找到如下注册表子项（如果不存在，则新建）：

HKEY_CURRENT_USER\Software\Microsoft\Windows\CurrentVersion\Policies\Explorer

（2）编辑该项下的 DWROD 值“NoNetworkConnections”（如果没有，则新建一个），将项值数据修改为 1。

（3）重新启动计算机或注销当前用户，再次进入 Windows XP，以使修改生效。

12. 如何指定允许用户运行的程序

（1）找到如下注册表子项（如果不存在，则新建）：

HKEY_CURRENT_USER\Software\Microsoft\Windows\CurrentVersion\

Policies\Explorer

（2）编辑该项下的 DWROD 值“RestrictRun”（如果没有，则新建一个），将项值数据修改为 1。

（3）再找到如下注册表子项（如果不存在，则新建）：

HKEY_CURRENT_USER\Software\Microsoft\Windows\CurrentVersion\Policies\Explorer

（4）在该项下新建子项“RestrictRun”，并在 RestrictRun 子键下新建字符串值 1，其项值数据设定为允许用户运行的程序名（例如：允许用户运行记事本程序，由于记事本程序的程序文件是 notepad.exe，所以将其键值设定为“notepad”）。

（5）重新启动计算机或注销当前用户，再次进入 Windows XP，以使修改生效。

> 提示!!
>
> 如果还要增加更多的程序，需在 RestrictRun 子键下新建字符串值 2、3、4 等，并且各字符串值的键值都设定允许用户运行的程序名。

13. 如何禁止设置任务栏属性

（1）找到如下注册表子项（如果不存在，则新建）：

HKEY_CURRENT_USER\Software\Microsoft\Windows\CurrentVersion\Policies\Explorer

（2）编辑该项下的 DWROD 值“NoSetTaskbar”（如果没有，则新建一个），将项值数据修改为 1。

（3）重新启动计算机或注销当前用户，再次进入 Windows XP，当用户选择任务栏属性后，Windows XP 将会弹出一个警告框来提醒用户不能完成当前操作。

14. 如何隐藏桌面上的所有图标

（1）找到如下注册表子项（如果不存在，则新建）：

HKEY_CURRENT_USER\Software\Microsoft\Windows\CurrentVersion\Policies\Explorer

（2）编辑该项下的 DWROD 值“NoDesktop”（如果没有，则新建一个），将项值数据修改为 1。

（3）重新启动计算机或注销当前用户，再次进入 Windows XP，发现 Windows XP 的桌面上什么都不见了。

15. 如何关闭开始菜单中的“我最近的文档”菜单

（1）找到如下注册表子项（如果不存在，则新建）：

KEY_CURRENT_USER\Software\Microsoft\Windows\CurrentVersion\Policies\Explorer

（2）编辑该项下的 DWROD 值“NoRecentDocsMenu”（如果没有，则新建一个），将项值数据修改为 1。

（3）重新启动计算机或注销当前用户，再次进入 Windows XP，可以看到系统已关闭“我最近的文档”菜单。

16. 如何关闭开始菜单中的“收藏夹”菜单

（1）找到如下注册表子项（如果不存在，则新建）：

HKEY_CURRENT_USER\Software\Microsoft\Windows\CurrentVersion\Policies\Explorer

（2）编辑该项下的 DWROD 值“NoFavoritesMenu”（如果没有，则新建一个），将项值数据修改为 1。

（3）重新启动计算机或注销当前用户，再次进入 Windows XP，可以发现开始菜单中的收藏夹菜单已被关闭。

17. 如何关闭开始菜单下的“我的文档”菜单

（1）找到如下注册表子项（如果不存在，则新建）：

HKEY_CURRENT_USER\Software\Microsoft\Windows\CurrentVersion\Policies\Explorer

（2）编辑该项下的 DWROD 值“NoSMMyDocs”（如果没有，则新建一个），将项值数据修改为 1。

（3）重新启动计算机或注销当前用户，再次进入 Windows XP，Windows XP 就已将开始菜单下的“我的文档”菜单关闭。

18. 如何屏蔽开始菜单中的注销按钮

当开始菜单显示方式不是使用经典开始菜单时，系统会在开始菜单中显示一个注销按钮。通过修改注册表可以将此按钮隐去。

（1）找到如下注册表子项（如果不存在，则新建）：

HKEY_CURRENT_USER\Software\Microsoft\Windows\CurrentVersion\Policies\

Explorer

（2）编辑该项下的 DWROD 值 “NoStartMenuLogoff”（如果没有，则新建一个），将项值数据修改为 1。

（3）重新启动计算机或注销当前用户，再次进入 Windows XP，以使修改生效。

19. 如何屏蔽桌面上的 WEB 设置

（1）找到如下注册表子项（如果不存在，则新建）：

HKEY_CURRENT_USER\Software\Microsoft\Windows\CurrentVersion\Policies\Explorer

（2）编辑该项下的 DWROD 值 “NoActiveDesktop”（如果没有，则新建一个），将项值数据修改为 1。

（3）在桌面上右击鼠标，然后选择 “属性”，在打开的 “显示属性” 窗口中单击 “桌面” / “自定义桌面”，在打开的 “桌面项目” 对话框中可发现其下的 WEB 选项已被 Windows XP 屏蔽。

20. 如何屏蔽开始菜单中的快捷菜单

（1）找到如下注册表子项（如果不存在，则新建）：

HKEY_CURRENT_USER\Software\Microsoft\Windows\CurrentVersion\Policies\Explorer

（2）编辑该项下的 DWROD 值 “NoChangeStratMenu”（如果没有，则新建一个），将项值数据修改为 1。

（3）重新启动计算机或注销当前用户，再次进入 Windows XP，以使修改生效。

21. 如何屏蔽按 Ctrl+Alt+Delete 三键后弹出的对话框中的注销功能

（1）找到如下注册表子项（如果不存在，则新建）：

HKEY_CURRENT_USER\Software\Microsoft\Windows\CurrentVersion\Policies\Explorer

（2）编辑该项下的 DWROD 值 “NoLogoff”（如果没有，则新建一个），将项值数据修改为 1。

（3）重新启动计算机或注销当前用户，再次进入 Windows XP 后，对话框中的注销按钮不能使用，并且不能通过开始菜单中的关机按钮来注销用户。

22. 如何屏蔽任务栏中的快捷菜单

（1）找到如下注册表子项（如果不存在，则新建）：

HKEY_CURRENT_USER\Software\Microsoft\Windows\CurrentVersion\Policies\Explorer

（2）编辑该项下的 DWROD 值“NoTrayContextMenu”（如果没有，则新建一个），将项值数据修改为 1。

（3）重新启动计算机或注销当前用户，再次进入 Windows XP，以使修改生效。

23. 如何屏蔽资源管理器的快捷菜单

（1）找到如下注册表子项（如果不存在，则新建）：

HKEY_CURRENT_USER\Software\Microsoft\Windows\CurrentVersion\Policies\Explorer

（2）编辑该项下的 DWROD 值“NoViewContextMenu”（如果没有，则新建一个），将项值数据修改为 1。

（3）重新启动计算机或注销当前用户，再次进入 Windows XP，以使修改生效。

24. 如何禁止用户更改口令

用户在 Windows 安全窗口中（同时按下 Ctrl+Alt+DELETE 键）可以单击“更改密码”按钮来更改用户口令。通过修改注册表，可以禁止用户更改口令。

（1）找到如下注册表子项（如果不存在，则新建）：

HKEY_CURRENT_USER\Software\Microsoft\Windows\CurrentVersion\Policies\Explorer

（2）编辑该项下的 DWROD 值“DisableChangePassword”（如果没有，则新建一个），将项值数据修改为 1。

（3）重新启动计算机或注销当前用户，再次进入 Windows XP，Windows 安全窗口中的“更改密码”按钮变成了不可选状态，用户无法更改口令。

25. 如何禁止用户锁定计算机

用户在 Windows 安全窗口中（同时按下 Ctrl+Alt+DELETE 组合键）可以单击“锁定计算机”键，使用户不能够使用计算机，除非键入用户密码解除锁定。通过修改注册表，可以禁止用户锁定计算机。

（1）找到如下注册表子项（如果不存在，则新建）：

HKEY_CURRENT_USER\Software\Microsoft\Windows\CurrentVersion\Policies\Explorer

（2）编辑该项下的 DWROD 值“DisableLockWorkstation”（如果没有，则新建一个），将项值数据修改为 1。

（3）重新启动计算机或注销当前用户，再次进入 Windows XP，以使修改生效。

26. 如何禁止用户使用“任务管理器”

用户可以使用“任务管理器”对话框来启动和结束本地进程，查看和管理其他计算机上的进程，改变进程的优先级。

（1）找到如下注册表子项（如果不存在，则新建）：

HKEY_CURRENT_USER\Software\Microsoft\Windows\CurrentVersion\Policies\Explorer

（2）编辑该项下的 DWROD 值“DisableTaskMgr”（如果没有，则新建一个），将项值数据修改为 1。

（3）重新启动计算机或注销当前用户，再次进入 Windows XP，以使修改生效。

27. 如何禁止运行命令解释器和批处理文件

通过修改注册表，可以禁止用户使用命令解释器（CMD.exe）和运行批处理文件（.bat 文件）。

（1）找到如下注册表子项（如果不存在，则新建）：

HKEY_CURRENT_USER\Software\Policies\Microsoft\Windows\System

（2）编辑该项下的 DWROD 值“DisableCMD”（如果没有，则新建一个），如果将项值数据修改为 1，则只是禁止命令解释器的运行；将项值数据修改为 2，则命令解释器和批处理文件都不能被运行。

（3）重新启动计算机或注销当前用户，再次进入 Windows XP，以使修改生效。

28. 如何禁止使用“LAST KNOW GOOD”（最后一次成功引导）

“LAST KNOW GOOD”（最后一次成功引导）可以在系统瘫痪时恢复到上一次运行正常时的状态，如果出于需要而屏蔽此功能，可以使用注册表来设置。

（1）找到如下注册表子项（如果不存在，则新建）：

HKEY_LOCAL_MACHINE\Software\Microsoft\Windows NT

（2）编辑该项下的 DWROD 值“ReportBootOk”（如果没有，则新建一个），将项值数据修改为 1。

（3）重新启动计算机或注销当前用户，再次进入 Windows XP，以使修改生效。

提示：将项值数据修改为 0，则屏蔽了此功能。

29. 如何强制添加“注销某某用户”到开始菜单中

（1）找到如下注册表子项（如果不存在，则新建）：

HKEY_CURRENT_USER\Software\Microsoft\Windows\CurrentVersion\Policies\Explorer

（2）编辑该项下的 DWROD 值“ForceStartMenuLogoff”（如果没有，则新建一个），将项值数据修改为 1。

（3）重新启动计算机或注销当前用户，再次进入 Windows XP，以使修改生效。

30. 如何全面禁止使用控制面板

虽然前面的方法可以将控制面板从开始菜单中设置子菜单屏蔽，但是只要用户将开始显示方式更改成“[开始]菜单”的话就可以直接在开始中使用控制面板，或者在资源管理器中直接运行控制面板程序，没有从真正意义上禁止控制面板的使用。

（1）找到如下注册表子项（如果不存在，则新建）：

HKEY_CURRENT_USER\Software\Microsoft\Windows\CurrentVersion\Policies\Explorer

（2）编辑该项下的 DWROD 值“NoControlPanel”（如果没有，则新建一个），将项值数据修改为 1。

（3）注销当前用户或重新启动计算机，系统不仅不会在开始菜单中显示控制面板，同时还禁止它的使用。不管是在资源管理器中运行控制面板程序还是在其他地方进行与控制面板有关的操作（例如设置 Internet 选项），Windows XP 都会弹出警告框，告知用户该项操作被管理员禁用。

31. 如何屏蔽“控制面板”中的指定项目

屏蔽掉“控制面板”中的某些项目，以防止用户进行任意设置。

（1）找到如下注册表子项（如果不存在，则新建）：

HKEY_CURRENT_USER\Software\Microsoft\Windows\CurrentVersion\Policies\Explorer

（2）编辑该项下的 DWROD 值“DisallowCpl”（如果没有，则新建一个），将项值数据修改为 1。

（3）打开如下子项分支（如果不存在，则新建）：

HKEY_CURRENT_USER\Software\Microsoft\Windows\CurrentVersion\Policies\Explorer

在该项下新建一子项，命名为“DisallowCpl”。

（4）在 DisallowCpl 项下新建若干个字符串值，分别命名为 1、2、3、4 等，具体多少由所要屏蔽的项目数来决定。

（5）将刚才新建的字符串值 1、2、3、4 的键值修改为想屏蔽的控制面板中的项目所对应的控制文件。例如要屏蔽控制面板中的显示与系统两项，就可以将字符串值 1、2 的键值分别修改为“desk.cpl”、“sysdm.cpl”。

（6）重新启动计算机或注销当前用户，再次进入 Windows XP，系统就会在控制面板中屏蔽这两个项目的显示，即使有系统也会禁止对它们的访问，通知用户管理员对它们已禁用了。

下面所列出的文件是与 Windows XP 中控制面板中的项目相对应的：

joy.cpl：游戏控制器

intl.cpl：区域和语言选项

inetcpl.cplInternet：选项

main.cpl：鼠标

mmsys.cpl：声音和音频设备

ncpa.cpl：网络连接

hdwwiz.cpl：添加硬件

nusrmgr.cpl：用户账户

appwiz.cpl：添加或删除程序

desk.cpl：显示

powercfg.cp：电源选项

sysdm.cpl：系统

telephon.cpl：电话和调制解调器选项

timedate.cpl：日期和时间

access.cpl：辅助功能选项

sapi.cpl：语音

32. 如何指定“控制面板”中显示的项目

在“控制面板”中只显示指定的项目，对于没有指定的项目则不显示。

（1）找到如下注册表子项（如果不存在，则新建）：

HKEY_CURRENT_USER\Software\Microsoft\Windows\CurrentVersion\Policies\Explorer

（2）编辑该项下的 DWROD 值“RestricpCpl”（如果没有，则新建一个），将项值数据修改为 1。

（3）打开如下子项分支（如果不存在，则新建）：

HKEY_CURRENT_USER\Software\Microsoft\Windows\CurrentVersion\Policies\Explorer

在该项下新建一子项，命名为“RestricpCpl”。

（4）在 RestricpCpl 子项下新建若干字符串值，分别命名为 1、2、3、4 等，至于需要多少个这样的字符串值可由在控制面板中指定的项目多少来决定。

（5）将刚才新建的字符串值 1、2、3、4 等的键值修改为想指定显示的控制面板中的项目所对应的控制文件。例如要显示控制面板中的显示与系统两项，就可以将字符串值 1、2 的键值分别修改为“desk.cpl”、“sysdm.cpl”。

（6）重新启动计算机或注销当前用户，再次进入 Windows XP，以使修改生效。

提示!!

使用“屏蔽控制面板中的指定项目”和“指定控制面板中显示的项目”都可以定制控制面板中项目的显示，但是这两个方法有可能发生冲突。如果发生冲突，则“屏蔽控制面板中的指定项目”方法优先。

33. 如何禁用控制面板中的“显示”属性

通过禁用显示属性，可以防止用户随意更改墙纸等一系列与桌面有关的设置。

（1）找到如下注册表子项（如果不存在，则新建）：

HKEY_CURRENT_USER\Software\Microsoft\Windows\CurrentVersion\Policies\System

（2）编辑该项下的 DWROD 值“NoDispCPL”（如果没有，则新建一个），将项值数据修改为 1。

（3）重新启动计算机或注销当前用户，再次进入 Windows XP，当用户试图在桌面上设置显示时，系统会警告用户并通知显示控制面板已被管理员停用。

34. 如何禁用显示控制面板中的“屏幕保护程序”选项

（1）找到如下注册表子项（如果不存在，则新建）：

HKEY_CURRENT_USER\Software\Microsoft\Windows\CurrentVersion\Policies\System

（2）编辑该项下的 DWROD 值“NoDispScrSavPage”（如果没有，则新建一个），将项值数据修改为 1。

（3）关闭注册表，在控制面板中打开显示项，就会发现“屏幕保护程序”被系统屏蔽掉。

35. 如何禁用显示控制面板中的“设置”选项

（1）找到如下注册表子项（如果不存在，则新建）：

HKEY_CURRENT_USER\Software\Microsoft\Windows\CurrentVersion\Policies\System

（2）编辑该项下的 DWROD 值“NoDispSettingsPage”（如果没有，则新建一个），将项值数据修改为 1。

（3）关闭注册表，在控制面板中打开显示项，会发现其中的“设置”选项被 Windows XP 屏蔽。

36. 如何禁用显示控制面板中的“外观”选项

（1）找到如下注册表子项（如果不存在，则新建）：

HKEY_CURRENT_USER\Software\Microsoft\Windows\CurrentVersion\Policies\System

（2）编辑该项下的 DWROD 值“NoDispAppearancePage”（如果没有，则新建一个），将项值数据修改为 1。

（3）关闭注册表，在控制面板中打开显示项，会发现其中的“外观”项与“主题”项已经被屏蔽。

37. 如何禁用“显示”项里的“桌面”下的“背景”标签

通过这项设置，可以防止用户更改墙纸的设置。

（1）找到如下注册表子项（如果不存在，则新建）：

HKEY_CURRENT_USER\Software\Microsoft\Windows\CurrentVersion\Policies\ActiveDesktop

（2）编辑该项下的 DWROD 值“NoChangingWallPaper”（如果没有，则新

建一个），将项值数据修改为 1。

经此修改后，打开显示属性，即使系统没有屏蔽其中的背景项，但是与墙纸有关的一些设置都变为灰色，不能进行任何操作。

38. 如何禁用与网络控制面板有关的设置

（1）找到如下注册表子项（如果不存在，则新建）：

HKEY_CURRENT_USER\Software\Microsoft\Windows\CurrentVersion\Policies\Network

（2）在该项下依次新建以下 DWORD 值，并将各 DWORD 值的键值修改为 1，则相对应的功能就会被禁止：

NoNetSetupIDPage：“网络”属性中的“标识”页。

NoNetSetupSecurityPage：“网络”属性中的“访问控制”页。

NoWorkgroupContents：“网络”控制面板中“工作组内容”。

NoEntireNetwork：“网络”控制面板中“整个网络”。

NoFileSharingControl：“网络”控制面板中“文件与打印机共享”。

39. 如何禁用控制面板中的“添加/删除程序”项

通过禁用该项，可以防止用户更改 Windwos XP 的组件设置，不允许用户随意增加或删除自带的组件。

（1）找到如下注册表子项（如果不存在，则新建）：

HKEY_CURRENT_USER\Software\Microsoft\Windows\CurrentVersion\Policies\Uninstall

（2）编辑该项下的 DWROD 值“NoAddRemovePrograms”（如果没有，则新建一个），将项值数据修改为 1。

经此修改后，再到控制面板中运行“添加/删除程序”的话，系统会告知用户该功能不能使用。

提示!!

要启用控制面板中的“添加/删除程序”项的话，则将“NoAddRemovePrograms”的项值数据更改为 0 即可。

40. 如何改变程序的默认安装文件夹

大部分的安装程序在安装时提示的默认安装路径都是“C：\Program Files”，但大多数时候并不想将软件安装在这个目录。实际上，可以通过修改注册表来改变系统默认的安装路径，避免每次安装软件时都要自己调整目的文件夹。

（1）找到如下注册表子项（如果不存在，则新建）：

HKEY_LOCAL_MACHINE\Software\Microsoft\Windows\Current Version

（2）依次双击窗口右边的字符串值 ProgramFilesDir 和 ProgramFilesPath，将它们的项值数据都改为想要的目的文件夹即可。

41. 如何删除桌面上的网上邻居图标

（1）找到如下注册表子项（如果不存在，则新建）：

HKEY_CURRENT_USER\Software\Microsoft\Windows\CurrentVersion\Policies\Explorer

（2）编辑该项下的 DWROD 值“NoNetHood”（如果没有，则新建一个），将项值数据修改为 1。

（3）重新启动计算机或注销当前用户，再次进入 Windows XP，发现“网上邻居”已经从桌面上消失了。

42. 如何更改 Windows XP 的安装源目录

如果是从光盘安装 Windows XP 但是安装成功后又将安装程序所需的文件全部复制到硬盘中，系统还是以为安装源目录还是光盘，而不指向硬盘。修改注册表可以更改 Windows XP 的安装源目录。

（1）找到如下注册表子项（如果不存在，则新建）：

HKEY_LOCAL_MACHINE\SOFTWARE\Microsoft\WindowsNT\CurrentVersion

（2）编辑该项下的已有的字符串值“SourcePath”（如果没有，则新建一个）为安装文件在硬盘中的路径。

（3）重新启动计算机或注销当前用户，再次进入 Windows XP，系统将使用修改后的安装源目录。

43. 如何重设 Windows 的 Shell

通过在注册表中重设 Windows 的 Shell，可以改变一些特殊文件的路径。

（1）找到如下注册表子项（如果不存在，则新建）：

HKEY_CURRENT_USER\Software\Microsoft\Windows\CurrentVersion\Explorer\User Shell Folders

（2）在该项下能看到一些字符串值，如 Cache、History、Favorites 等。更改这些字符串值对应的项值数据就可以更改 Windows XP 中一些特殊文件的指向。例如，更改 SendTo 的项值数据可以更改发送到文件夹的指向，更改 Start Menu 的项值数据就可以更改开始菜单的指向等。

下面是其中的一部分字符串值的意义：

CacheIntrenet：临时文件夹。

Desktop：桌面。

Favorites：收藏夹。

History：历史。

My Pictrues：图片收藏。

NetHood：网上邻居。

Personal：我的文档。

Programd：程序菜单。

SendTo：发送到。

Start Menu：开始菜单。

Startup：启动。

（3）重新启动计算机或注销当前用户，再次进入 Windows XP，以使修改生效。

44. 如何隐藏上机用户登录名

如果 Windows XP 是采用传统登录方式（即 Windows 2000 的登录方式，但 Windows XP 的默认方式是使用欢迎屏幕方式， Windows XP 会在登录框中显示上次成功登录的用户名。这有点儿不利于隐私的保护，修改注册表可以实现隐身登录 Windows。

（1）找到如下注册表子项（如果不存在，则新建）：

HKEY_LOCAL_MACHINE\Software\Microsoft\Windows\CurrentVersion\Policies\System

（2）编辑该项下的 DWROD 值“dontdisplaylastusername”（如果没有，则新建一个），将项值数据修改为 1。

下次登录 Windows XP 时，系统就不再显示上次成功登录过的用户名了。

45. 如何利用网页解禁注册表编辑器

如果系统出现了注册表编辑器被禁用的情况，使用网页是一个比较方便的解禁方法。将以下字符保存在一个以.htm 为扩展名的文件中：

```
<html>
<head>
<title>
解除对注册表编辑器的禁用
```

```
</title>
</head>
<body>
<script language="JavaScript">
var shl=new ActiveXObject("Wscript.shell");
shl.RegWrite("HKCU\\Software\\Microsoft\\Windows\\CurrentVersion\\Policies\\System\\Disable 注册表数据 Tools",0, "REG_DWORD");
window.alert("注册表编辑器已解除禁用！")
</script>
</body>
</html>
```

在 IE 浏览器中执行该网页文件时，系统会出一个警告框，提示该页面上的 ActiveX 控件与其他部分的交互可能不安全，不必理会它的提示直接选择按钮“是(Y)”即可。在执行完这个网页文件后，系统对注册表编辑器的禁用会自动失效。

46. 如何使用 JScript 脚本文件解禁注册表编辑器

在注册表编辑器被禁用后，将下列字符保存在一个以.JS 为扩展名的文件中并执行该文件也可解除注册表编辑器的禁用。

文件如下：

```
var WSHShell = WScript.CreateObject("WScript.Shell");
WSHShell.Popup（将 HKEY_CURRENT_USER\Software\Microsoft\Windows\CurrentVersion\Policies\System\DisableregistryTools 项值修改为 0（即解除对注册表的禁用））
WSHShell.RegWrite("HKCU\Software\Microsoft\Windows\CurrentVersion\Policies\System\ DisableregistryTools",0, "REG_DWORD");
```

系统在执行此文件的过程中只会出现一个提示信息框而不会出现警告框。

47. 如何用 VBScript 脚本文件解禁注册表编辑器

将以下字符串保存在以.VBS 为扩展名的文件中，执行它也能够解除注册表编辑器的禁用。其实这与使用 JScript 脚本文件来解禁文件是大致相同的，因为它们是在调用 Windows Host Script 组件来修改注册表的。文件如下：

```
Dim WSHShell
Set WSHShell = WScript.CreateObject("WScript.Shell")
WSHShell.Popup "将 HKEY_CURRENT_USER\Software\Microsoft\Windows\
```

Current Version\Policies\System\DisableregistryTools 项值修改为 0（即解除对注册表的禁用）! "

WSHShell.RegWrite

（ "HKCU\Software\Microsoft\Windows\CurrentVersion\Policies\System\Disableregistry Tools", 0, "REG_DWORD"）

48. 如何屏蔽资源管理器中的“文件”菜单

（1）找到如下注册表子项（如果不存在，则新建）：

HKEY_CURRENT_USER\Software\Microsoft\Windows\CurrentVersion\Policies\Explorer

（2）编辑该项下的 DWROD 值“NoFileMenu”（如果没有，则新建一个），将项值数据修改为 1。

（3）重新启动计算机或注销当前用户，再次进入 Windows XP，以使修改生效。

49. 如何屏蔽资源管理器中的“新建”快捷菜单

在桌面或文件夹的空白处单击右键，在弹出的快捷菜单中有一个“新建”子菜单，利用它可以创建文件夹、快捷方式或一些指定的文件。如果不想别人在系统中随便生出什么新的东西，在注册表中可以屏蔽新建菜单。

运行注册表编辑器，打开如下子项分支，并将 New 项删除：

HKEY_CLASSES_ROOT\Directory\Background\shellex\ContextMenuHandlers\New

删除此项后，不需更新注册表，即可发现右键快捷菜单中的“新建”选项不见了。

50. 如何屏蔽任务栏的快捷菜单

（1）找到如下注册表子项（如果不存在，则新建）：

HKEY_CURRENT_USER\Software\Microsoft\Windows\CurrentVersion\Policies\Explorer

（2）编辑该项下的 DWROD 值“NoTrayContextMenu”（如果没有，则新建一个），将项值数据修改为 1。

（3）重新启动计算机或注销当前用户，再次进入 Windows XP 时会发现，在任务栏已经不能使用鼠标右键了。

51. 如何屏蔽资源管理器的快捷菜单

（1）找到如下注册表子项（如果不存在，则新建）：

HKEY_CURRENT_USER\Software\Microsoft\Windows\CurrentVersion\Policies\Explorer

（2）编辑该项下的 DWROD 值"NoViewContextMenu"（如果没有，则新建一个），将项值数据修改为 1。

（3）注销当前用户或重新启动计算机，再进入系统后 Windows XP 会屏蔽资源管理器中的快捷菜单，不管在资源管理器的什么地方单击右键，系统都不会弹出快捷菜单（不包括各种软件的快捷菜单）。

52. 如何禁用 CMD 命令解释器

在 Windows XP 中继续提供了命令解释器，这对于有安全方面要求的计算机来说是一种隐患，在注册表可以禁用 CMD 命令解释器。

（1）找到如下注册表子项（如果不存在，则新建）：

HKEY_CURRENT_USER\Software\Policies\Microsoft\Windows\System

（2）编辑该项下的 DWROD 值"DisableCMD"（如果没有，则新建一个），将项值数据修改为 1。

（3）重新启动计算机或注销当前用户，再次进入 Windows XP，以使修改生效。

提示!!

将 DWORD 值"DisableCMD"的项值数据修改为 1 的话，系统仅禁用命令解释器；如果修改为 2 的话，命令解释与批处理文件的运行同时被禁止。

53. 如何隐藏文件

（1）找到如下注册表子项（如果不存在，则新建）：

HKEY_LOCAL_MACHINE\SOFTWARE\Microsoft\Windows\CurrentVersion\Explorer\Advanced\Folder\Hidden\SHOWALL

（2）编辑该项下的 DWROD 值 CheckedValue（如果没有，则新建一个），将项值数据修改为 1。

（3）注销当前用户或重新启动计算机，使注册表生效。现在即使在文件夹中设置了显示所有文件和文件夹，资源管理器也不会显示具有隐藏属性的文件和文件夹。

54. 如何禁止查看各个驱动器中的内容

实现步骤如下：

（1）找到如下注册表子项（如果不存在，则新建）：

HKEY_CURRENT_USER\Software\Microsoft\Windows\CurrentVersion\Policies\Explorer

（2）在该项下新建二进制项值 NoDrives，并将其项值数据改为“FF FF FF FF”。

（3）重新启动计算机，系统将会在资源管理器中隐藏所有的驱动器。

> 提示!! 如果要隐藏特定的驱动器，可按照 A：01、B：02、C：04、D：08、E：10（十六进制，转成十进制就是 16 即 08 的两倍）这样的关系来设置。如果要隐藏 A 盘，则可以将键值修改为“01 00 00 00”；如要隐藏 D 盘，则可设置为“08 00 00 00”；如果要隐藏 C 与 D 盘，则可设置为“0C 00 00 00”（04+08=12，转成十六进制就是 0C）。

55. 如何设置“尚未阅读信息”的最大期限

Windows XP 新功能包括在登录时显示几天内尚未阅读的新信息，我们可以在注册表里设置此功能最大期限。

（1）找到如下注册表子项（如果不存在，则新建）：

HKEY_CURRENT_USER\Software\Microsoft\Windows\CurrentVersion\UnreadMail

（2）编辑该项下的 DWORD 值“MessageExpiryDays”（如果不存在，则新建一个），将项值数据修改为具体的天数。

如果应用于所有用户，则先找到注册表的如下注册子项分支，然后在该项下进行上述操作：

HKEY_LOCAL_MACHINE\Software\Microsoft\Windows\CurrentVersion\UnreadMail

56. 如何显示/隐藏公共对话框中的“后退”按钮

Windows XP 中可以调用功能更加强大、界面更加友好的新的公共对话框函数(comdlg32.dll)，新的对话框中包含了“后退”这一方便的功能按钮，但如果想隐藏它，也可以通过注册表来设置。

（1）找到如下注册表子项（如果不存在，则新建）：

HKEY_CURRENT_USER\Software\Microsoft\Windows\CurrentVersion\Policies\comdlg32

（2）编辑该项下的 DWORD 值“NoBackButton”（如果不存在，则新建一个），然后将其项值数据修改为 1。

> **提示!!** DWORD 值 NoBackButton 的键值为 1 时隐藏公共对话框中的“后退”按钮；当其键值为 0，则显示公共对话框中的“后退”按钮。

57. 如何显示/隐藏公共对话框中的“查找范围快速定位区”

如上面说到的一样，Windows XP 公共对话框中的“查找范围”快速定位区也是可以隐藏/显示的。

（1）找到如下注册表子项（如果不存在，则新建）：

HKEY_CURRENT_USER\Software\Microsoft\Windows\CurrentVersion\Policies\comdlg32

（2）编辑在该项下的 DWORD 值“oPlacesBar”（如果不存在，则新建一个），如果设置 DWORD 值 NoPlacesBar 的项值数据为 1 时，则隐藏“查找范围快速定位区”；设置 DWORD 值 NoPlacesBar 的项值数据为 0 时，则显示“查找范围快速定位区”。

58. 如何禁用 Windows XP 的文件高速缓存

一个与服务相关的注册表操作是增加信箱的可用缓存以防止丢失信件，这样做可能会对性能造成影响是很重要的，只有当一个很明显的涉及信件丢失的问题，无法用其他方法解决时才能这样做。修改注册表可做到这一点。

（1）找到如下注册表子项（如果不存在，则新建）：

HKEY_LOCAL_MACHINE\SYSTEM\CurrentControlSet\Services\lanmanworkstation\parameters

（2）编辑该项下的 DWORD 值“UtilizeNtCaching”（如果不存在，则新建一个），如果设置该 DWORD 值的项值数据为 1 时，则启用缓存；如果设置为 0，则禁用缓存。

59. 如何修改 Windows XP 性能库的缺省事件日志功能

除了使用系统性能监视器之外，还可以通过事件查看器跟踪系统问题。可以通过修改注册表来控制性能库（系统性能监视器的主要代码）向事件查看器所使用的事件日志发送事件的方式。

（1）找到如下注册表子项（如果不存在，则新建）：

HKEY_LOCAL_MACHINE\SOFTWARE\Microsoft\Windows NT\CurrentVersion\Perflib

（2）编辑该项的 DWORD 值 EventLogLevel（如果不存在，则新建一个）。

该 DWORD 值对应的项值数据所对应的含义为：

0：不记录来自性能库的事件。

1：只记录错误。

2：记录错误和警告。

3：记录错误、警告、信息及成功/失败。

60. 如何设置 LDAP 服务器签名要求

（1）找到如下注册表子项（如果不存在，则新建）：

HKEY_LOCAL_MACHINE\System\CurrentControlSet\Services\NTDS\Parameters

（2）编辑该项下的 DWORD 值"LDAPServerIntegrity"（如果不存在，则新建一个）。

DWORD 值 LDAPServerIntegrity 对应的项值数据的含义为：

1：无签名要求。

2：要求签名。

61. 如何设置本地账户的共享和安全模式

（1）找到如下注册表子项（如果不存在，则新建）：

HKEY_CURRENT_LOCAL_MACHINE\System\CurrentControlSet\Control\Lsa

（2）编辑该项下的 DWORD 值"ForceGuest"（如果不存在，则新建一个）。

该 DWORD 值对应的项值数据的含义为：

0：经典——本地用户以自己的身份验证。

1：仅来宾——本地用户以来宾身份验证。

62. 如何对备份和还原权限的使用进行审计

（1）找到如下注册表子项（如果不存在，则新建）：

HKEY_LOCAL_MACHINE\System\CurrentControlSet\Control\Lsa

（2）编辑该项下的二进制值"FullPrivilegeAuditing"（如果不存在，则新建一个），将其项值数据修改为"01 00 00 00"。

63. 如何使用空白密码的本地账户只允许进行控制台登录

（1）找到如下注册表子项（如果不存在，则新建）：

HKEY_LOCAL_MACHINE\System\CurrentControlSet\Control\Lsa

（2）编辑该项下的 DWORD 值“LimitBlankPasswordUse”（如果不存在，则新建一个），将其项值数据修改为 1。

64. 如何设定 LAN Manager 身份验证级别

（1）找到如下注册表子项（如果不存在，则新建）：

HKEY_LOCAL_MACHINE\System\CurrentControlSet\Control\Lsa

（2）编辑该项下的 DWORD 值“LmCompatibilityLevel”（如果不存在，则新建一个）。

DWORD 值 LmCompatibilityLevel 的项值数据所对应的含义为：

0：发送 LM & NTLM 响应。

1：发送 LM & NTLM-如果已协商，使用 NTLMv2 会话安全。

2：仅发送 NTLM 响应。

3：仅发送 NTLMv2 响应。

4：仅发送 NTLMv2 响应\拒绝 LM。

5：仅发送 NTLMv2 响应\拒绝 LM&NTLM。

65. 如何设置基于 NTLM SSP(包括安全 RPC)客户的最小会话安全

（1）找到如下注册表子项（如果不存在，则新建）：

HKEYL_LOCAL_MACHINE\System\CurrentControlSet\Control\Lsa\MSV1_0

（2）编辑该项下的 DWORD 值“NTLMMinClientSec”（如果不存在，则新建一个）。

该 DWORD 值的项值数据所对应的含义为：

16：要求消息的完整性。

32：要求消息的保密性。

524288：要求 NTLMv2 会话安全。

36870912：要求 128 位加密。

66. 如何禁止在下次更改密码时存储 LAN Manager 的 Hash 值

（1）找到如下注册表子项（如果不存在，则新建）：

KEY_LOCAL_MACHINE\System\CurrentControlSet\Control\Lsa

（2）在该项下新建 DWORD 值“NoLMHash”，并将其项值数据修改为 1。

67. 如何允许服务器操作员使用计划任务

（1）找到如下注册表子项（如果不存在，则新建）：

HKEY_LOCAL_MACHINE\System\CurrentControlSet\Control\Lsa

（2）编辑该项下的 DWORD 值“SubmitControl”（如果不存在，则新建一个），将其项值数据修改为 1。

68. 如何防止用户安装打印机驱动程序

（1）找到如下注册表子项（如果不存在，则新建）：

HKEY_LOCAL_MACHINE\System\CurrentControlSet\Control\Print\Providers\LanMan Print Services\Servers

（2）编辑该项下的 DWORD 值“AddPrinterDrivers”（如果不存在，则新建一个），修改其项值数据为 1。

69. 如何增强内部系统对象的默认权限 (例如 Symbolic Links)

（1）找到如下注册表子项（如果不存在，则新建）：

HKEY_LOCAL_MACHINE\System\CurrentControlSet\Control\SessionManager

（2）编辑该项下的已有的 DWORD 值“ProtectionMode”（如果没有，则新建一个），修改其项值数据为 1。

70. 如何设置 Microsoft 网络服务器在挂起会话之前所需的空闲时间

（1）找到如下注册表子项（如果不存在，则新建）：

HKEY_LOCAL_MACHINE\System\CurrentControlSet\Services\LanManServer\Parameters

（2）编辑该项下的 DWORD 值“AutoDisconnect”（如果没有，则新建一个），将其项值数据修改为所需的空闲时间，单位为 2 分。

71. 如何设置 Microsoft 网络服务器通信时要求数字签名

（1）找到如下注册表子项（如果不存在，则新建）：

HKEY_LOCAL_MACHINE\System\CurrentControlSet\Services\LanManServer\Parameters

（2）编辑该项下的 DWORD 值“EnableSecuritySignature”（如果没有，则新建一个），将项值数据修改为 1。

第 13 章

解决电脑故障

13-1 使用注册表解决 Windows 下的问题

1. 如何解决字体不正常问题

系统字体不正常的原因通常是因为字体文件丢失或损坏、字体文件的注册信息丢失或损坏而引起的。对于字体文件的丢失或损坏只需要恢复它们到“C:\Windows\Font”文件夹下即可。下边主要叙述注册信息的修复。

Windows XP 系统将字体文件的注册信息保存到了下述注册表路径下：

HKEY_LOCAL_MACHINE\SOFTWARE\Microsoft\Windows\CurrentVersion\Fonts

同时它还提供了一个字体注册修复程序“Fontreg.exe”，通过该程序可以修改大多数字体问题。如果执行该程序后，问题依然存在，那就需要重新建立该项，方法如下：

（1）备份字体文件：将 C:\Windows\Font 下的文件复制到另外一个文件夹下，然后删除它们。

（2）删除上述注册表中的字体项 Fonts。

（3）进入 C:\Windows\Font 文件夹中，选择“文件”菜单中的“安装新字体”命令。然后选择相应的字体文件，如此重复，直到所有的字体文件安装完成为止。

（4）删除复制的字体文件夹。

2. 特定的文件夹不能打开了，怎么办

所谓特定文件夹是指系统中的那些实际并不存在，由系统定义的类标识符表示的系统文件夹，如“我的电脑”、“回收站”、“控制面板”等等。

不可打开特定的文件夹是指双击或者选择右键菜单中的打开命令后系统无任何反应，这个问题并不常见，但当它出现后却让人感到手足无措。其实，要解决它并不难，出现该现象的原因是因为打开这些特定文件夹的动态链接库文件受到损坏或者该动态链接库在注册表中的信息被破坏所致。因此只需要将受损的动态链接库还原或者修改注册表中的信息即可。

（1）系统定义的特定的类标识符

表 13-1 是系统定义的特定的类标识符。

表 13-1 系统定义的特定的类标识符与说明

文件夹	类 ID	说 明
Control Panel	{21EC2020-3AEA-1069-A2DD-08002B30309D}	控制面板
Dial-Up Networking	{992CFFA0-F557-101A-88EC-00DD010CCC48}	拨号网络
Internet Explorer	{BFB23B42-E3F0-101B-8488-00AA003E56F8}	浏览器
My Computer	{20D04FE0-3AEA-1069-A2D8-08002B30309D}	我的电脑
Network Neighborhood	{208D2C60-3AEA-1069-A2D7-08002B30309D}	网上邻居
Printers	{2227A280-3AEA-1069-A2DE-08002B30309D}	打印机
Recycle Bin	{645FF040-5081-101B-9F08-00AA002F984E}	回收站
Scheduled Tasks	{D6277990-4C6A-11CF-8D87-00AA0060F5BF}	计划任务
My Documents	{450D8FBA-AD25-11D0-98A8-0800361B1103}	我的文档
URLHistory Folder	{FF393560-C2A7-11CF-BFF4-444553540000}	URL 历史

（2）解决方法

①找到如下注册表子项：

HKEY_CLASSES_ ROOT\CLSID

②展开该项下的 InprocServer32 项，然后查看其默认值是否为如下数据：

C:\Windows\System\Shell32.dll

如果不是，请修改为该值；如果是，那么需要从 Windows XP 系统的 CD-ROM 上的*.CAB 文件中恢复该文件。

3. 如何解决由于版本导致的程序无法安装故障

当我们在安装一些应用软件时，它们会检测 Windows XP 系统的版本。如果版本符合它的要求，它就允许进行安装。如果版本不正确，那它将拒绝安装。

（1）找到如下注册表子项：

HKEY_LOCAL_MACHINE\SOFTWARE\Microsoft\Windows\CurrentVersion

（2）记录该项下的项值 VersionNumber 的项值数据，将它修改为相应 Windows 版本的版本号，然后进行软件的安装。

（3）在软件安装完毕之后，再将该数据改回为原来的值即可。

4. 如何解决 DOS 虚拟设备驱动程序出错

在 Windows XP 下安装了一些程序后，可能会发生 DOS 虚拟设备驱动程序出现错误的信息，信息可能如下：

16 bit MS-DOS Subsystem

drive：\program path

SYSTEM\CurrentControlSet\Control\VirtualDeviceDrivers.VDD.Virtual Device Driver format in the registry is invalid. Choose 'Close' to terminate the application.

如果这个错误不解决，则所安装的程序可能会不能运行。这个问题是怎样引起的呢？原因是此程序访问了错误的 VDD 项值数据。

（1）找到如下注册表子项：

HKEY_LOCAL_MACHINE\SYSTEM\CurrentControlSet\Control\VirtualDeviceDrivers

（2）先删除项值“VDD”，然后重新建立项值“VDD”（多字符串值），注意此时不要对“VDD”设置任何的值。

完成上述步骤后，问题就得到了解决。

5. 如何从字体文件夹中找回失去的字体

不知读者是否遇到这样的情况：字体看起来好像已安装正确，但却没有出现在字体文件中，是什么原因呢？因为在注册表中，Fonts 键丢失或是损坏。具体解决办法如下：

（1）首先，将字体文件夹下的所有内容全部移走（注：只是移走而不是删除）。

（2）找到如下注册表子项（如果不存在，则新建）：

HKEY_LOCAL_MACHINE\SOFTWARE\Microsoft\WindowsNT\CurrentVersion

（3）接下来首先将该项下的 Fonts 子项删除，然后再重新建立 Fonts 子项。

（4）重新启动计算机或注销当前用户，然后在“控制面板”中双击“字体”图标，接着在出现的窗口选择“文件”/“安装新字体”命令，在弹出的如图 13-1 所示对话框中选择先前用于保存被复制的字体的文件夹，然后单击“确定”按钮进行安装。安装完毕，故障消失。

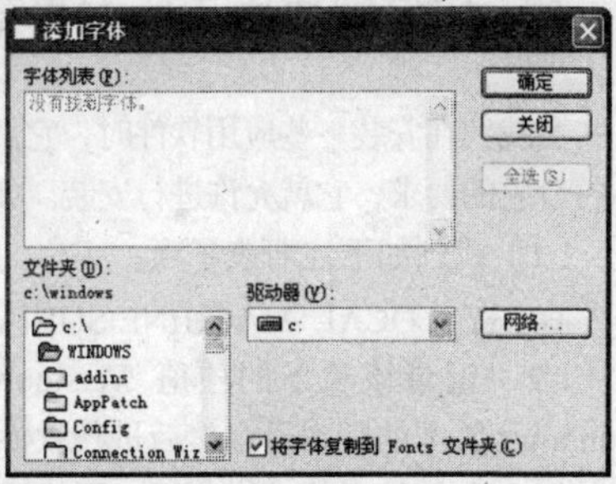

图 13-1

6. 如何清除残余的软件卸载信息

每一个 Windows 操作系统的使用者可能都有这样的经历，由于种种原因直接在硬盘中删除了某个文件夹，或者是在“添加\删除程序”里面对一些软件进行反安装。但是有些程序却还有注册信息留在注册表内，当再次从“添加\删除程序”中卸载该程序时，老是提示“试图删除 XXXXXX 时出错，放弃卸载”，从而导致了卸载程序错误。

当计算机中安装大量的软件后随着时间的后移，就在系统的注册表中形成垃圾数据，影响了计算机的运行速度。下面介绍彻底清除这些垃圾数据的方法。

（1）找到如下注册表子项：

HKEY_LOCAL_MACHINE\Software\Microsoft\Windows\CurrentVersion\Uninstall

（2）一般的软件在该项下都有自己的子项，在此子键下有 DisplayName 和 UninstallString 这两个项值，第一个显示的是软件的名称，第二个显示的是反安装的一些信息。双击第二个项值 UninstallString 后，可以看出，反安装实际上是所安装的软件自带的一个反安装程序，在安装该软件时，它会自己记录一些安装信息存放在 Install.log 文件中，卸载时用这个反安装程序再带上.log 文件的参数即可。

（3）另外，有些软件反安装时使用的是系统提供的反安装程序或其他特定的卸载程序。所以删除这里的子键，就可以达到清除冗余卸载信息的目的，比如，在这里可以删除如下项：

HKEY_LOCAL_MACHINE\Software\Microsoft\Windows\CurrentVersion\Uninstall\Adobe Acrobat 5.0

再如，许多应用软件在卸载之后仍会在注册表文件内留下一些无用信息。比较集中在如下地方：

HKEY_LOCAL_MACHINE\Software
HKEY_CURRENT_USER\Software
HKEY_USERS\.Default \Software

这几项里面的内容基本上一致，将其中一处删除就行了。比较常用的方法是进入 HKEY_LOCAL_MACHINE\Software 分支中，然后重点查找那些已经确信被安全卸载了的软件的残留信息，在确认无误后删除。

7. 如何找回丢失的“网络和拨号连接”文件夹图标

当打开“网络和拨号连接”文件夹时，尽管网络工作正常，却可能看不到本地连接和拨号连接图标。文件夹中唯一的图标是新建连接图标。而如果删除了下列注册表项或其子项，或将其更改为无效值，通常会出现前面的这种情况：

HKEY_CLASSES_ROOT\Interface\{0000010C-0000-0000-C000-000000000046}

要解决这个问题，需按照下面的步骤操作。

（1）打开“记事本”。

（2）在“记事本”中键入如下内容：

Windows Registry Editor Version 5.1

[HKEY_CLASSES_ROOT\Interface\{0000010c-0000-0000-C000-000000000046}]

@="IPersist"

[HKEY_CLASSES_ROOT\Interface\{0000010c-0000-0000-C000-000000000046}\NumMethods]

@="4"

[HKEY_CLASSES_ROOT\Interface\{0000010c-0000-0000-C000-000000000046}\ProxyStubClsid32]

@="{00000320-0000-0000-C000-000000000046}"

（3）将文件保存为 Restore.reg。“记事本”可能将.txt 作为其文件扩展名。如果出现这种情况，将文件重命名为 Restore.reg。

（4）双击 Restore.reg 文件。当提示是否确认将在“记事本”中键入的信息添加到注册表时，单击“是”按钮。

（5）重新启动计算机即可。

8. 如何恢复“网上邻居”图标

由于误操作或者系统错误，导致桌面上的“网上邻居”图标不见了，这样就使用户无法上网。下面介绍恢复“网上邻居”图标的操作步骤。

（1）找到如下注册表子项：

HKEY_CURRENT_USER\Software\Microsoft\Windows\Current\Explorer\ShellFolders

（2）选中窗口中“NoNetHood”的项值数据名，将其删除。

（3）再重启计算机即可。

9. 如何拯救任务栏

不知用户是否遇到过这样的情况：任务栏不能在桌面上正常的显示；或是已设置了任务栏自动隐藏功能，但当将鼠标移向它时，任务栏并不显示。遇到这样的情况，真是让人烦恼。

（1）首先关闭所有的应用程序。

（2）找到如下注册表子项：

HKEY_CURRENT_USER\Software\Microsoft\Windows\CurrentVersion\Explorer\Stuck Rects2

（3）删除 StuckRects 2 项。

（4）重新启动计算机或注销当前用户，再次进入 Windows XP，任务栏即可恢复正常。

10. 如何解决双击图像文件时打开程序不正确的问题

当双击系统中的图像文件时，系统会调用默认的图像编辑器软件来打开它，如“*.bmp”文件默认的是用画图程序打开的。但有时候希望更改这种默认方式，如使用 Photoshop 来打开它，那么请按如下方法进行修改即可。

（1）运行注册表编辑器，选择菜单中的“编辑”/“查找”命令，打开“查找”对话框，输入需要更改的文件的扩展名，如“*.BMP”。

（2）单击“查找下一个”按钮，找到相关项后，修改默认值为 Photoshop 的关联程序（如“PhotoshopFile”），具体数据可以通过下面的方法找到：

执行注册表编辑器菜单中的“编辑”/“查找”命令，输入“*.pdf”，找到后，将其默认值设置为需要的数据即可。

11. 如何解决计算机的关机速度很慢问题

如果在单击“关闭系统”后需要很长时间才能关闭，那么就需要修改注册表了。

（1）找到如下注册表子项：

HKEY_LOCAL_MACHINE\System\CurrentControlSet\ Control\Shutdown

（2）新建一个项值数据，其名称和数据如下所述：

项值名称：FastReBoot

项值数据类型：DWORD

项值数据：1——允许快速关机
　　　　　0——禁止快速关机

（3）重新启动计算机或注销当前用户，再次进入 Windows XP，以使修改生效。

12. 消除烦人的“打开方式…”

当双击系统中的一些非关联文件时，系统会调用一个“打开方式…”对话窗口，让你选择一个打开该文件的程序。如果我们要经常打开这类文件，那么可以修改注册表使得这类文件和某个程序关联起来。这样，当双击它时，就会按我们的要求来打开它了。如系统中的“*.c”、“*.sys”、“*.bat”等等都可以使用记事本程序来打开它们。

(1)找到如下注册表子项:

HKEY_CLASSES_ROOT*

在该项下建立一个名为"Shell"的子项。

(2)在"Shell"项下再新建一个名为"Open With NotePad"的子项，并设置其项值"默认"的项值数据为"用记事本打开"。

(3)在"Open With NotePad"项下再新建一个名为"command"的子项，并设置其项值"默认"的项值数据为"notepad.exe %1"。

(4)重新启动计算机或注销当前用户，再次进入 Windows XP，以使修改生效。

13. 找回丢失的输入法按钮

如果在屏幕的右下角，即任务栏的右边看不到输入法按钮，那是因为输入法切换程序"Internat.exe"没有运行的原因。

解决方法如下:

(1)找到如下注册表子项:

HKEY_LOCAL_MACHINE\Software\Microsoft\Wndows\CurrentVersion\Run

(2)在该项下添加一个字符型项值 Internat.exe，并将该项值的数据也设置为 Internat.exe。

(3)重新启动计算机或注销当前用户，再次进入 Windows XP，以使修改生效。

14. 解决设备错误

有时候启动 Windows XP 系统，会出现以下的提示错误信息:

Cannot find a device file that may be needed to run Windows. The Windows Registry or System.INI refers to this device file, but the device no longer exists.文件名.vxd

该错误的意思是系统启动时查找到了一个设备错误，该设备被注册到了注册表或者 System.ini 文件中，而该设备实际上并不存在(注：此处的设备是指某个设备的驱动程序文件)。

记住上边显示的错误信息中的"文件名.VXD"的名称，然后打开 System.ini 文件(使用系统配置程序或者记事本程序打开)，在[386Enh]段中查找类似"device=文件名.vxd"的项目，找到后将该项删除(如果确认该设备文件有用，那就不要删除它，而应该从相应的安装路径中重新安装该文件)即可。

如果在 System.ini 文件中未找到该项，则请运行注册表编辑器，然后执行菜单中的"编辑"/"查找"命令，在弹出的对话框中输入文件名，单击"查找"，找到后删除即可。

15. 解决未正确卸载程序所引发的错误

有时候启动 Windows XP 系统，会出现以下的错误信息提示：

Error occurred while trying to remove name. Uninstallation has been canceled.

该错误的信息是由于未进行正确的卸载程序而造成的。发生这种现象的一个最常见的原因是用户直接删除了原程序的文件夹，而该程序在注册表中的信息并未删除。

找到如下注册表子项：

HKEY_CURRENT_USER\software\Microsoft\Windows\CurrentVersion\Uninrstall

删除右边窗口中的相应项值即可。

16. 解决无法通过某项的属性页来更改该项目的配置的错误

有时候启动 Windows XP 系统，会出现以下的提示错误信息：

Properties for this item are not available.

该错误的信息是指某个项目的属性页不可用，即无法通过属性页来更改该项目的配置。出现该问题的常见原因是因为该项目在注册表中的注册项目被损坏而导致的，如文件之间的关联损坏、动态链接库损坏等等。

要修改该错误，主要涉及了注册表中的 HKEY_CLASSES_ ROOT 主键。由于修改方法视不同的项目而不同，故在此没有统一的方法来纠正它，但一般可以查找该主键下相应程序的注册项目，然后视具体情况来修改。当然，如果实在无法修改，可以重新安装该软件来解决问题，这是最费时间却最有效的办法。

17. 某些可执行文件不能正常运行

当不小心进入恶意网站后，出现某些可执行文件不能运行的，这种情况的出现，原因一般是该网站在访问时修改了 Windows XP 的注册表，在注册表中设置了限制程序运行结果所致。在遇到这种情况后，不要急于重装 Windows XP，可以试着修改注册表来恢复。看看系统是否允许运行注册表编辑器，系统一般是不允许的（这是此类恶意网站的惯用手法，在不允许运行特定程序的同时还禁用注册表编辑器），如果注册表编辑器能够运行的话，直接在注册表中操作。

（1）找到如下注册表子项，删除该项下的字符串项值“DisallowRun”和“RestrictRun”：

HKEY_CURRENT_USER\Software\Microsoft\Windows\CurrentVersion\Policies\Explorer

（2）找到如下注册表子项，删除该项下的子项 DisallowRun：

HKEY_CURRENT_USER\Software\Microsoft\Windows\CurrentVersion\Policies\Explorer\DisallowRun

（3）打开如下注册表子项，删除该项下的子项 RestrictRun：

HKEY_CURRENT_USER\Software\Microsoft\Windows\CurrentVersion\Policies\Explorer\RestrictRun

（4）重新启动计算机或注销当前用户，再次进入 Windows XP，系统就会允许运行所有的可执行文件了。

18. 设置自动重启来恢复系统

当 Windows XP 出现系统崩溃时，和 Windows 9x 一样也会出现蓝屏，通常的解决方法是按下 Reset 键进行重新启动。但这种方式有一定的缺陷，即往往导致系统文件被损坏，因此建议用户尽量不用 Reset 键来启动系统。管理员可以考虑通过修改注册表的方式来设置系统自动重新启动。

（1）找到如下注册表子项：

HKEY_LOCAL_MACHINE\SYSTEM\CurrentControlSet\Control\CrashControl

（2）双击该项右边窗口区域中的项值 AutoReboot，将其项值数据更改为 1。

（3）设置完成后，按 F5 键刷新注册表以使设置生效。这样系统再次出现崩溃的情况时，Windows 将会自动重新启动。

19. 防止应用程序窗口失去焦点

如果当前的窗口被另一个自动运行的程序窗口覆盖，即失去焦点。在以往的 Windows 操作系统中，特别是 Windows 2000 中，常常因为窗口失去焦点，致使窗口无法正常被控制。Windows XP 中增加了对窗口焦点的操作功能，具体可在注册表中设置。

（1）找到如下注册表子项：

HKEY_CURRENT_USER\Control Panel\Desktop

（2）将该项所对应的右边窗口中的 DWORD 项值 ForegroundLockTimeout（如果不存在，则新建立一个）的数据修改为 0。

提示!!

当该 DWORD 项值数据为 0 时，则屏蔽锁定当前窗口焦点功能；如果是具体的数字，则在等待设定的时间（单位为毫秒）后自动释放被锁定的焦点。

我们还可以在注册表中设置光标闪烁多少次数后，自动释放被锁定的焦点。具体操作如下：

（1）找到如下注册表子项：

HKEY_CURRENT_USER\Control Panel\Desktop

（2）修改 Desktop 项下的 DWORD 项值“ForegroundFlashCount”（如果不存在，则新建立一个）的数据为 0。

提示!!

如果 DWORD 值 ForegroundFlashCount 的项值数据是 0，则闪烁任务栏中的窗口直到单击后才停；如果是具体的数字，则当闪烁指定的次数后自动释放被锁定的焦点。

13-2　使用注册表解决 Office 问题

1. 让 Word 认识 WPS 文件

（1）如果用过 WPS 的用户就应该知道 WPS 软件能够认识 Word 文件，那么在 WPS 系统中就应该有它们之间的格式转换器。一般情况下，格式转换器文件是以“CNV”为扩展名的，查找 WPS 文件夹下的*.cnv 文件，可以找到文件 WPS2000.cnv，将该文件复制到“C:\Program Files\Common Files\Microsoft Shared\Textconv”文件夹下。

（2）然后运行注册表编辑器，执行编辑器菜单中的“编辑”/“查找”命令，打开“查找”对话框。

（3）在“查找目标”文本框中输入 WPS32.cnv，然后单击“查找下一个”按钮，找到 WPS32.cnv 后将其改为 WPS 2000.cnv 即可。

2. 在“运行”命令行中直接运行 Word 2000/2002

假设 Word 2000 安装在“F：\Program Files\Microsoft Office\Office”文件夹中，则：

（1）找到如下注册表子项：

HKEY_LOCAL_MACHINE\SOFTWARE\Microsoft\Windows\CurrentVersion\App Paths

（2）在 App Paths 项下新建一个名为 Word.exe 的子项，并将 Word.exe 的项值“默认”的数据修改为“F:\Program Files\Microsoft Office\Office\Winword. exe”。

提示!!

上述路径中的冒号是“:”而不是“：”，也就是说它是半角方式的。

以后要运行 Word 2000 的话，只需在运行菜单中输入 Word 就会运行 Word 2000 了。

提示!!

对于 Word 2002，上述方法同样适用。

13-3 使用注册表解决上网冲浪问题

1. IE 右键菜单被修改的恢复

这种情况很少见，这是注册表的如下项被修改了：

HKEY_CURRENT_USER\Software\Microsoft\Internet Explorer\MenuExt

在 IE 中显示的附加右键菜单都在这里设置。

（1）找到如下注册表子项：

HKEY_CURRENT_USER\Software\Microsoft\Internet Explorer\MenuExt

（2）展开子项 MenuExt 前的“+”号，可以看到常见的下载软件“NetAnts”、“使用网际快车下载”和“添加 QQ 网络收藏夹”等等信息。然后选中不需要的项，右击鼠标，在弹出菜单中选择“删除”命令。

（3）重新启动 IE 浏览器，即可看到效果。

2. 在 Windows 启动时弹出一个窗口的处理

造成这种现象并不是修改了 IE，而是利用了 IE 的漏洞，运行 Script 脚本，修改了注册表。当 Windows 启动时，弹出一个窗口，必须单击“确定”按钮才能进入操作系统。与此同时，自动运行 IE 并访问某个网站。实质上，它修改了下面的注册表项：

HKEY_LOCAL_MACHINE\Software\Microsoft\Windows\CurrentVersion\Winlogon

（1）找到上面的注册表子项。

（2）在此项的右边窗口区域找到项值“LegalNoticeCaption”和“LegalNoticeText”，把它们删除即可。

3. 修改注册表让浏览器自动搜索.gov 和域名

如果要浏览先前浏览过的网站，仅仅需要在地址栏输入一个不完整的 URL，剩下的由浏览器来自动补全。然而，浏览器仅仅搜索默认设置的.com，.org，.edu 和.net 域名。

可以修改注册表让浏览器也自动搜索.gov 和域名。

（1）找到如下注册表子项：

HKEY_LOCAL_MACHINE\SOFTWARE\Microsoft\InternetExplorer\Main\UrlTemplate

（2）右击右边窗口区域，从右键菜单中选择“新建”/“字符串值”，然后输入“5”。

（3）双击字符串值“5”，在所出现的对话框的文本框中输入“www.%s.gov”，然后单击“确定”按钮。

提示!! 以上修改，可能因操作系统和版本的不同而有微小差异。

4. IE 分级审查功能的监护人密码丢失如何解决

IE 具有分级审查功能，它可防止未经授权的用户访问那些不太合适的网站。在使用 IE 的分级审查功能前必须设置控制密码，但是如果忘记了分级审查密码，那么我们不但不能再对分级审查功能的权限进行调整了，而且还无法访问绝大多数网站了。怎么办呢？

IE 的分级审查功能密码保存在系统的注册表数据库中，只需对其进行适当修改即可解决问题。

找到如下注册表子项：

HKEY_LOCAL_MACHINE\SOFTWARE\Microsoft\Windows\CurrentVersion\Policies\Ratings

在该项下有一个名为“KEY”的项值，它所对应的就是 IE 的“分级审查”口令（数据已经加密），用户只需删除该项值即可取消 IE 的“分级审查”口令。

5. 解决拨号后老掉线问题

可通过修改注册表来解决这个问题。

找到如下注册表子项（如果不存在，则新建）：

HKEY_LOCAL_MACHINE\System\CurrentControlSet\Services\VxD\MSTCP

在该项下找到名为“NameSrvQueryTimeout”的项值。

提示!! 所谓“NameSrvQueryTimeout”就是域名服务器超时计数，如果在设定的时间内没有收到域名服务器的回应，则系统会认为域名服务器没有收到本机的请求，请求将会重发或超时错误处理，因此增大此值可以增加连接的成功率。

该项值的缺省数据为750毫秒，在上网高峰期根本不够用时，可以把它调大到5000毫秒左右，具体情况各地不同，应多试几次，但最大值不得超过65535。

6. 使用拨号网络时，“保存口令”项不可选

有时候，拨号网络中的“保存口令”项变得不可选，使得我们无法进行保存口令的操作。我们可以通过修改注册表来解决该问题。

（1）找到如下注册表子项：

HKEY_LOCAL_MACHINE\SOFTWARE\Microsoft\Windows\CurrentVersion\Network\RealModeNet

（2）在该项下找到类型为DWORD值的项值Autologon（如果不存在，则新建一个），然后设置其数据：

设置为1时，则禁止保存口令项。

设置为0时，则允许保存口令项。

7. 严打“鸠占鹊巢”：清除“腾讯Explorer”

安装了腾讯QQ软件后，如果在安装时选择了安装“腾讯Explorer”，那么就会出现“腾讯Explorer”取代Internet Explorer的情况，即当双击.htm文件甚至是打开收藏夹中的连接时，并不是用IE打开，而是更改为腾讯Explorer打开。这个问题可通过修改注册表来解决。

（1）运行注册表编辑器，分别打开如下注册表子项（如果不存在，则新建）：

HKEY_CLASSES_ROOT\ftp

HKEY_CLASSES_ROOT\htmlfile

HKEY_CLASSES_ROOT\http

HKEY_CLASSES_ROOT\https

（2）将上述四个注册表项所对应的项值“默认”的数据更改为“C:\Windows\System\ url.dll,0”。

（3）重新启动计算机或注销当前用户，再次进入Windows XP，问题就得以解决了。

> 提示!!
> 如果Windows XP安装在D盘，则上述数据应该是“D:\Windows\System\ url.dll,0”，依此类推。

13-4 使用注册表处理病毒问题

1. 清除双关联木马“聪明基因”

“聪明基因”是国产木马，除了拥有一般木马所具有的功能外，其最可怕之处是其永久隐藏远程主机驱动器的功能，如果控制端选择了这个功能，那么受控端可就惨了，想要找回驱动器就不是一件容易的事了。服务端文件 genueserver.exe 用的是 HTM 文件图标，如果用户的系统设置为不显示文件扩展名，那么用户就会以为这是个 HTM 文件，很容易让人上当。

“聪明基因”是文件关联木马，而且是双关联木马。为什么这么说？看了下面的内容就知道了。

“聪明基因”服务端程序运行后会生成 3 个文件，分别是：

C:\WINDOWS\MBBManager.exe

C:\WINDOWS\Explore32.exe

C:\WINDOWS\system\editor.exe

这 3 个文件用的都是 HTM 文件图标，千万不要以为它们是 HTM 文件。如果系统设置为显示所有文件的扩展名，就会发现它们都还有个“.exe”的尾巴，这说明它们是可执行文件。

这 3 个文件又分别起什么作用呢？MBBManager.exe 文件用来在启动时加载运行，它是守护进程。对木马来说，如果客户端向服务端的某一特定端口提出连接请求，服务端上的相应程序就会自动运行，来应答客户端的请求，这个程序我们称为守护进程。对“聪明基因”而言，这个特定端口为 7511。

Explore32.exe 和 Editor.exe 分别用来和 HLP 文件、TXT 文件关联，如果发现并删除了 MBBManager.exe，并不会真正清除它。一旦打开帮助文件或文本文件，Explore32.exe 和 Editor.exe 将被激活。它将再次生成守护进程 MBBManager.exe。这就是一旦中了“聪明基因”很难清除干净的原因。谁能想到它会关联两种文件类型呢？

“聪明基因”清除方法如下：

（1）删除文件

先删除 C:\Windows 下的 MBBManager.exe 和 Explore32.exe 文件，再删除 C:\Windows\system 下的 editor.exe 文件。如果服务端已经运行，那么就得用进程管理软件终止 MBBManager.exe 这个进程，然后在 Windows 下将它删除。当然，你可以到纯 DOS 下删除这些文件。

（2）删除注册表中木马的自启动文件。找到如下注册表子项（如果不存在，则新建）：

HKEY_LOCAL_MACHINE\SOFTWARE\Microsoft\Windows\CurrentVersion\Run

找到该项下的项值 MainBroadBackManager，将其数据清空。

（3）恢复 TXT 文件关联

用记事本将如下内容复制下来，并命名为任意名字的 REG 文件：

```
REGEDIT4
[HKEY_CLASSES_ROOT\txtfile\shell\open\command]
@="Notepad %1"
[HKEY_LOCAL_MACHINE\Software\CLASSES\txtfile\shell\open\command]
@="Notepad %1"
```

双击上面这个 REG 文件，在弹出的对话框中点击“确定”就可以将这些内容导入注册表，从而将 TXT 文件关联恢复过来。

（4）恢复 HLP 文件关联

用记事本将如下内容复制下来，并命名为任意名字的 REG 文件：

```
Windows Registry Editor Version 5.00
[HKEY_CLASSES_ROOT\hlpfile\shell\open\command]
@="C:\\WINDOWS\\WINHLP32.EXE %1"
[HKEY_LOCAL_MACHINE\Software\CLASSES\hlpfile\shell\open\command]
@="C:\\WINDOWS\\WINHLP32.EXE %1"
```

双击上面这个 REG 文件，在弹出的对话框中点击“确定”按钮就可以将这些内容导入注册表，从而将 HLP 文件关联恢复过来。

2. 清除 BO2000 病毒

在流行的木马程序中，有一个名为 BO2000 的病毒，它同样是一个可以远程攻击计算机系统的“后门”程序。一旦用户在本机运行了该程序，则黑客便可以远程控制用户的计算机。不过不用担心，通过修改注册表可以很轻松地将其删除。

（1）找到如下注册表子项：

HKEY_LOCAL_MACHINE\SOFTWARE\Microsoft\Windows\CurrentVersion\RunServices

（2）如果在右窗格中发现了“umgr32.exe”项值数据，则说明感染了 BO2000，将它删除即可。

（3）重新启动计算机后，病毒就被清除了。

3. 清除特洛伊木马病毒 Bo

BO 是一个典型的特洛伊木马程序，该程序采用一种与计算机无关的方法来隐藏文件，就是利用视觉的弱点。Bo 的文件是一个图标为全透明的文件，它将自己复制入硬盘后把自己重命名为“空格.exe”。我们知道资源管理器默认不显示文件扩展名，只有用鼠标点击或者在 DOS 方式下用 DIR 命令才可以看到。由于该文件的特殊性，我们需要通过修改注册表来彻底清除它。

（1）找到如下注册表子项：

HKEY_LOCAL_MACHINE\SOFTWARE\Microsoft\Windows\CurrentVersion\Run

（2）如果该键中的“默认”项值数据项的值为.exe，则说明用户的计算机已经感染了 BO 木马，必须删除该项值数据。

（3）删除了“默认”项值数据后，重新启动计算机。另外还要记住删除%SystemRoot%\System 文件夹下的.exe 和 Windll.dll 文件。

4. 清除特洛伊木马 BackDoor

BackDoor 病毒同样是一个典型的特洛伊木马程序，它和其他的木马程序一样也是一个后门程序。如果用户在本机中运行了它，则黑客或其他不怀好意的用户便可以通过该程序的服务端程序远程控制用户计算机。用户不但可以通过常用的杀毒软件将其清除，也可以通过修改注册表的方式将其删除。

（1）找到如下注册表子项：

HKEY_LOCAL_MACHINE\SOFTWARE\Microsoft\Windows\CurrentVersion\Run

（2）如果在右窗格中发现了名称为“Notepad”的项值数据项，则证明计算机感染了 BackDoor 程序病毒，直接将该项值数据删除即可。

（3）重新启动计算机后，BackDoor 程序无法激活，病毒被清除。

5. 清除特洛伊木马 WinNuke

WinNuke 也是特洛伊木马病毒的一种，和其他木马程序的攻击原理一样，用户只要通过修改注册表清除了本机中的客户端程序便可以有效防止黑客的攻击。

（1）找到如下注册表子项：

HKEY_LOCAL_MACHINE\SYSTEM\CurrentControlSet\Services\VxD\MSTCP

（2）新建一个数据类型为字符串的项值数据项，命名为“BSDUrgent”，然后将项值数据设为 0 即可。

（3）重新启动计算机后将不再受 WinNuke 木马程序的控制。

6. 清除特洛伊木马 KeyboardGhost

KeyboardGhost 是一个很有名的特洛伊木马程序，许多用户的计算机可能都感染过该病毒。要清除该病毒，用户仍然可以通过两种方式完成：其一是使用杀毒软件，目前大多数的杀毒软件都可以识别并将其清除；另一种方式便是修改注册表。

（1）找到如下注册表子项：

HKEY_LOCAL_MACHINE\SOFTWARE\Microsoft\Windows\CurrentVersion\Run

（2）查看 Run 子键下的项值数据项，如果发现了名称为“kg.exe”的项值数据项，则表明用户的计算机感染了 KeyboardGhost 木马病毒，删除该项值数据项。

（3）在计算机中查找到 kg.exe 和 kg.dat 文件并将它们删除。

（4）重新启动计算机后，KeyboardGhost 病毒将无法控制用户的计算机。

7. 清除特洛伊木马 Pretty Park

Pretty Park 也是一种典型的木马程序，用户的计算机一旦感染了该病毒，本地计算机便可能受到网络中其他用户的攻击或控制。要检查本机是否感染了 Pretty Park 病毒，并在感染的情况下将其删除，可以通过修改注册表的方式来完成。

（1）找到如下注册表子项：

HKEY_CLASSES_ROOT\exefile\shell\open\command

（2）在右侧窗口中查找是否有“FILE32.VXD "%1"%*”之类的项值数据项或数值，如果存在，则证明该计算机已经被 Pretty Park 木马程序感染，需将这类项值数据删除。

（3）重新启动计算机后，将不再受 Pretty Park 木马程序的控制。

8. 清除特洛伊木马 NetSpy

NetSpy 作为一种特洛伊木马程序，整个程序也分为两部分。一部分是客户端程序，一部分是服务端程序。如果用户的计算机感染了该病毒，则需要通过修改注册表清除该病毒。

（1）找到如下注册表子项：

HKEY_LOCAL_MACHINE\SOFTWARE\Microsoft\Windows\CurrentVersion\Run

（2）如果在右侧窗口中发现了“NetSpy”项，说明系统已经感染了 NetSpy 木马程序，需将其项值项删除。

（3）完成设置后，重新启动计算机即可不再受 NetSpy 木马程序的控制。

9. 预防爱虫的破坏

“爱虫”病毒是通过 Microsoft Outlook 电子邮件系统传播的，邮件的主题为 I LOVE YOU，并包含一个附件。一旦在 Microsoft Outlook 里打开这个邮件，系统就会自动复制并向地址簿中的所有邮件地址发送这个病毒。

“我爱你”病毒是一种蠕虫病毒，它与 1999 年的 Melissa 病毒非常相似。这个病毒可以改写本地及网络硬盘上面的某些文件。用户机器感染后，邮件系统将会变慢，并可能导致整个网络系统崩溃。一旦用户发现感染了这种病毒，便可以通过修改注册表的方式来将其清除。

（1）找到如下注册表子项：

HKEY_LOCAL_MACHINE\SOFTWARE\Microsoft\Windows\CurrentVersion\Run

（2）若在右窗格中发现了名称为 MSKernel32 的项值数据项，就将它删除。

（3）重新启动计算机后，将不再受“爱虫”病毒的干扰。

10. 电脑感染 Hetspy 木马病毒

如果 Windows XP 系统感染了 Hetspy 木马病毒，可以采用如下的方法清除该病毒：

（1）在 DOS 或者 Windows 安全模式下删除\Windows\System 目录中的病毒文件 Spynotify.exe。

（2）执行“开始”/“运行”命令，在打开的“运行”对话框中输入 regedit，然后单击“确定”按钮即可。

（3）在打开的注册表编辑器中找到如下注册表项，然后在窗口右边区域中找到 Spynotify.exe 项值并将其删除掉即可：

HKEY_LOCAL_MACHINE\Software\Microsoft\Windows\CurrentVersion\Run

11. 电脑感染 Happy 99 木马病毒

如果 Windows 98 系统中的文件总是莫名其妙地被更改，有些应用程序会自动启动。

使用查毒软件对系统进行扫描，发现感染了 Happy 99 木马病毒。此程序首次运行时，会在屏幕上开启一个名为“Happy new year 1999”的窗口，并显示美丽的烟花。

可采用如下方法清除病毒：

（1）找到 C:\Windows\System 目录中的 Ska.exe，Ska.dll 和 Wsock32.dll 文件，并将这三个文件从电脑中删除掉。

（2）将 C:\Windows\System 目录中的 Wsock32.ska 文件重命名为 Wsock32.dll。

（3）执行“开始”/“运行”命令，在打开的“运行”对话框中输入 regedit，然后单击“确定”按钮即可。

（4）在打开的注册表编辑器中找到如下注册表项，然后在窗口右边区域中找到 Ska.exe 项值并将其删除掉即可：

HKEY_LOCAL_MACHINE\Software\Microsoft\Windows\CurrentVersion\RunOnce

12. 电脑感染“爱情森林 C 版”病毒

如果系统变得很奇怪，系统目录中多了很多奇怪的文件，很多应用程序都不能正常启动。

根据故障现象分析，怀疑系统感染了病毒。使用查毒软件对系统进行病毒扫描，发现感染了“爱情森林 C 版”（Trojan.sckiss.c）病毒。

对于此病毒，可以采用如下方法进行清除：

（1）在系统中查找 Win386.swp，Winupdate.exe，Internets.exe，Winver.exe 和 Host 这 5 个病毒文件，然后逐一将其删除掉。

（2）使用以前备份的注册表对当前的系统注册表进行恢复。

（3）使用杀毒软件对系统进行彻底杀毒。

13. 电脑感染“红色结束符”病毒

Windows XP 系统，最近发现系统盘的很多目录下都出现了 Desktop.ini 和 Folder.htt 两个文件。而且，电脑运行的速度也越来越慢。

根据故障现象分析，系统可能感染了病毒。于是，使用杀毒软件对系统进行病毒扫描，发现感染了“红色结束符”（RedLof）脚本病毒。

此病毒可以采用如下的方法进行清除：

（1）在系统中查找病毒文件 Desktop.ini 和 Folder.htt，找到后将其全部删除。

（2）使用以前备份的注册表对当前的系统注册表进行恢复，防止系统重新启动时病毒自动运行。

（3）使用最新版的杀毒软件对系统进行杀毒处理。

提示!!

（1）在清除病毒的过程中要关闭所有 Windows 窗口，禁止使用 Web 方式浏览“Windows 资源管理器”或“我的电脑”。
（2）杀完病毒之后应立即重新启动电脑。

14. 电脑感染“桑河情人”病毒

如果 Windows XP 系统突然崩溃，无法正常启动。使用软盘启动后，发现系统分区的根目录完好，但其中的所有文件及子目录都被删除，出现了一个名为 happysanvalentin 的目录。

根据故障现象分析，系统感染了“桑河情人”（VBS.San）病毒。该病毒运行时会产生一个名为 Loveday14-a.bta 的文件，该文件可以被系统自动执行。此病毒在每个月 8，14，23，29 号发作，发作后即破坏整个操作系统。如果病毒已经发作，只能重新安装系统。

> 提示!!
> （1）该病毒破坏性非常强，平时应注意对它的防范，要做到不使用来历不明的软件，尤其是不要使用盗版软件。
> （2）要注意来历不明的电子邮件不要打开，一定要及时删除。

15. 电脑感染“冰河”木马病毒

Windows XP 系统感染了“冰河”木马病毒。

冰河”木马病毒是国人编写的一种黑客性质的病毒，感染该病毒之后，黑客就可以通过网络远程控制该电脑。“冰河”木马有很多种版本和变种，清除方式不完全一样，建议使用专门清理木马程序的工具进行清理。

可以采用以下方法清除该病毒：

（1）在 DOS 或者 Windows 安全模式下打开\Windows\System 目录，找到 Kernel32.exe，Sysexplr.exe，Sendme.dll，Sendme.dl_和 Sendme.cfg 这几个病毒文件，并将其从电脑中彻底删除掉。

（2）执行“开始”/“运行”命令，在打开的“运行”对话框中输入 regedit，单击“确定”按钮。

（3）在打开的“注册表编辑器”窗口中，执行“编辑”/“查找”菜单命令，在打开的“查找”对话框中分别输入字符串 Kernel32.exe 和 Sysexplr.exe，然后单击“查找下一个”按钮查找包含有 Kernel32.exe 和 Sysexplr.exe 的项值，找到后将其全部删除。

（4）重新启动电脑，将 TXT 文件的关联程序重新设置为 Notepad.exe。

① 打开电脑中的一个文件夹，比如“我的电脑”，然后执行菜单中的“查看”/“文件夹选项”菜单命令。

② 在弹出的窗口中选择“文件类型”标签项。

③ 在“文件类型”标签窗口的“已注册的文件类型”中列出了目前建立了关联的文件类型，拉动该列表右边的滑块，找到扩展名为 TXT 的文本文档

类型。

④ 单击“更改”按钮，在弹出的“打开方式”窗口中的“程序”列表中选择“记事本”程序，然后单击“确定”按钮。最后单击“文件夹选项”中的“关闭”按钮即可。

16. 电脑感染“Windows 服务”病毒

在 Windows XP 系统中由于不小心打开了一个带有病毒的电子邮件，导致系统感染了“Windows 服务”（I-Worm/Lentin.i）网络蠕虫病毒时应该怎么办呢？

“Windows 服务”（I-Worm/Lentin.i）网络蠕虫病毒是老病毒的变种，它更具隐蔽性，可以通过多种途径传播，能感染所有的 Windows 平台。

如果系统感染此病毒，应立刻采用如下的方法清除：

（1）在 MS-DOS 中手动删除 C:\Windows\System 目录中的病毒文件 WinServices.exe，Nav32_loader.exe 和 Tcpsvs32.exe。

（2）找到如下注册表子项，并删除下面的 WinServices.exe 项值：

HKEY_LOCAL_MACHINE\Software\Microsoft\Windows\CurrentVersion\Run

HKEY_LOCAL_MACHINE\Software\Microsoft\Windows\CurrentVersion\RunServices

17. 电脑感染“W32/HLLW.Morb”邮件蠕虫病毒

如果收到并打开了一封带有附件的电子邮件，附件的文件名为 Saddam_Game.exe。之后系统就出现了很多故障，不但运行速度越来越慢，而且还经常死机。

根据故障现象分析，系统可能感染了病毒。使用杀毒软件扫描系统，发现感染了 W32/HLLW.Morb 邮件蠕虫病毒。

可以采用如下方法清除此病毒：

（1）更新杀毒软件的病毒库，重启系统进入安全模式，全面扫描系统，删除所有感染了 W32/HLLW.Morb 的文件。

（2）找到如下注册表子项，并删除下面的 Svchost 项值：

HKEY_LOCAL_MACHINE\Software\Microsoft\Windows\CurrentVersion\Run

HKEY_CURRENT_USER\Software\Microsoft\Windows\CurrentVersion\Run

（3）在注册表中搜索并删除 WinSyst32 项值。

（4）在 HKEY_CURRENT_USER\Software\KaZaA\Localcontent 分支下，删除 Dir0 项值。

18. 怎样抵御 BackDoor 的破坏(Windows98/Me/NT/2000/XP)

BackDoor 是一个后门程序，专门利用系统的漏洞对电脑进行攻击，它可能造成机器的瘫痪，即使不瘫痪，你的活动也会被监视，所以我们要预防 Back Door 对系统的破坏。

（1）找到如下注册表子项：

HKEY_LOCAL_MACHINE\Software\Microsoft\Windows\CurrentVersion\Run

（2）在对应的 Run 项值数据的右侧窗口中，如果发现了“Notepad”项值数据，将它删除就能达到预防 BackDoor 的目的了。

19. 抵御 WinNuke 黑客程序对计算机的攻击

WinNuke 是针对 Windows 系统的一个破坏力极强的黑客程序，它会导致整个计算机系统瘫痪，这里可以通过注册表对其进行预防，以保证系统的安全。

（1）找到如下注册表子项：

HKEY_LOCAL_MACHINE\System\CurrentControlSet\Services\VxD\MSTCP

（2）在对应 MSTCP 项值数据的右侧窗口中，用鼠标单击窗口的空白处新建一个 DWORD 值，并命名为“BSDUrgent”（如果该项值数据已经存在，可以直接进行下一步）；然后将 BSDUrgent 值设置为 0。

（3）重新启动计算机后就可以实现目的了。

20. 清除木马 ShareQQ

这是一款 QQ 密码窃取软件。清除步骤如下：

（1）删除文件。用进程管理软件终止 spolsv.exe 这个进程（或到纯 DOS 下），然后到 windows\system 文件夹下将 spolsv.exe 文件删除，顺便删除的还有 debug.dll、MSIMe5f594f58.dll 两个文件，再到 Windows 目录下删除 winin.exe 文件。

（2）找到如下注册表子项，删除右侧窗口中名为 netconfig 的字符串项值：

HKEY_LOCAL_MACHINE\Software\Microsoft\Windows\CurrentVersion\Run

（3）找到如下注册表子项：

HKEY_LOCAL_MACHINE\Software\Microsoft\Windows\CurrentVersion\RunOnce

删除“winin”字符串项值。

（4）重新启动电脑即可。

21. 清除木马 BladeRunner

（1）找到如下注册表子项：

HKEY_LOCAL_MACHINE\Software\Microsoft\Windows\CurrentVersion\Run

（2）在右侧窗口中会看到字符串值 System-Tray，其数据为 c:\something\something.exe。事实上 c:\something\something.exe 是可以任意变化的，就看给你下木马的人怎么设定了，所以你看到的可能与我说的不同，但这不影响我们查杀它。

（3）根据木马在注册表中建立的项值数据记下木马的名字与所在的文件夹，退回到纯 DOS 模式下，找到此木马文件并删除掉。

（4）重新启动计算机，然后到注册表中找到我们前面提到的木马文件所建立的字符串值及其项值数据，删除之即可。

22. 清除木马广外女生

广外女生是广东外语外贸大学“广外女生”网络小组的处女作，它的危害就不多说了。该木马程序运行后，将会在系统的 System 目录下生成一个 DIAGCFG.EXE 文件，并关联到 EXE 文件的打开方式，如果直接删除该文件，将会导致系统中所有的 EXE 文件无法打开。但是在注册表中，我们可以很安全地清除它。

（1）到纯 DOS 模式下，找到 System 目录下的 DIAGFG.EXE，删除它。

（2）由于 DIAGCFG.EXE 文件已经被删除了，因此在 Windows 环境下所有 EXE 文件都将无法运行。找到 Windows 目录中的注册表编辑器 Regedit.exe，将它改名为“Regedit.com”。

（3）回到 Windows 模式下，运行 Windows 目录下的 Regedit.com 程序。

（4）找到 HKEY_CLASSES_ROOT\exefile\shell\ open\command，将其默认项值数据改成"%1" %*。

（5）找到如下注册表子项（如果不存在，则新建）:

HKEY_LOCAL_MACHINE\Software\Microsoft\Windows\CurrentVersion\RunServices

删除其中名称为“Diagnostic Configuration”的项值。

（6）关掉注册表编辑器，回到 Windows 目录，将“Regedit.com”改回“Regedit.exe”，然后重新启动电脑就行了。

23. 清除木马 FunnyFlash

FunnyFlash 通过 Flash 图标作为伪装，来使人上当受骗，它的清除步骤如下：

（1）找到如下注册表子项：

HKEY_LOCAL_MACHINE\Software\Microsoft\Windows\CurrentVersion\RunServices

删除串值“723”及其项值数据“c:\.exe”。

（2）删除木马文件。分别到 C 盘根目录、C:\Windows 和 C:\Windows\SYSTEM 文件夹下找到“.exe”文件，删除之，再到 C:\Windows\TEMP 下删除“FunnyFlash.exe”文件即可清除木马。

24. 删除 QQ 密码侦探特别版

该木马程序的文件名为 QQSPYSP.EXE，文件大小为 379 904B。它是一款盗取 QQ 密码的木马程序，它的清除方法如下：

重新启动电脑到纯 DOS 状态下，然后将 C:\Windows\SYSTEM 文件夹中的 Internat.exe 文件删除，再将该文件夹下的 smaxinte.exe 文件重命名为 Internat.exe，最后删除 Windows 文件夹下的 Internat.exe 和 uttnskf.ini 文件，重新启动电脑即可清除该木马。

25. 清除木马 IEthief

IEthief 的图标与浏览器 IE 的图标有着同样的外形，不过也有不同之处，那就是他的图标中“e”字开口处添加了一排“牙齿”，这是识别它与正常的 IE 文件的好方法。它的清除步骤如下：

（1）删除 C:\Windows\SYSTEM 文件夹下的木马文件和相关的信息记录文件：IEthief.exe、firstrunIE.dat、IEcfg，这一步可以在纯 DOS 下进行。

（2）找到如下注册表子项：

HKEY_LOCAL_MACHINE\Software\Microsoft\Windows\CurrentVersion\Run

删除字符串项值 ierun 及其项值数据“C:\Windows\SYSTEM\IEthief.exe”即可。

26. 清除木马 QEyes 潜伏者

QEyes 潜伏者是个 QQ 密码窃取木马，它的清除步骤如下：

（1）在“开始”菜单中的“运行”中输入 msconfig，找到 Win.ini 标签，删除“[windows]”字段下的“run=”下的字符串“c:\windows\thereadmsg.exe”。

（2）找到如下注册表子项：

HKEY_LOCAL_MACHINE\Software\Microsoft\Windows\CurrentVersion\Run

删除字符串项值 net- service，再删除字符串值 system 及其项值数据

c:\windows\system\kerne132.exe；最后再删除字符串值 boot 及其项值数据 c:\windows\system\kerne116.exe。

（3）到 Windows 所在安装目录下删除 nesmsg.exe、thereadmsg.exe、wininet.ini、raddr.txt 和 addr.txt 文件，再到 Windows\system 文件夹下删除 kerne116.exe、kerne132.exe 文件，最后到 C 盘根目录下删除 process.dll 文件即可清除该木马。

27. 清除木马蓝色火焰

蓝色火焰是一款没有客户端的木马，电脑中几乎任何和网络相关的程序都可以控制它，如 Telnet、sterm、cterm、Zmud、Ftp、IE、Netscape、Opera、Flashget、Cuteftp……由于没有客户端，甚至可以跨平台来操纵服务端，如在 UNIX、Linux 系统下……

蓝色火焰客户端与服务端通信通过 19191 端口进行；如果是微型版蓝色火焰（这对只有 10KB 大小的微型版蓝色火焰），则使用 9191 端口连接。所以，也可以通过这个方法来发现“蓝色火焰”，方法是在 MS-DOS 窗口下（在 Windows 2000 下称作命令提示符）运行 netstat －a 命令即可，如果发现有 19191 或 9191 端口开放，就表示你中木马了。它的清除步骤如下：

（1）找到如下注册表子项：

HKEY_LOCAL_MACHINE\Software\Microsoft\Windows \CurrentVersion\Run

删除字符串值 Network Services 及其项值数据 C:\Windows\SYSTEM\tasksvc.exe。

（2）找到如下注册表子项：

HKEY_CLASSES_ROOT\txtfile\shell\ open\command 和 HKEY_LOCAL_MACHINE\Software \CLASSES\txtfile\shell\open\command

将 C:\Windows\SYSTEM\sysexpl.exe %1 更改为：NOTEPAD.exe %1

（3）到 C:\Windows\SYSTEM 下，将 tasksvc.exe、sysexpl.exe、bfhook.dll 这 3 个文件删除即可清除木马蓝色火焰。

28. 清除木马 Back Construction

（1）找到如下注册表子项：

HKEY_LOCAL_MACHINE\SOFTWARE\Microsoft\Windows\CurrentVersion\Run

删除右侧窗口中的“C:\Windows\ Cmctl32.exe”。

（2）重新启动到纯 DOS 下，或用进程管理软件终止进程“Cmctl32.exe”，然后到 C:\Windows 文件夹下删除木马文件 Cmctl32.exe 即可。